KB139692

챗GPT로 완성하는
엑셀 업무 자동화
with MS 파워 오토메이트

챗GPT로 완성하는 ──
엑셀 업무 자동화
with MS 파워 오토메이트

초판 1쇄 2023년 9월 25일
2판 1쇄 2024년 3월 4일

지은이 김성준
발행인 최홍석

발행처 (주)프리렉
출판신고 2000년 3월 7일 제 13-634호
주소 경기도 부천시 길주로 77번길 19 세진프라자 201호
전화 032-326-7282(代) **팩스** 032-326-5866
URL www.freelec.co.kr

편 집 서선영, 고대광
디자인 황인옥

ISBN 978-89-6540-368-5

이 책은 저작권법에 따라 보호받는 저작물이므로 무단 전재와 무단 복제를
금지하며, 이 책 내용의 전부 또는 일부를 이용하려면 반드시 저작권자와
㈜프리렉의 서면 동의를 받아야 합니다.

책값은 표지 뒷면에 있습니다.

잘못된 책은 구입하신 곳에서 바꾸어 드립니다.

이 책에 대한 의견이나 오탈자, 잘못된 내용의 수정 정보 등은 프리렉 홈페이지(freelec.co.kr)
또는 이메일(help@freelec.co.kr)로 연락 바랍니다.

챗GPT로 완성하는
엑셀 업무 자동화

with MS 파워 오토메이트

김성준
지음

실전에서 바로
써먹는 자동화 예제
34개로 엑셀 실력
레벨업

프리렉

차례

PART 1   **파워 오토메이트와 챗GPT**

PART 2

엑셀 자동화

세간의 화제인 챗GPT를 활용한, 엑셀 자동화 교육을 얼마 전에 진행한 후에 아침에 출근하자마자 챗GPT로 생성한 코드가 작동되지 않는다는 팀즈 콜을 받았습니다. 인공지능으로 '일잘러'가 될 수 있다는 큰 기대를 가지고 챗GPT에게 엑셀 자동화를 요청했는데, 원하는 대로 되지 않으니 속상했을 법도 합니다.

IT 경험이 없는 사무직원이 챗GPT에게 자동화 요청을 시도했다는 것 자체만으로도 교육의 일정 목표를 이룬 것이었습니다. 그러나 질문 내용과 답변을 확인하면서, 챗GPT를 이용한 엑셀 자동화 교육이 현업의 눈높이에는 부합하지 않았음을 깨달았습니다. 챗GPT가 등장하기 전에도 여러 차례, RPA를 이용한 엑셀 자동화 교육을 진행했고 상당수의 사무직원들이 MS 파워 오토메이트를 업무에 활용하는 것을 목격했습니다. 챗GPT 역시, 비슷한 결과를 이끌어 낼 수 있을 것이라는 자신감에

안일하게 생각한 것 같습니다. 파워 오토메이트는 자동화 프로세스 전체를 관장하는 노코드 기반의 RPA(Robotic Process Automation, 로봇 업무 자동화) 도구입니다. 챗GPT는 코드를 생성해서 파워 오토메이트가 구현하지 못하는 기능을 더해 자동화를 완성합니다. 아주 멋진 일이죠? 생성형 AI에 질문만 하면 인공지능이 코드를 만들어주는 디지털 세상입니다. 그런데 사무직원들은 챗GPT가 생성한 코드를 실행하고 활용하는 방법을 이해하기 어려워합니다. 낯설어 한다는 표현이 더 어울리겠지요. 더군다나 챗GPT가 생성한 코드가 동작하지 않으면, 어떻게 해야 할지 막막해서 더 이상 진도를 나가지 못합니다. 이는 충분히 공감할 만한 상황입니다. 처음 경험해 보는 것이기 때문에 문제를 해결하는 방법을 알 수 없는 것은 너무나 당연한 이치입니다. 어린 시절 기차를 타고 처음으로 다른 도시로 갔을 때, 어느 방향으로 가야 할지 몰라 당황했던 기억이 있습니다. 익숙해지고 친숙해지기까지는 서툴더라도 지속적으로 시도해야 합니다. 더 나은 내일을 향해 한 발짝만 내밀어 보세요. 매일 자동차를 운전하지만 차의 내부 구조를 몰라도 되듯이, 챗GPT가 생성해 준 코드를 이해할 필요는 없습니다. 다만, 운전하듯이 챗GPT의 결과물을 잘 운용하면 됩니다. 한 걸음 두 걸음 나아가는 것이 변화의 시대에 살아가는 우리에게 가장 필요한 생존 능력이자 새로운 기술을 받아들이는 학습 능력입니다. 디지털 시대에는 어떤 디지털 도구를 사용할 수 있느냐가 업무 능력 및 성과에 직결됩니다. 즉, 이제는 일하는 방식도 디지털로 전환해야 합니다. 그 첫 디지털 여행을 똘똘한 챗GPT 그리고 재간둥이 파워 오토메이트와 함께 시작해 보세요. 파워 오토메이트가 앞에서 이끌고, 챗GPT가 뒤에서 밀어주며 엑셀 자동화의 여정을 멋지게 완성해 낼 수 있을 것입니다. 챗GPT와 파워 오토메이트는 무료로 제공되기 때문에, 윈도우가 설치된 컴퓨터가 있다면 지금 바로 시작할 수 있습니다. 작은 호기심으로 시작하는 용기만 있으면, 나머지는 지금까지 경험하지 못한 혁신적인 디지털 기술들이 도와줄 것입니다.

20여 년 전, 신입사원 시절 처음 SAP ERP를 접한 순간에 강한 인상을 받았고 SAP 전문가가 되고 싶다는 꿈을 꾸었습니다. 지금은 MS의 파워 플랫폼을 만나서 디지털 기술의 발달에 가슴 뛰는 즐거움으로 공부하고 있습니다. 기업 소프트웨어인 ERP의 오랜 경험을 통해 사무실과 공장에서 필요한 자동화와 모바일 앱을 챗GPT와 파워 플랫폼으로 손쉽게 구현할 수 있다는 것을 몸소 경험했습니다. 이러한 배경을 바탕으로, 챗GPT로 업무 자동화를 쉽게 구현하는 방법을 안내하는 책을 집필하는 것을 목표로 삼았습니다. 챗GPT에 어떻게 질문해야 원하는 결과를 얻을 수 있는지 다양한 엑셀 예제와 함께 자세하게 설명합니다.

바쁨이 최고의 미덕이었던 시대부터 직장 생활을 해왔기에, 우리 동료들이 하루하루 바쁘게 사는 것을 지켜봤습니다. 다행인 것은 일보다는 사람의 행복이 더 중요하다는 인식이 사회 전반에 퍼지면서 노동 환경이 더욱 개선되고 있다는 점입니다. 바야흐로 인공지능 시대에는 '바쁨'이 기존의 바쁜 개념이 아닌, '생각하는 것이 부지런함'이라는 개념으로 사고의 전환을 시도해 보는 것이 어떨까요? 바쁜 일들은 인공지능에 맡기고, 빠르게 변화하는 디지털 기술을 일과 삶에 어떻게 반영할지 해답을 찾는 노력이 필요해 보입니다. 그 해답의 힌트를 이 책에서 함께 찾아 나갈 수 있으리라 믿습니다. 좁게는, 함께 일하는 동료들이 피로한 반복 업무에서 벗어날 수 있도록 하루라도 더 빨리 챗GPT와 파워 오토메이트를 경험했으면 좋겠고 넓게는, 챗GPT와 파워 오토메이트에 대한 대중의 인식과 수용성이 높아져서 더 많은 사람이 더 행복하고 여유로운 삶을 즐길 수 있기를 기대합니다.

1. 저자가 운영하는 MS RPA 커뮤니티를 적극 활용하세요.

- 엑셀 자동화, 파워 오토메이트 및 챗GPT에 대해 궁금한 점이나 문의사항이 있다면 커뮤니티 회원들과 의견을 나누세요.
- 특히, 도서 내용과 관련된 질문은 저자가 직접 답변합니다.
- MS RPA 커뮤니티 주소(네이버 카페): https://cafe.naver.com/msrpa

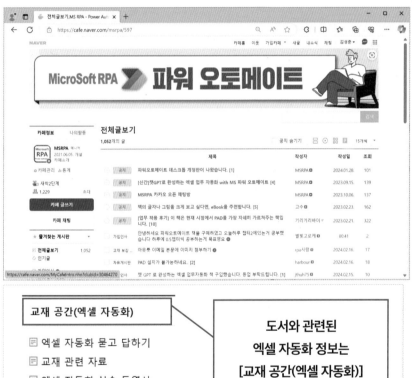

교재 공간(엑셀 자동화)

- 📄 엑셀 자동화 묻고 답하기
- 📄 교재 관련 자료
- 📄 엑셀 자동화 실습 동영상
- 📄 VBScript 소스 Ⓝ

도서와 관련된
엑셀 자동화 정보는
[교재 공간(엑셀 자동화)]
게시판을 참고하세요.

2. 실행 동영상을 참고해 보세요.

커뮤니티의 [엑셀 자동화 실습 동영상] 게시판에서 각 절의 도입부에 있는 '실행 영상 파일'을 확인할 수 있습니다. 또한, 스마트폰이나 태블릿으로 QR코드를 스캔하면 해당 영상으로 바로 이동할 수 있습니다. 표기된 URL 주소를 웹페이지에 입력하여 접속할 수도 있습니다.

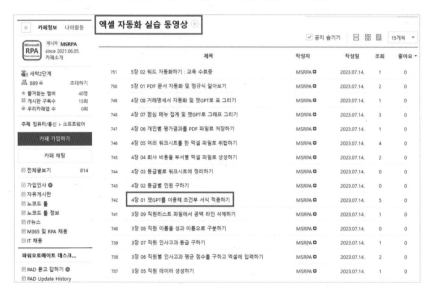

3. 실습 예제 파일 및 관련 파일을 내려받으세요.

실습에 사용된 모든 파일은 커뮤니티의 [교재 관련 자료] 게시판에서 내려받을 수 있습니다.

교재 관련 자료 >

엑셀 실습 파일(직원리스트 등)

MSRPA 카페매니저 Ⓜ
2023.05.29. 21:14 조회 48

📁 실습 엑셀 파일.zip   ⬇

4. 챗GPT가 생성한 코드를 참고하세요.

엑셀 자동화를 위해 챗GPT가 생성한 도서 내 모든 코드는 오른쪽 상단의 코드 번호와 제목으로 커뮤니티의 [VBScript] 게시판에서 검색해서 내려받을 수 있습니다.

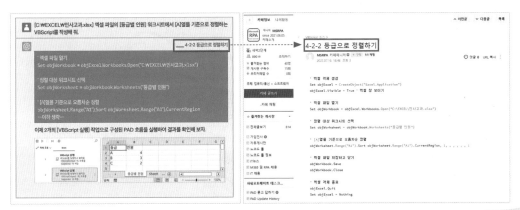

파워 오토메이트와
챗GPT

💬 일러두기

- 도서 내 캡처 이미지는 모두 2024년 3월을 기준으로 갈무리된 것입니다. 워낙 변화가 많고 업데이트가 잦은
  MS 프로그램이므로, 독자 여러분이 도서에서 보는 캡처 이미지 속 화면과 모니터 속 실제 화면 구성이 다를 수 있습니다.
  큰 틀에서 작동 방식이나 메뉴 선택 등은 동일하므로, 이 점 참고하여 학습하길 바랍니다.

- 챗GPT는 문장 구조, 단어와 이전 질문 히스토리에 따라 답변이 달라집니다. 따라서 챗GPT의 답변은 도서에 나온 답변과
  동일하지 않을 수도 있습니다. 그러나 도서 내용과 동일하게 질문한다면 큰 맥락상, 같은 답변이 도출되므로 이 점 참고하여
  학습하길 바랍니다.

CHATGPT
& EXCEL
AUTOMATION

RPA는 Robotic Process Automation의 약자로, 로봇이 사람을 대신해서 반복 작업을 자동으로
수행하는 것을 의미한다. 파워 오토메이트(Power Automate)는 RPA 도구 중 하나인데, 이를 이용
하면 소스 코드를 작성하지 않아도 엑셀 자동화를 쉽게 구현할 수 있다. 파워 오토메이트 중에서도
개인 데스크톱에 설치하는 PAD(Power Automate for Desktop)는 무료 소프트웨어이기 때문에
모든 사람이 아무런 제약없이 사용할 수 있다는 큰 장점을 가지고 있다. 파워 오토메이트와 챗GPT
의 상호 협력은 엑셀 자동화를 더욱 정교하고 세련되게 구현해 낸다. 챗GPT는 파워 오토메이트가
구현하기 힘든 기능을 코드로 작성할 수 있는 능력을 가지고 있기 때문이다.

## 1 장

파워 오토메이트 · 챗GPT와의 첫 만남

파워 오토메이트란?

RPA는 Robotic Process Automation의 약자로, 로봇이 사람을 대신해서 반복 작업을 자동으로 수행하는 것
을 뜻한다. RPA 도구 중 하나인 Microsoft 사의 파워 오토메이트(Power Automate)를 이용하면 소스
코드를 작성하지 않아도 업무 자동화를 쉽게 구현할 수 있다. RPA는 24시간 수행되므로 생산성을
획기적으로 향상시킬 수 있고, 정해진 절차대로 업무를 실행하고 흐름(Flow)을 공유하므로 표준화를
구현할 수 있다. 그리고 잘못된 데이터를 입력하는 등의 사용자 실수(휴먼 에러, Human Error)를 완벽
하게 제거할 수 있다. 더불어 전통적인 소스 코드 기반의 프로그래밍 개발 방식에 비하면 10배 이상
빠르게 자동화를 구현할 수 있다.

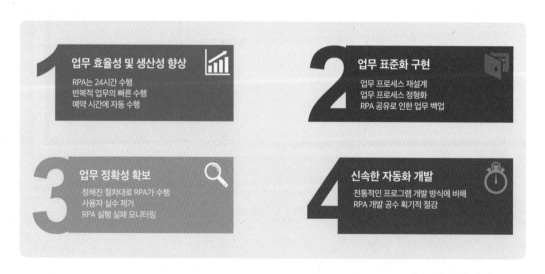

4차 산업혁명의 주요 기술 트렌드인 RPA와 함께 이른바 '**시민 개발(Citizen Development)**'이라는 개
념이 등장했다. 누구나 쉽게 프로그램을 개발할 수 있는 노코드(No Code) 솔루션들이 지속적으로

출시되고 있다. 시민 개발이란 단위 모듈을 연결해서 애플리케이션을 개발할 수 있도록 지원하는 방법론 또는 개발 도구를 의미한다. **재사용 모듈은 노코드(No Code) 또는 로코드(Low Code)라고 정의하기**도 한다. 노코드는 복잡한 소스 코드를 아주 간단한 명령어로 모듈화한 것을 의미한다. 노코드로 프로그램을 개발하는 개발자를 시민 개발자(Citizen Developer)라고 한다. **파워 오토메이트는 시민 개발이 지향하는 가장 이상적인 개발 도구** 중 하나이다. 일반 사용자가 소스 코드 한 줄 없이 업무 자동화 애플리케이션을 직접 만들 수 있는 개발 환경을 제공한다. 마치 레고 블록을 이용해서 집을 짓고 자동차를 조립하듯이 모듈(작업)을 서로 연결해서 자동화 프로그램을 만들 수 있도록 직관적으로 설계되어 있다.

파워 오토메이트는 다음 2가지 솔루션으로 구성되어 있다.

> 파워 오토메이트 클라우드(Power Automate Cloud): Microsoft 365 웹사이트에서 실행하는 자동화 프로그램으로 별도의 소프트웨어 설치가 필요하지 않다.
>
> 파워 오토메이트 데스크톱(Power Automate for Desktop, PAD): 개인 데스크톱에 설치하는 무료 소프트웨어 프로그램이다.

> **TIP**
>
> 파워 오토메이트는 글로벌 조사 기관인 가트너(Gartner)의 2023년 RPA 시장 조사에서 리더 평가를 받았다. 파워 오토메이트 데스크톱은 시장에서 높은 평가를 받고 있는 신뢰할 수 있는 RPA 도구이다. 파워 오토메이트 데스크톱은 윈도우 10 이상이 설치된 모든 PC에서 누구나 무료로 사용할 수 있다. RPA를 활용한 업무 자동화의 편리성을 알고는 있지만, 고가의 라이선스 비용으로 상용 RPA 도구를 사용할 수 없는 기업이나 개인에게 PAD는 아주 유용한 대안이 될 수 있다. 윈도우 11에는 파워 오토메이트 데스크톱이 기본으로 설치되어 있기 때문에 지금 바로 업무 자동화를 시작하면 된다.

파워 오토메이트 데스크톱(이하 PAD)은 개인 PC에 소프트웨어를 설치해야 한다. 개인 PC라는 것에서 알 수 있듯이, PAD는 개인 컴퓨터에서 사용자가 조작해야 하는 엑셀과 같은 프로그램이나 웹사이트의 자동화에도 최적화되어 있다. 특히 PAD는 Python, JavaScript, VBScript와 같은 소스 코드 기반의 프로그래밍을 모듈로 추가할 수 있다. 또한 API 기능도 지원되기 때문에 타 시스템과의 연결도 가능하다.

반면에 파워 오토메이트 클라우드는 웹사이트(https://make.powerautomate.com/)에서 자동화 흐름을 구현한다. 클라우드 환경이기 때문에 **ID와 패스워드만 입력하면 언제 어디서나 접속**이 가능하다. 파워 오토메이트 클라우드는 사용자가 자동화 흐름을 직접 실행할 필요가 없는 업무 프로세스 자동화에 더 효율적이다. 기업의 프로세스 자동화를 디지털로 구현한다고 해서 DPA(Digital Process Automation) 또는 BPA(Business Process Automation)라고도 한다.

> TIP
>
> 파워 오토메이트 데스크톱에서 만든 자동화를 '데스크톱 흐름'이라고 하고, 파워 오토메이트 클라우드에서 만든 자동화를 '클라우드 흐름'이라고 한다.

기본적으로 PAD와 DPA는 자동화 대상 영역에 차이가 있다. 하지만, 서로 연결할 수 있기 때문에 하나의 파워 오토메이트 솔루션이라고 한다. 즉, 다음 그림에서 보듯이 PAD는 자동화 흐름을 구성하는 하나의 요소이다. PAD 작업을 호출한 후에는 여러 가지 애플리케이션을 다시 호출해서 후속 작업을 진행할 수 있다. 그리고 예약된 시간에 자동으로 RPA를 실행하려면 DPA에서 예약된 클라우드 흐름을 생성하고 PAD를 호출하는 방식을 사용해야 한다.

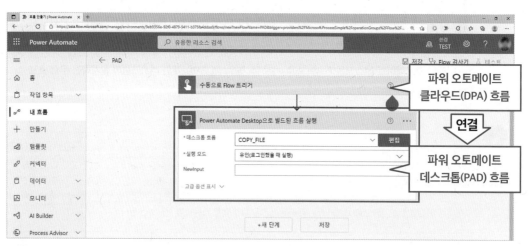

> TIP
>
> DPA에서 PAD에 연결할 때 사용자가 컴퓨터에 로그온 된 상태에서 동작하는 'Attended 모드'와 로그아웃 되어 있어도 동작하는 'Unattended 모드' 2가지가 있다. 'Unattended 모드'의 라이선스가 더 비싸다. DPA에서 PAD로 연결하려면, Window 운영체제가 pro 버전으로 설치되어야 한다.

파워 오토메이트는 파워 플랫폼을 구성하는 하나의 요소이자 기술이다. 파워 플랫폼은 비즈니스 사용자가 소프트웨어 개발이나 프로그래밍 경험이 없어도 애플리케이션을 구축하고 업무 자동화를 수행할 수 있는 도구이다. 마이크로소프트 파워 플랫폼은 다음 5개 솔루션으로 구성되어 있다.

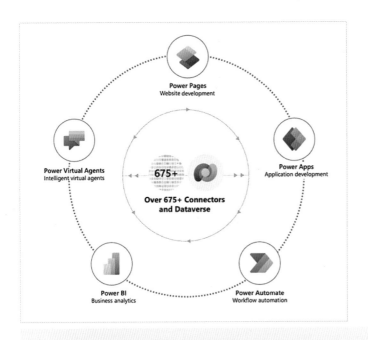

파워 오토메이트(Power Automate): 노코드로 업무 자동화 구현

파워 앱스(Power Apps): 노코드로 업무용 앱 개발과 AI 연계

파워 페이지(Power Pages): 노코드로 개방형 웹사이트 개발

파워 버추얼 에이전트(Power Virtual Agents(Chatbot)): AI에 기반을 둔 챗봇 개발

파워 비아이(Power BI): 기업용 분석 리포트 자동 개발

이 책에서는 일반 사용자가 쉽게 접근할 수 있고 윈도우 환경과 유연하게 통합할 수 있는 PAD를 이용한 엑셀 자동화를 학습한다. 먼저, 기억하기 쉽도록 PAD의 강점 3가지를 키워드로 정리한다.

그리고 PAD에는 다음과 같은 많은 장점이 있다.

- **사용자가 직접 자동화하기 쉽도록 직관적인 개발 환경 제공**
  - 소스 코드 없이 자동화 흐름을 쉽게 만들 수 있다. 엑셀 수식을 사용하기 쉽다.

- **확장 영역이 무한한 Microsoft 365와 연계**
  - Microsoft 365의 다양한 제품군과 연계할 수 있다. 때로는 프리미엄 라이선스가 필요할 수 있다. 특히, 대부분의 사무직원이 사용하는 엑셀 프로그램과의 연계가 탁월하다.

- **PAD는 누구나 무료로 사용 가능**
  - 개인 PC에 설치하는 Power Automate Desktop 프로그램은 별도의 라이선스가 필요 없다.

- **클라우드 저장으로 뛰어난 접근성과 공유 기능 제공**
  - PAD를 다시 설치해도 같은 계정으로 로그인하면 기존의 자동화를 사용할 수 있다.

- **모바일 기기에서도 쉽게 접근**
  - 모바일에서 Power Automate 또는 Power Apps를 통해서 PAD를 호출할 수 있다.

- **PAD는 약 400개 이상의 내장(Built In) 작업(Task)을 갖고 있으며, 지속적인 업데이트 지원**
  - 파이썬, VB스크립트, 파워 셸, 자바스크립트 코드를 추가할 수 있으므로 기능 확장이 유연하다.

- **자동화 흐름의 반복적인 수행과 예약 작업 일정 등록 가능**
  - 클라우드(웹)에서 개인 PC에 접근하려면 머신 직접 연결이 필요하다.

- **PAD에 기본 내장된 오류 처리 기능으로 예외 사항 효율적 처리**
  - 오류 발생 시 여러 번 재시도가 가능하며, 재시도 실패 시 하위 작업을 호출할 수 있다.

- **MS SQL Server와 같은 데이터베이스와 연결 가능**
  - MS Access DB, MS SQL express와 연결해서 빅데이터와 관련된 자동화를 구현할 수 있다.

- **OCR 엔진이 기본 내장**
  - OCR을 이용하여 이미지 또는 PDF 파일에서 텍스트를 추출할 수 있다.

- **인공지능 기술과 연계 가능**
  - Microsoft Cognitive와 Google Cloud Cognitive 서비스 등과 연결할 수 있으며, 코파일럿 인공지능이 정식으로 PAD에 포함될 예정이다.

이외에도 PAD는 상당히 다양한 기능을 제공한다. 이제 간단한 기능부터 하나씩 알아보도록 하자.

우리가 자주 사용하는 표현 중에 "싼 게 비지떡이다"라는 말이 있다. 저렴한 물건은 품질도 그만큼 나쁘다는 의미이다. 그러나 PAD는 무료라고 해서 품질이나 기능이 뒤처지지 않는다. PAD의 모체는 유료 라이선스가 필요한 RPA 도구인, 윈오토메이션(WinAutomation)이라는 제품이었다. MS가 소프트모티브 사를 인수하면서 윈오토메이션을 Power Automate Desktop이라는 이름으로 변경하고 무료로 배포한 것이다. PAD는 개인 업무 자동화 시장의 사용자 경험을 확대하는 데 가치를 두고, 기업 업무 자동화용 Power Automate Cloud(유료 라이선스)로 자연스럽게 유입되도록 하는 사업 전략으로 보인다.

챗GPT와 만나기

#챗GPT   #ChatGPT   #챗GPT사용법   #챗GPT에게_질문하는_방법

RPA를 통한 업무 자동화의 혁신적인 성과를 경험한 기업들은 인공지능에 연결된 하이퍼 오토메이션(Hyper Automation)에 주목하면서 다음 단계의 고도화 RPA를 준비(적용)하고 있다. 하이퍼 오토메이션은 업무 자동화에 인공지능을 결합하고, API를 통해서 타 시스템과 연동하는 RPA의 확장된 개념이다. 인공지능이라는 용어를 언급하면 요즘 화제인 챗GPT(ChatGPT)가 바로 떠오른다.

챗GPT(Generative Pre-trained Transformer)는 초거대 대화형 언어 모델로, 인간과 자연스럽게 대화할 수 있는 인공지능 기술이다. 언어 모델이란 방대한 텍스트의 학습을 거친 신경망의 일종을 말한다. 챗GPT는 대량의 데이터를 학습하여 질문에 대한 답을 글로 도출하여 보여준다. 이때 답으로 도출되는 '글'은 단순히 문장만 의미하는 것이 아니다. 질문에 따라 프로그래밍 언어나 소스 코드를 답변하기도 한다. 특히, 챗GPT는 엑셀 자동화에 필요한 코드를 상당히 높은 신뢰 수준으로 만들어 낸다. 때문에 챗GPT를 잘 활용하면, 챗GPT는 여러분의 프로그래밍 족보가 될 수도 있다. 챗GPT는 미국의 인공지능 기업이자 비영리 단체인 OpenAI가 만들었으며, 브라우저로 서비스된다(https://chat.openai.com/). OpenAI사는 인공지능 기술의 발전으로 인류의 사회적 이익을 추구하는 기업 목표를 가지고 있다.

챗GPT는 RPA와 연계할 수 있으며, RPA와 함께 조직 내에서 업무 자동화 및 프로세스 효율화를 실현하는 데 크게 기여할 수 있다. 챗GPT는 다양한 언어 분야에서 텍스트 생성, 번역, 요약 등의 작업을 수행할 수 있다. 특히, 자연어 처리 기술의 발전으로 인간의 언어 이해 능력에 근접한 성능을 보이며, 다양한 분야에서 활용된다.

TIP

자연어는 사람들이 일상생활에서 사용하는 자연적 언어이다. 우리가 의사소통하고 정보를 전달하기 위해서, 대화하거나 글을 쓸 때 사용하는 언어를 의미한다.

디지털 기업, 디지털 정부, 디지털 대학, 디지털 인재 등 디지털이 중요해진 세상에서 챗GPT는 디지털 전환의 중요한 이정표가 될 것이다. 사람처럼 대화하는 로봇의 등장에 일상 생활 곳곳에서 챗GPT는 흥미로운 대화의 주제가 되고 있다. 챗GPT 기술은 지속적으로 발전하고 있고 우리 삶의 많은 영역에서 영향을 준다. 특히, 컴퓨팅 사고와 코딩 기술이 필요한 IT 개발자에게 챗GPT는 조언자로서의 역할을 톡톡히 해낸다. 개발자들은 챗GPT에게 코드의 오류를 찾아 달라고 하거나, 단위 기능 구현에 대한 코드 작성을 요청한다. 개발자가 혼자서 코드를 작성하는 경우, 챗GPT의 코드 리뷰는 잠재적 오류와 보안 취약점을 발견하는 데 도움이 된다. 챗GPT는 코드를 이해하고 분석하는 데 뛰어난 성능을 발휘한다. 소프트웨어 개발이 완료된 후 품질 문서나 코드 주석을 작성할 때에도, 챗GPT에게 코드에 관련된 설명을 요청하여 활용할 수 있다.

시밀러웹(SimilarWeb)이 발표한 보고서에 따르면, 글로벌 개발자 커뮤니티(https://stackoverflow.com)를 방문하는 사용자들의 수가 인공지능의 코드 생성 기술의 영향으로 점차 줄고 있다고 한다. 사람들이 커뮤니티를 통해 코드와 관련된 정보를 얻기보다는 챗GPT와 같은 인공지능을 활용하고 있음을 단적으로 보여주는 것이다.

마이크로소프트는 일찍이 챗GPT를 개발한 OpenAI 사에 약 100억 달러(한화 약 120조 원)를 투자하였기에, 챗GPT의 상용화 서비스를 제일 먼저 사용할 수 있는 독점에 가까운 위치를 선점하였다. MS Bing은 GPT-4 기반의 코파일럿(Copilot) 서비스를 무료로 제공하고 있고, MicroSoft 365 오피스 환경뿐만 아니라 파워 플랫폼에도 코파일럿이 탑재되었다.

TIP

챗GPT는 플러스 회원으로 가입해야 GPT-4를 사용할 수 있다. 플러스 회원은 유료 서비스로 월 20달러이며, 빠른 응답 속도와 더 높은 정확도의 답변을 제공한다. 또한, 플러스 회원은 코드 인터프리터(Code Interpreter)와 같은 Beta 기능을 이용할 수 있다. 그러나 무료 수준으로도 충분하니, 먼저 챗GPT에 익숙해진 뒤 필요 시 결제하도록 하자.

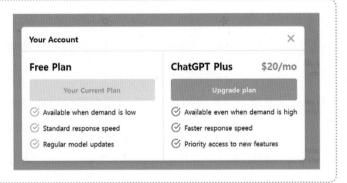

이 책에서 주로 소개하는 파워 오토메이트와 챗GPT의 상호 협력(Collaboration)은 업무 자동화(엑셀 자동화)를 더욱 정교하고 세련되게 구현해 낸다. **챗GPT는 파워 오토메이트가 구현하기 힘든 개별 단위 업무를 VBScript(VB스크립트) 또는 파이썬 코드로 작성할 수 있는 놀라운 능력을 가지고 있다.** 파워 오토메이트는 규칙 기반의 정형화된 프로세스를 자동화하고, 챗GPT는 비정형화된 인간의 자연어를 이해하고 코드를 작성하여 자동화를 지원한다. 즉, 파워 오토메이트는 기업 및 개인 업무 자동화의 전체 프로세스를 관장하고, 개별 단위 업무는 챗GPT의 혁신적인 기술로 보완하여 큰 시너지 효과를 기대할 수 있다.

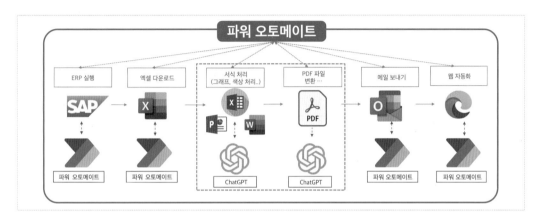

파워 오토메이트는 자동화 기능을 레고 블록처럼 서로 연결한다. 챗GPT가 생성한 코드도 레고 블록처럼 하나의 구성 요소로 파워 오토메이트 흐름에 쉽게 통합될 수 있다.

> 작은 구성 요소(모듈)들을 서로 끼워 맞추어서 시스템을 개발하는 것을 컴포저블(Composable)이라고 표현하기도 한다. 디지털 시대에 기업들은 노코드 기반의 컴포저블 솔루션들을 활용하여, 더 민첩하고 유연하며 독립적이고 확장 가능한 IT 시스템을 구현하려고 노력하고 있다.

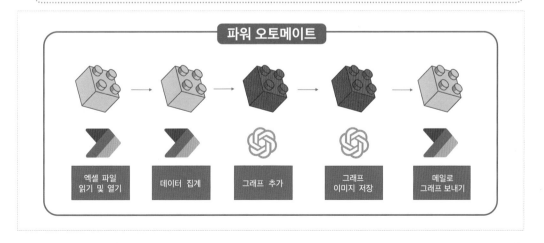

파워 오토메이트와 챗GPT는 API를 통해서 시스템 통합(연결)이 가능하다. 이 책의 후반부에 API 연결을 학습한다. RPA는 챗GPT를 실시간으로 호출하여 한글을 영어로 번역하는 등의 업무를 수행할 수 있다. 구체적으로 예를 들어 설명하자면, 파워 오토메이트는 웹 스크래핑 기능으로 자사 제품의 후기를 온라인 쇼핑몰에서 추출해서 엑셀 파일로 저장한다. 그리고, 자연어를 분석할 수 있는 챗GPT를 직접 호출해서 제품평이 긍정인지 부정인지 실시간으로 평가한다.

챗GPT의 등장으로 인해 시민 개발자들은 더 넓은 영역에서 활동할 수 있는 기회를 얻게 되었다. 전통적인 개발 환경에서는 프로젝트 관리자와 IT 개발자가 주도적으로 프로그램의 기능 및 일정 등을 결정하고 관리한다. 현업 사용자들은 프로젝트의 정해진 절차와 단계를 따른다. 그러나 챗GPT 같은 인공지능 기술의 등장으로 인해 **시민 개발자들은 더욱 창의적이고 자율적으로 IT 업무에 참여**할 수 있게 되었다. RPA와 같은 노코드 도구가 확산되면서, IT 담당자와 일반 사용자 간의 업무 경계가 모호해지고 있다. 특히, 노코드 기반의 파워 플랫폼에서는 누구나 손쉽게 모바일 앱을 개발하고 업무 자동화를 구현할 수 있다. 이로 인해 해당 분야에서 먼저 시작하는 개인들이 전문가로 성장하는 현상이 목격된다. 실무에서 일반 사무직원들이 파워 오토메이트와 파워 앱스 같은 도구들을 스스로 학습하여 부서의 업무를 자동화하고 모바일 앱을 직접 개발하는 사례들이 늘고 있다.

이러한 현상은 업무 환경에서의 디지털 능력과 창의성의 중요성을 부각시킨다. 기존의 업무 경계가 허물어지면서, 일반 사용자들은 자신의 업무를 개선하고 자동화하는 데 더욱 적극적으로 참여하게 된다. 이는 조직 내에서 변화와 혁신을 이끌어내는 동시에, 일반 사무직원들의 업무 역량 향상과 창의성을 증진시키는 결과를 가져온다.

전문적인 개발 지식이 없어도 노코드 기반의 도구를 사용하여 업무 자동화와 모바일 앱 개발을 진행할 수 있는 것은 디지털 혁신의 효과 중 하나이다. 누구나 기술적인 제약 없이 아이디어를 현실로 구현할 수 있는 기회를 갖게 되고, 업무 자동화 및 앱 개발에 대한 주도권이 시민 개발자들에게 더욱 분산되게 한다. 이는 조직 내에서 혁신적인 아이디어의 발굴과 실행을 가능하게 하며, 업무 효율성과 생산성을 향상시킬 수 있는 잠재력을 제공한다.

전통적인 개발 환경	시민 개발자 환경	퓨전 개발 환경	커뮤니티

디지털 시대에는 IT팀과 현업 사용자들이 조합된 퓨전팀을 구성하여, 서로를 보완하고 협력하여 조화로운 작업 환경을 구축하는 것이 중요하다. 이러한 팀 구성은 전문 개발자뿐만 아니라 시민 개발자들도 함께 참여하여 디지털 기술을 업무에 적용하는 효과적인 환경을 조성하는 데 도움이 된다. 더 나아가, 디지털 전환이라는 공통의 관심사를 가진 직원들은 커뮤니티에 소속되어 새로운 기술을 학습하고 각자 개선한 사례를 공유하며 함께 성장한다. 개인이 챗GPT와 같은 도구를 활용하여 디지털 업무 자동화에 참여하는 형태가 자연스럽게 발전할 것으로 예상된다. 특히, **시민 개발자들은 챗GPT를 활용하여 디지털 업무에 참여함으로써 조직 내에 디지털 역량을 보완**할 수 있다. 이는 전문 개발자들과 시민 개발자들 간의 지식 공유와 협력을 촉진하며, 개인의 역량 향상과 조직의 디지털 전환을 가속화할 수 있다. 조직 전체적으로 디지털 업무 환경에 대한 이해와 수용력을 키우게 된다. 이러한 퓨전 업무 환경은 빠르게 변화하는 디지털 시대에서 직원들의 IT 역량을 강화하여 기업 경쟁력을 향상시키는 데 기여할 것으로 예상된다.

TIP
디지털 직원 경험(Digital Employee Experience, DEX)의 중요성이 부각되면서, 기업은 IT팀과 현업 사용자들로 구성된 DEX 팀을 구성하고 있다.

챗GPT는 다음 사이트에 접속하여 무료로 사용할 수 있다. 회원가입을 진행해 보자.

URL 챗GPT : https://chat.openai.com/

<u>01</u> [Sign up] 버튼을 눌러서 회원가입을 진행한다.

<u>02</u> 메일 주소를 입력하고 [Continue] 버튼을 누르거나, Google 또는 Microsoft 계정으로 가입할 수 있다. [Continue] 버튼을 눌러서 다음 단계로 이동한다.

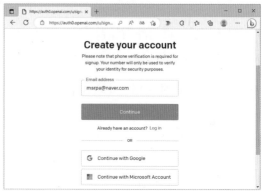

<u>03</u> 8자리 이상의 패스워드를 입력하고 [Continue] 버튼을 누른다.

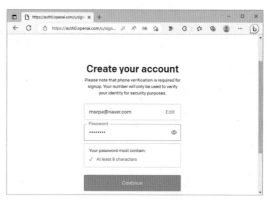

<u>04</u> 앞서 입력한 메일 주소로 수신된 내용의 [Verify email address] 버튼을 누른다.

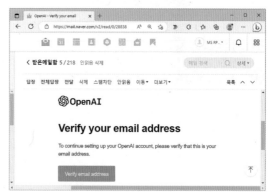

05 이름 및 생일을 입력하고 [Continue] 버튼을 누른다.

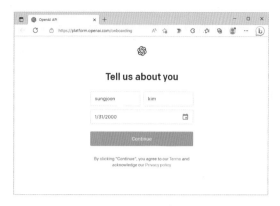

06 전화번호를 입력하고 [Send code] 버튼을 눌러서, 수신된 인증 번호를 입력하면 회원가입이 완료된다.

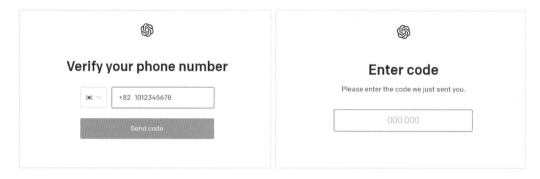

07 챗GPT와 대화할 수 있는 화면이 열린다. 각자 챗GPT에게 묻고 싶은 내용을 작성해서 대화를 시도해보자.

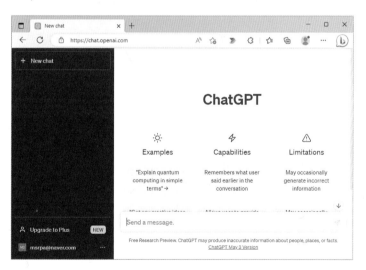

챗GPT에게 질문을 잘 하는 방법

도깨비 방망이처럼 모든 질문에 뚝딱하고 답을 해줄 것만 같은 챗GPT이지만, 실제로 답변이 만족스럽지 않은 경우가 있다. 인공지능의 한계라고 탓하지만, 오히려 문제는 질문하는 사람에게 있을 수 있다. 챗GPT에게 질문하는 방식에 따라 답변은 천차만별이기 때문이다. 질문을 얼마나 조리 있고 능숙하게 하는가에 따라서 답변이 달라진다. 인공지능의 능력을 최대한 활용하려면, 사용자는 질문의 기술에 대해서 진지하게 고민해봐야 한다. 챗GPT는 사람의 질문으로부터 문장을 생성하며, 사람의 추가 질문으로 답변을 보완하고, 사람의 피드백을 활용하여 학습한다. 즉, **"챗GPT는 질문으로 시작해서 질문으로 완성된다."**
챗GPT에게 질문(프롬프트)을 잘 하는 방법에 대해서 간단히 소개한다. 프롬프트는 사용자가 컴퓨터에 명령어나 데이터를 입력하는 것을 의미한다. 좀 더 구체적인 내용은 실습을 진행하면서 설명하겠다.

1. 명확한 질문 내용을 정리하고 구체적으로 작성하기

챗GPT는 인간의 언어를 학습했기 때문에 쉽고 명확한 단어를 선호한다. 즉, 질문 내용이 구체적일수록 챗GPT는 더욱 정확한 답변을 제공한다. 모호하거나 너무 일반적인 질문은 챗GPT가 적절한 답변을 제공하기 어렵게 만들 수 있다.

2. 자세한 정보 제공하기

챗GPT가 답변을 제공하기 위해서는 가능한 한 많은 정보가 필요하다. 예를 들어, 질문이 어떤 문제에 관한 것인지, 관련된 배경이 무엇인지 등을 알려주면 챗GPT가 정확한 답변을 제공할 수 있다. 질문의 내용을 순서대로 번호를 붙여 일목요연하게 정리해서 물어보는 방법도 좋다.

3. 대화의 맥락을 유지하기

대화의 맥락을 유지하면 챗GPT가 더 나은 답변을 제공할 수 있다. 이전 대화와 관련된 주제나 정보를 추가로 제공해주면 챗GPT는 질문을 더 정확히 이해하고 개선된 답변을 제시한다. 특히, 이 책에서는 챗GPT에게 코드 작성 요청을 주로 한다. 챗GPT가 작성한 코드에 오류가 발생할 때, 오류 코드 및 내역을 제공하면 챗GPT가 이전에 작성한 코드를 보완해준다.

4. 정확한 언어 사용하기

챗GPT는 자연어 처리 모델이기 때문에 오타나 문법 오류 등의 오류가 있는 질문은 챗GPT가 이해하기 어렵다. 따라서, 최대한 정확한 언어를 사용하여 질문을 작성하는 것이 좋다. 챗GPT는 영어로 훈련되었기 때문에, 영어로 질문할 경우 더 높은 이해도와 정확도로 답변을 제공할 수 있다. 하지만 챗GPT의 성능은 지속적으로 향상되고 있으며, 우리 말에 대한 이해도가 높기 때문에 영어로 번역하여 질문할 필요까지는 없다.

5. 반복적인 질문하지 않기

챗GPT에게 반복적인 질문을 하는 것은 시간 낭비일 뿐만 아니라 챗GPT를 혼란스럽게 만들 수 있다. 따라서, 새로운 정보나 다른 관점에서 질문을 작성하는 것이 좋다. 챗GPT가 제시한 코드가 의도한 결과와 다른 경우에는, 반복 질문보다는 어떤 부분을 보완해 달라고 구체적으로 요청하는 것이 효과적이다.

챗GPT의 특징

1. 챗GPT는 이전의 질문 내용이나 대화까지 모두 기억한다.

챗GPT는 사용자와 대화하면서 사용자가 질문했거나 언급한 내용을 계속 기억하여 답변에 활용한다. 뿐만 아니라, 챗GPT가 답변한 것도 스스로 기억하여 이어지는 질문에 적절하게 응답한다는 점에서 기존의 챗봇과는 다른 모습을 보인다.

사용자	Q. 나는 채식주의자야. 채식주의자 종류를 알려 줘.	사용자가 '채식주의자'라는 것을 챗GPT가 기억하게 된다.
챗GPT	A. 채식주의는 다양한 형태와 종류가 있습니다. 주로 다음과 같은 채식주의자 종류가 있습니다. (생략)	
사용자	Q. 나를 위한 저녁 메뉴를 추천해 줘.	사용자는 여기서 '채식주의자'를 위한 저녁 메뉴라고 말하지 않았다. 그러나 챗GPT는 기억한 것을 바탕으로, 이 질문을 '채식주의자'를 위한 저녁 메뉴를 묻는 질문으로 인식한다.
챗GPT	A. 채식주의자로서의 저녁 식사를 위해 몇 가지 메뉴를 추천해 드릴게요. 다음은 채식이면서도 맛있는 저녁 식사 아이디어입니다. (생략)	그 결과, 사용자(채식주의자)에게 맞는 채식 저녁 메뉴를 답변한다.

2. 챗GPT는 2022년까지의 데이터만 학습된 상태다.

챗GPT 무료 버전은 2022년 1월까지의 데이터로 학습된 인공지능이며, 지속적인 업데이트가 있을 예정이다(참고로, GPT-4 터보는 2023년 4월까지 데이터 학습). 때문에 최근 발생한 사건이나 이슈, 지식 및 데이터를 물어보면 대답하지 못하거나 과거의 사실을 현재의 것으로 답변한다.

사용자	오늘 너무 더워. 오늘 서울의 기온이 어떻게 돼?
챗GPT	죄송합니다, 제가 현재 날씨 정보를 실시간으로 알 수 있는 기능은 없습니다. 저는 2021년 9월까지의 지식으로 훈련된 모델이기 때문에 최신 정보를 제공할 수 없습니다.

3. 챗GPT가 무조건 정답인 것은 아니다.

챗GPT는 답변에 대한 검증 절차를 수행하지 않기 때문에 잘못된 정보를 제공할 수 있다는 점에 주의해야 한다. 이는 모든 인공지능(AI)에게서 나타나는 한계다. 학습한 데이터를 기반으로 답변하는 챗GPT는 학습한 데이터 중 잘못된 사실이나 오류가 있어도 그대로 기억한다. 또한, 답변의 기반으로 삼을 학습 데이터가 부족한 경우에는 스스로 말을 지어내어 답변하기도 한다. 또한, 챗GPT는 정확하게 계산할 수 없다. 계산기와 같은 기능이 필요하면 플러그인을 설치해야 한다. 즉, 챗GPT는 **높은 확률로 유용한 정보를 제공하도록 학습**되었기에, 다양한 주제에 대해서는 100% 신뢰성을 보장하지는 않는다. 80% 신뢰 수준에서 시작하여 나머지 20%를 사람이 검증하고 보완하는 접근 방식은 챗GPT와 같은 인공지능 모델을 사용하는 데 좋은 접근 방법이다. 인공지능이 스스로 학습하고 증강하면 그 발전 속도는 더욱 가속화되어, 인간이 인지하기 힘든 수준의 진화(Singularity: 인공지능이 인간 지능을 넘어서는 기점)를 이룰 것으로 예상된다. 아직은 챗GPT의 답변이 완전한 신뢰성을 보장하지는 않지만, 기술의 발전으로 그 정도는 점차 개선될 것이다.

파워 오토메이트 데스크롭 설치하기

#파워_오토메이트   #파워_오토메이트_데스크톱   #PAD   #PAD설치   #노코드

마이크로소프트는 RPA 기능을 강화하고자 2020년 5월에 소프트모티브 사의 윈오토메이션을 인수했다. 윈오토메이션은 Power Automate for Desktop이라는 새로운 이름으로 배포되었고 MS 제품군에 포함되면서 자동화 기능이 지속적으로 업데이트되고 있다. 흥미로운 점은 **PAD를 무료로 배포한다는 전략을 발표**한 것이다. 즉, 자동화라는 새로운 디지털 세상을 만날 기회가 누구에게나 활짝 열렸다는 것이다. PAD는 윈도우 환경에 최적화되어 있으므로, 윈도우에서 실행하는 프로그램 대부분을 자동화할 수 있다.

PAD는 마이크로소프트(Microsoft)에서 제공하는 개인 및 기업 업무 자동화를 위한 RPA 도구이다. PAD를 사용하면 데스크톱으로 하는 대부분의 업무를 자동화할 수 있다. 예를 들어, 엑셀 파일에 있는 수천 건의 데이터를 사내 시스템에 하나씩 입력하는 작업을 사람이 직접 하면, 시간도 많이 걸리고 실수가 발생할 수도 있다. 그러나 PAD를 사용하면 보다 빠른 시간 내에, 실수 없이 정확하게 끝낼 수 있다. PAD의 특징은 크게 다음 세 가지다.

1. 노코드(No Code) 도구: 프로그래밍 기술이 없는 사람이라도 쉽게 사용할 수 있는 노코드(No Code), 로우 코드(Low Code) 도구로, IT에 대한 고급 지식이 없는 사람도 사용할 수 있다.

2. 간편한 사용 방법: Windows 11이 탑재된 PC에서는, 'Power Automate'라는 이름으로 기본 내장되어 있어 로그인하여 바로 이용할 수 있다.

3. 마이크로소프트 앱: 마이크로소프트가 서비스하는 앱인 만큼 다른 마이크로소프트 프로그램과도 원활하게 연동된다. 업무상 일상적으로 사용하는 엑셀(Excel)뿐 아니라 워드 등 마이크로소프트365 관련 프로그램과 문제없이 연결된다.

PAD를 사용하려면 다음 운영체제가 설치되어 있어야 한다.

> • **Windows 11, Windows 10, Windows Server 2016 또는 2019**

PAD를 내려받는 방법에 대해서 알아보자. 먼저, Windows 11 환경에서는 PAD는 'Power Automate'라는 이름으로 윈도우에 기본 내장되어 있다. 앱 찾기 🔍 아이콘을 눌러서 'Power Automate'를 검색하면 실행할 수 있다.

TIP
Windows 11에서 Power Automate Desktop은 Power Automate for Desktop이라는 제품명으로 변경되었고 Power Automate 앱이라고 부른다. 이 책에서는 PAD라는 용어로 통일한다.

Power Automate 앱이 실행되면 최신 버전의 소프트웨어를 자동으로 설치한다.

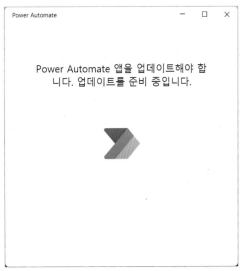

Windows 10에는 설치되어 있지 않으므로, Microsoft Store 앱에서 Power Automate를 검색하여 바로 설치할 수 있다.

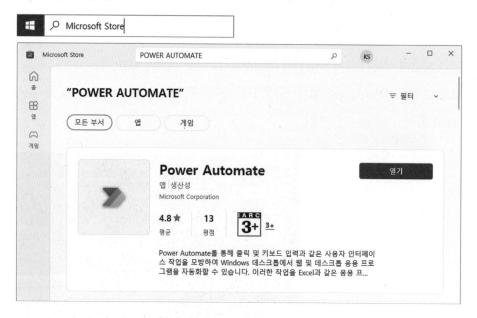

그리고, Store 앱 이외에 여러 가지 방법으로 PAD 소프트웨어를 내려받을 수 있다. 마이크로소프트 오피스 웹사이트(https://www.office.com)에 접속한 후에 Microsoft 365에 로그인해서 PAD 소프트웨어를 내려받는다.

Microsoft 계정이 없다면 [계정을 만드세요!] 링크를 클릭한다. 직장인은 회사에서 제공하는 Microsoft 365 계정을, 교직원이나 학생은 학교에서 제공하는 Microsoft 365 무료 계정을 그대로 사용하면 된다.

개인 계정보다는 회사 또는 학교 계정을 사용할 것을 추천한다. 개인 계정은 Power Platform 서비스를 사용할 수 없는 등 제약사항이 있다.

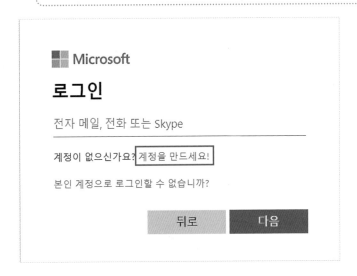

계정 만들기 화면으로 이동하면 메일 주소를 입력하고 다음 단계로 진행한다. 이후 과정은 일반적인 회원가입 방법과 비슷하므로 자세한 설명은 생략한다.

마이크로소프트 오피스(Office.com)에 접속한 후에 브라우저 왼쪽에서 [Power Automate] 아이콘(▶)을 누른다. 이 아이콘이 보이지 않으면 왼쪽 아래의 ① [전체 앱 보기] 아이콘(⊞)을 눌러서 모든 앱을 볼 수 있는 웹 페이지(https://www.office.com/apps)로 이동하고 나서 ② [Power Automate]를 클릭한다.

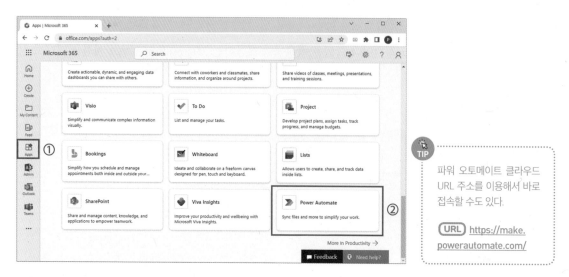

파워 오토메이트 클라우드 URL 주소를 이용해서 바로 접속할 수도 있다.

(URL) https://make.powerautomate.com/

앞서 설명했듯이, 파워 오토메이트는 클라우드와 데스크톱 버전 2가지가 있다. 이 책은 개인 PC에서 실행하는 PAD 위주로 설명하므로 데스크톱 버전 프로그램을 내려받아 설치해야 한다.

파워 오토메이트 웹사이트의 맨 아래로 이동하여 '다운로드' 항목에서 [데스크톱용 Power Automate]를 클릭하여 설치 프로그램을 내려받는다.

또는, ① + 만들기 메뉴를 누른 후에 우측 상단의 [설치] 메뉴를 눌러서 ② [데스크톱용 Power Automate]를 선택하여 내려받을 수도 있다.

TIP

다음 링크를 통해 PAD 설치 파일을 바로 내려받을 수 있다.

(URL) https://go.microsoft.com/fwlink/?linkid=2102613

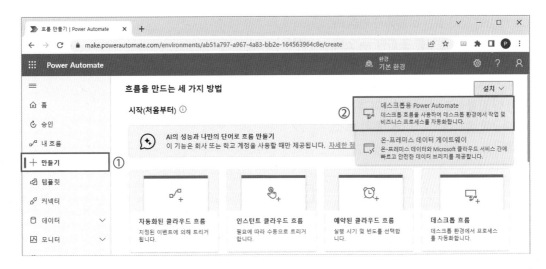

설치 파일을 내려받았다면 PAD를 다음 순서에 따라 설치해 보자.

01 설치 프로그램이 실행되면 [다음]
버튼을 누른다.

02 설치 위치를 확인하고 약관에 동
의한 후 [설치] 버튼을 누른다.

03 PAD의 설치 화면 아래에서 기존 버전과 현재 버전 정보를 조회할 수 있다 (재설치 시). MS는 PAD를 계속 업그레이드하고 있다. MS 제품군과의 연결 통합성이 더 강화되고 새로운 기능이 추가되기 때문에 정기적으로 업데이트하는 것이 좋다.

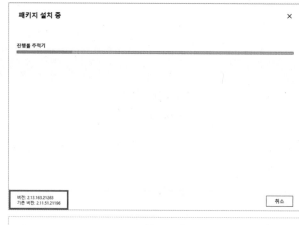

04 설치가 완료되었으면 [로그인] 버튼을 눌러서 로그인한다.

05 소속 조직의 이메일 계정 또는 개인 이메일 계정을 입력한 후 로그인한다.

06 자동화 흐름을 생성할 수 있는 화면으로 이동한다. 이 화면을 **PAD 일러스트레이션** 또는 PAD 중앙 콘솔이라고 한다. 간단한 첫 화면에서도 알 수 있듯이 PAD로 자동화 흐름을 개발하는 것은 아주 쉽다.

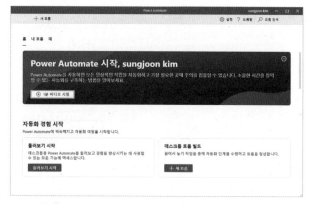

다음 절에서는 PAD 흐름을 생성하는 실습을 진행해 본다.

교직원이나 학생의 Microsoft 365 무료 계정 생성하기

개인 메일 주소를 이용해 마이크로소프트 계정을 별도로 생성할 수 있으나 회사 또는 학교 계정을 이용하면 더 많은 기능을 사용할 수 있다. 학교의 교직원이나 학생은 교육청에서 무료 Microsoft 365 계정을 신청할 수 있다. 예를 들어, 서울 지역은 서울특별시교육청(https://o365.sen.go.kr/) 사이트를 이용하면 된다.

회원가입을 하려면 가입 인증 코드가 필요하다. 인증 코드는 소속 학교 정보 담당 선생님에게 확인해야 한다. 재학 중인 학교 홈페이지에 기재된 행정실 전화번호로 문의해 보자.

지역별 Microsoft 365 신청 사이트는 다음과 같다.

지역	Microsoft 365 신청 사이트	지역	Microsoft 365 신청 사이트
서울특별시	https://o365.sen.go.kr/	경기도	https://cloud.goe.go.kr/
세종특별시	https://o365.sje.go.kr	강원도	https://Microsoft 365.gwe.go.kr/
인천광역시	https://o365.ice.go.kr/	충청북도	https://cloud.cbe.go.kr/
대전광역시	https://www.dje365.kr/	충청남도	https://o365.cne.go.kr/
대구광역시	https://o365.dge.go.kr/	경상북도	https://365.gyo6.net/
광주광역시	https://o365.gen.go.kr/	경상남도	https://sw-ms.gne.go.kr/
울산광역시	https://o365.use.go.kr/	전라북도	https://getsw.jbe.go.kr/
부산광역시	https://o365.pen.go.kr/	전라남도	https://o365.jne.go.kr/
제주특별자치도	https://o365.jje.go.kr/		

첫 자동화 흐름 만들기

실행 영상 파일
https://cafe.naver.com/msrpa/721

#PAD흐름   #흐름_디자이너_기능   #엑셀자동화_시작   #챗GPT로_VBScript코드_작성하기

엑셀은 현대 비즈니스에서 필수적인 프로그램으로 다양한 분야에서 널리 사용되고 있다. 많은 경우, 엑셀 작업은 반복 수작업으로 이루어져 있기에 엑셀 자동화는 기업의 생산성과 효율성 증대를 위해서 해결해야 할 중요한 과제이다. 일부 기업에서는 엑셀 자동화를 위해 VBA, 파이썬을 이용해 자동화 프로그램을 개발하는 등 다양한 대안을 시도하고 있다. 또한 디지털 전환의 주요 기술 요소인 업무 자동화(RPA)도 엑셀 자동화에 활용되고 있다. RPA는 인간이 수행하는 업무를 자동화 흐름이 대신 처리하여 작업 시간과 비용을 절감하고, 정확성을 향상시킨다.

앞서 소개했듯이, 기존의 RPA 솔루션에 더해 AI 기술을 접목한 **RPAI(RPA+AI)**가 등장했다. PAD에는 자연어 기능을 제공하는 인공지능이 곧 탑재될 것이라고 한다. 더 나아가, **챗GPT가 생성해주는 코드를 PAD에 접목하면 엑셀 자동화를 더 효율적으로 확대 적용**할 수 있다. 열린 마음으로 챗GPT를 받아들이는 사람에게 엑셀 자동화는 새로운 기회의 장이 될 수 있다. 또한 엑셀 자동화를 넘어, 챗GPT와 PAD의 융합은 더 많은 분야에서 혁신적인 업무 자동화 솔루션을 제공할 수 있을 것으로 기대된다.

본격적으로 PAD 개발 도구를 알아보자. [내 흐름] 탭을 선택하면, 콘솔에는 생성된 데스크톱 흐름들을 목록 형태로 조회할 수 있다. 모든 데스크톱 흐름을 조회하고 관리할 수 있는 중앙 인터페이스

콘솔이다. 여기서 자동화 흐름을 실행·정지·변경할 수 있다. 흐름 목록의 이름과 수정한 날짜, 상태 표시 줄의 ↑ 와 ↓ 아이콘을 누르면 오름차순이나 내림차순으로 정렬할 수 있다.

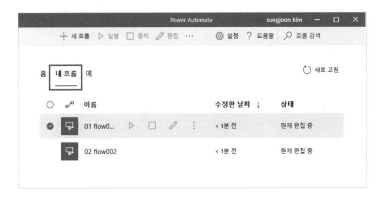

PAD 아이콘별 기능은 다음과 같다.

아이콘	명칭	기능
+	새 흐름	새 자동화 흐름 만들기
⚙	설정	PAD 설정 기능(핫키 설정 등)
?	도움말	설명서나 관련 커뮤니티 등 도움이 될 만한 정보를 얻을 수 있는 링크로 연결된다.
🔍	검색	흐름 이름으로 흐름 검색
▷	실행	흐름 실행(콘솔에서 흐름을 실행하는 것이 흐름 디자이너보다 빠르다.)
□	중지	흐름 중지
✎	편집	흐름 편집
⋮	추가 작업	추가 작업(실행, 중지, 편집, 이름 바꾸기, 복사본 만들기, 삭제)

TIP

Microsoft 365 라이선스를 구독하면 바로 가기를 만든 후에 아이콘을 클릭해서 PAD 자동화 흐름을 실행할 수 있다. 흐름을 선택하고 ① 추가 작업 아이콘을 누른 후에 ② [바탕 화면 바로 가기 만들기] 메뉴를 선택하면 된다.

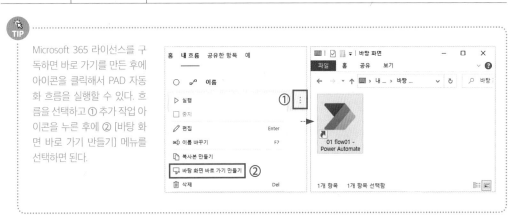

PAD 중앙 콘솔에서 [새 흐름] 또는 [편집] 버튼을 누르면 새 창에 흐름 디자이너 프로그램이 열린다. 자동화 흐름을 디자인한다고 해서 이 화면을 **흐름 디자이너(Flow Designer)**라 부른다. 흐름 디자이너에서는 자동화 흐름을 만들고 디버깅하고 UI 요소를 관리하는 등의 다양한 작업을 할 수 있다. 기본적으로 제공되는 400개 이상의 작업을 서로 연결해서 자동화를 구현한다.

흐름 디자이너는 **작업 메뉴, 작업 영역 그리고 변수 영역의 3개 그룹**으로 구성된다. 왼쪽 작업 메뉴 영역에서 자동화를 구현하는 Built-in(내장) 작업을 확인할 수 있다. 해당 작업을 PAD 중앙 작업 공간(작업 영역)에 끌어와서 자동화 흐름을 디자인한다. 작업 영역에는 하위 흐름을 생성할 수 있는 메뉴와 흐름을 저장하고 실행하는 툴바가 존재한다. 오른쪽의 변수 영역에서는 자동화 흐름에서 정의한 변수의 값을 확인하거나 입출력 변수나 UI 요소 목록을 관리할 수 있다. 입출력 변수는 파워 오토메이트 클라우드의 흐름 등에서 데스크톱 흐름을 호출할 때 주고받는 파라미터(매개 변수)이다.

개발 도구 아래 상태 표시 줄에는 흐름 실행의 결과(성공/오류)를 보여준다. 그리고 자동화 흐름 단계별로 진행되는 지연 시간을 설정할 수 있다. 기본으로 100밀리 초로 설정된다. **더 빠른 결과를 원한다면 실행 지연 값을 1로 조정**하면 된다.

오류를 발견하면 상태 표시 줄에는 오류 정보와 오류 수가 표시된다. 흐름 실행 중에 문제가 발생하면 흐름 디자이너 아래에 오류 정보가 출력된다.

출력된 오류 메시지를 더블클릭하면 상세한 오류 정보를 확인할 수 있는 창이 열린다. 오류 세부 정보 창은 오류 [위치(작업 순번)], [오류 메시지], [오류 세부 정보]의 3개 항목으로 구성된다.

조금 더
알아보기

PAD의 흐름과 작업이란?

특정 절차와 규칙에 따라 데이터를 반복적으로 옮겨 적는 일은 PAD가 가장 잘하는 작업이다. PAD는 PC에서 자주 수행하는 업무 과정을 **'작업'**으로 제공한다. '작업'은 400여 가지가 있으며 지속적인 업데이트로 계속 추가되고 있다. 웹페이지의 버튼이나 입력 필드에 값을 조작하는 것, 엑셀 파일의 데이터를 편집하는 것과 같은 컴퓨터에서 수행되는 모든 작업을 지원한다. 그리고 이러한 '작업'들을 자동화하려는 업무 프로세스에 따라 순차적으로 배치한 덩어리를 **'흐름'**이라고 일컫는다.

작업: PAD에서 실행할 컴퓨터의 행동 조작 및 액션

흐름: 자동화하려는 업무 프로세스에 따라 '작업'을 순차적으로 배치한 작업 꾸러미

이제 첫 번째 자동화 흐름을 생성해 보자. 새로운 것을 시작하는 것은 어렵지만, 시작이 반이라고 했다. 이 책과 PAD를 시작했으니 절반은 성공한 셈이다. PAD는 사용하기 쉬우므로 나머지 반도 어렵지 않게 진행할 수 있을 것이다.

앞서 언급했듯이 PAD는 사용자 스스로 학습하여 업무에 적용할 수 있는 사용자 친화적인 개발 도구이다. 사무직원 대부분이 엑셀을 활용하듯이 PAD도 일반적인 사무 작업 도구로써 활용될 것으로 기대한다.

이제부터 차례대로 따라 하면서 실습을 진행하자.

Q 인터넷이 연결되지 않는 환경에서도 PAD를 사용할 수 있을까요?

A PAD는 인터넷이 가능한 환경에서만 사용할 수 있습니다. PAD에서 자동화 흐름을 생성하려면, 마이크로소프트 계정으로 로그인해야 합니다. PAD에서 생성한 자동화 흐름 소스 코드는 마이크로소프트의 클라우드 스토리지 서비스인 원드라이브(OneDrive)에 저장됩니다. 계정 로그인을 거쳐 클라우드 백업까지, 이 모든 과정은 인터넷이 연결된 상태에서 가능하므로 PAD는 반드시 인터넷 사용이 원활한 환경에서 사용하길 바랍니다. 참고로, 자동화 흐름에서 사용되는 기업 또는 개인 데이터는 클라우드에 저장되지 않으므로 안심하고 사용해도 됩니다.

01 PAD를 실행한 후 화면 중앙 또는 왼쪽 위의 [+ 새 흐름] 버튼을 누른다.

02 [흐름 이름]란에 자동화 흐름 이름을 입력한다. ① 흐름 이름은 검색하기 쉽도록 구체적인 업무명을 간략하게 기술하는 것을 추천한다. ② [Power Fx 사용(프리뷰)] 기능은 자동화 흐름에 Power Fx 언어를 사용하는 기능이다. 아직 정식으로 배포된 기능이 아니기 때문에 지금은 사용하지 않고 비활성화한다. Power Fx 기능은 커뮤니티 게시글(https://cafe.naver.com/msrpa/31037)을 참고하자. ③ [만들기] 버튼을 눌러서 흐름을 디자인하는 화면으로 이동한다.

> **TIP**
> 자동화 흐름은 자동화 로봇, 로봇, 봇, 흐름, Flow, PAD 흐름, 데스크톱 흐름 등의 용어로 표현하기도 한다.

03 PAD 중앙 콘솔과 별도로 흐름을 디자인하는 창이 새롭게 열린다. 왼쪽의 작업 메뉴에서 ① `작업` [Excel]을 클릭하고 ② [Excel 시작] 메뉴를 더블클릭한다. 또는 마우스로 선택해서 작업 영역으로 끌어 놓는다.

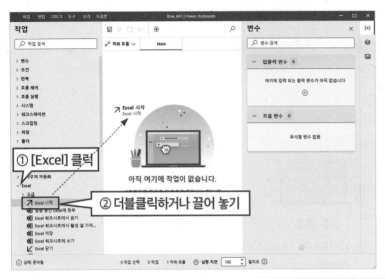

04 부가적인 설명이 필요 없을 정도로 직관적인 설정 화면이 열린다. 각 매개 변수 항목의 기능을 살펴보자. 이후 과정에서는 실습과 관련한 항목 위주로만 설명한다.

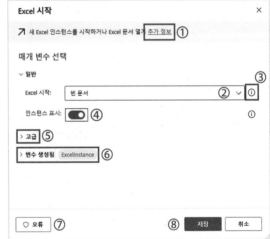

① 추가 정보: 해당 작업의 설명서를 확인할 수 있는 웹사이트로 이동한다. 클릭하면 다음과 같은 화면이 나타난다.

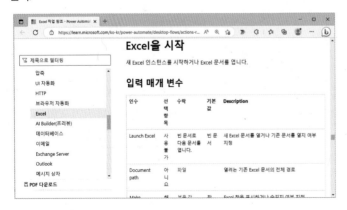

② Excel 시작: [빈 문서] 또는 [및 다음 문서 열기]로 엑셀 파일을 선택해서 열 수 있다.

③ 정보: 마우스 커서를 ⓘ 아이콘에 올리면 해당 설정 항목의 정보가 조회된다.

④ 인스턴스 표시: 엑셀 프로그램을 직접 화면에 보여줄지, 화면에 보이지 않고 백그라운드에서 실행할지 설정한다.

⑤ 고급: 고급 기능을 선택할 수 있다. 작업마다 다른 고급 옵션이 존재한다.

⑥ 변수 생성됨: 엑셀 프로그램이 실행되는 인스턴스 변수가 자동 생성된다. 변수 이름을 변경할 수 있다.

⑦ 오류: 작업 오류에 대처하는 다양한 기능을 설정할 수 있다.

⑧ 저장/취소: 모든 매개 변수 설정이 완료되었으면 [저장] 버튼을 누른다. 저장하지 않으려면 [취소] 버튼을 누른다. 책에서 언급하지 않더라도 작업을 완료했다면 반드시 저장해야 한다.

05 데스크톱 흐름을 실행해서 결과를 확인해 보자.

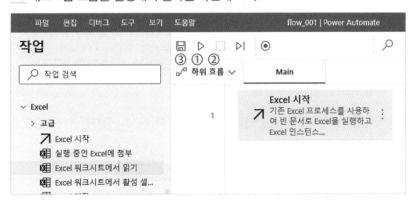

① 실행 아이콘 (▷)을 누르면 자동화 흐름을 실행한다. 이전 단계에서 설정한 빈 엑셀 프로그램이 다음 그림과 같이 실행된다.

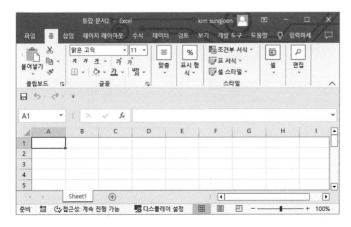

② 데스크톱 흐름을 끝내려면 중지 아이콘(□)을 누르면 된다.

③ 저장 아이콘(💾)을 누르면 데스크톱 흐름이 저장된다.

PAD에서 생성한 데스크톱 흐름은 마이크로소프트의 **클라우드 서버에 저장**된다. PAD가 설치된 개인 PC가 고장이 나더라도, 본인 계정에서 생성한 자동화 흐름은 클라우드에 안전하게 저장되어 있다. 다른 사람의 PC에서 본인 계정 및 ID로 로그인하면 내가 만든 데스크톱 흐름을 그대로 사용할 수 있다.

Q **PAD에서 생성한 흐름을 다른 사람과 공유할 수 있나요?**

A PAD에서 생성한 흐름은 파워 오토메이트 클라우드에서 공유할 수 있습니다. 무료 버전으로 PAD만 사용하는 경우에 흐름을 공유하려면, 다음의 순서로 진행하면 됩니다.

1. 흐름을 열어서 작업을 모두 선택하고 복사한다.
2. PAD 오른쪽 상단의 ① 이름을 클릭한 후에 ② [로그아웃] 메뉴로 본인 계정을 로그아웃한다.

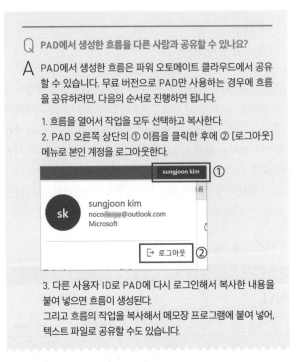

3. 다른 사용자 ID로 PAD에 다시 로그인해서 복사한 내용을 붙여 넣으면 흐름이 생성된다.
그리고 흐름의 작업을 복사해서 메모장 프로그램에 붙여 넣어, 텍스트 파일로 공유할 수도 있습니다.

06 PAD 중앙 콘솔의 흐름 목록에서도 실행 아이콘(▷)을 눌러 흐름을 시작하거나 중지(□) 아이콘으로 흐름을 중지할 수 있다.

흐름 디자이너보다 중앙 콘솔에서 흐름을 실행하는 것이 더 빠르다. 그 이유는 흐름 디자이너에서는 작업 단계별로 이동하면서 지연 시간을 포함하여 실행하기 때문이다.

Q **작업은 최대 몇 개까지 배치할 수 있나요?**

A 작업 수의 제한은 없지만, 작업 수가 많을수록 흐름이 길어져 전체적인 구조를 잡기가 어려워집니다.

빈 엑셀 문서를 생성하는 코드 요청하기

PAD와 챗GPT와의 조합은 엑셀 자동화를 위한 최적의 솔루션을 제공한다. 챗GPT는 코딩 능력을 보유하고 있기 때문에 사용자는 이를 활용하여 엑셀 작업을 더욱 쉽게 자동화할 수 있다. 이 두 기술의 협력은 엑셀 자동화 및 업무 자동화 분야에서 혁신적인 변화를 가져올 수 있는 가능성을 보여준다. 챗GPT에게 빈 엑셀 파일을 여는 VBScript를 작성해 달라는 요청을 해 보자.

👤 PAD에서 동작하는, 빈 엑셀 문서를 생성해서 보여주는 VBScript를 작성해 줘.

 PAD에서 동작하는 VBScript를 사용하여 빈 엑셀 문서를 생성하고 표시할 수 있습니다. 다음은 그 예시입니다.

_____ 1-4-1 빈 엑셀 파일 생성

```vbscript
' Excel 객체 생성
Set objExcel = CreateObject("Excel.Application")

' 새 워크북 생성
Set objWorkbook = objExcel.Workbooks.Add( )

' Excel 창 표시
objExcel.Visible = True
```

챗GPT가 생성한 VBScript를 복사한다. 새 흐름을 생성하고 ① 작업 [스크립팅] → [VBScript 실행] 메뉴를 넣어서 복사한 스크립트를 ② 붙여 넣는다.

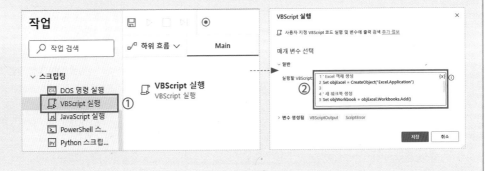

흐름을 실행하면, 빈 엑셀 파일이 열린다.

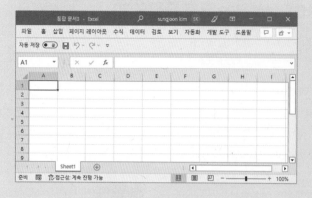

TIP

VBScript(VB스크립트, Visual Basic Scripting Edition)는 마이크로소프트에서 개발한 스크립트 언어로서, 주로 윈도우 환경에서 사용된다. 엑셀 프로그램에서는 VBA를 이용해 매크로를 작성하여 특정 작업을 자동화하거나 반복적인 작업을 수행할수 있다. VBScript는 엑셀 VBA(Visual Basic for Applications)와 유사한 문법을 사용한다.

챗GPT 활용하기

파워셀(PowerShell)을 사용해서 자동화하기

이 책은 엑셀 자동화를 위해 VBScript를 소개하지만, 파워셀을 이용할 수도 있다. 챗GPT에게 파워셀 작성을 요청하거나, VBScript 코드를 동일한 기능을 하는 파워셀 스크립트로 변환해달라고 요청할 수도 있다. 파워셀은 객체 지향적 접근이 가능하고, 닷넷(.Net)과 통합되어 있다는 등의 장점이 있다.

 빈 엑셀 파일을 생성해서 보여주는 PowerShell을 작성해 줘.

_____ 1-4-2 파워셀로 빈 엑셀 파일 생성

```
$excel = New-Object -ComObject Excel.Application
$excel.Visible = $true
$workbook = $excel.Workbooks.Add( )
$worksheet = $workbook.Worksheets.Item(1)
```

챗GPT가 생성한 코드를 복사한 후에 작업 [스크립팅] → [PowerShell 스크립트 실행] 메뉴에 붙여넣어서 실행하면 된다.

PAD 온라인 설명서 보기

PAD 콘솔의 메뉴에서 [도움말] → [설명서]를 누르면 데스크톱 흐름 학습을 위한 설명서 웹사이트로 이동한다.

참고로, Microsoft Docs 사이트에서 [PDF 다운로드] 버튼을 누르면 설명서 전체를 내려받을 수 있다.

이번 장에서는 여러 타입의 변수를 생성해서 값을 저장하고 메시지로 출력한다. 숫자 변수는 산술 연산자를 이용하여 다양하게 계산할 수 있고, 문자 변수를 이용하여 사용자에게 입력 받은 문자를 연결하거나 자를 수도 있다. 아울러 날짜를 계산하는 방법도 알아본다.

조건문과 반복문은 모든 프로그래밍의 기본적인 논리 구조를 구성하는데, 이번 장에서 조건문과 반복문의 기초를 다지며 PAD에서 사용하는 문법을 이해하고 이를 자동화에 적용할 수 있도록 실습해 보자. 조건문과 반복문을 포함한 기본 문법은 모든 프로그래밍에서 중요하다. 시간이 걸리더라도 기반을 단단히 다져 놔야 완벽한 업무 자동화를 구현할 수 있다.

## 2장

기초 다지기: 변수와 문법

01

변수

실행 영상 파일
https://cafe.naver.com/msrpa/722

1.1 변수 만들기

#변수   #변수개념_이해하기   #변수타입   #예약키워드   #백분율(%)기호   #변수생성   #변수이름변경

프로그램의 기본은 **변수** 개념을 이해하는 것에서 시작한다. 변수를 영어로는 Variable이라고 하는데, 이는 고정된 것이 아니라 때에 따라 변할 수 있다는 뜻이다. 변수를 쉽게 설명해 보자. 변수는 상황에 따라서 다양한 물건을 담을 수 있는 빈 종이 상자에 비유할 수 있다. 빈 상자에 책을 담으면 책 상자가 되고 옷을 넣으면 옷 상자가 된다.

상자에 물건을 담고 밀봉하면 어느 상자에 무엇이 들어 있는지 알 수 없으므로 상자 겉에 고유의 번호 또는 이름을 적는 것이 일반적이다.

상자 이름은 'BOX1'과 같이 번호를 부여할 수도 있고 내용물 정보를 포함해서 '옷 상자'라고 적을 수 있다.

책을 넣었다고 해서 계속 책만 담을 수 있는 책 전용 상자는 아니다. 책을 비우고 다시 옷을 넣을 수도 있다.

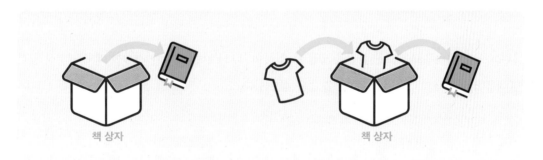

프로그래밍 언어에서 **변수는 빈 상자와 같이 임시로 어떤 값을 저장하는 공간**(메모리)의 역할을 한다. 변수에는 숫자를 저장할 수도 있고 문자를 저장할 수도 있다. 즉, 다음 그림과 같이 컴퓨터의 메모리 공간에 '1234'와 같은 숫자나 '한국'과 같은 문자를 저장할 수 있다.

상자가 많을 때 어느 상자에 어떤 물건이 들었는지 표기해 두는 것이 효율적이다. 컴퓨터 메모리에도 아주 많은 공간이 있다. 각 메모리 공간이 어떤 값을 저장하고 있는지 기억하기 위해서 메모리 영역의 이름에 변수 이름을 연결한다. 숫자 '1234'의 메모리 영역(변수 이름)은 **VAR1** 또는 **숫자 변수**라고 설정할 수 있다.

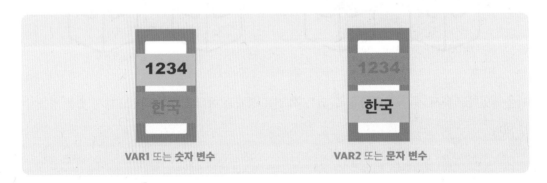

VAR1 또는 숫자 변수   VAR2 또는 문자 변수

그리고 상자를 비우고 새로운 물건을 넣을 수 있듯이 '1234'라는 숫자를 저장한 메모리 저장 공간(변수)을 비우고 나서 다른 숫자 '5678'을 넣을 수도 있다.

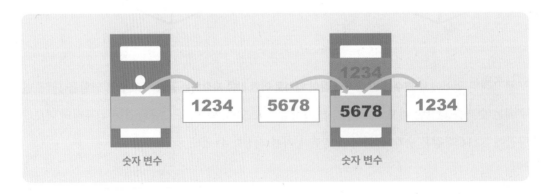

숫자 변수   숫자 변수

상자와 변수를 비교하여 설명하면, 다음과 같이 요약할 수 있다.

상자	변수
상자의 이름	변수 이름(변수명)
상자에 처음 저장되는 데이터	초깃값
상자에 현재 저장된 데이터	현재값

다음 표는 PAD에서 사용할 수 있는 변수 타입을 정리한 표다. 일반적으로 프로그래밍 언어에는 여러 가지 숫자 타입과 문자 타입이 있다. 예를 들어, 소수 자리를 가지는 숫자 타입과 정수만 표현할 수 있는 숫자 타입으로 구분한다. 하지만, PAD는 변수 타입을 아주 간단하게 정리했다. 소수와 정수를 포함한 모든 숫자는 숫자 타입 하나로 표현한다. 문자 변수도 마찬가지다. 문자열 길이와 관계없이 문자 타입도 하나이다. 그러므로 PAD에서 변수를 생성할 때는 어떤 타입으로 정의해야 할지 고민하지 않아도 된다. PAD의 간단한 변수 타입만 보더라도 마이크로소프트가 일반 사용자를 얼마나 배려했는지 알 수 있다.

변수 타입	데이터 범위	예
숫자	소수와 정수 모두 사용할 수 있는 타입	1, -2, 0.1, -0.2
문자(텍스트)	한 자리 이상의 문자 등 모든 종류의 텍스트 타입	가, 가나다, 가ABC, 가_ABC
날짜	날짜와 시간을 표현한 데이터 타입	2023-06-08 오전 12:35
부울(Boolean)	참과 거짓의 2가지 값만 가지는 타입	True, False
목록 변수(리스트)	변수가 여러 개의 값을 목록으로 가지는 타입	변수[0], 변수[1], 변수[2]
데이터 테이블	목록이 여러 개의 칼럼을 가지는 타입	변수[0][0], 변수[0][1]
데이터 행	데이터 테이블의 여러 라인 중 하나의 행	["가", "나", "다"]

PAD에서 많이 사용되는 변수에는 크게 3가지 종류가 있다. 첫 번째는 숫자를 저장할 수 있는 숫자 타입이며, 두 번째는 문자를 담을 수 있는 문자 타입이다. 그리고 마지막은 날짜를 표시하는 날짜 타입이다. 이외에도 하나의 변수에 여러 줄을 저장할 수 있는 목록 변수와 데이터 테이블이라는 고급 데이터 타입을 자주 사용한다. 데이터 테이블은 엑셀에서 데이터를 읽을 때 주로 사용한다. 기본 3가지 타입인 숫자, 문자, 목록 변수부터 먼저 살펴보도록 하자.

PAD에서 변수를 생성해서 해당 변수에 숫자 값을 저장하고 이를 출력하는 실습을 진행하며 변수가 무엇인지, 어떻게 만드는지 배워 보자.

<u>01</u> 새로운 흐름을 생성한 후에 작업 [변수] → [변수 설정] 메뉴를 작업 영역으로(화면 중앙으로) 끌어 놓는다.

<u>02</u> 설정에 %NewVar%라는 이름이 기본으로 조회된다. 이것이 **변수 이름**이다. 변수 이름은 영문, 한글, 숫자로 구성할 수 있다. 기호로는 언더바(_)만 사용할 수 있다. 간단한 영어 단어 또는 약어를 사용하여 변수 이름을 정하면, 해당 변수가 어떤 데이터를 저장하는지 쉽게 추측할 수 있다. %NewVar%변수를 클릭해서 %var1%이라는 이름으로 변경해보자. 물론, PAD에서 자동으로 생성한 %NewVar% 이름을 그대로 사용해도 된다. 이때 PAD의 변수 이름은 특수 기호인 백분율 기호(%)를 이용하여 정의한다. 참고로, 변수 이름을 정하는 규칙에는 여러 가지가 있는데 파스칼 표기법과 카멜 표기법이 대표적이다. PAD에서 변수를 생성하면 기본으로 %NewVar%라는 이름으로 설정되는데 이것은 파스칼 표기법을 따른 것이다.

%var1%

숫자 10을 입력하고 [저장] 버튼을 눌러 종료한다.

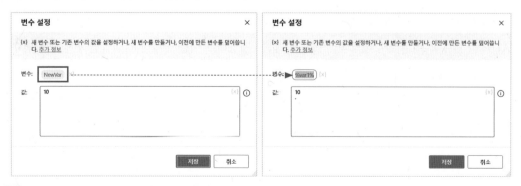

PAD에서 변수를 만들 때 백분율(%) 기호를 사용하는 이유

PAD에서 변수를 생성할 때 특수 기호인 백분율(%) 기호를 사용하는 이유는 다음과 같다.

1. 변수와 일반 문자를 구분하기 위한 목적

변수 %RPA%	일반 문자 'RPA'
%RPA%	RPA

2. 숫자와 일반 문자를 구분하기 위한 목적

숫자 7	일반 문자 '7'
[변수 설정] 작업의 '값' 항목에 7 입력	[변수 설정] 작업의 값 항목에 %7% 입력. 숫자 7만 입력하면 숫자 변수가 되므로, 일반 문자열로 숫자 7을 넣기 위해서는 % 사이에 7을 입력한다.

3. 숫자의 연산식과 일반 문자를 구분하기 위한 목적

3+4 연산의 결과 값을 변수에 저장하려면 %3+4%와 같이 백분율 기호 안에 식을 입력해야 한다. % 기호를 사용하지 않으면 '3', '+', '4'를 각각 문자로 인식한다.

숫자 연산식 수행	일반 문자
%3+4% → 7	3+4 → "3+4"

다음과 같이 변수에 값을 입력하고 실행하면 쉽게 이해할 수 있다.

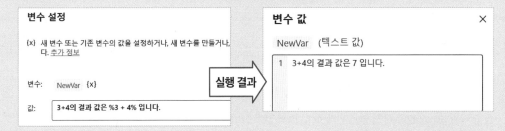

조금 더
알아보기

예약 키워드

변수 이름을 정의할 때 'TRUE'는 사용할 수 없다. 'TRUE'는 예약 키워드이기 때문이다. **예약 키워드**란, PAD 시스템 내부에서 사용하는 명령어를 말하며 '이미 예약된 명령어'라는 뜻에서 예약 키워드라고 한다. 다른 프로그래밍 언어에서도 예약 키워드를 사용할 수 없다는 것은 공통 사항이다. 대표적인 예약 키워드로는 다음과 같은 것이 있다.

TRUE, FALSE, LOOP, FOR, FOREACH, NEXT, IF, AND, OR, CALL, WHILE

__03__ 작업 [변수] → [변수 설정]을 선택하여 하나 더 추가한다. 이번에는 ① 변수 이름을 %var2%로 변경하고 이 변수에 %var1% 변수를 지정한다. 변수 이름을 직접 입력할 수도 있지만, 변수 이름을 잘못 입력하는 오류를 방지하기 위해서는 변수 선택 아이콘({x})을 눌러서 변수를 선택하는 것이 좋다. ② 값 필드에서 {x} 아이콘을 클릭하고 이미 생성된 변수 목록을 조회한다. ③ 이 목록에서 앞서 2단계에서 생성한 변수 %var1%을 선택한다.

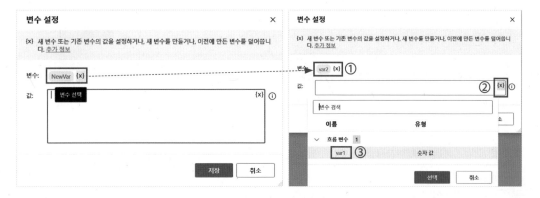

조금 더
알아보기

작업 이름으로 빠르게 검색하기

흐름 디자이너의 왼쪽 작업 영역 위에 작업 검색 입력 창이 있다. 검색 창에 '변수'를 입력하면 변수와 관련한 작업을 조회할 수 있으므로 특정 작업을 빠르게 찾을 수 있다.

조금 더
알아보기

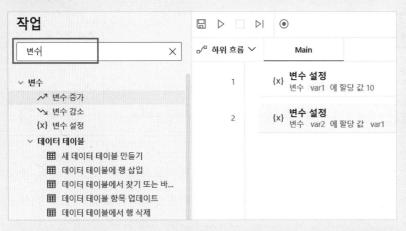

MS 매뉴얼에서 설명되어 있듯이, PAD 소프트웨어는 자주 업데이트되기 때문에 메뉴 위치가 변경되기도 한다. 실습 과정에 작업 경로 정보를 찾을 수 없다면 작업 이름으로 검색하도록 하자.

04 작업 [메시지 상자] → [메시지 표시]를 차례로 선택한다. 표시할 메시지에 3단계에서 생성한 변수 %var2%를 입력한다. PAD 작업은 일반적으로 3개 영역으로 구성되어 있다.

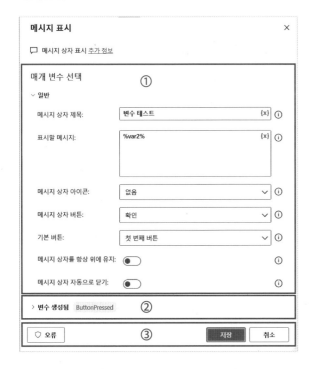

① 매개 변수 선택: 작업 세부 기능을 설정하는 영역이다. 작업 유형에 따라서 고급 설정 옵션이 있을 수도 있다.

② 변수 생성됨: 작업 실행 결과 자동으로 생성되는 변수이다. 작업의 성격에 따라 변수 타입이 다르며 생성한 변수는 다른 작업에서 변수로 다시 사용할 수 있다.

③ 오류: 작업에 오류가 발생하면 다시 처리하는 등의 추가 작업을 설정할 수 있다.

<u>05</u> 흐름 실행 아이콘(▷)을 클릭하면 팝업창에 '10'이 출력된다. 10은 2단계에서 %var1%에 저장한 값이며, 이 값을 3단계에서 %var2%에 다시 저장한 결과이다.

이번에는 챗GPT를 업무 자동화에 어떻게 활용할 수 있는지 알아보자. 앞서도 소개했듯이, 챗GPT는 프로그래밍을 스스로 학습해서 코드를 작성할 수 있는 능력을 보유하고 있다. PAD는 VBScript, 파이썬 등의 코드를 모듈로 추가하는 기능이 있기 때문에 챗GPT에게 코드 작성을 요청하여 업무 자동화에 적용할 수 있다. 이러한 방식으로 PAD는 챗GPT가 생성한 VBScript 코드를 적용하여 더욱 정교하고 유연하게 엑셀 자동화를 구현할 수 있다. 프로그래밍에 대한 경험이 없는 사람들도 전혀 걱정할 필요가 없다. 챗GPT가 작성해준 스크립트를 그대로 붙여 넣으면 된다.

동일한 프롬프트(내용)로 질문하더라도 챗GPT는 매번 다른 코드를 작성할 수 있다. 때론 사람이 하는 실수처럼, 오류가 발생하는 코드를 제안하기도 한다. 이럴 땐 사람과 대화하듯이 어떤 부분을 수정해 달라고 다시 요청하거나, 오류 코드를 알려주는 식으로 상호 협력하여 문제를 해결할 수 있다.

챗GPT 활용하기

챗GPT가 만들어준 VBScript를 PAD에서 사용하기

> 👤 PAD에서 생성된 변수 [%var1%]을 메시지 박스로 보여주는 VBScript를 작성해 줘.

⎯ 2-1-1-1 메시지 박스 보여주기

```
Dim padVar
padVar = "%var1%"
MsgBox(padVar)
```

챗GPT가 제안한 스크립트를 복사해서 PAD에 추가해 보자. [작업] [스크립팅] → [VBScript 실행] 메뉴를 추가해서 스크립트를 붙여 넣는다. 흐름을 실행하면, 결과가 메시지 박스로 출력된다. 참고로, 챗GPT가 작성한 VBScript에서 %var1%은 PAD에서 정의한 변수 이름이라는 것을 짐작할 수 있다.

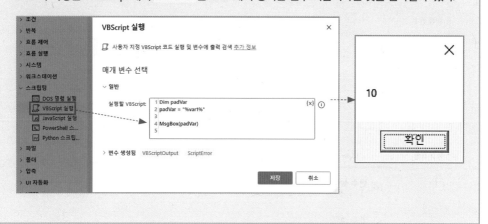

변수 창에서 변수 이름 변경하기

오른쪽 변수 창에서 해당 변수의 이름을 변경할 수 있다. 변수를 선택한 후에 마우스 오른쪽 버튼을 클릭하여 [이름 바꾸기] 메뉴를 선택한다.

두 번째 변수 %var2%를 %Var_New%라는 이름으로 변경해 보자.

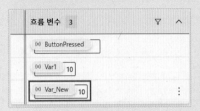

작업 영역에서 사용한 모든 %var2% 변수가 새로운 이름 %Var_New%로 일괄 변경된다.

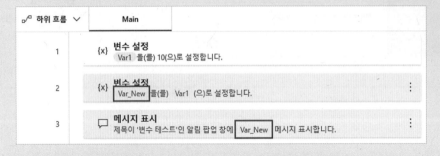

1.2 숫자 변수와 연산자

실행 영상 파일
https://cafe.naver.com/msrpa/723

#숫자타입   #연산자

숫자 타입은 변수를 생성할 때 숫자 값을 입력하면 된다. 그리고 숫자와 산술 연산자를 같이 사용하면 계산된 값이 변수에 저장된다.

연산자	기능
+	더하기
-	빼기
*	곱하기
/	나누기

숫사 타입 변수를 만들고 연산사를 사용하여 익숙해져 보자.

01 새로운 흐름을 만들고 숫자 1을 저장하는 변수 %var1%을 생성한다.

02 두 번째 변수 %var2%를 추가한 후에 값 입력란에 첫 번째 변수 %var1%에 5를 더하는 연산식을 추가한다. 변수를 생성할 때 계산식을 바로 입력할 수 있다.

%var1 + 5%

03 흐름을 실행한 후에 변수 창에서 두 번째 변수의 값을 확인해 보자. 2단계에서 첫 번째 변수에 5를 더했으므로 두 번째 변수에는 6이 저장된다.

04 변수 하나를 추가로 생성해서 복잡한 계산식을 다양하게 입력해 보며 테스트해 보자. 이때 연산자의 우선순위를 변경하려면 괄호( )를 사용하면 된다.

%(var1 + var2) / 2%

이번에는 변수 %var3%에서 정수만 추출해서 출력해 보자.

05 먼저 (작업) [변수] → [숫자 자르기] 메뉴를 선택한다. ① '자를 숫자' 필드에는 출력할 변수 %var3%을 입력하고 ② 작업 영역에서는 [정수 부분 가져오기]를 선택한다. 정수 부분 가져오기 ③ 결괏값은 [변수 생성됨] 항목의 새 변수 %TruncatedValue%에 저장된다. 이때 변수 이름은 짧게 변경하는 것이 좋다. 참고로 작업 영역에는 [정수 부분 가져오기], [소수 부분 가져오기], [숫자 반올림] 이렇게 3개의 옵션이 있다.

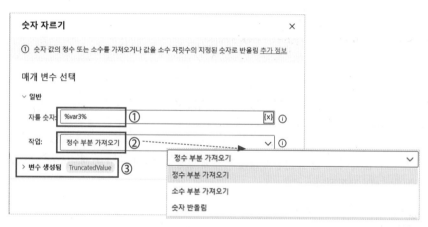

06 (작업) [메시지 상자] → [메시지 표시]를 추가하고 정수가 저장된 변수 %TruncatedValue%를 입력한다. 그리고 흐름을 실행하면 3.5라는 값에서 소수를 제외한 정수 3만을 메시지로 출력한다.

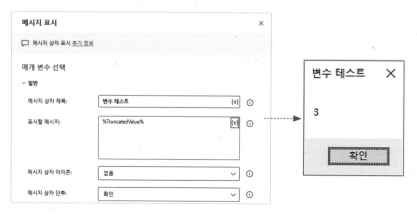

PAD의 변수를 VBScript로 연산한 결과를 화면에 출력하기

이번 절의 실습 내용처럼, PAD 변수 2개를 합산하는 VBScript 코드를 챗GPT에게 요청해 보자.

PAD에서 생성된 변수 [%var1%]과 [%var2%]를 더하고 결과를 메시지 박스로 보여주는 VBScript를 작성해 줘.

___ 2-1-2-1 연산하기

```
Dim result
result = CInt("%var1%") + CInt("%var2%")
MsgBox "결과: " & result
```

챗GPT가 제안하는 스크립트를 PAD에 추가해 보자. 작업 [스크립팅] → [VBScript 실행] 메뉴를 추가해서 챗GPT가 답한 스크립트를 붙여 넣는다. 흐름을 실행하면, 결과가 메시지 박스로 출력된다.

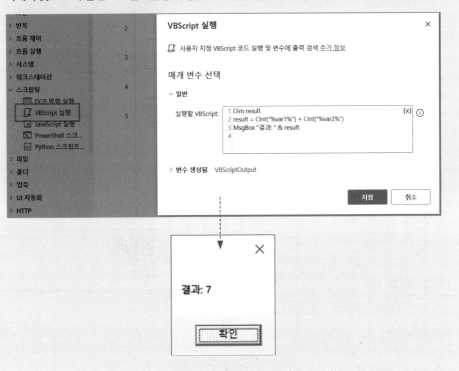

변수 설정의 2가지 기능

변수 설정 메뉴는 다음 2가지 기능을 수행한다.

1. 새로운 변수 만들기

2. 기존 변수의 값 바꾸기

새로운 변수를 만드는 방법은 이미 실습했으므로 기존 변수의 값을 바꾸는 방법을 알아보자. 이번 절의 가장 먼저 나온 2단계(두 번째 변수 추가 단계)에서 생성한 변수에 새로운 이름 %var2% 대신 앞서 생성한 %var1%을 입력한다. 이런 방식으로 기존 변수에 값을 할당할 수 있다. 그리고, 자신의 변수 값을 참고하여 자신 변수에 값을 다시 할당할 수 있다.

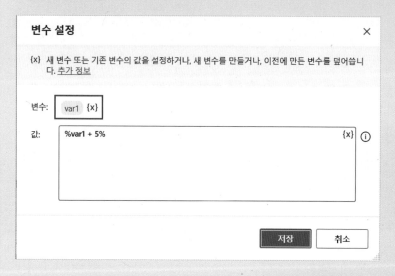

1.3 문자 변수

실행 영상 파일
https://cafe.naver.com/msrpa/724

#문자타입   #텍스트   #공백과_빈_값   #하드코딩   #문자변수_연결하기

엑셀 파일이나 다른 데이터 소스로부터 데이터를 읽어온 후에 사용자가 원하는 값을 추출하는 것은 자동화에서 필요한 핵심 기능이다. 추출한 문자(텍스트)에서 필요한 문자열을 잘라내거나 여러 개의 문자를 하나로 연결하는 기능이 PAD에는 기본으로 내장되어 있다. PAD에서 문자 변수를 생성하고 문자열을 출력하는 실습부터 진행해 보자.

01 새로운 흐름을 생성하고 문자 타입의 변수를 생성한다. 작업 [변수] → [변수 설정] 메뉴를 더블클릭한다. 변수 이름을 %Text1%로 변경하고 '값' 필드에는 문자열 "Hello"를 입력한다.

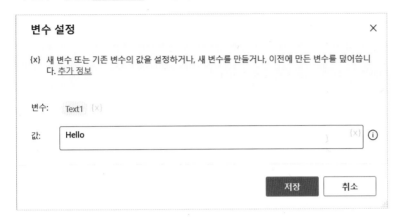

02 새로운 변수 %Text2%를 하나 더 생성해서 '값' 필드에 문자열 "PAD"를 입력하고 [저장] 버튼을 클릭한다.

텍스트 변수에 공백 및 빈 값 설정하기

변수에 공백 값을 설정할 때에는 백분율 기호(%) 사이에 작은따옴표(') 두 개를 공백(Space) 하나를 입력하고 추가하면 된다.

%' '%

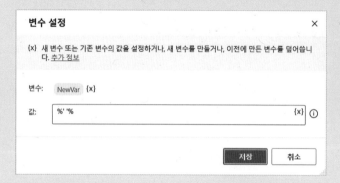

공백은 빈 값과 다른 값이다. 공백은 공백 문자를 포함하고 있지만 빈 값은 어떤 값도 존재하지 않는다. 다음 문자열에서 "Hello"와 "PAD" 사이에 공백이 포함되어 있다.

"Hello PAD"

빈 값은 백분율 기호(%) 사이에 작은따옴표(') 두 개를 연속해서 붙여 넣기하면 된다.

%''%

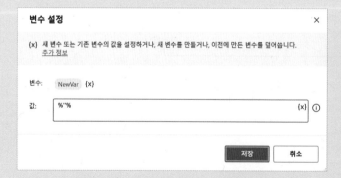

이처럼 작은따옴표 사이에 텍스트 값을 직접 입력하는 방식을 **하드코딩**이라 한다.

03 1단계와 2단계에서 생성한 변수 2개를 하나의 텍스트로 연결하고 나서 저장할 변수를 %Text3%이라는 이름으로 하나 더 생성한다. '값' 필드에는 공백을 구분자로 하여 %Text1% %Text2%라고 입력한다.

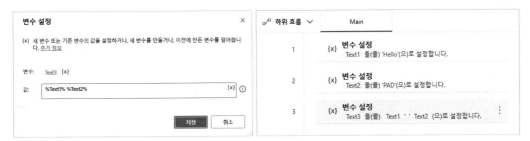

조금 더 알아보기

텍스트 변수 연결하는 방법

텍스트를 연결할 때는 더하기 연산자를 사용할 수도 있다. 이렇게 하면 공백 없이 두 문자를 연결한다.

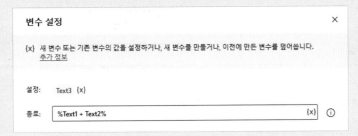

공백이 필요하면 + 연산자를 한 번 더 사용하고 작은따옴표 사이에 공백을 입력(' ')한다.

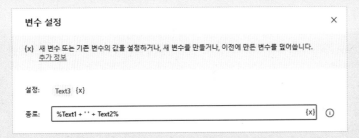

04 `작업` [메시지 상자] → [메시지 표시] 메뉴를 추가하고 '표시할 메시지'에 변수 %Text3%을 입력한 후 흐름을 실행해 보자. 그러면 2개 문자열이 공백과 함께 출력되는 것을 알 수 있다.

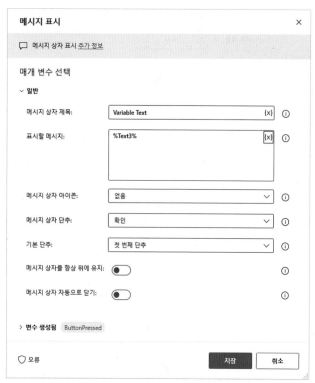

VBScript 결과를 PAD 변수로 반환하기

이번에는 PAD의 변수 2개를 연결해서 VBScript가 값을 반환하도록 스크립트 작성을 요청해 보자.

👤 PAD에서 생성한 문자 변수 [%Text1%]과 [%Text2%] 2개를 연결한 결과를 VBScript 작업으로 반환하는 스크립트를 작성해 줘.

⑤ ___ 2-1-3-1 PAD 변수로 반환하기

```
Dim result

result = "%Text1%" & "%Text2%"

WScript.Echo result
```

챗GPT가 제안하는 스크립트를 PAD에 추가해서 실행하면, [VBScript 실행] 작업의 실행 결과가 PAD 변수 %VBScriptOutput%에 저장된다. 즉, **PAD와 [VBScript 실행] 작업은 변수를 주고받고, 서로 상호 작용하면서 자동화 흐름을 확장**할 수 있다는 것을 의미한다. VBScript를 효과적으로 사용하려면 WScript.Echo 멍렁어가 결과를 변수로 반환한다는 정도만 인지하고 있으면 된다.

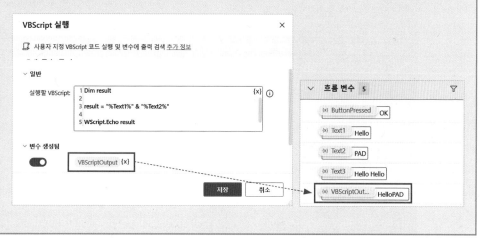

조금 더 알아보기

엑셀 자동화를 위해서 VBScript 문법을 이해하는 것이 필요할까?

시민 개발자는 VBScript의 문법을 이해할 필요는 없다. 다만, 챗GPT가 작성한 코드를 이해하고 싶으면 챗GPT가 작성한 코드를 다시 제공하고 문법을 설명해달라고 요청하면 된다. 복잡한 코드도 챗GPT는 척척 잘 설명해 준다.

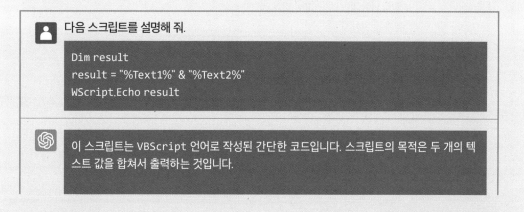

1. 'Dim result': 'result'라는 변수를 선언합니다. 이 변수는 두 개의 텍스트 값을 합친 결과를 저장할 용도로 사용됩니다.

2. 'result = "%Text1%" & "%Text2%"': 'result' 변수에 "%Text1%"과 "%Text2%"라는 문자열을 합칩니다. '&' 기호는 문자열을 결합하는 연산자로 사용됩니다. 그 결과, 'result' 변수에는 "%Text1%%Text2%"라는 문자열이 저장됩니다. 이때, "%Text1%"과 "%Text2%"는 변수가 아니라 문자열 그 자체로 취급됩니다.

3. 'WScript.Echo result': 'WScript.Echo'는 VBScript에서 메시지를 출력하는 함수입니다. 이 코드는 'result' 변수에 저장된 값을 출력하게 됩니다. 따라서 스크립트 실행 시 "%Text1%%Text2%"가 화면에 표시될 것입니다.

참고로, 스크립트에서 사용된 "%Text1%"과 "%Text2%"는 변수가 아니라 문자열을 나타내는 텍스트로 인식됩니다. 만약 변수의 값을 가져오려면 해당 변수들을 실제 값으로 대체해야 합니다. 예를 들어, 만약 'Text1' 변수의 값이 "Hello"이고 'Text2' 변수의 값이 "World"라면 스크립트 실행 결과는 "HelloWorld"가 될 것입니다.

변수 세부 속성 알아보기

대부분의 변수는 세부 속성을 가진다. 예를 들어, 문자 변수에는 다음과 같은 세부 속성이 있다.

속성	설명
Length	텍스트 길이 반환
IsEmpty	부울 값 반환(값이 없으면 True, 값이 있으면 False)
ToUpper	대문자 값 반환
ToLower	소문자 값 반환
Trimmed	텍스트 앞뒤의 공백을 자르고 문자만 반환

문자 변수의 세부 속성을 사용하는 방법을 알아보자. 변수 세부 속성을 알아보고자 메시지 표시 작업을 추가한다.

① 메시지 상자 제목: 임의의 문자를 입력한다.

② 표시할 메시지: 오른쪽의 변수 선택 아이콘({x})을 누르면 변수 목록을 조회할 수 있다.

③ 왼쪽의 아래 화살표 아이콘(▽)을 눌러 속성을 확장한다.

④ 여러 가지 속성 중 .Length를 선택한다. 그러면 다음과 같이 변수 속성을 포함해서 입력된다.

%Text3.Length%

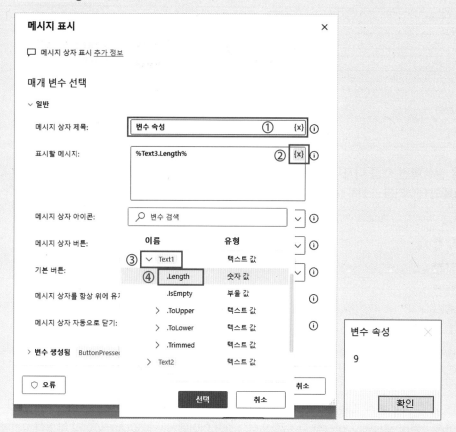

05 이번에는 변수 %Text3%을 공백으로 다시 분리해서 2개의 문자열로 나누어서 출력해 보자. 작업
[텍스트] → [텍스트 나누기] 메뉴를 끌어 놓는다. '나눌 텍스트'로는 %Text3%을 선택하고 '표준 구분 기
호'로는 [공백]을 선택한다. 횟수에는 공백이 하나이기 때문에 1을 입력한다.

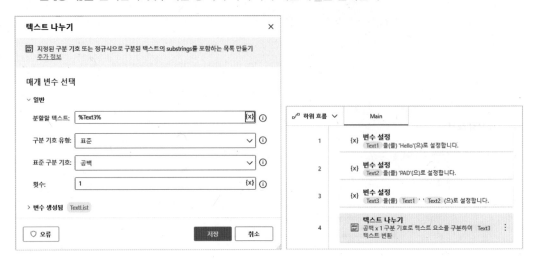

06 흐름을 실행하면 흐름 디자이너 오른쪽 변수 영역에서 변수에 저장된 값을 확인할 수 있다.
%TextList%의 데이터를 조회하려면 더블클릭한다.

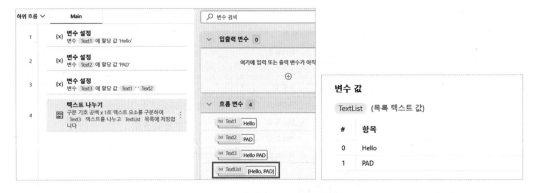

07 여러 행으로 구성된 변수 %TextList%를 **목록 변수(리스트)**라 한다. 0번 줄에는 Hello, 1번 줄에는
PAD 문자열 등 2줄이 생성된다. 이러한 구조를 프로그래밍 언어에서는 **배열(Array)**이라 부른다. 0번째
줄에 있는 값만 출력하려면 목록 변수에 배열 순번(인덱싱)을 입력하면 된다. 목록 변수는 뒤에서 자세하
게 소개한다.

%TextList[0]%

이렇게 수정하고 흐름을 실행하면 Hello 문자열만 출력된다. %TextList[1]%로 변경하면 어떤 메시지
가 출력되는지 각자 확인해 보자.

조금 더 알아보기

변수 창에서 변수 사용처 찾기와 고정하기

변수 창에서 해당 변수를 선택한 후에 마우스 오른쪽 버튼을 눌러서 ① [사용법 찾기] 메뉴를 선택한다.

그러면 흐름 디자이너 화면 아래에 해당 변수를 사용한 작업의 줄 번호를 조회할 수 있다. 줄 번호는 작업 영역에서의 번호를 뜻한다.

변수 사용법 찾기 {x} TextList 2		
Main	줄: 4	구분 기호 공백 x 1로 텍스트 요소를 구분하여 Text3 텍스트를 나누고 TextList 목록에 저장합니다
Main	줄: 5	제목이 '목록변수'인 알림 팝업 창에 TextList [0] 메시지를 표시하고 ButtonPressed 에 누른 버튼을 저장합니다

흐름의 로직이 복잡할수록 변수 개수가 많아진다. 주요 변수의 값은 자주 확인해야 한다. 이때는 ② [고정] 메뉴를 선택하면, 해당 변수는 변수 리스트 상단에 고정되어 쉽게 확인할 수 있다.

1.4 날짜 변수

실행 영상 파일
https://cafe.naver.com/msrpa/725

#날짜타입   #날짜변환   #현재_날짜_가져오기   #월의_마지막_일자_구하기

PAD에서 날짜 타입 변수는 '2023-05-11 오후 09:31:24'와 같은 형태로 조회된다. 이러한 날짜 타입은 주로 시스템 내부에서 날짜를 계산하는 용도로 활용한다. 엑셀 파일에 날짜를 입력하거나 기타 프로그램의 날짜 칼럼에 값을 입력할 때는 문자(텍스트) 타입으로 변환해야 한다. 또한, 날짜 구분 기호를 사용자가 원하는 다양한 형식으로 변경할 수도 있다.

2023-05-11	2023.05.11	2023/05/11	2023년 05월 11일

이번에는 현재 일자를 가져와서 하루를 더한 익일 일자, 즉 다음날을 출력하는 흐름을 만들어보자.

<u>01</u> 오늘 일자 및 시간을 가져오기 위해, 작업 [날짜/시간] → [현재 날짜 및 시간 가져오기]를 추가한다. 날짜만 가져오려면 ① [현재 날짜 및 시간]으로 옵션을 변경한다. 개인 컴퓨터에 사용하는 시간대가 아니라, ② '표준 시간대' 옵션을 변경하면 특정 타임존을 가져올 수 있다. ③ 현재 날짜 및 시간은 변수 %CurrentDateTime%에 저장된다. 사용자에게 날짜를 입력 받으려면, 작업 [메시지 상자] → [날짜 선택 대화 표시] 메뉴를 사용하면 된다.

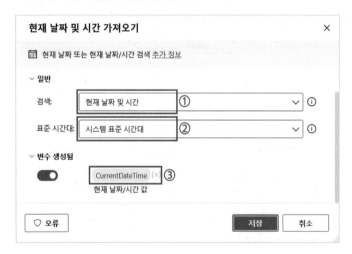

<u>02</u> 현재 날짜에서 1일을 더하기 위해서 작업 [날짜/시간] → [날짜 시간에 추가] 메뉴를 다음과 같이 설정한다.

 ① 날짜/시간: 1단계에서 생성한 변수(**%CurrentDateTime%**)를 선택

 ② 추가: 다음 날짜를 구하기 위해 '1'을 입력

③ 시간 단위: [일]을 선택

④ 현재 날짜에 1일을 더한 날짜가 변수 **%ResultedDate%**에 저장된다.

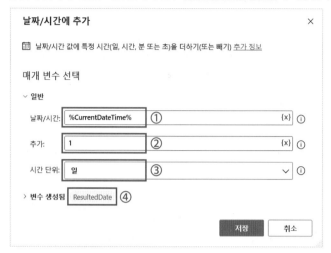

03 작업 [메시지 상자] → [메시지 표시] 작업을 추가하고 '표시할 메시지'에 날짜를 저장한 변수 %ResultedDate%를 지정한다. 흐름을 실행하면 날짜 입력 팝업 창이 열린다.

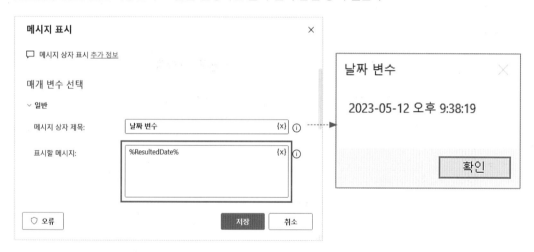

04 결과에서 알 수 있듯이 날짜 타입 변수는 시간이 기본으로 포함된다.

'2023-05-12 오후 9:38:19'

날짜만 추출하려면 문자 타입으로 변환해야 한다. 작업 [텍스트] → [텍스트로 날짜/시간 변환] 메뉴를 선택한다.

① 변환할 날짜/시간: 사용자가 선택한 날짜 변수 **%ResultedDate%**를 입력한다.

② 사용할 형식: [표준]을 선택하면 '2023-05-12'와 같은 형태의 문자(텍스트)로 변환된다.

③ 변수 생성됨: 날짜 타입을 문자 타입으로 변환하고 나서 새로운 변수 **%FormattedDateTime%**에 저장한다.

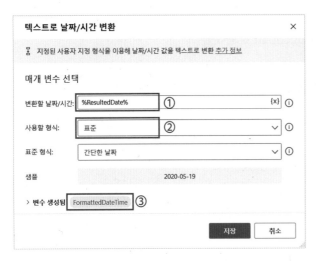

05 메시지 표시 작업을 하나 더 추가해서, 텍스트 형태의 날짜 변수인 %FormattedDateTime%을 출력해 보자. 시간을 제외하고 날짜만 텍스트로 출력한다.

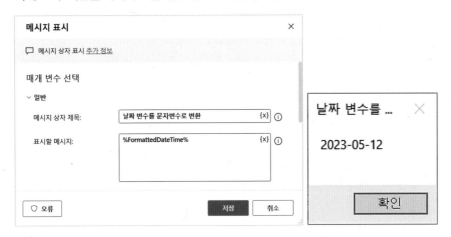

06 날짜 포맷을 '2023-05-12'에서 '2023.05.12'로 변경해 보자. 5단계의 작업으로 돌아가서 설정을 다음과 같이 변경한다.

① 사용할 형식: [사용자 지정]으로 변경한다.

② 사용자 지정 형식: "yyyy.MM.dd"를 입력한다. y는 year, M은 month, d는 day의 약자이다. 월(month)에 대문자 M을 사용한 이유는 분을 의미하는 minute이 소문자 m을 사용하기 때문이다. 2023년도만 가져오려면 yyyy를 입력하면 된다.

③ 샘플: 사용자 지정 형식을 미리 확인할 수 있다.

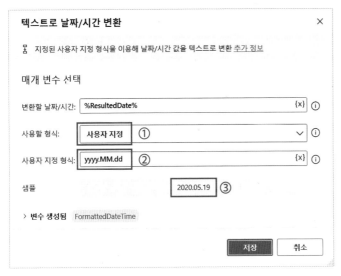

흐름을 실행하면 날짜 형식이 바뀌어 출력된다.

07 날짜 타입 변수에서 시간/분/초를 가져오는 방법을 알아보자. [텍스트로 날짜/시간 변환] 메뉴의 '사용자 지정 형식'에 "hh:mm:ss"를 입력한다. h는 시(hour), m은 분(minute), s는 초(second)의 약자이다. 흐름을 실행하면 시간:분:초 형식으로 출력된다. 그러나 현재 시각은 21시인데 09시로 표시되는 문제가 발생한다.

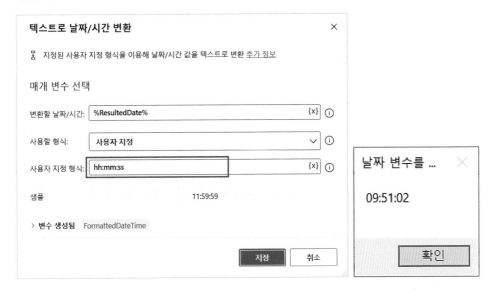

시간 단위를 24시간 형식으로 출력하려면 사용자 지정 형식에 시간 단위를 대문자로 하여 HH:mm:ss라 입력한다. 밀리 초(Millisecond)를 표현하려면 ff를 입력하면 된다. 시간대(time zone)를 표시하려면 다음과 같이 zzz를 표시한다.

HH:mm:ss zzz

그러면, 다음과 같이 해당 시간의 타임존이 표시된다.

09:51:02 +09:00

월의 마지막 일자 구하기

PAD에는 이번 달의 마지막 일자를 반환하는 작업이 존재하지 않는다. 물론, PAD에서 로직으로 구현할 수 있다. 이번에는 챗GPT에게 이번 달의 마지막 일자를 반환하는 VBScript 작성을 요청해보자.

 이번 달의 마지막 일자를 반환하는 VBScript를 작성해 줘.

⎯⎯ 2-1-4-1 월의 마지막 일자 구하기

```
' Get current date
dtToday = Date( )
dtLastDayOfMonth = DateSerial(Year(dtToday), Month(dtToday) + 1, 0)
strLastDayOfMonth = FormatDateTime(dtLastDayOfMonth, vbShortDate)
WScript.Echo strLastDayOfMonth
```

챗GPT가 제안하는 스크립트를 PAD에 추가해서 실행하면, 2023년 5월의 마지막 일자를 변수로 반환해 준다.

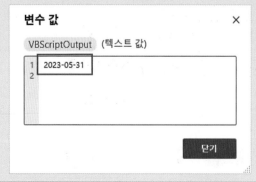

조금 더
알아보기

데스크톱 흐름 검색하기

PAD 콘솔의 검색 기능으로 원하는 흐름을 쉽게 찾을 수 있다. 콘솔 오른쪽 위의 흐름 검색 창에 키워드를 입력하여 찾으면 된다.

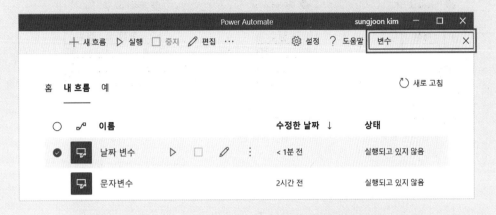

1.5 목록 변수

실행 영상 파일
https://cafe.naver.com/msrpa/726

#목록타입   #리스트   #데이터테이블   #목록에_항목추가   #목록_순번(인덱스)

사용자에게 A, B, C 학점을 목록 변수(리스트) 형태로 보여주고 선택하도록 하는 자동화 흐름을 만들어 보려고 한다. 먼저, 목록 변수가 무엇인지 알아보자. PAD에서 사용할 수 있는 목록 변수에는 2가지 유형이 있다.

- **목록 변수**: 여러 행으로 이루어지는 변수로, 프로그래밍의 1차원 배열과 같은 개념이다.
- **데이터 테이블**: 여러 행과 열로 이루어지는 변수로, 프로그래밍의 2차원 배열과 같은 개념이다.

목록 변수(리스트)와 데이터 테이블은 PAD의 고급 데이터 타입이다. **목록 변수는 여러 행으로 이루어진 구조이며 데이터 테이블은 여러 개의 목록 변수를 연결한 형태이다.** 즉, 목록은 엑셀 파일에서 하나의 열이 여러 행으로 구성되어 있고, 데이터 테이블은 행과 열로 구성되어 있는 구조이다. 이해를 돕고자 서로 다른 3개의 엑셀 파일로 설명해 보자. 학점 하나의 열만 있는 첫 번째 엑셀 파일 형태를 목록 변수 구조라고 한다. 점수 열만 있는 두 번째 엑셀 파일도 마찬가지이다. 그리고 학점과 점수를 동시에 포함하는 세 번째 엑셀 파일 형태를 데이터 테이블 구조라 부른다.

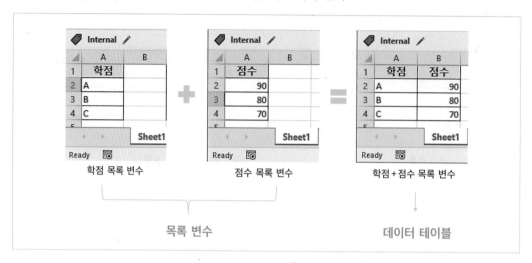

엑셀 파일을 PAD의 목록 변수와 데이터 테이블에 적용해서 비교해 보자. 학점을 저장한 첫 번째 목록 변수와 점수를 저장한 두 번째 목록 변수가 합쳐져서 데이터 테이블의 열을 구성한다. 다음 목록 변수와 데이터 테이블은 실제 PAD 흐름에서 생성한 변수이다.

데이터 테이블은 여러 가지 용도로 활용될 수 있지만, 주로 엑셀에서 데이터 값을 읽을 때 사용된다. 먼저 목록 변수를 자세히 알아보자.

01 새 흐름을 생성하고 [작업] [변수] → [새 목록 만들기] 메뉴를 선택한다.

02 [작업] [변수] → [목록에 항목 추가] 메뉴를 선택한다. 그런 다음, 학점 A를 목록 변수에 추가해 보자.

03 2단계 작업을 복사해서 B와 C도 목록 변수에 추가한다.

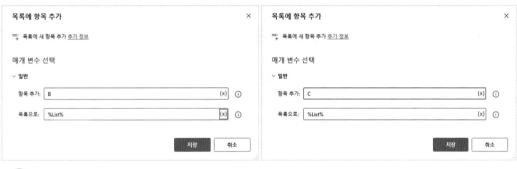

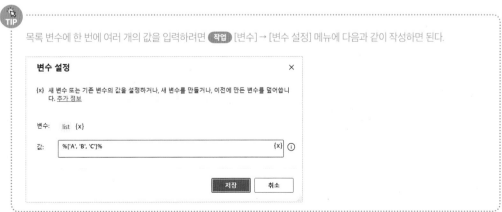

목록 변수에 한 번에 여러 개의 값을 입력하려면 [작업] [변수] → [변수 설정] 메뉴에 다음과 같이 작성하면 된다.

04 흐름을 실행하여 목록 변수에 값이 어떻게 저장되는지 확인해 보자. 변수 영역에서 변수를 더블클릭하면 변수를 자세하게 조회할 수 있는 창이 열린다. 이를 확인하면 목록 변수 %List%에 A, B, C 값이 저장되었음을 알 수 있다.

추가로, 작업 [메시지 상자] → [목록 대화에서 선택 표시] 메뉴를 이용하면, 사용자가 선택해야 할 값을 제한하는 용도로 활용된다.

실습 과정에서 테스트 단계를 별도로 언급하지 않더라도 **단계별로 흐름을 실행하면서 변수를 확인해야 한다.** 업무 자동화 또는 프로그램을 개발할 때 아주 중요한 습관이다.

05 목록에 존재하는 3개의 값을 인덱스 값을 기준으로 [메시지 표시] 작업으로 메시지 창을 띄워 보자.

① 메시지 상자 제목: 메시지 창의 제목을 입력한다.

② 표시할 메시지: 목록에서 첫 번째 순서인 0번 목록을 보여주고자 **%List[0]%**를 입력한다. 순번 0의 목록 변숫값은 A이다.

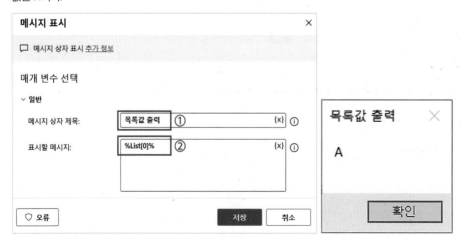

목록 변수에서 B 값을 읽으려면 순번 1을 지정하여 %List[1]%이라고 입력한다. 그리고 C 값을 출력하려면 %List[2]%를 입력하면 된다. 흐름을 실행해서 메시지 값을 확인해 보자.

목록 변수와 관련된 작업

목록 변수와 관련된 기능은 작업 영역의 [변수] 메뉴에서 확인할 수 있다. 메뉴 이름만으로 그 기능을 짐작할 수 있으므로 개별 기능은 각자 테스트하면서 확인해 보길 바란다.

작업	기능
목록 지우기	목록 변수 모두 지우기
목록에서 항목 제거	목록 변수에서 색인 또는 값으로 목록 지우기
목록 정렬	목록을 오름차순/내림차순으로 정렬
목록 순서 섞기	목록의 순서를 마음대로 섞기
목록 병합	2개의 목록변수를 병합
목록 뒤집기	목록의 순서를 거꾸로 정렬
목록에서 중복 항목 제거	목록에서 중복된 값을 삭제
공동 목록 항목 찾기	2개 목록 변수에서 같은 값을 반환함
목록 빼기	2개 목록 변수에서 차이가 있는 값을 반환함
목록에 항목 추가	목록에 값을 추가
새 목록 만들기	새 목록 변수 만들기

실행 영상 파일
https://cafe.naver.com/msrpa/727

1.6 데이터 테이블

#데이터테이블   #데이터테이블_생성   #데이터테이블_삽입/편집/삭제

엑셀은 행과 열로 구성되어 있고, 여러 건의 데이터를 가지고 있다. 앞서 설명했듯이, 이러한 구조를 PAD에서는 데이터 테이블이라고 한다. 데이터 테이블은 엑셀 자동화에서 필수적으로 등장하는 변수 타입이다. PAD 초기 버전에서는 엑셀에서 데이터를 읽어서 데이터 테이블을 생성하는 방법만 가능했다. 현재는 PAD에서 직접 데이터 테이블을 생성하는 기능이 새롭게 추가되었다.

데이터 테이블과 관련된 PAD 작업은 다음과 같다. 작업 이름만으로 기능을 가늠할 수 있기에 자세한 설명은 생략하고 데이터 테이블을 조작하는 실습으로 대체한다.

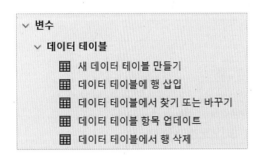

새 흐름을 생성해서 데이터 테이블을 조작하는 방법에 대해서 알아보자.

<u>01</u> 학번, 이름, 학과 3개의 열을 가지는 데이터 테이블을 생성해보자. `작업` [변수] → [데이터 테이블] → [새 데이터 테이블 만들기] 메뉴를 추가하고, [편집] 버튼을 누른다.

02 ① [새 열 추가(+)] 아이콘을 눌러서 열을 하나 추가하고 학생 1명을 입력한다. 데이터 테이블에 행을 입력하지 않으면 기본으로 빈 행이 하나 생성된다.

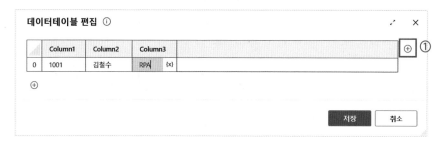

② [행 추가] 아이콘을 클릭해서 2번째 학생도 추가해 보자.

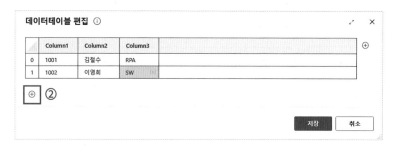

03 작업 [변수] → [데이터 테이블] → [데이터 테이블에서 행 삽입] 메뉴를 추가한다. ① 데이터 테이블 항목에는 %DataTable% 변수, ② 삽입할 위치는 [데이터 테이블의 끝], ③ 새 값 항목에는 데이터 행 변수를 입력해야 하는데, 다음과 같이 3개의 열에 해당하는 값을 기술해서 넣을 수 있다.

['1003', '조영수', 'SAP']

흐름을 실행하면, ④ 데이터 테이블에 3건의 데이터가 생성된 것을 확인할 수 있다.

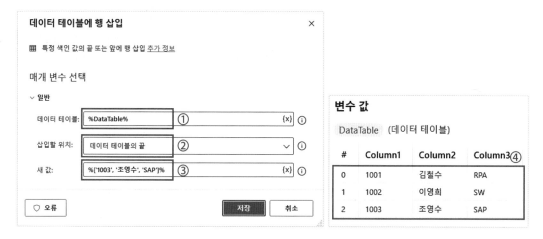

데이터 테이블에 행을 삽입할 때 하드코딩 방식 말고 다른 건 없을까?

PAD에서 데이터 테이블에 개별 행을 삽입하는 방법은 두 가지가 있다.

1. 목록 변수를 활용하는 방법

목록 변수를 만들어서, 3개 행을 생성한 후에 데이터 테이블에 넣을 수 있다. 목록 변수를 생성하고 행을 추가하는 단계는 변수 설정 작업에 **%['1003', '조영수', 'SAP']%** 라고 입력하여 목록 변수를 만드는 것과 동일하다.

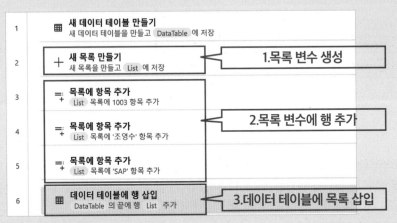

흐름을 실행해 보면, 목록의 값이 데이터 테이블에 행에 추가되는 것을 확인할 수 있다.

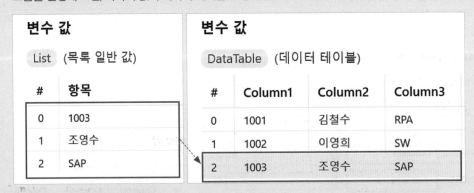

변수 값

List (목록 일반 값)

#	항목
0	1003
1	조영수
2	SAP

변수 값

DataTable (데이터 테이블)

#	Column1	Column2	Column3
0	1001	김철수	RPA
1	1002	이영희	SW
2	1003	조영수	SAP

2. 데이터 행 변수를 활용하는 방법

데이터 테이블을 반복 처리하면, 한 행씩 추출해서 데이터 행 변수에 저장한다. 이렇게 만들어진 데이터 행 변수를 활용하여 데이터 테이블에 레코드를 입력할 수 있다. 이 부분은 뒤에 나오는 3장에서 자세하게 설명한다.

[변수 설정] 작업으로 데이터 테이블에 행 추가하기

[변수 설정] 작업에서 데이터 테이블에 행을 삽입하려면 다음과 같이 사용하면 된다. 단, 기존의 모든 데이터는 삭제한다.

%{ ['1003', '조영수', 'SAP'] }%

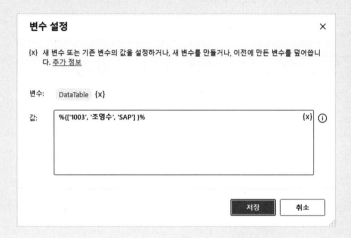

기존의 데이터는 그대로 두고, 데이터 테이블에 행을 신규로 추가하려면 + 기호를 사용한다.

%DataTable + {['1003', '조영수', 'SAP'] }%

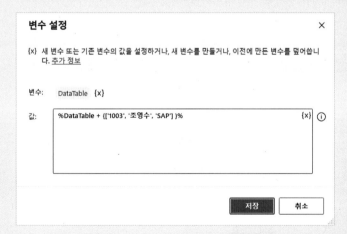

조금 더
알아보기

그리고, 데이터 테이블의 헤더 행을 삽입하려면 ^ 기호를 사용한다.

%{ ^['학번', '이름', '학과'] }%

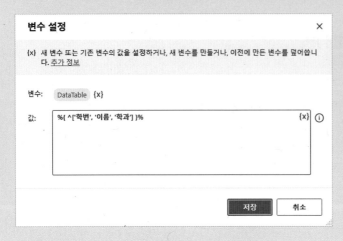

04 데이터 행을 삭제하려면 [작업] [변수] → [데이터 테이블] → [데이터 테이블에서 행 삭제] 메뉴를 이용한다. 데이터 테이블의 첫 번째 행을 삭제하려면, 행 색인에 0을 입력하면 된다.

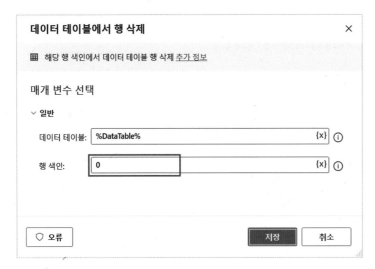

05 데이터 테이블을 엑셀 파일에 쓰는 작업을 넣어보자. 작업 [Excel] → [Excel 시작] 메뉴로 빈 엑셀 파일을 연다.

06 작업 [Excel] → [Excel 워크시트에 쓰기] 메뉴로 빈 엑셀 파일에 값을 써보자. [Excel 워크시트에 쓰기] 작업의 ① Excel 인스턴스는 5단계에서 생성한 변수 %ExcelInstance%, ② 쓸 값은 앞서 생성한 데이터 테이블 변수 %DataTable%, ③ 쓰기 모드는 [지정된 셀에 쓰기], ④ 열 항목은 1, ⑤ 행 항목에도 1을 입력하고 저장한다. 흐름을 실행하면 빈 엑셀 파일이 실행되고, 데이터 테이블에 존재하는 데이터가 엑셀에 입력된다.

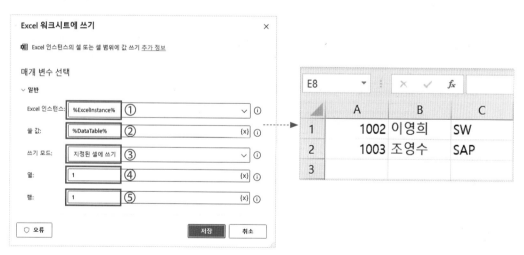

07 엑셀 파일에 헤더(첫 번째) 열을 만들려면, 헤더로 사용할 데이터 테이블을 새로 만들거나 데이터 테이블의 첫 행에 값을 넣어주면 된다. 작업 [변수] → [데이터 테이블] → [데이터 테이블에서 행 삽입]을 [Excel 시작] 작업 전에 추가해서 헤더를 넣어 보자.

① 삽입할 위치는 [행 색인 전]을 선택하고, ② 행 색인은 첫 번째 색인인 [0]을 입력한다. ③ 새 값에는 열 이름 3개를 기술해준다. 흐름을 실행하면, 엑셀 파일에 헤더가 생성된 것을 확인할 수 있다.

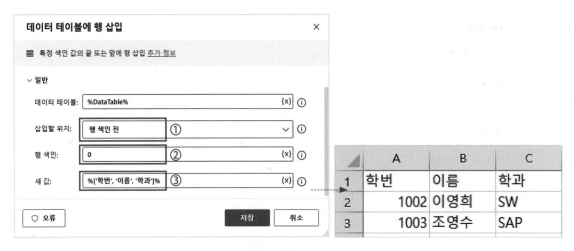

08 작업 [Excel] → [Excel 닫기] 메뉴로 엑셀을 저장한 후에 종료한다.

① Excel을 닫기 전: [다음 형식으로 문서 저장]을 선택한다.
② 문서 형식: [Excel 통합 문서] 양식을 선택한다.
③ 문서 경로: 문서를 저장할 폴더를 기술하고 파일 이름을 확장자와 함께 저장한다.

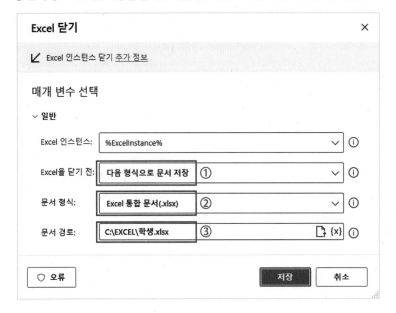

데이터 테이블 행 업데이트하기

작업 [변수] → [데이터 테이블] → [데이터 테이블 항목 업데이트] 메뉴를 이용해서 데이터 테이블의 개별 항목 값을 변경할 수 있다. 2번째 행 이영희 학생의 3번째 열인 학과를 RPA 학과로 변경하려면, ① 열과 행 번호를 입력하면 된다. 또는 [변수 설정] 작업으로 변수 항목에 ② %ExcelData[1][2]%라고 입력한 후에 변경할 값을 입력해도 된다. 이때, 첫 번째 대괄호[1]은 행 번호이고, 두 번째 대괄호[2]는 열 번호를 의미한다.

엑셀의 헤더 서식 설정하기

엑셀의 첫 번째 라인(헤더)은 배경색을 검정색으로 하고 글자는 흰색으로 변경하는 VBScript를 작성해 달라고 챗GPT에게 요청해 보자.

[C:₩EXCEL₩학생.xlsx] 엑셀 파일의 1번째 행의 3개 열을 배경색은 검정색, 글자는 흰색으로 변경하는 VBScript를 작성해 줘.

─── 2-1-6-1엑셀의 헤더 서식 설정하기

```
Set objWorkbook = objExcel.Workbooks.Open("C:₩EXCEL₩학생.xlsx")
Set objRange = objWorksheet.Range("A1:C1")
' 1번째부터 3번째 열 선택
Set objRange = objWorksheet.Range("A1:C1")

' 배경색, 글자색 변경
objRange.Interior.ColorIndex = 1 ' 검정색 배경
objRange.Font.ColorIndex = 2     ' 흰색 글자
--이하 생략--
```

챗GPT가 제안하는 스크립트를 PAD에 추가해 보자. 작업 [스크립팅] → [VBScript 실행] 메뉴를 추가해서 스크립트를 붙여 넣기하고 실행한다.

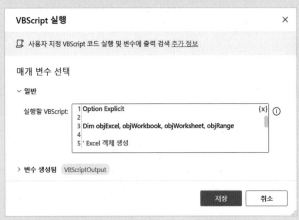

챗GPT는 동일한 질문에도 다른 코드를 제시할 수 있다. 이 책에서 사용된 VBScript 전체 소스는 네이버 카페(MS RPA - Power Automate)의 [교재 공간] → [VBScript 소스] 게시판에서 확인할 수 있다.

URL https://cafe.naver.com/msrpa/

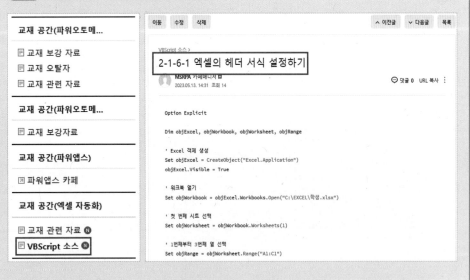

문법

02

실행 영상 파일
https://cafe.naver.com/msrpa/728

2.1 조건문: 만약(If) 구문

#조건문   #IF문   #부울타입   #입력_대화_표시   #Switch_분기문

조건문은 주어진 조건에 따라 프로그램의 순서를 제어하거나 다른 로직으로 분기할 수 있게 해준다. If문은 프로그래밍의 논리적 구조를 형성하는 기본 골격으로 볼 수 있다. 간단히 말해서, If 조건문은 주어진 조건을 평가하여 참(Ture)과 거짓(False)을 구별하거나, 여러 조건에 따라서 로직을 분기하는 구문이다.

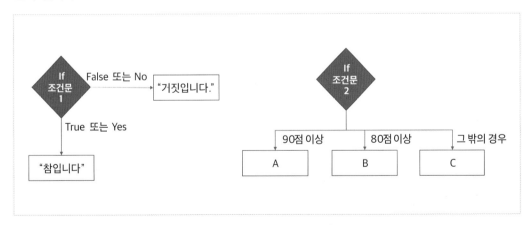

기본적인 프로그래밍 언어로 역할을 하려면 적절히 변수를 사용하고 조건문을 구현할 수 있어야 한다. 요컨대 사용자와 상호작용을 하려면 변수에 다양한 값을 저장하고 분기문을 이용하여 조건별로

다양한 로직을 구현할 수 있어야 한다. PAD는 소스 코드가 필요 없는 프로그래밍 도구이므로 작업
[조건] → [만약] 메뉴로 If 구문을 구현한다. 복잡한 자동화 흐름은 다양한 조건문으로 구성되어 있
다. 조건문의 개수에는 제한이 없기 때문에 규칙이 있는 대부분의 업무는 PAD를 활용하여 자동화
를 구현할 수 있다.

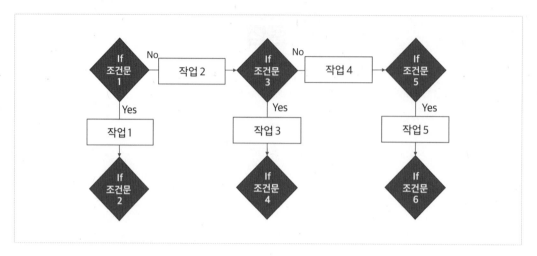

이번에는 If 구문을 활용하여 사용자가 입력한 조건에 따라서 다른 결과를 화면에 표시하는 방법을
알아보자. 사용자가 100점을 입력하면 A+ 학점, 90~99점을 입력하면 A 학점, 80~89점은 B 학점 이
외는 C 학점을 출력하는 시나리오로 진행한다.

01 새로운 흐름을 생성한다. 사용자가 점수
를 입력할 수 있도록 작업 [메시지 상자] →
[입력 대화 표시] 메뉴를 선택한다.

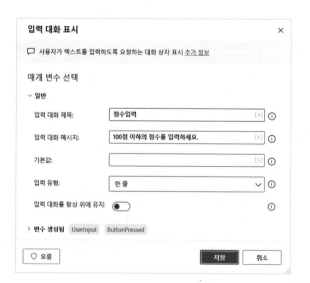

02 [작업] [조건] → [만약] 메뉴를 선택한다. 사용자가 100점을 입력하면 'A+' 학점을 출력하는 조건을 입력한다.

① 첫 번째 피연산자: 1단계에서 사용자가 입력한 변수 **%UserInput%**을 선택한다.

② 연산자: [같음(=)]을 선택한다. 이외에도 다음과 같은 다양한 비교 연산자를 사용할 수 있다.

< >: 같지 않음	포함
>: 보다 큼	포함 안 함
>=: 크거나 같음	비어 있음
<: 보다 작음	비어 있지 않음

③ 두 번째 피연산자: 100을 입력한다.

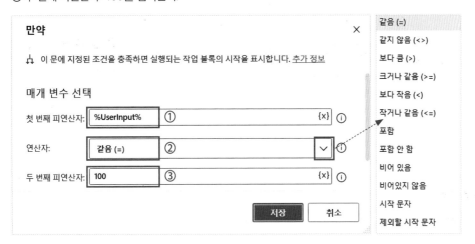

조금 더
알아보기

부울 타입 변수(Boolean Type)

조건문의 결과는 항상 참과 거짓 2가지 중 하나이다. 이와 같이 참(True)과 거짓(False)만 표현하는 것을 **부울 타입(Boolean Type)** 변수라 한다. 간단한 실습을 통해서 부울 타입을 이해해 보자.

01 먼저 숫자 값 10을 가지는 변수 하나를 생성하자.

02 새로운 변수 %VAR2%에 값을 입력할 때 조건식을 직접 입력할 수 있다. 변수 %VAR1%은 숫자 값 10이 저장되어 있다. '9보다 크다.'라는 조건식은 참이기 때문에 변수 %VAR2%에는 참 값인 True가 저장된다.

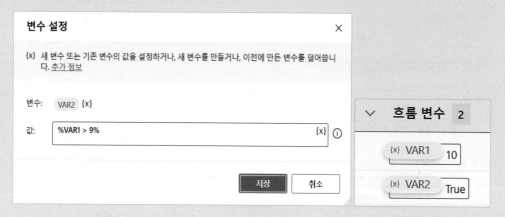

03 2단계와 반대 조건인 '9보다 작다.'라는 조건식을 추가하면 그 결과는 거짓(False)이다.

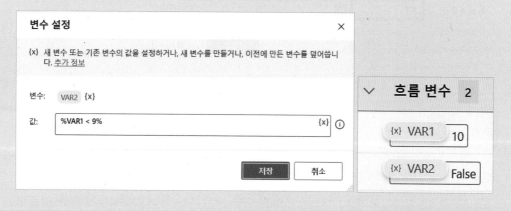

03 2단계에서 [만약] 작업을 추가하면, 자동으로 [End 끝] 라인이 쌍으로 생성된다. [만약]과 [End 끝]이 연결되어 있는 부분을 **블록**이라고 한다. 블록 안에서는 '여기에서 실행' 기능을 수행할 수 없다. 90점 이상이면 A 학점을 출력하기 위해서, 작업 [조건] → [그렇지 않다면] 메뉴를 '만약 ~ END 끝' 구문 사이에 끌어 놓는다.

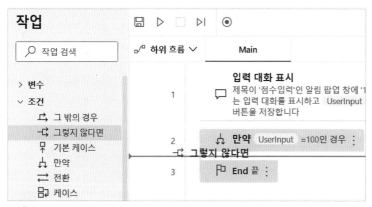

TIP

일반적으로 프로그래밍에서 '만약'에는 **IF** 구문을, '그렇지 않다면'에는 **ELSEIF** 구문을 사용한다.

```
IF 점수 = 100.
   학점 = 'A+'.
ELSEIF 점수 >= 90.
   학점 = 'A'.
ENDIF.
```

04 [그렇지 않다면] 작업에 90점 이상의 조건을 설정한다.

① 첫 번째 피연산자: 1단계에서 사용자가 입력한 변수 **%UserInput%**을 선택한다.

② 연산자: [크거나 같음(>=)]을 선택한다.

③ 두 번째 피연산자: 90점을 입력한다.

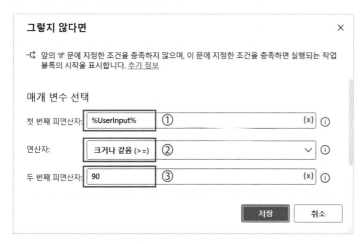

05 80~89점 구간은 B 학점을 출력하고자 4단계와 마찬가지로 [그렇지 않다면] 메뉴를 하나 더 추가한다.

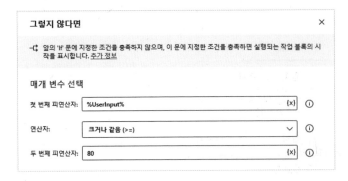

06 실습 시나리오는 A~B 학점 이외 다른 경우는 모두 C 학점이므로 작업 영역에서 [그 밖의 경우] 메뉴를 선택한다. [그 밖의 경우] 작업은 조건을 설정하는 매개 변수 대화 상자가 열리지 않는다.

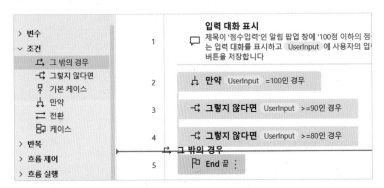

07 각 점수에 해당하는 학점을 표시하고자 〔작업〕 [메시지 상자] → [메시지 표시] 작업을 If 구문 사이에 추가하자.

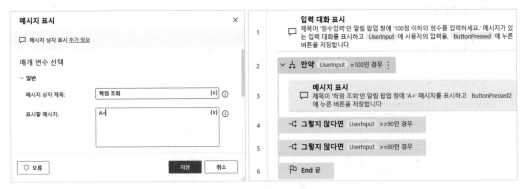

08 흐름 내의 작업은 복사해서 붙여 넣을 수 있다. [메시지 표시]를 선택하고 마우스 오른쪽 버튼을 눌러 복사하고 나서 원하는 위치에 붙여 넣자. 윈도우 단축키 [Ctrl]+[C], [Ctrl]+[V]를 이용해도 된다. 그리고 새로 생성한 [메시지 표시] 작업을 다음 조건인 [그렇지 않다면] 구문 안으로 끌어 놓는다.

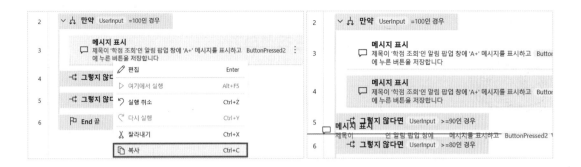

조금 더
알아보기

조건문 접고 펼치기

자동화 흐름의 프로세스가 복잡해지면, 조건문과 같은 흐름 제어 기능들이 더 많이 사용된다. [만약] 작업의 하위 작업을 포함하는 줄에서 화살표 아이콘(>)을 클릭하면 하위 로직을 접거나 펼칠 수 있다. 해당 기능을 사용하면 자동화 개발 과정의 효율을 높일 수 있다.

여러 개의 변수, 연속되는 조건문 그리고 중첩되는 반복문 등과 같은 작업 요소가 증가할수록 소스 코드 기반의 프로그래밍을 한다는 착각이 든다. 코딩에서도 가장 중요한 것은 데이터 처리와 로직 제어이다. PAD는 이러한 로직을 모듈 형태로 지원하기 때문에 **스크립트를 사용하지 않는 프로그래밍**이라 할 수 있다.

__09__ 조건문이 완성되었으면 흐름을 실행해서 결과를 확인해보자.

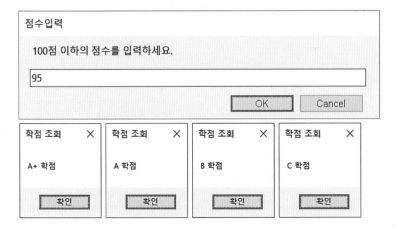

VBScript 조건문 코드 작성하기

PAD에서 생성한 변수 [%UserInput%]의 값이 100점이면 "A+", 90점 이상이면 "A", 80점 이상이면 "B", 그 외는 "C"를 반환하는 VBScript 코드를 작성해 줘.

___ 2-2-1-1조건문 코드 작성하기

```
Dim result

If %UserInput% = 100 Then
    result = "A+"
ElseIf %UserInput% >= 90 Then
    result = "A"
ElseIf %UserInput% >= 80 Then
    result = "B"
Else
    result = "C"
End If

WScript.Echo result
```

흐름을 실행하면, 사용자가 입력한 값에 해당하는 학점이 변수로 반환된다.

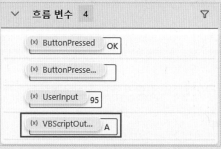

분기문 전환(Switch) 구문 사용하기

로직을 제어하는 분기문인 전환(Switch) 구문도 프로그래밍 언어에서 많이 사용한다. 전환 구문은 만약(If) 조건문과 비슷한 기능을 수행하기 때문에 혼용해서 활용하기도 한다. **일반적으로 3개 이상의 정해진 값 중에서 분기해야 하는 논리 구조에는 전환 구문을 더 많이 사용**한다. 예를 들어 A, B, C와 같이 정해진 학 점마다 다른 로직을 적용해야 할 때는 전환 구문이 효율적이다.

01 작업 [조건] → [전환] 메뉴를 선택해서 분기문을 사용한다.

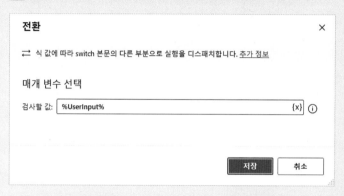

02 전환 구문 안에 케이스(Case)를 추가하고자 작업 [조건] → [케이스] 메뉴를 끌어 놓는다. 학점 이 "A"인 값과 비교하려면, 비교할 값에는 A를 입력한다.

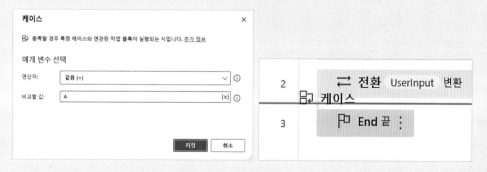

2.2 조건문과 논리 연산자

#논리연산자   #OR/AND   #부울변수   #True/False

스크립트 기반의 프로그래밍에서는 If 조건문에 여러 가지 조건을 한 번에 사용할 수 있다. 예를 들면, 학점이 A 또는 B일 때의 조건문은 OR 구문을 사용해 다음과 같이 작성한다.

IF 학점 = 'A' **OR** 학점 = 'B'.

　...

ENDIF

학점이 A 그리고 B일 때의 조건문은 AND 구문을 사용한다.

IF 학점 = 'A' **AND** 학점 = 'B'.

　...

ENDIF

PAD에서도 If 조건문(만약)에서 여러 개의 조건을 사용할 수 있다. 그러므로 앞의 예제와 같이 OR 또는 AND 조건을 사용해야 할 때는 변수 안에서 논리 연산자를 사용해야 한다.

사용자가 입력한 학점이 A 또는 B일 때는 "우수한 성적입니다.", 이외 학점은 "분발이 필요합니다."라는 메시지를 출력해 보자.

01 새로운 흐름을 생성한 후 [입력 대화 표시] 메뉴를 하나 추가한다.

입력 대화 표시	×

🗨 사용자가 텍스트를 입력하도록 요청하는 대화 상자 표시 추가 정보

매개 변수 선택

˅ 일반

입력 대화 제목:　　　학점을 입력하세요.　　　　　{x} ⓘ

입력 대화 메시지:　　　　　　　　　　　　　　　{x} ⓘ

기본값:　　　　　　　　　　　　　　　　　　{x} ⓘ

♡ 오류　　　　　　　　　　　　저장　　취소

02 작업 [변수] → [변수 설정] 메뉴로 변수를 하나 생성한다. '값' 필드에는 A 또는 B일 때의 두 개 조건을 확인하고자 OR 구문을 추가한다. 변수 %UserInput%은 1단계에서 사용자가 입력한 값이다. 흐름을 실행하면 논리 연산의 결과인 부울(True 또는 False) 값이 저장된다. 앞서 설명했듯이 참(True)/거짓(False) 두 개의 값을 가지는 변수를 부울 타입 변수라 한다.

%UserInput = 'A' OR UserInput = 'B'%

TIP 같지 않음은 <> 기호를 사용한다.   %UserInput% <> 'A'

03 작업 [조건] → [만약] 메뉴를 추가하고 ① '첫 번째 피연산자'에는 2단계의 결과를 저장한 %res% 변수를, ② 연산자는 [같음(=)]을 선택하고, ③ '두 번째 피연산자'에는 True를 입력한다.

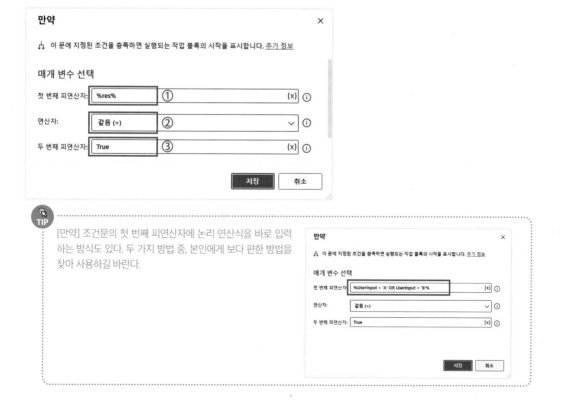

TIP [만약] 조건문의 첫 번째 피연산자에 논리 연산식을 바로 입력하는 방식도 있다. 두 가지 방법 중, 본인에게 보다 편한 방법을 찾아 사용하길 바란다.

04 [메시지 표시] 작업을 [만약] 안에 추가해 3단계 조건이 일치할 때 출력할 텍스트를 입력한다.

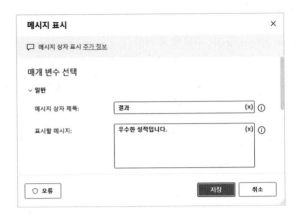

05 흐름을 실행해서 A 또는 B를 입력한 후 실행해 보자.

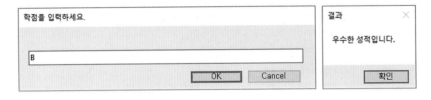

실행 영상 파일
https://cafe.naver.com/msrpa/730

2.3 반복문: For 문(각각의 경우)

#반복문   #각각의_경우   #반복조건문   #For문   #Loop   #주석_추가하기

반복문은 어떤 조건을 만족하거나 일정한 횟수만큼 반복 수행이 필요할 때 사용하는 제어 구문의 한 종류이다. If 조건문과 함께 프로그램의 논리적 절차를 구현하기 위한 필수 구문에 속한다. 특히 반복적인 수작업을 자동화하는 RPA에서 반복문의 중요성은 명확하다. 반복문은 언어마다 여러 가지 방법을 사용하는데, PAD에는 다음 3가지 반복 구문이 있다.

- **각각의 경우(For each) 구문:** 목록 변수와 같은 값이 존재하지 않을 때까지 반복 수행
- **반복(Loop) 구문:** 최종 값에 도달할 때까지 반복 값을 증가하면서 반복 수행
- **반복 조건(Loop Condition) 구문:** 어떤 조건이 거짓이 될 때까지 반복

이번에 알아볼 **[각각의 경우] 반복문(For 문)은** 목록 변수 또는 데이터 테이블에 값이 없어질 때까지 반복을 **수행하는 구문이다.** 먼저 목록 변수의 반복문 사용법을 실습해 보자. 목록 변수 과정에서 생성했던 학점 A, B, C 값으로 구성된 목록을 그대로 활용한다.

01 [작업] [변수] → [새 목록 만들기] 메뉴를 선택해서 목록 변수 %List%를 생성한다. [작업] [변수] → [목록에 항목 추가] 메뉴를 이용해 A 학점을 목록 변수에 추가한다. 마찬가지 방법으로 B와 C 학점도 목록 변수에 삽입한다. 앞서 목록 변수 과정에서 생성한 흐름의 작업을 복사해서 붙여 넣어도 된다.

02 [작업] [반복] → [각각의 경우] 메뉴를 선택하여 끌어 놓는다. 반복문 작업을 흐름에 추가하면 자동으로 [End 끝] 작업이 추가된다. 반복문 [각각의 경우]의 매개 변수에 대해서 알아보자.

① 반복할 값: 1단계에서 생성한 목록 변수 **%List%**를 입력한다. 목록 변수에는 값이 3개가 있기 때문에 3번 반복을 수행한다.

② 저장 위치: 목록 변수를 반복하면서 현재 값을 **%CurrentItem%** 변수에 복사한다. 예를 들어 2번째 반복 수행 중이면 B 값이 **%CurrentItem%**에 복사된다. 변수명이 길다면, **%Item%**으로 짧게 변경하는 것도 좋다.

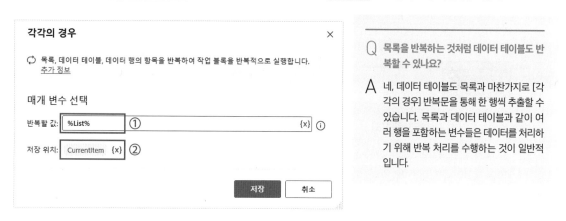

> Q 목록을 반복하는 것처럼 데이터 테이블도 반복할 수 있나요?
>
> A 네, 데이터 테이블도 목록과 마찬가지로 [각각의 경우] 반복문을 통해 한 행씩 추출할 수 있습니다. 목록과 데이터 테이블과 같이 여러 행을 포함하는 변수들은 데이터를 처리하기 위해 반복 처리를 수행하는 것이 일반적입니다.

03 [메시지 표시] 작업을 반복문 안에 추가한다. '표시할 메시지'에 3단계에서 생성한 변수 %CurrentItem% 를 선택한다.

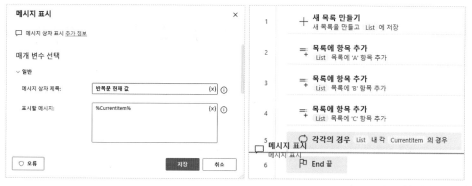

04 흐름을 실행해서 결과를 확인해 보자. 목록에 저장한 값 A, B, C를 반복하면서 한 번씩 메시지를 출력한다.

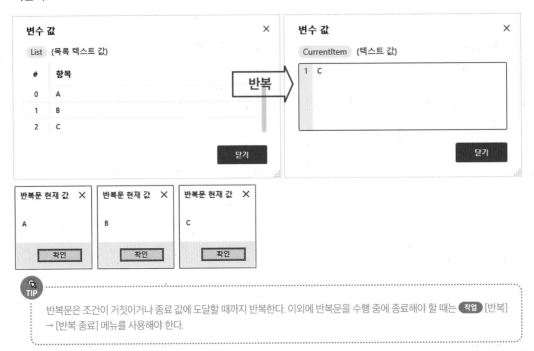

> **TIP**
> 반복문은 조건이 거짓이거나 종료 값에 도달할 때까지 반복한다. 이외에 반복문을 수행 중에 종료해야 할 때는 **작업** [반복]
> → [반복 종료] 메뉴를 사용해야 한다.

조금 더 알아보기

주석 추가하기(설명 코멘트)

모든 프로그래밍 언어에는 해당 소스가 어떤 기능을 하는지 설명하는 주석 기능이 있다. 데스크톱 흐름에 많은 작업이 추가되면 개별 작업이 어떤 기능을 하는지 파악하기 어려워진다. 이러한 상황을 위해 PAD 역시 작업을 설명하는 주석 추가 기능을 제공한다.

작업 [흐름 제어] → [설명] 메뉴를 선택한 후에 필요한 줄 위로 끌어 놓는다. 그런 다음, 해당 작업의 기능을 쉽게 알 수 있도록 설명을 추가하고 저장한다. 그러면 작업 영역에 설명이 추가된 것을 확인할 수 있다.

2.4 반복문: Loop 구문

실행 영상 파일
https://cafe.naver.com/msrpa/731

#반복문   #Loop구문   #목록_만들기   #다음_반복   #반복_종료

반복문은 정해진 횟수만큼 단순하게 반복하는 기능과 일정한 조건이 충족될 때까지 반복하는 기능을 제공한다. PAD의 Loop 반복문은 두 가지 기능을 모두 수행할 수 있다.

1. **반복 기능-반복문(Loop):** 마지막 순번까지 단순히 반복하여 수행한다. 단순 반복은 작업 [반복] → [반복] 메뉴로 구현한다.

2. **제어 기능-반복 조건문(Loop Condition):** 조건에 만족할 때까지 반복 수행하며 거짓이면 반복을 종료한다. 반복 조건문은 작업 [반복] → [반복 조건] 메뉴로 구현한다.

그리고 각각의 경우(For each) 반복 구문과 반복(Loop) 구문은 다음과 같은 차이점이 있다.

- **각각의 경우(For each) 반복문:** 목록 변수 또는 데이터 테이블을 반복하는 것이 목적이다.
- **반복문(Loop):** 어떤 작업을 일정 횟수만큼 반복 수행하는 것이 목적이다.

이제 Loop 반복문에 대해서 알아보자. 목록 변수를 생성하여 1부터 100까지의 값을 반복적으로 입력하는 흐름을 구현한다.

01 흐름을 생성한 후 작업 [변수] → [새 목록 만들기] 메뉴를 끌어 놓는다.

02 작업 [반복] → [반복] 메뉴를 추가하고 1부터 100까지 반복하고자 매개 변수를 설정한다.

① 시작: 반복문의 시작 값 **1**을 입력한다.

② 끝: 반복문의 마지막 값 **100**을 입력한다.

③ 증가: 반복문에서 1씩 늘어나도록 증가 값 1을 입력한다. 2씩 증가하려면 숫자 2를 입력하면 된다.

④ 변수 생성됨: 반복문을 실행하면 **%LoopIndex%** 변수가 자동으로 생성된다. 해당 변수는 반복 구문의 현재 반복 순번이 저장된다.

해당 반복 작업은 1부터 시작해서 1씩 증가하면서 100까지 반복을 수행한다.

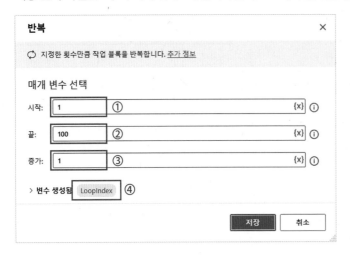

03 목록 변수에 1에서 100까지의 값을 추가하고자 작업 [변수] → [목록에 항목 추가] 메뉴를 선택한다. ① '항목 추가' 필드에는 Loop 반복문의 현재 순번을 가리키는 변수 %LoopIndex%를 넣고 ② '목록으로' 필드에는 %List%를 선택한다.

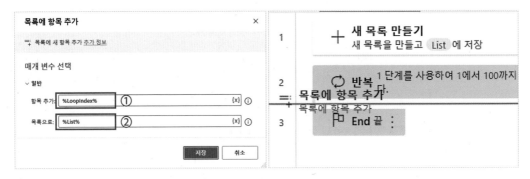

04 흐름을 실행해서 목록 변수에 저장된 값을 확인해 보자.

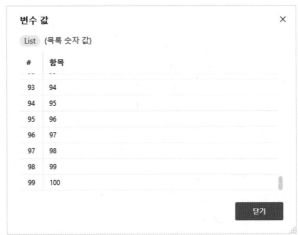

[다음 반복]과 [반복 종료] 이해하기

반복문을 제어하는 다음 2가지 작업의 차이점을 정리해 보자.

1. 다음 반복(Next Loop)

반복문 안에 [다음 반복] 작업을 추가하면 **해당 줄 아래의 로직은 수행하지 않고 다음 반복을 수행한다**. 즉, 그 아래의 메시지 표시 작업은 반복문이 끝까지 동작해도 결코 수행되지 않는다.

2. 반복 종료(Exit Loop)

반복문 안에 [반복 종료] 작업을 추가하면 **해당 반복문을 빠져나간다**. 다음 예제에서는 반복문을 종료하므로 메시지 표시 작업은 수행되지 않는다.

03

흐름 디버깅

실행 영상 파일
https://cafe.naver.com/msrpa/732

#디버깅 #Debug #중단점 #흐름_실행/중지/다음_작업_실행

디버깅의 버그(bug)는 벌레를 뜻하며 디버그(debug)는 '벌레를 잡다.'라는 뜻이다. 프로그래밍에서는 오류를 벌레에 비유하여 오류를 찾아 수정하는 일이라는 의미로 쓰인다. 그리고 디버그하는 작업 행위를 **디버깅**(debugging)이라고 한다. 오류를 수정할 목적으로 개발된 소프트웨어를 의미할 때는 **디버거**(debugger)라는 말을 쓴다. 디버깅은 로직을 검증하고 오류 원인을 찾는 것이 주된 목적이다. 그러므로 흐름을 잠시 중단하여 해당 줄에서 변수가 어떤 값을 저장했는지 확인한다. 이때 프로그램을 중지하는 특정 지점을 중지한다는 의미에서 **중단점**(Breakpoint)이라 말한다.

PAD는 흐름 디자이너와 디버거가 하나로 통합된 도구이다. 흐름 디자이너에서 중단점을 설정해서 흐름을 디버깅하는 방법에 대해서 알아보자. 실습 예제는 사용자가 입력한 암호 값을 확인하기 위해, 흐름 중간에 디버깅을 설정해서 변수 값을 확인하는 절차로 구성된다. 자동화 구현에서 디버깅은 아주 중요하다. **자동화 개발은 디버깅 과정**이라고 해도 될 정도이다. 만약 설계한 대로 결과가 제대로 나오지 않는다면, 디버깅을 설정하여 단계별로 변수 값을 확인하는 습관을 갖는 것이 필요하다. 이렇게 함으로써 문제를 진단하고 해결하는 능력을 향상시킬 수 있다.

01 새로운 흐름을 생성한 후에 `작업` [메시지 상자] → [입력 대화 표시] 메뉴를 추가한다. '입력 유형'으로 [암호]를 선택하면 값을 ●로 마스킹하여 표시한다.

02 `작업` [조건] → [만약] 메뉴를 추가해서 사용자가 입력한 값(%UserInput%)을 확인하는 조건을 추가한다. '두 번째 피연산자'로 지정할 암호는 실습을 위해 1234라고 지정한다.

03 사용자가 입력한 암호가 맞으면 결과 메시지를 출력하고자 [메시지 표시]를 추가한다.

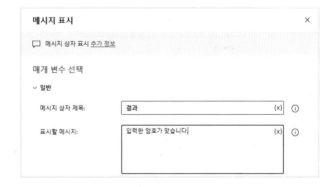

04 사용자가 입력한 값과 암호를 비교하는 조건문의 줄 2를 마우스로 클릭한다. 그러면 해당 줄에 빨간 원 ●이 표시되는데, 이를 **중단점**이라 한다. 물론, 흐름을 중지하고 싶은 다른 줄에도 중단점을 추가할 수 있다.

05 흐름을 실행하면 암호를 입력하는 메시지 창이 열린다. 암호를 입력하고 [OK] 버튼을 누르면 흐름이 2번째 줄에서 중지되는데, 이것을 중단점에 의한 디버깅이라고 한다. 디자이너 화면의 오른쪽 변수 영역에서 사용자가 입력한 값을 확인할 수 있다.

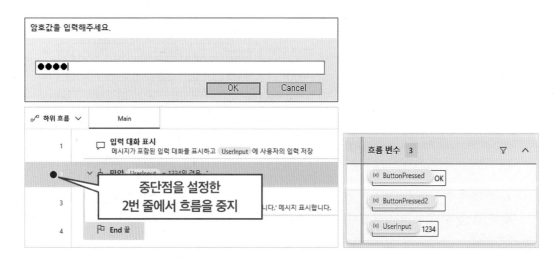

06 중단점에 의해 흐름을 중지한 상태에서 흐름을 끝까지 계속 실행하거나 한 단계씩 다음 작업을 실행하면서 변수가 어떻게 변하는지 확인할 수 있다. 물론, 흐름을 중지할 수도 있다.

① 실행: 흐름을 끝까지 다시 실행한다.
② 중지: 흐름 실행을 종료한다.
③ 다음 작업 실행: 다음 작업을 1단계 수행한다.

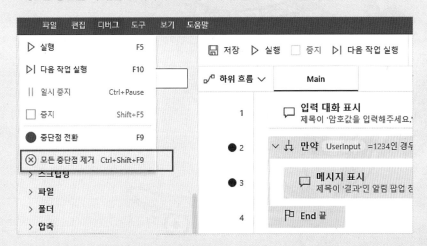

1	**입력 대화 표시** 제목이 '암호값을 입력해주세요.'인 알림 팝(UserInput 에 사용자의 입력을, ButtonPr
● 2	∨ 만약 UserInput =1234인 경우
3	**메시지 표시** 제목이 '결과'인 알림 팝업 창에 '입력한 ButtonPressed2 에 누른 버튼을 저장
4	End 끝

TIP 복잡한 자동화 흐름을 개발하는 과정에서 디버깅을 해야 할 작업이 흐름의 뒷부분에 위치하면 디버깅하는 지점까지 도달하는 데에 많은 시간이 소요된다. 이런 경우, 신규 흐름을 생성하고 해당 작업만 복사하여 기능 단위별로 분석하면서 디버깅하는 것이 효율적이다. 이와 같은 방법으로 디버깅 작업이 더욱 원활하게 수행되며, 자동화 개발 프로세스를 수월하게 진행할 수 있다.

조금 더 알아보기

중단점 한 번에 삭제하기

흐름에는 여러 개의 중단점을 설정할 수 있다. 많은 중단점을 설정했을 때는 흐름 디자이너 메뉴 [디버그] → [모든 중단점 제거]를 선택하여 모든 중단점을 한 번에 삭제할 수 있다.

엑셀 자동화

CHATGPT & EXCEL AUTOMATION

PAD 기본 이론을 바탕으로 엑셀 자동화를 위한 필수 작업인 데이터 읽기, 생성 및 변경 기능을 소개한다. 실습을 통해 엑셀 파일과 데이터 테이블의 관계를 이해하고, 데이터를 반복 처리하는 기본적인 업무 자동화에 익숙해지자. 처음 접하는 파워 오토메이트의 메뉴가 낯설 수 있다. 파워 오토메이트는 노코드 환경이지만, 코드 기반의 프로그래밍과 유사한 원리로 작동한다. 이 책에서 제시하는 단계를 따라가며 엑셀 자동화에 익숙해지고, 스스로 다양한 방법을 시도하여 경험을 쌓는다면 큰 도움이 될 것이다.

## 3 장

엑셀 자동화 초급편: 엑셀 자동화에 익숙해지기

직원 리스트 엑셀 파일 읽어오기

실행 영상 파일
https://cafe.naver.com/msrpa/733

#엑셀_파일_읽기   #비지오(Visio)   #엑셀_파일_입력받기   #엑셀_데이터_건수_출력

엑셀은 기업과 일상에서도 많이 사용하는 오피스 프로그램이다. 데이터 관리, 분석, 그래프 작성, 차트 작성, 예산 편성 등 다양한 업무에 활용된다. 엑셀은 비즈니스 분야에서 필수적인 도구로 자리 잡았으며 업무 효율성을 높이는 역할을 한다. 즉, 엑셀은 사무직원들이 필수로 숙지해야 하는 프로그램 중 하나가 된 것이다.

대다수의 사무직원이 업무를 시작할 때 엑셀 파일을 여는 것으로 시작하고, 엑셀 파일을 닫으면서 일과를 마친다고 해도 과언이 아닐 정도이다. 엑셀 단축키를 잘 사용하는 직원들의 손놀림은 프로 게이머처럼 화려하다. 하지만, 단축키를 활용해서 업무를 빠르게 처리하더라도 반복적인 업무는 생산성이 낮은 노동 집약적인 업무에 지나지 않는다. 이러한 반복 업무를 **로봇 비서는 더 빠르고 정확하게 쉼 없이** 해낼 수 있다.

일부 직원들은 엑셀 수작업의 피로에서 벗어나고자, VBA(Visual Basic for Applications) 스크립트(코드)를 학습하여 엑셀 자동화를 구현하기도 한다. 하지만, IT 경험이 없는 사용자가 VBA 스크립트를 작성하는 것은 쉬운 일이 아니다. 시간이 지나 VBA 작동 오류를 수정하려면 재학습이 필요하며, 유지보수의 어려움도 수반된다. 심지어 IT 부서에서 엑셀 VBA 전문가가 필요한 현업 요구가 접수되기도 한다. VBA는 개인 업무 자동화를 위한 오피스용 프로그래밍이므로 IT 부서에서 VBA 전문인력을 양성하는 것은 명분이 부족하다. VBA는 엑셀의 확장 기능이며, 사용자 개인이 스스로 학습하여 본인의 업무에 적용해야 하는 영역이기 때문이다. 그렇다면 IT 경험이 없는 현업 직원들이 엑셀 자동화를 쉽게 구현할 수 있는 방법은 없을까? 이 질문에 대해선 "RPA가 할 수 있다."고 명쾌하게 답변하겠다. 챗GPT는 RPA를 활용한 엑셀 자동화에 대해 어떻게 생각할까? 챗GPT에게 질문을 해보았다.

 IT 경험이 없는 직장인이 RPA를 이용해 엑셀 자동화를 쉽게 구현할 수 있을까?

 네, IT 경험이 없어도 RPA를 활용하여 엑셀 자동화를 비교적 쉽게 구현할 수 있습니다. RPA(Robotic Process Automation)는 소프트웨어 로봇을 사용하여 반복적이고 규칙적인 작업을 자동화하는 기술을 의미합니다. RPA를 사용하여 엑셀 자동화를 구현하는 주요 이점은 다음과 같습니다:

비즈니스 프로세스 자동화: RPA는 **엑셀 작업을 비롯한 다양한 비즈니스 프로세스를 자동화하는 데 사용**됩니다. 예를 들어, 데이터 입력, 정리, 필터링, 계산 등과 같은 반복적인 작업을 로봇이 자동으로 수행할 수 있습니다.

시간과 비용 절감: RPA를 사용하면 **인력을 효율적으로 활용하고, 업무 수행 시간을 단축**하여 생산성을 높일 수 있습니다. 또한, 인적 오류를 최소화하고 작업의 일관성을 유지할 수 있어 비용을 절감할 수 있습니다.

유연성과 확장성: RPA는 비즈니스 프로세스를 로봇으로 구현하기 때문에 작업의 유연성과 확장성을 제공합니다. 엑셀 작업을 자동화하고 나중에 필요에 따라 작업을 수정하거나 추가할 수 있습니다.

사용자 친화적인 설계: 대부분의 **RPA 도구는 비전문가도 쉽게 사용할 수 있는 사용자 친화적인 인터페이스를 제공**합니다. 이를 통해 IT 경험이 제한된 현업 직원도 RPA를 사용하여 엑셀 작업을 자동화할 수 있습니다.

마지막으로, 커뮤니티나 온라인 포럼에서 다른 사용자들과 의견을 나누고 도움을 받을 수도 있습니다.

챗GPT는 RPA를 IT 경험이 제한된 현업 사무직원도 엑셀 자동화를 위해 쉽게 활용할 수 있는 기술이라고 소개하며, RPA의 다양한 이점들을 설명하고 있다. 또한, RPA는 엑셀보다 훨씬 넓은 범위의 자동화에도 활용될 수 있다는 장점도 알려준다.

《코드 한 줄 없이 시작하는 MS 파워 오토메이트 with 챗GPT(2024년 출간, 프리렉)》서적에서 다양한 PAD의 업무 자동화 기능을 소개하고 있다. 엑셀은 사무 업무에서 매우 중요하며, 업무 시간의 상당 부분을 차지하므로, 이 책은 엑셀 자동화에 초점을 맞추었다. 또한, 챗GPT가 작성한 코드를 활용하여 PAD로는 구현하기 어려운 기능들을 자동화하는 방법을 소개한다.

엑셀은 사용자마다 다양한 사용법을 갖기 때문에 다양한 관점으로 접근해야 한다. 일반적인 엑셀 업무 중 하나는 ERP와 같은 응용 프로그램에서 데이터를 내려받아 다른 템플릿 엑셀 파일에 붙여넣는 작업이다. 이 과정에서 엑셀 데이터와 형식을 변경해야 할 수도 있으며 엑셀 파일을 다른 응용 프로그램에서 사용 가능한 형식으로 변환하는 등, 다양하게 엑셀을 다루게 된다. 디지털 시대에는 다양한 IT 시스템이 업무에 활용되며, 각 시스템에서 사용되는 엑셀 양식도 다양하다. 사무직원들은 여러 엑셀 파일에서 데이터를 필터링, 정렬, 복사한 후 다른 파일에 붙여 넣는 수작업을 수행하는 경우가 많다. 이제 PAD와 챗GPT를 조합하여 이러한 수작업을 자동화하는 방법을 차근차근 알아보도록 하자.

조금 더 알아보기

업무 자동화를 시작하는 좋은 방법

업무 자동화를 무작정 시작하면 막막함과 두려움을 느낄 수 있다. 특히 지금과 같은 디지털 시대에서 기업은 직원들에게 자동화에 대한 성과를 기대하기도 한다. 팀의 자동화 전략으로 인해 본인의 의사와 무관하게 자동화를 시작하는 직원들도 있으며, 그로 인해 자동화 구현에 부담을 느끼는 경우가 있다. 업무 자동화를 시작하는 배경은 다 다르지만, 업무 자동화에 부담을 갖지 않고 가볍게 받아들이는 것이 중요하다. 시작이 어려운 것은 PAD의 개별 작업과 조건문과 같은 논리적 컴퓨팅 사고에 익숙하지 않기 때문이다. 아주 간단한 반복 업무부터 자동화해 보길 바란다. 주위 동료들에게 본인이 하고자 하는 업무 자동화를 공유하여 의견을 나누며 동기 부여를 받을 수도 있다. 먼저, 업무의 목적과 순서를 차례로 작성하는 것도 도움이 된다. 여러분이 A라는 업무를 할 때, 어떤 순서로 무엇을 어떻게 처리하는지 생각하며 순서도를 작성해 보라. 복잡한 업무의 경우, RPA 담당자나 IT 부서에게 자동화 생성을 요청할 수도 있다. 이때, 업무 처리 절차를 정확하게 전달하기 위해 자신의 작업 순서를 동영상으로 녹화하는 방법도 효과적이다. 또한 업무 자동화 전후의 효과를 비교할 때에도 동영상을 활용하면 훨씬 생동감 있게 전달할 수 있다.

다음은 업무 자동화에 앞서 간략하게 작성해 본 업무의 목적과 순서이다. 업무 자동화가 막막하다면 다음 예시를 바탕으로, 목적과 순서 및 해야 할 일을 작성해 보길 바란다.

1. 업무명: 자재 구매 요청 업체에 메일 보내기
2. 업무 목적: 매일 재고 수량이 부족한 자재 리스트를 엑셀로 정리해서, 업체별 담당자에게 메일 전송하는 것을 자동화하기 위함
3. 자동화하려는 이유: ERP에서 재고수량을 확인하고 업체별로 자재를 정리해서 메일을 보내는 반복 작업으로 많은 시간을 소요하고 있음

● **사람이 직접 할 때의 업무 절차**
1. ERP에서 자재 수량을 내려받아서 엑셀 파일 자동으로 정리하기
2. 엑셀 파일을 반복하면서 업체별 담당자 메일 가져오기
3. 업체 담당자에게 메일 보내기

만약 이 과정에서 순서도를 작성한다면 마이크로소프트가 제공하는 순서도 작성 도구 '비지오(Visio)'를 사용하는 것을 추천한다. 비지오의 사용법은 이 절 마지막 부분에 자세히 설명해 놓았으니 참고하길 바란다.

본격적인 엑셀 자동화 도전에 앞서, 다양한 엑셀 데이터를 다루고 활용하려면 PAD에서 엑셀 데이터를 읽고 테이블 변수에 담는 과정을 거쳐야 한다. 챗GPT를 활용하여 이 과정을 먼저 경험해 보자.

	A	B	C	D	E	F
1	사번	부서	직책	이름	메일주소	
2	1001	전산	상무	김철수	msrpa@naver.com	
3	1002	전산	과장	이영희	sapjoy@naver.com	
4	1003	재무	부장	조영수	jys@nvaer.com	
5	1004	재무	과장	박옥순	pos@naver.com	
6	1005	구매	차장	문영호	myh@naver.com	
7	1006	구매	대리	정현숙	jhs@naver.com	
8	1007	영업	과장	강순자	ksj@naver.com	
9	1008	영업	사원	채영식	cys@naver.com	

Sheet1 ⊕

챗GPT 활용하기

직원 리스트를 생성하는 코드 작성하기

일반 부서(IT 관련 부서가 아닌 부서)를 대상으로 엑셀과 챗GPT 사용에 대한 교육을 진행한 후, 아침에 출근하자마자 챗GPT가 생성해 준 코드가 동작하지 않는다는 연락을 받았다. IT 개발 경험이 없는 일반 현업 담당자는 챗GPT가 생성하는 코드를 PAD에 붙여 넣어 실행하는 원리를 이해하기 힘들어한다. 정확하게는 코드가 낯설다고 표현하는 게 어울린다. 더군다나 챗GPT가 생성한 코드가 동작하지 않으면, 더 이상 진행하지 못한다. 충분히 공감할 수 있는 상황이다. 문제 해결을 감 잡을 수 없는 것은 IT 경험이 부족하기 때문이다. 그렇다고 포기할 필요는 없다. 조금만 익숙해지면, 누구나 쉽게 챗GPT를 활용할 수 있다.

챗GPT에게 직원 리스트를 엑셀 파일로 생성하는 코드를 만들어 달라고 요청해 보자.

👤 VBScript를 이용해서 [사번] [부서] [직책] [이름] [이메일주소] 칼럼을 가지는 엑셀 파일을 생성하고, 임의의 직원 3명을 만들어 줘.

⑤ _____ 3-1-1 직원리스트 엑셀 파일 생성

```
' 엑셀 파일 생성
Set objExcel = CreateObject("Excel.Application")
objExcel.Visible = True
Set objWorkbook = objExcel.Workbooks.Add( )
Set objWorksheet = objWorkbook.Worksheets(1)
```

```
' 칼럼 생성
objWorksheet.Cells(1,1).Value = "사번"
objWorksheet.Cells(1,2).Value = "부서"
objWorksheet.Cells(1,3).Value = "직책"
objWorksheet.Cells(1,4).Value = "이름"
objWorksheet.Cells(1,5).Value = "이메일주소"

' 데이터 입력
objWorksheet.Cells(2,1).Value = "001"
objWorksheet.Cells(2,2).Value = "영업팀"
objWorksheet.Cells(2,3).Value = "과장"
objWorksheet.Cells(2,4).Value = "김철수"
objWorksheet.Cells(2,5).Value = "kim@company.com"
--이하 생략--
```

새 흐름을 생성하고 작업 [스크립팅] → [VBScript 실행]에 앞서 챗GPT로 생성한 코드를 복사해 실행할 스크립트에 붙여 넣는다. 흐름을 실행하면, 빈 엑셀 문서가 열리고 임의의 직원 3명이 생성된다.

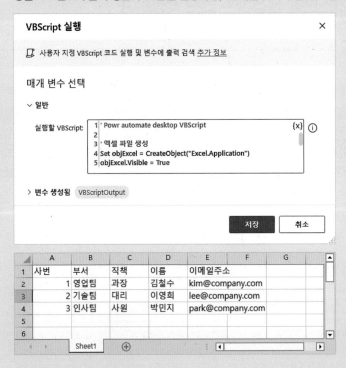

TIP

코드 기반의 프로그램을 개발할 때는 본인이 작성한 코드가 어떠한 기능을 하는지 주석(코드 설명)을 추가하는 것이 일반적이다. 챗GPT가 코드를 생성할 때도 기본적으로 주석을 포함해서 제공한다.

TIP

마이크로소프트의 Bing 코파일럿(Copilot)이나 구글 제미나이(Gemini)에 질의하더라도 유사한 스크립트를 제안해 준다.

● Bing 코파일럿 사이트: https://www.bing.com/
● Google 제미나이 사이트: https://www.gemini.com/

01 새로운 흐름을 생성한 후 작업 ① [Excel] → ② [Excel 시작] 작업을 더블 클릭하거나 끌어 놓아서 추가한다.

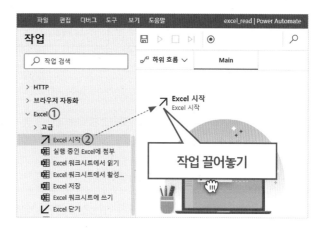

TIP

작업은 메뉴, 동작, 액션(action)과 같은 용어로도 사용된다.

02 ① 'Excel 시작' 옵션은 [및 다음 문서 열기]를 선택하고 ② '문서 경로'에는 내려받은 예제 파일 중 '직원리스트.xlsx' 파일을 지정한다. ③ [인스턴스 표시] 옵션을 비활성화하면 엑셀 프로그램이 백그라운드로 실행되어서 사용자는 엑셀 프로그램을 확인할 수 없다. ④ 변수 %ExcelInstance%가 생성된다. 즉, PAD는 해당 인스턴스를 '직원리스트.xlsx'라는 엑셀 파일로 인식한다. 여러 개의 엑셀 파일을 여는 경우에는 ExcelInstance2, ExcelInstance3로 정의할 수 있다. 본인이 쉽게 확인할 수 있는 이름으로 변경하면 된다.

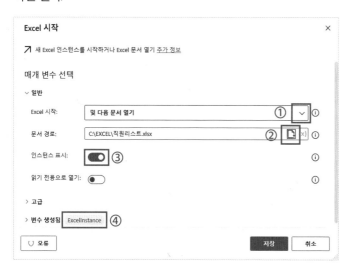

실습에 사용되는 엑셀 파일은 네이버 카페 MS RPA - Power Automate(https://cafe.naver.com/MSRPA)의 [교재 관련 자료] 게시판에서 내려받을 수 있다.

사용자에게 엑셀 파일 입력 받기

사용자가 엑셀 파일을 직접 선택하도록 하는 것도 좋은 방법이다. 작업 [메시지 상자] → [파일 선택 대화 표시] 메뉴를 선택한다. 그리고 사용자가 선택한 파일 경로를 저장한 변수 %SelectedFile%을 2단계의 '문서 경로'에 입력하면 된다.

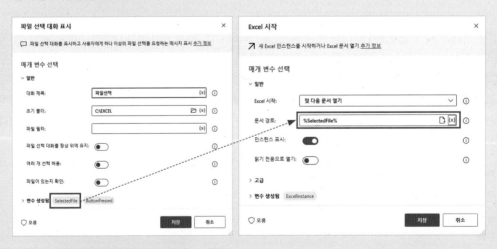

03 엑셀 파일의 데이터를 PAD에서 읽어오기 위해 작업 [Excel] → [Excel 워크시트에서 읽기] 작업을 추가한다. ① 2단계에서 생성된 Excel 인스턴스(%ExcelInstance%)를 선택한다. ② 검색은 여러 가지 조건이 있는데, 엑셀의 모든 데이터를 읽기 위해서 [워크시트의 사용 가능한 모든 값]을 선택한다. ③ [고급] 옵션을 누른다. ④ [범위의 첫 번째 행을 열 이름으로 사용] 옵션을 활성화한다. ⑤ 엑셀에서 읽어온 데이터는 %ExcelData%라는 이름의 변수에 저장된다.

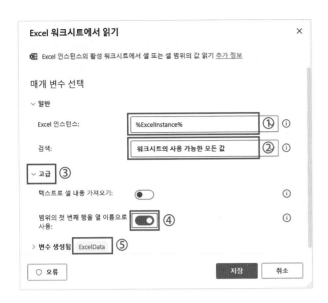

Excel 워크시트에서 읽기

Excel 인스턴스의 활성 워크시트에서 셀 또는 셀 범위의 값 읽기 추가 정보

매개 변수 선택

∨ 일반

Excel 인스턴스: %ExcelInstance% ①

검색: 워크시트의 사용 가능한 모든 값 ②

∨ 고급 ③

텍스트로 셀 내용 가져오기: ○

범위의 첫 번째 행을 열 이름으로 사용: ● ④

> 변수 생성됨 ExcelData ⑤

저장 취소

---

04 ① 실행(▷) 아이콘을 눌러서 흐름을 실행한다. 직원리스트 엑셀 파일을 잘 읽어오는지 확인해 보자. 흐름 디자이너의 ② 오른쪽 변수 영역에서 ExcelData를 더블클릭하면 ③ 상세 정보가 조회된다.

변수 값

ExcelData (데이터 테이블) ③

#	사번	부서	직책	이름	메일주소
0	1001	전산	상무	김철수	msrpa@naver.com
1	1002	전산	과장	이영희	sapjoy@naver.com
2	1003	재무	부장	조영수	jys@nvaer.com
3	1004	재무	과장	박옥순	pos@naver.com
4	1005	구매	차장	문영호	myh@naver.com
5	1006	구매	대리	정현숙	jhs@naver.com
6	1007	영업	과장	강순자	ksj@naver.com
7	1008	영업	사원	채영식	cys@naver.com

TIP

3단계의 [범위의 첫 번째 행을 열 이름으로 사용] 옵션을 설정한 것과 하지 않은 차이는 다음 표를 참고하자. 첫 행을 열 이름으로 사용하지 않으면, 헤더인 첫 번째 행이 직원 데이터와 같이 한 행으로 추출된다. 그리고 각 열은 Column1, Column2와 같이 순차적인 이름을 가지게 된다.

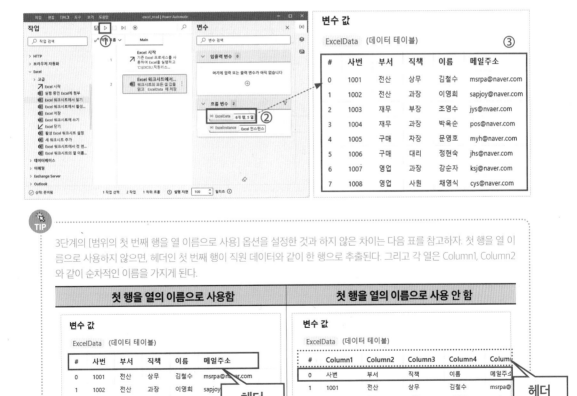

첫 행을 열의 이름으로 사용함					

변수 값

ExcelData (데이터 테이블)

#	사번	부서	직책	이름	메일주소
0	1001	전산	상무	김철수	msrpa@naver.com
1	1002	전산	과장	이영희	sapjoy
2	1003	재무	부장	조영수	jys@n
3	1004	재무	과장	박옥순	pos@naver.com
4	1005	구매	차장	분영호	myh@naver.com

헤더

첫 행을 열의 이름으로 사용 안 함					

변수 값

ExcelData (데이터 테이블)

#	Column1	Column2	Column3	Column4	Column5
0	사번	부서	직책	이름	메일주소
1	1001	전산	상무	김철수	msrpa@
2	1002	전산	과장	이영희	sapjoy@
3	1003	재무	부장	조영수	jys@nva
4	1004	재무	과장	박옥순	pos@na

헤더

엑셀 데이터 건수 출력하기

PAD 변수는 타입에 따라 다양한 세부 속성을 제공한다. 예를 들어, 엑셀 파일의 데이터를 읽어서 저장하는 %ExcelData% 데이터 테이블 변수는 총 라인 수와 같은 추가 속성을 가지고 있다. 엑셀 라인 수를 화면에 출력하는 작업을 추가해 보자. 작업 [메시지 상자] → [메시지 표시]를 추가해서, %ExcelData%의 .RowsCount 속성으로 라인 수를 화면에 출력할 수 있다. 추가로, .ColumnHeadersRow 속성을 사용하면 데이터 테이블의 헤더 행을 데이터 행 변수로 가져온다.

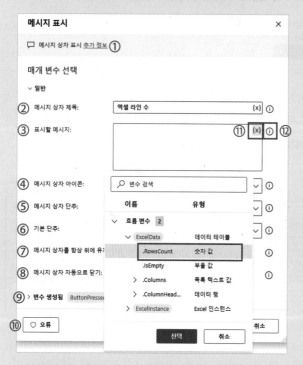

① 추가 정보: 해당 작업의 설명서를 확인할 수 있는 웹사이트로 이동한다.

② 메시지 상자 제목: 메시지 상자의 제목이다. 요약된 제목을 입력한다.

③ 표시할 메시지: 메시지 상자에 보여줄 상세 정보 텍스트를 입력한다.

④ 메시지 상자 아이콘: 메시지 상자의 아이콘 유형을 정보, 질문, 경고, 오류 중에서 선택할 수 있다.

⑤ 메시지 상자 단추: '확인 - 취소', '예 - 아니오'와 같은 다양한 버튼 타입을 추가할 수 있다.

⑥ 기본 단추: 확인/취소 같은 버튼의 기본 선택 버튼을 설정한다.

⑦ 메시지 상자를 항상 위에 유지: 메시지 상자를 항상 다른 모든 창 위에 유지할지 설정한다.

⑧ 메시지 상자 자동으로 닫기: 이 기능을 활성화(⚫)하면 시간 제한을 설정할 수 있다. 일정 시간 후에 메시지 창을 자동으로 닫는다.

⑨ 변수 생성됨: 사용자가 누른 버튼의 정보(확인 또는 취소)를 변수 **%ButtonPressed%**에 저장한다.

⑩ 오류: 작업 오류에 대처하는 다양한 기능을 설정할 수 있다.

⑪ 변수 선택: {x} 아이콘을 선택하면 흐름 내에 생성된 변수를 선택할 수 있다. Excel Data의 .RowsCount 속성을 선택한다.

⑫ 정보: 마우스 커서를 ⓘ 아이콘에 올리면 해당 설정 항목의 정보가 조회된다.

흐름을 실행하면, 엑셀 라인 수 8이 화면에 출력된다.

Visio(비지오)

자동화할 업무를 정할 때, 논리적인 흐름으로 구현할 수 있는지 검토하는 것이 좋다. 이때, 작업 순서를 정리하고 순서도(Flow Chart)를 작성해 볼 것을 권장한다. 순서도 양식은 중요하지 않다. 전체 흐름을 논리적인 순서로 설명하는 수준이면 충분하다.

마이크로소프트 비지오는 데이터 흐름의 시각적 표현을 위해 다이어그램, 플로우 차트, 조직도 등을 생성하는 데 사용한다. 비지오는 다양한 도구와 템플릿을 사용하여 다이어그램을 생성하고 편집할 수 있다.

본인의 업무 프로세스를 구조적으로 그릴 수 있어야, 업무 자동화도 구현이 가능하다. 비지오를 활용하여 흐름의 순서도를 미리 스케치할 수 있다. 자동화를 만들기 전에 비지오를 이용하여 간단한 자동화 흐름 순서를 디자인해 보자.

다음 URL을 이용해서 비지오에 접속하자.

URL https://www.office.com/launch/visio

01 [순서도 서식 파일]을 클릭한다.

02 순서도 서식 파일 도형이 왼쪽에 표시된다. [프로세스]를 오른쪽 흰 화면으로 드래그 앤 드롭한다.

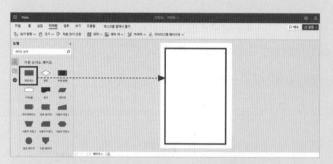

03 도형을 클릭하면 어느 방향으로 공정을 생성할 것인지 방향을 알려주는 기호가 나타난다. 마우스 커서를 아래로 이동하면 하위 공정을 만들 수 있고, 하위 공정 도형 역시 선택할 수 있다. 첫 번째 도형을 클릭한다.

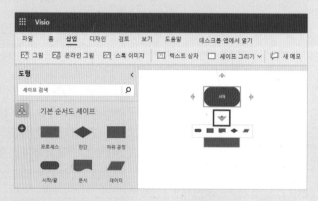

04 자동으로 화살표가 생성되어 흐름을 나타낸다. 도형을 더블클릭하면 글자를 입력할 수 있다. 흐름 순서에 따라 작성해 보자. 앞선 과정을 반복하여 적절히 흐름도를 완성한다. 자동으로 저장되므로 따로 저장할 필요가 없다.

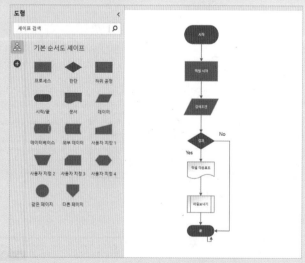

02

직원 이름을 화면에 출력하기

실행 영상 파일
https://cafe.naver.com/msrpa/734

#데이터테이블　#ExcelData　#반복문　#하드코딩　#엑셀의_빈_열과_빈_행_순번_가져오기

엑셀 데이터는 행과 열로 이루어진 테이블 형태로 구성되어 있다. PAD는 엑셀 파일에서 읽은 데이터를 데이터 테이블이라는 변수 타입으로 저장한다. 이전 실습에 이어서 이번에는 직원 리스트에서 직원 '조영수'를 조회하여 화면에 출력하는 흐름을 만들어보자.

엑셀 파일	PAD의 데이터 테이블

엑셀 파일

	A	B	C	D	E
1	사번	부서	직책	이름	메일주소
2	1001	전산	상무	김철수	msrpa@naver.com
3	1002	전산	과장	이영희	sapjoy@naver.com
4	1003	재무	부장	조영수	jys@nvaer.com
5	1004	재무	과장	박옥순	pos@naver.com
6	1005	구매	차장	문영호	myh@naver.com
7	1006	구매	대리	정현숙	jhs@naver.com
8	1007	영업	과장	강순자	ksj@naver.cu
9	1008	영업	사원	채영식	cys@naver.com

변수 값

ExcelData (데이터 테이블)

열 0 1 2 3

#	사번	부서	직책	이름	메일주소
0	1001	전산	상무	김철수	msrpa@naver.com
1	1002	전산	과장	이영희	sapjoy@naver.com
2	1003	재무	부장	조영수	jys@nvaer.com
3	1004	재무	과장	박옥순	pos@naver.com
4	1005	구매	차장	문영호	myh@naver.com
5	1006	구매	대리	정현숙	jhs@naver.com
6	1007	영업	과장	강순자	ksj@naver.com
7	1008	영업	사원	채영식	cys@naver.com

직원 리스트 파일에서 D열의 4번째 행에 위치한 직원의 이름 '조영수'를 가져오려면 엑셀 수식 입력줄에 =D4라고 입력해야 한다. 반면, PAD의 데이터 테이블에서 '조영수' 이름을 가져오려면 2번째

행의 3번째 열 번호를 이용한다. 데이터 테이블은 순번(인덱스)이 0번부터 시작한다. 엑셀의 첫 번째 행을 헤더로 가져왔기 때문에 실제 엑셀 파일과 데이터 테이블의 행 번호 사이에 2의 차이가 발생한다. 작업 [메시지 상자] → [메시지 표시]를 추가해서 **%ExcelData%** 변수에 대괄호로 행과 열의 번호를 기술한다. 2번째 행의 3번째 열이므로, 입력하면 다음과 같다.

%ExcelData[2][3]%

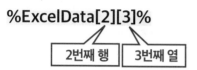

흐름을 실행해서, '조영수' 직원 이름이 출력되는지 확인해 보자.

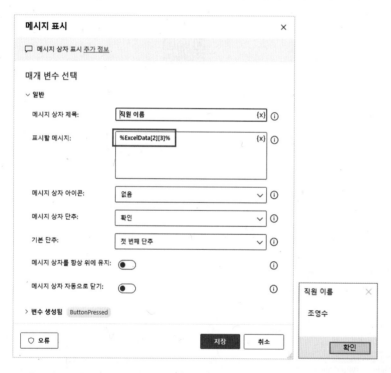

조영수 직원의 메일 주소를 가져오려면, 다음과 같이 4번째 칼럼명을 기술하면 된다. 직원 리스트 데이터 테이블에서 메일 주소는 4번째 열에 있었기 때문이다.

%ExcelData[2][4]%

그렇다면 직원 리스트에 있는 모든 이름을 화면에 하나씩 출력하려면 어떻게 해야 할까? 실습 예제 파일에는 8명의 직원만이 포함되어 있으므로, 0부터 7까지 인덱스를 사용하여 각 직원의 이름을 출력하더라도 크게 수고롭지는 않다.

%ExcelData[**0**][**3**]%

%ExcelData[**1**][**3**]%

%ExcelData[**2**][**3**]%

%ExcelData[**3**][**3**]%

%ExcelData[**4**][**3**]%

%ExcelData[**5**][**3**]%

%ExcelData[**6**][**3**]%

%ExcelData[**7**][**3**]%

> 데이터 테이블 3열에 직원 이름이 기재되어 있으므로, 열 번호 [3]은 고정하고 앞에 행 번호만 0~7까지 기재하면 된다.

하지만 직원이 수백 명 이상인 경우에는 하드코딩으로 하나씩 입력하는 것은 매우 비효율적이다. [0부터 7까지]와 같이 일정한 규칙이 있는 반복 유형은, 반복문을 사용하여 처리하는 것이 바람직하다. 2장에서 설명했듯이 PAD에서 엑셀 데이터를 처리할 때는 다음 2가지 반복 구문을 활용한다.

1. **반복(Loop 반복문)을 이용해서 엑셀 데이터 읽기**: 반복문 내에서 현재 반복 횟수를 데이터 테이블의 행 번호로 사용해서 데이터 테이블을 차례대로 읽는다.

   %데이터 테이블[2][3]%

2. **각각의 경우(For 반복문)를 이용해서 엑셀 데이터 읽기**: 반복문 내에서 데이터 테이블을 데이터 행 변수에 한 행씩 순서대로 복사하면서 데이터를 읽는다.

   %데이터 행[3]%

주로 두 번째 방법이 활용되지만, 데이터 테이블의 구조를 이해하기 위해서 첫 번째 방법부터 설명하겠다.

> Q 하드코딩이 무슨 뜻인지 잘 모르겠어요.
>
> A 하드코딩(Hard Coding)은 코드에서 값을 직접 코드에 지정하는 방식을 의미합니다. 이는 코드의 유연성과 확장성이 부족해지며, 값을 변경할 때 코드를 직접 수정해야 하므로 코드를 유지보수하기에 어렵습니다. 따라서, 변수나 설정 파일을 활용하여 유연하고 변경 가능한 코드를 작성하는 것이 권장됩니다. 예를 들어, 당해 연도를 사용하는 코드를 하드코딩하면 다음 해에는 코드를 수정해야 합니다. 이러한 비효율적인 작업을 제거하기 위해 올해 연도를 자동으로 가져오는 것이 중요합니다.

__01__ 3장 1절의 실습 예제를 열어서, 작업 [반복] → [반복]을 이어서 추가한다. ① 시작은 0, ② 끝은 엑셀의 데이터 건수에서 1을 뺀 수식을 입력한다. 그리고 ③ 1씩 증가하도록 반복문을 완성하고 저장한다. 시작 값을 0으로 설정한 것은 데이터 테이블의 순번이 0부터 시작하기 때문이다. ④ 변수 생성됨의 %LoopIndex% 변수는 반복되는 현재 차례의 순번을 가지고 있다. 0부터 시작하기 때문에 첫 번째 반복문의 %LoopIndex% 변수는 0이고, 두 번째 반복 값은 1을 가지게 된다.

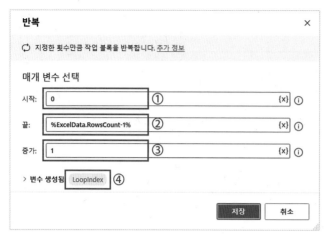

02 직원 이름을 출력하기 위해서, [작업] [메시지 상자] → [메시지 표시]를 반복 구문 안([반복]과 [End 끝] 사이)에 넣는다.

03 표시할 메시지 영역에 직원 이름을 출력하도록 설정해 보자. 여러 번 얘기하지만, 데이터 테이블은 **행**과 **열**의 순서로 구성되어 있음을 명심해야 한다. %ExcelData% 변수의 행 번호에 현재 반복 중인 순번을 저장하는 변수 %LoopIndex%를 사용하여 값을 넣어준다. 이름을 저장하고 있는 열 순번은 3이므로, 데이터 테이블의 열 위치에 3을 입력한다.

%ExcelData[LoopIndex][3]%

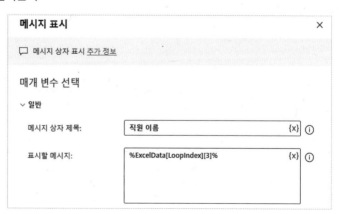

변수 안에 또 다른 변수를 사용하는 **중첩 구문**에서는 **백분율 기호**를 딱 한 번만 **사용**한다.

올바른 사용법	잘못된 사용법
%ExcelData[LoopIndex][3]%	%ExcelData[%LoopIndex%][3]%

__04__ 흐름을 실행해서, 직원 이름이 순차적으로 조회되는지 확인해 보자.

직원 이름 가져오기

챗GPT는 대량의 인터넷 텍스트 데이터를 학습하여, 사람이 작성한 글을 이해한다. 즉, 어떤 단어가 포함된 질문을 하면 관련 데이터를 학습하여 확률적으로 자주 등장하는 답을 찾아서 제시한다. 사람의 대화를 예로 들어보면, "잘 지내시죠?"와 같은 질문에는 "네, 잘 지내고 있습니다."와 같이 일상적으로 대답한다. 하지만, 건강 상태와 같은 자세한 근황을 알고 싶다면 "지난 달에 입원하셨다는 소식을 들었는데, 수술한 부분은 괜찮으신가요?"와 같이 구체적으로 질문해야 한다. 챗GPT가 생성하는 문장도 사람의 대화와 유사하므로, 질문에 답을 유도하는 힌트를 많이 포함시켜 구체적으로 질문해야 정확한 답변을 얻을 수 있다. 이와 마찬가지로 챗GPT에게 VBScript를 요청할 때도 비슷한 방식으로 추가 질문을 하며 대화를 발전시킴으로써 더욱 풍부하고 완성된 코드를 도출할 수 있다.

VBScript 코드로 '직원리스트' 엑셀 파일에서 [이름] 열을 변수에 저장하는 예를 들어보자. 챗GPT에게 결과를 변수에 저장하도록 하는 코드 작성을 요청하면, 챗GPT는 화면에 메시지 형태로 값을 출력하는 코드를 생성한다. 이럴 때는 VBScript에서 변수에 값을 저장하는 Echo 명령어를 사용하여 원하는 결과를 도출할 수 있다. 그리고, 챗GPT에게 질문할 때 사용하는 대괄호 [ ]는 특정 변수나 값을 대신하여 표시하는 기호로 사용된다.

[C:\EXCEL\직원리스트.xlsx] 파일에서 [이름] 열을 변수에 저장(Echo)하는 VBScript를 작성해 줘.

```
' [이름] 열의 데이터를 출력(Echo)합니다.
For intRow = 2 To objWorksheet.UsedRange.Rows.Count
    strName = objWorksheet.Cells(intRow, "A").Value
    WScript.Echo strName
Next
--이하 생략--
```

주의할 점은, 챗GPT에 하는 질문 내용 중 '[C:₩EXCEL₩직원리스트.xlsx] 파일에서' 부분은 챗GPT
가 제안하는 코드에도 똑같이 들어가므로 이 책의 본문과 반드시 동일하게 입력해야 한다는 점이다.
작업 [스크립팅] → [VBScript 실행]에 챗GPT가 생성한 코드를 붙여 넣고 실행하면, [이름] 열이 아
닌 [사번] 열이 변수에 저장된 것을 확인할 수 있다. 스크립트를 살펴보면 열 이름 대신 "A"라는 엑셀의
열 순번을 사용한 것을 확인할 수 있다. 열 이름을 사용하는 것보다는 열 순번을 사용하면 챗GPT가
좀 더 정확한 코드를 작성해 준다. 해당 내용은 뒤에서 다시 소개한다.

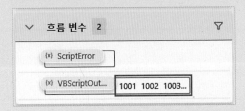

챗GPT는 사용자와의 대화 이력을 기억하여 추가 질문을 통해 답변을 보완한다. 챗GPT는 모든 상황
에서 완벽하게 작동하는 것은 아니다. 때로는 다양한 오류를 포함한 코드를 제시하기도 한다. 이런 오
류들을 해결하는 과정에서 모델의 정확도와 성능이 향상된다. 챗GPT가 제안한 스크립트에 오류가 발
생하면, 해당 오류 코드를 복사해서 붙여 넣기하면 개선된 스크립트를 제안해 준다. 오류 코드 및 오
류 내역을 우리(사람)가 글로 설명하는 것보다, 오류 코드 자체에 더 명확한 컴퓨터 정보가 포함되어 있
기 때문이다. 챗GPT가 정확한 해결책을 제공하기 전까지, 사용자는 필요한 추가 정보를 제공하여 챗
GPT가 더욱 정확한 해결책을 제시할 수 있도록 하는 것이 중요하다. 챗GPT를 제대로 활용하려면, 사
용자도 지능적으로 프롬프트를 작성하는 기술과 노하우가 필요하다. 앞선 답변에서, "사번"을 [이름]열
로 출력하도록 하는 추가 질문을 작성해 보자.

네가 작성한 스크립트에서 열 이름을 [이름]을 사용해서 작성해 줘.

_____ 3-2-1 직원 이름 가져오기

```
For intColumnIndex = 1 To objUsedRange.Columns.Count
    If objUsedRange.Cells(1, intColumnIndex).Value = "이름" Then
        intNamesColumnIndex = intColumnIndex
        Exit For
    End If
Next
--이하 생략--
```

흐름을 실행하면, 이번에는 [이름]열의 값이 변수에 제대로 저장되는 것을 확인할 수 있다.

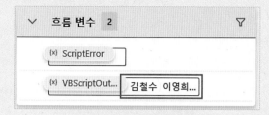

[VBScript 실행] 결과, 오류가 발생하는지 확인하기 위해서는 [VBScript 실행] 작업의 ① [변수 생성됨] 설정을 열어서 ② ScriptError 옵션을 활성화해야 한다.

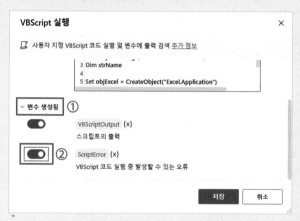

챗GPT가 제안한 코드에서 오류가 발생하면 %ScriptError% 변수를 더블클릭해서 오류 내역을 복사한 후, 이를 다시 챗GPT에 입력하면 수정된 다른 코드를 제안한다. 챗GPT의 장점 중 하나는 사람과 달리, 여러 번 요청해도 불쾌한 반응을 보이지 않는다는 점이다. 오류 코드를 보낼 때마다 보완된 코드를 열심히 만들어 준다.

조금 더
알아보기

엑셀 파일의 첫 번째 빈 열과 행의 순번 가져오기

PAD 초기 버전의 [Excel 워크시트에서 읽기] 작업
에는 [워크시트의 사용 가능한 모든 값] 옵션이 존재
하지 않았다.

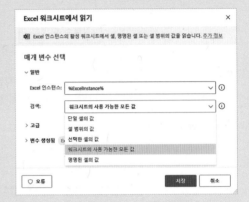

이전에는 엑셀 파일에서 데이터를 읽으려면, [셀 범위의 값]을 선택해서 엑셀에 데이터가 존재하는 행과
열 범위 내의 데이터를 가져와야 했다. 즉, 데이터가 있는 행과 열의 번호를 먼저 알아내는 과정이 필수적
이었다. 직원리스트 엑셀 파일에서 첫 번째 빈 행은 10번 행이고 첫 번째 빈 열은 6열(F)이다. 엑셀 파일에
서 데이터를 읽으려면, 1~9번 행까지, 1~5번 열(E)까지의 범위 값을 가져오면 된다.

엑셀에서 내용이 있는 값만 가져오기 위해,
[Excel 워크시트에서 읽기] 앞에 `작업` [Excel]
→ [Excel 워크시트에서 첫 번째 빈 열/행 가
져오기] 메뉴를 추가한다. 첫 번째 빈 행과
빈 열의 순번은 각각 %FirstFreeColumn%,
%FirstFreeRow%에 저장된다. 변수 이름이 너
무 길다면 짧게 변경하는 것도 좋다.

이제 엑셀에서 데이터 테이블에 저장할 데이터를 얻고자 작업 [Excel] → [Excel 워크시트에서 읽기] 메뉴 설정을 다시 열어서 다음과 같이 설정한다.

① 검색: 여러 행의 값을 가져오고자 셀 범위 값을 선택한다. 이외에도 다음과 같은 옵션이 존재한다.

- 단일 셀의 값: 시작 열과 시작 행의 단일 셀 값
- 선택한 셀의 값: 현재 선택된 셀의 값
- 워크시트의 사용 가능한 모든 값: 워크시트에 존재하는 모든 값
- 명명된 셀의 값: 엑셀의 [수식] → [이름 정의] 메뉴로 설정된 셀들의 값

② 시작 열과 시작 행: 각각 1을 입력한다.

③ 끝 열과 끝 행: 첫 번째 빈 행과 빈 열의 변수에 -1을 한 값을 입력한다.
%FirstFreeColumn-1%
%FirstFreeRow-1%

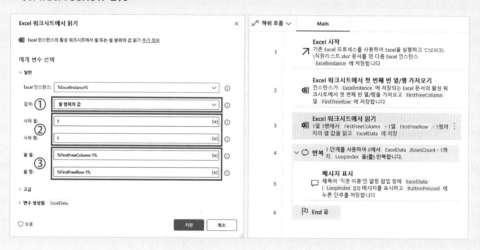

엑셀 데이터의 행과 열이 항상 고정되어 있다면 숫자 9와 5를 직접 입력할 수 있다. 하지만, 이러한 하드코딩은 사용하지 않는 것이 좋다. 추후 코드를 보수하고 수정하는 데 번거롭기 때문이다.

열 번호를 직접 입력할 때는 열 이름 E를 입력해도 된다.

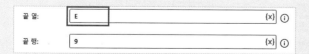

03

직원 상세 정보를 화면에 출력하기

실행 영상 파일
https://cafe.naver.com/msrpa/735

#데이터_행   #반복문   #각각의_경우   #실행_중인_Excel에_첨부   #텍스트_나누기   #중첩반복

[반복] 작업은 데이터 테이블을 읽을 때 행과 열을 모두 활용해야 한다. 그러나 [각각의 경우] 반복문은 데이터 테이블을 처리할 때 데이터 행을 하나씩 복사하여 사용하므로 행 번호를 사용하지 않는다. 이전에 언급한 대로, 엑셀 자동화는 대부분의 경우 [각각의 경우] 반복문을 사용한다.

반복(Loop 반복문)	각각의 경우(For 반복문)
%데이터 테이블[2][3]%	%데이터 행[3]%

데이터 테이블은 [각각의 경우] 반복문 안에서 현재 반복되는 행을 하나씩 가져와 **데이터 행** 변수에 저장한다. **데이터 행은 데이터 테이블과 동일한 구조를 가지지만, 하나의 행(레코드)만 저장**할 수 있는 변수 타입이다.

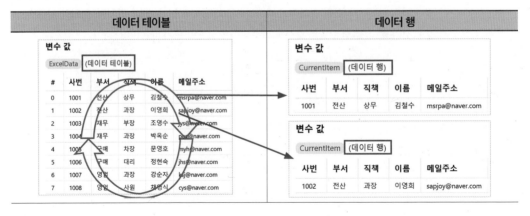

[각각의 경우] 반복문을 이용해서 직원 정보를 화면에 출력하는 실습을 진행해 보자.

01 새로운 흐름을 생성하고, 작업 [Excel] → [실행 중인 Excel에 첨부]를 추가한다. '직원리스트.xlsx' 엑셀 파일을 실행한 상태에서, ① 문서 이름 항목의 ∨ 아이콘을 누르고 ② 현재 실행 중인 엑셀 파일(직원리스트.xlsx)을 선택한다. [Excel 시작] 작업은 엑셀 프로그램을 새로 실행하지만, [실행 중인 Excel에 첨부]는 이미 실행 중인 엑셀 파일을 PAD 작업 대상에 포함시킨다. 이러한 기능은 SAP ERP와 같은 시스템에서 데이터를 내려받을 때 엑셀 파일이 자동으로 열리는 경우에 유용하게 활용된다. 또한 실습 과정에서도 열려 있는 엑셀 파일을 활용할 수 있어, 작업의 효율성을 높일 수 있다.

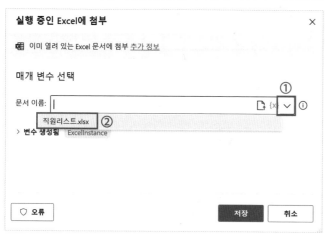

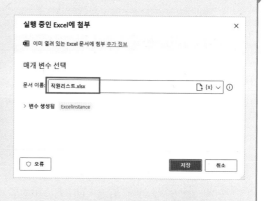

실행 중인 엑셀 파일 이름 가져오기

PAD에서 엑셀 파일의 데이터를 읽거나 쓰려면 반드시 PAD 흐름 안에서 해당 엑셀 파일을 열어야 한다. 사용자 또는 다른 프로그램에 의해 열려 있는 상태의 엑셀 파일을 PAD에서 사용하려면 [실행 중인 Excel에 첨부] 작업을 이용한다. 문제는 ERP와 같은 시스템에서 내려받은 파일 이름은 매번 다를 수 있다는 것이다. [실행 중인 Excel에 첨부] 작업은 파일명을 명시적으로 기술해야 하므로, 파일명이 다르면 해당 작업에서 오류가 발생한다.

다음 내용은 필자가 운영하는 네이버 카페에 등록된 질문이다. 만약 책과 관련된 문제나 업무 자동화 구현 과정에서 직면한 문제가 있다면, 언제든 질문을 등록하고 함께 해결책을 찾아보는 것을 추천한다.

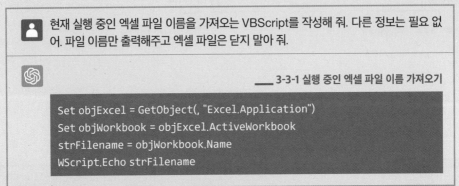

현재 MES 응용 프로그램을 실행하여 일정 행동을 PAD로 실행 후
엑셀 추출 버튼으로 엑셀을 내려받으면
내려받은 엑셀 창이 자동으로 열립니다.

여기서, 내려받은 엑셀 창에 대한 권한을 얻는 방법이 어려워서 문의드립니다.

조건: 엑셀 파일은 매번 받을 때마다 파일명이 달라집니다.

01 해결책을 찾기 위해, 실행 중인 엑셀 파일의 이름을 가져오는 코드를 챗GPT에게 요청하였다.

> 현재 실행 중인 엑셀 파일 이름을 가져오는 VBScript를 작성해 줘. 다른 정보는 필요 없어. 파일 이름만 출력해주고 엑셀 파일은 닫지 말아 줘.

——— 3-3-1 실행 중인 엑셀 파일 이름 가져오기

```
Set objExcel = GetObject(, "Excel.Application")
Set objWorkbook = objExcel.ActiveWorkbook
strFilename = objWorkbook.Name
WScript.Echo strFilename
```

챗GPT가 제시한 코드를 [VBScript 실행] 작업에 적용하여 실행하면, 현재 실행 중인 엑셀 파일의 이름을 변수에 반환한다. 하지만, 변수 값의 2번째 라인은 필요하지 않으므로 1번째 라인만 사용하도록 로직을 추가해야 한다.

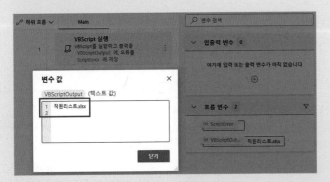

02 **작업** [텍스트] → [텍스트 나누기]를 추가하고 ① 구분 기호 유형은 [표준]을, ② 표준 구분 기호는 [새 줄]을 선택하고, ③ 횟수는, 새 줄은 하나만 존재하기 때문에 '1'을 입력한다. 그 결과, ④ 새 줄 기준으로 나누기한 텍스트가 %TextList% 목록 변수에 저장된다. 흐름을 실행하면, ⑤ 목록 변수의 0번째 인덱스에 엑셀 파일 이름이 저장되어 있는 것을 확인할 수 있다.

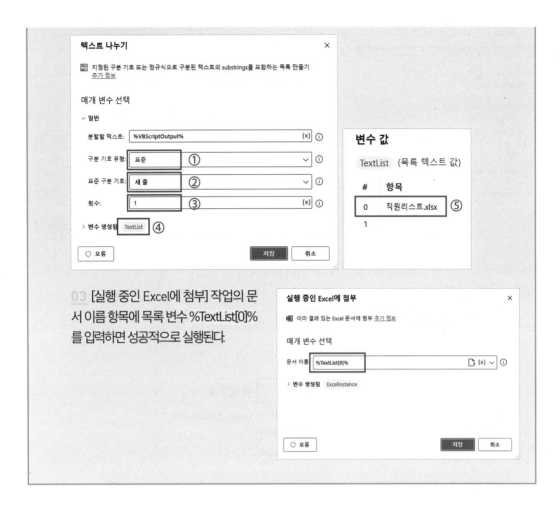

03 [실행 중인 Excel에 첨부] 작업의 문서 이름 항목에 목록 변수 %TextList[0]%를 입력하면 성공적으로 실행된다.

02 `작업` [Excel] → [Excel 워크시트에서 읽기]로 엑셀 데이터를 데이터 테이블에 저장한다. 그런 후에 `작업` [반복] → [각각의 경우]를 추가해서, ① 반복할 값 항목에 데이터 테이블 변수 %ExcelData%를 선택한다. 그리고, 반복하면서 한 행씩 저장하는 ② 데이터 행 변수의 이름 %CurrentItem%을 확인한다.

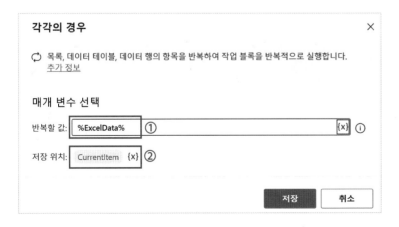

03 `작업` [메시지 상자] → [메시지 표시]를 추가해서, 2단계의 데이터 행 변수 %CurrentItem%을 표시할 메시지에 입력한다. 그리고 흐름을 실행하면, 직원 정보를 화면에 반복 출력한다.

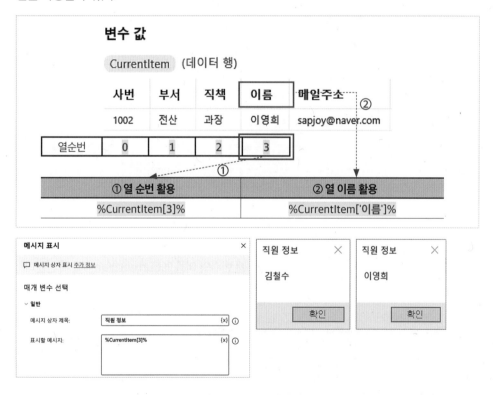

메시지 표시	×
💬 메시지 상자 표시 <u>추가 정보</u>	
매개 변수 선택	
˅ 일반	
메시지 상자 제목:	직원 정보 {x} ⓘ
표시할 메시지:	%CurrentItem% {x} ⓘ

직원 정보	×
1001, 전산, 상무, 김철수, msrpa@naver.com	
확인	

직원 정보	×
1002, 전산, 과장, 이영희, sapjoy@naver.com	
확인	

04 데이터 행 변수 %CurrentItem%의 '이름' 열만 출력하려면, 열 순번과 열 이름을 사용하는 2가지 방법을 사용할 수 있다.

변수 값

CurrentItem (데이터 행)

사번	부서	직책	이름	매일주소
1002	전산	과장	이영희	sapjoy@naver.com

열순번	0	1	2	3

① 열 순번 활용	② 열 이름 활용
%CurrentItem[3]%	%CurrentItem['이름']%

메시지 표시	×
💬 메시지 상자 표시 <u>추가 정보</u>	
매개 변수 선택	
˅ 일반	
메시지 상자 제목:	직원 정보 {x} ⓘ
표시할 메시지:	%CurrentItem[3]% {x} ⓘ

직원 정보	×
김철수	
확인	

직원 정보	×
이영희	
확인	

05 엑셀 데이터의 행 순번처럼 열 순번도 1, 2, 3... 과 같이 순차적으로 증가하는 구조를 보인다. 즉, [각각의 경우] 반복문 안에서 [반복] 작업을 추가해서 사번, 부서, 직책 등의 정보를 순차적으로 출력할 수 있다. `작업` [반복] → [반복]을 [각각의 경우] 반복문 안으로 끌어 놓는다.

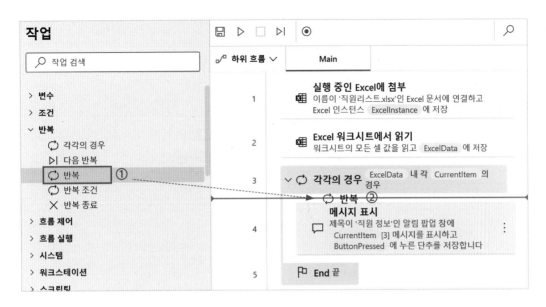

06 엑셀의 열은 5개로 구성되어 있다. 데이터 테이블의 열 순번은 0부터 시작하기 때문에 시작: 0, 끝: 4, 증가: 1을 입력하고 저장한다. **하드코딩 방식을 사용하지 않고 엑셀의 열 개수를 구하려면, 작업 [Excel] → [Excel 워크시트에서 첫 번째 빈 열/행 가져오기]를 이용**할 수 있다. 이 내용은 이후 실습 과정에서 자세하게 설명한다.

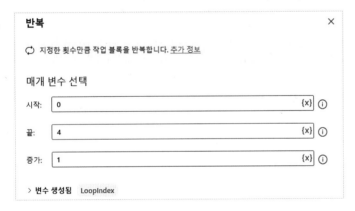

07 [메시지 표시] 작업의 표시할 메시지에 데이터 행 변수를 다음과 같이 변경한다. 그리고, [메시지 표시]를 [반복] 구문 안으로 끌어 놓는다.

```
%CurrentItem[3]%  ┈┈┈►  %CurrentItem[LoopIndex]%
```

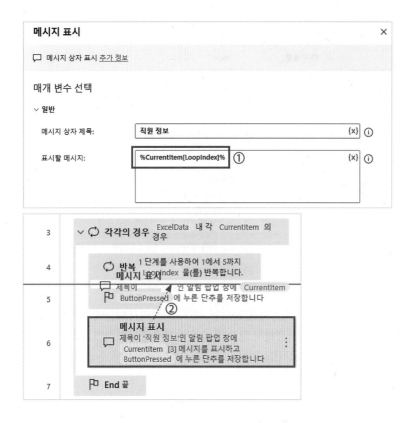

08 흐름을 실행해 보자. [각각의 경우] 반복 구조문에서 각 행을 먼저 반복하고, 중첩된 [반복] 구조문에서 열을 반복하면서 직원 정보를 차례대로 화면에 출력한다.

여기까지 완벽하게 이해했다면, 엑셀 자동화에 필요한 기본적인 프로그래밍적 논리 사고를 익힌 것이다. 이제는 이러한 개념과 논리를 실제 업무에 적용하기 위해 다양한 예제를 실습해 보아야 한다. 이러한 경험을 통해 본인의 업무를 더욱 효율적으로 처리할 수 있게 되리라 기대한다.

데이터 행 변수를 [각각의 경우] 작업으로 반복하기

데이터 행 변수를 [각각의 경우] 반복문에 입력하면, 개별 열의 값을 차례대로 출력할 수 있다. 앞서 수행했던 5단계의 [반복]을 [각각의 경우] 작업으로 변경해서 적용해 보자. ① 데이터 행 변수 %CurrentItem%의 열을 반복하면서 ② %CurrentItem2% 변수에 개별 열의 값을 저장한다.

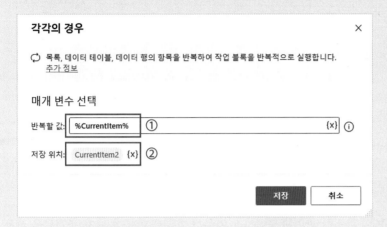

7단계에서 설정한 [메시지 표시] 작업의 표시할 메시지 항목에 %CurrentItem2% 변수를 입력한다. 그리고, 흐름을 실행하면 8단계와 동일한 결과를 확인할 수 있다.

04

직원 이름으로 검색하여 연락처 출력하기

실행 영상 파일
https://cafe.naver.com/msrpa/736

#데이터_행   #입력_대화_표시   #엑셀_개별_셀_출력   #조건문

직원 이름을 입력하면 이메일 주소를 화면에 출력하는 자동화 흐름을 만들어 보자. 조건문을 사용해 2개 임의의 값을 체크하고, 조건에 따른 값을 출력한다. 2장에서 설명했듯이 조건문은 주어진 조건에 따라서 프로그램의 순서를 제어하거나 다른 로직으로 분기하도록 하는 구문이다.

<u>01</u> 새로운 흐름을 생성하고, 직원리스트 엑셀 파일에서 데이터를 읽는 작업을 구성한다.

⌐◪ 하위 흐름 ∨	Main
1	**실행 중인 Excel에 첨부** 이름이 '직원리스트.xlsx'인 Excel 문서에 연결하고 Excel 인스턴스 `ExcelInstance` 에 저장
2	**Excel 워크시트에서 읽기** 워크시트의 모든 셀 값을 읽고 `ExcelData` 에 저장 ⋮

<u>02</u> 검색하려는 직원의 이름을 입력 받기 위해서, `작업` [메시지 상자] → [입력 대화 표시]를 추가한다.

① 입력 대화 제목: 메시지 상자의 제목 입력
② 입력 대화 메시지: 사용자에게 보여줄 메시지를 입력
③ 입력 유형: [한 줄], [암호], [여러 줄] 중에서 [한 줄]을 선택
④ 변수 생성됨: 사용자가 입력한 값이 변수 **%UserInput%**에 저장됨

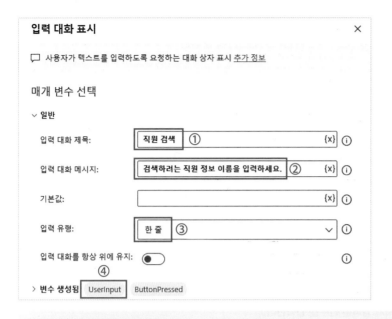

입력 대화 표시　　　　　　　　　　　　　　　　　×

🗭 사용자가 텍스트를 입력하도록 요청하는 대화 상자 표시 <u>추가 정보</u>

매개 변수 선택

∨ 일반

입력 대화 제목:　　　　`직원 검색`　① 　　　　　　　　　{x}　ⓘ

입력 대화 메시지:　　　`검색하려는 직원 정보 이름을 입력하세요.`　② 　{x}　ⓘ

기본값:　　　　　　　　　　　　　　　　　　　　　　　　{x}　ⓘ

입력 유형:　　　　　　`한 줄`　③ 　　　　　　　　　　∨　ⓘ

입력 대화를 항상 위에 유지:　●○　　　　　　　　　　　　　　ⓘ

　　　　　④

> 변수 생성됨　`UserInput`　`ButtonPressed`

Ｑ　PAD도 사용자에게 값을 입력 받고, 로직으로 데이터 처리가 가능하네요. PAD와 코드 기반의 일반적인 프로그래밍과 차이는 무엇인가요?

Ａ　프로그램으로서 기능을 하려면 기본적으로 사용자 입력(Input), 데이터 처리(Processing), 결과 반환(Output)과 같은 3가지 기능이 가능해야 합니다. 이미 실습을 했듯이 PAD는 사용자에게 다양한 방식으로 입력 값을 받아 로직을 통해 데이터 처리와 작업 흐름을 제어할 수 있습니다. 그 결과, 엑셀에 값을 쓰거나 메일을 보내는 등의 반환 처리도 할 수 있습니다. 즉, PAD도 일종의 프로그래밍이라고 볼 수 있습니다. PAD와 일반적인 프로그래밍 언어의 차이점은 다음과 같습니다.

1. 구조: 프로그래밍 언어는 텍스트 기반의 소스 코드를 작성합니다. 그러나 PAD는 시각적인 인터페이스를 사용하여 작업 흐름을 구성하고, 클릭과 드래그 앤 드롭 등의 작업을 통해 로직을 구현합니다.
2. 문법: 프로그래밍 언어는 고유한 문법 규칙을 따라 소스 코드를 작성하지만, PAD는 시각적인 인터페이스를 사용해 최소한의 규칙 하에서 논리적인 구조를 기반으로 작업을 연결합니다.

<u>03</u> 사용자가 입력한 '이름'과 엑셀의 '이름' 값을 비교해서 동일한 값이 있으면 사번과 메일 주소를 변수에 저장하는 로직을 넣어보자. `작업` [반복] → [각각의 경우]를 추가하고, %ExcelData%를 '반복할 값'에 입력한다.

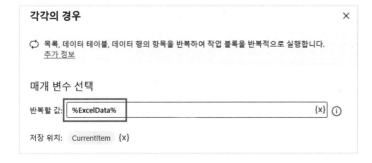

각각의 경우　　　　　　　　　　　　　　　　　×

↻ 목록, 데이터 테이블, 데이터 행의 항목을 반복하여 작업 블록을 반복적으로 실행합니다.
　<u>추가 정보</u>

매개 변수 선택

반복할 값:　`%ExcelData%`　　　　　　　　　　　{x}　ⓘ

저장 위치:　`CurrentItem`　{x}

04 데이터 테이블의 한 행을 저장하는 데이터 행 변수의 '이름' 열과 사용자가 입력한 '이름'이 동일한지 체크하는 조건문을 넣는다. 작업 [조건] → [만약]을 반복문 안에 삽입한다.

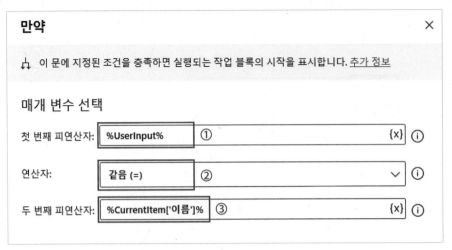

① 첫 번째 피연산자는 사용자가 입력한 변수를 입력한다.

② 연산자는 [같음(=)]을 선택한다. 이외에도 다양한 연산자를 사용할 수 있다. 자세한 사항은 각자 실습해 보도록 하자.

③ 두 번째 피연산자는 엑셀의 [이름] 열을 설정한다.

05 사용자가 입력한 사원 이름과 엑셀 데이터의 사원 이름이 같다면, 메시지를 출력하기 위해 작업 [메시지 상자] → [메시지 표시]를 추가한다. 표시할 메시지 항목에 메일 주소를 입력한다. 앞서 설명한 대로, 열 순번과 열 이름을 사용하는 2가지 방법을 사용할 수 있다.

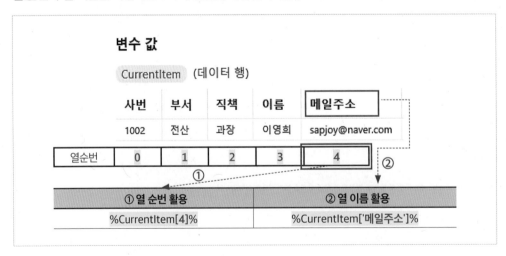

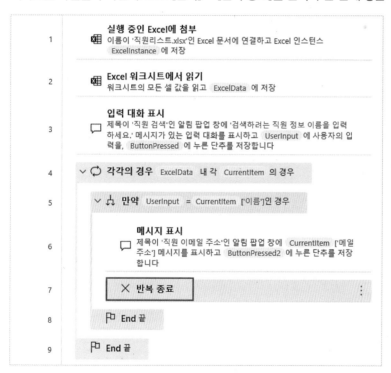

메시지 표시

💬 메시지 상자 표시 <u>추가 정보</u>

매개 변수 선택

∨ 일반

메시지 상자 제목:　　　　직원 이메일 주소　　　　　{x} ⓘ

표시할 메시지:　　　　%CurrentItem['메일주소']%　　{x} ⓘ

<u>06</u> 직원 이름에 해당하는 메일 주소를 찾았다면, 더 이상 반복을 수행할 필요가 없으므로 반복문을 빠져나오는 작업을 추가한다. `작업` [반복] → [반복 종료]를 반복 구문 안에 넣는다.

1	**실행 중인 Excel에 첨부** 이름이 '직원리스트.xlsx'인 Excel 문서에 연결하고 Excel 인스턴스 `ExcelInstance` 에 저장
2	**Excel 워크시트에서 읽기** 워크시트의 모든 셀 값을 읽고 `ExcelData` 에 저장
3	**입력 대화 표시** 제목이 '직원 검색'인 알림 팝업 창에 '검색하려는 직원 정보 이름을 입력하세요.' 메시지가 있는 입력 대화를 표시하고 `UserInput` 에 사용자의 입력을, `ButtonPressed` 에 누른 단추를 저장합니다
4	∨ ↻ **각각의 경우** `ExcelData` 내 각 `CurrentItem` 의 경우
5	∨ ⅄ **만약** `UserInput` = `CurrentItem` ['이름']인 경우
6	**메시지 표시** 제목이 '직원 이메일 주소'인 알림 팝업 창에 `CurrentItem` ['메일주소'] 메시지를 표시하고 `ButtonPressed2` 에 누른 단추를 저장합니다
7	✕ 반복 종료
8	⚑ End 끝
9	⚑ End 끝

<u>07</u> 흐름을 실행한 뒤, 직원 이름을 입력하면 이메일 주소가 화면에 출력된다.

엑셀 속 데이터 검색해서 출력하는 스크립트 작성하기

실습 예제와 동일한 기능을 수행하는 VBScript 코드를 챗GPT에게 요청해 보자.

 [C:\EXCEL\직원리스트.xlsx] 파일에서 [이름] 열을 검색하면, [메일주소] 열을 출력하는 VBScript 코드를 짜 줘.

_____ 3-4-1 이름으로 검색해서 이메일 주소 출력하기

```
' 이름 입력 받기
strName = InputBox("검색할 이름을 입력하세요.", "이름 검색")

' 이름에 해당하는 행 찾기
For intRow = 2 To objRange.Rows.Count
    If objRange.Cells(intRow, intNamesColumnIndex).Value = strName Then
        ' [메일주소] 열 찾기
        For intColumnIndex = 1 To objRange.Columns.Count
            If objRange.Cells(1, intColumnIndex).Value = strEmailsColumnName Then
                intEmailsColumnIndex = intColumnIndex
                Exit For
            End If
        Next

        ' 해당하는 이름의 [메일주소] 출력
        strEmail = objRange.Cells(intRow, intEmailsColumnIndex).Value
        MsgBox strName & "의 메일 주소는 " & strEmail & "입니다."
        Exit For
    End If
Next --이하 생략--
```

흐름을 실행하면, 다음과 같이 사용자에게 이름을 입력 받는 팝업이 열리고 메일 주소를 화면에 출력한다.

05

새로운 직원 데이터 추가하기

실행 영상 파일
https://cafe.naver.com/msrpa/737

#사용자_지정_양식   #Excel_워크시트에_쓰기   #목록으로_추출   #목록_정렬   #목록_뒤집기

이번에는 새로 입사한 직원 정보를 엑셀 파일에 추가하는 방법을 알아본다. 여러 개의 정보를 하나의 화면에서 입력할 수 있는 [사용자 지정 양식] 작업을 활용하여 기존 리스트에 추가 기입한다.

사번	부서	직책	이름	메일주소
1001	전산	상무	김철수	msrpa@naver.com
1002	전산	과장	이영희	sapjoy@naver.com
1003	재무	부장	조영수	jys@nvaer.com
1004	재무	과장	박옥순	pos@naver.com
1005	구매	차장	문영호	myh@naver.com
1006	구매	대리	정현숙	jhs@naver.com
1007	영업	과장	강순자	ksj@naver.com
1008	영업	사원	채영식	cys@naver.com
1009	영업	사원	강정식	kjs@daum.net

사번: 1009
부서: 영업
직책: 사원
이름: 강정식
메일주소: kjs@daum.net
Ok

신규 직원은 직원 리스트 엑셀 파일의 마지막 행에 추가 입력해야 하므로, 먼저 엑셀의 마지막 행을 찾아야 한다. [Excel 워크시트에서 읽기] 작업으로 생성된 데이터 테이블 변수의 .RowsCount 속성을 활용하면 전체 라인이 몇 개인지 알 수 있다. 하지만, 전체 데이터를 읽어야 하기 때문에 시간과 자원이 불필요하게 소비된다. [Excel 워크시트에서 첫 번째 빈 열/행 가져오기] 작업을 이용해서 엑셀의 끝 행을 찾는 것이 보다 효율적이다. 이 방법을 활용해 보자.

<u>01</u> 사번·부서·직책·이름·메일 주소 5개의 필드 값을 입력할 수 있도록, [작업] [메시지 상자] → [사용자 지정 양식]을 추가한다. ① [사용자 지정 양식 디자이너] 버튼을 눌러서 입력 화면을 구성한다. ② 변수 생성됨 항목의 %CustomFormData%에 사용자가 입력한 값이 저장된다.

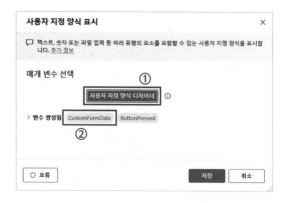

<u>02</u> ① 5개의 [텍스트 입력] 항목을 추가하고, ② 각 항목의 레이블을 설정한다. 그리고, 사용자가 OK 버튼을 누를 수 있도록 ③ [제출] 버튼을 마지막에 위치시킨다.

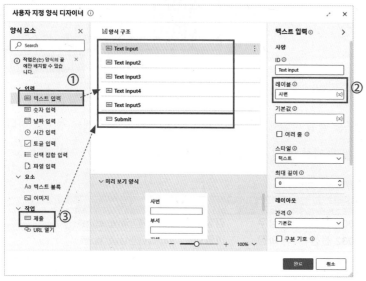

TIP

기업 로고와 같은 이미지를 배경화면에 설정할 수도 있다. [배경 이미지] 메뉴에서 URL 항목에 이미지의 URL 주소를 입력하면 된다.

배경 이미지

URL ⓘ

[{x}]

Q **사용자 지정 입력 화면을 계속 화면에 표시하여 값을 입력할 수 있는 방법이 있을까요?**

A PAD에서는 사용자 지정 입력 화면을 계속해서 표시하여 값을 입력 받는 기능이 내장되어 있지 않습니다. 만약 사용자에게 반복적으로 값을 입력 받아야 한다면, PAD에서는 [반복] → [반복] 메뉴를 이용해 일련의 작업을 아주 여러 번 반복하면서, 각각의 반복 구문 내에서 사용자 입력을 요청하는 대화 상자를 표시하는 방식으로 로직을 구현할 수 있습니다. 이보다 더 효율적인 방법은 [반복] → [반복 조건] 메뉴를 추가해서, 사용자 지정 양식에 특정 버튼을 누를 때까지 반복하게 설정할 수도 있습니다.

03 [Excel] → [Excel 시작] 또는 [실행 중인 Excel에 첨부] 메뉴로 엑셀 파일을 연다. 작업 [Excel] → [Excel 워크시트에서 첫 번째 빈 열/행 가져오기] 메뉴로 엑셀의 마지막 행 번호를 알아내자. 6단계에서 신규 직원 정보를 엑셀의 마지막 행에 쓰기 위해서 마지막 행 번호가 필요하다.

04 엑셀 파일에 직원 정보를 입력하기 위해서, 5개의 열을 가지는 데이터 테이블을 생성하자. 작업 [변수] → [데이터 테이블] → [새 데이터 테이블 만들기] 메뉴를 추가하고, [편집] 버튼을 누른다.

05 ① 새 열 추가(⊕) 아이콘을 눌러서 5개의 열을 만든다. 그리고, ② 각 열의 데이터는 2단계에서 생성한 [사용자 지정 양식]의 변수 %CustomFormData%를 입력한다. 해당 변수는 5개의 열이 있기 때문에 다음과 같이 개별 열의 값을 설정할 수 있다.

%CustomFormData.['Text Input']%

%CustomFormData.['Text Input2']%

③ 여러 행이 필요하면, 왼쪽 아래에 있는 새 행 추가(⊕) 아이콘을 이용하면 된다.

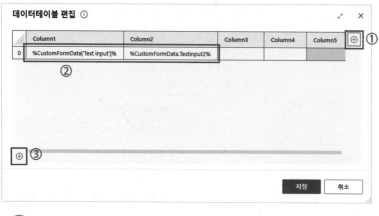

TIP

열 이름을 변경하려면 해당 셀을 더블클릭하여 데이터 테이블 내에서 수정할 수 있다.

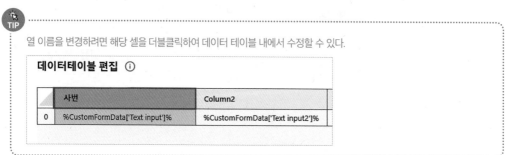

06 작업 [Excel] → [Excel 워크시트에 쓰기]를 추가한다. ① 쓸 값은 5단계에서 생성한 데이터 테이블 %DataTable%, ② 열은 1, ③ 행은 마지막 빈 행인 변수 %FirstFreeRow%를 입력한다.

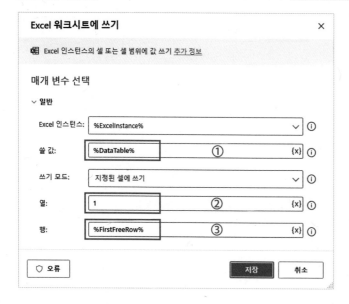

07 흐름을 실행해서, 신규 입사한 직원 정보를 입력하면 엑셀 파일에 데이터가 어떻게 저장되는지 확인해 보자.

	A	B	C	D	E
1	사번	부서	직책	이름	메일주소
2	1001	전산	상무	김철수	msrpa@naver.com
3	1002	전산	과장	이영희	sapjoy@naver.com
4	1003	재무	부장	조영수	jys@nvaer.com
5	1004	재무	과장	박옥순	pos@naver.com
6	1005	구매	차장	문영호	myh@naver.com
7	1006	구매	대리	정현숙	jhs@naver.com
8	1007	영업	과장	강순자	ksj@naver.com
9	1008	영업	사원	채영식	cys@naver.com
10	1009	영업	사원	강정식	kjs@daum.net

> **조금 더 알아보기**

가장 큰 번호의 사번 자동으로 구하기

순차적으로 증가하는 사번은 엑셀 파일의 사번에서 가장 큰 번호를 가져와서 +1을 하는 로직을 적용할 수 있다. 다음 순서를 따라 실습해 보자.

01 [Excel 시작], [Excel 워크시트에서 첫 번째 빈 열/행 가져오기], [Excel 워크시트에서 읽기] 작업을 사용하여 사번 정보열을 추출한다. 이때 시작 열과 끝 열에는 각각 1을 입력한다.

<u>02</u> [변수 설정] 작업을 사용하여 새로운 사번을 저장할 변수를 생성한다.

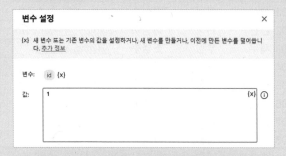

<u>03</u> 작업 [반복] → [각각의 경우] 반복문을 추가하고, 2단계에서 추가한 사번과 엑셀 데이터의 사번을 작업 [조건] → [만약] 조건문으로 비교한다.

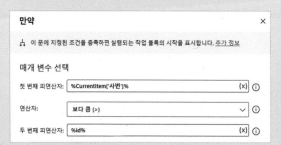

<u>04</u> 작업 [변수] → [변수 설정] 작업으로 반복문 내의 현재 엑셀 사번이 변수 %id%보다 크다면 변수 %id%에 엑셀의 현재 사번을 할당한다.

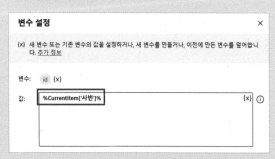

<u>05</u> 반복문이 종료된 후 흐름의 마지막 라인에 작업 [변수] → [변수 증가] 액션으로 변수에 1을 증가시킨다.

06 흐름을 실행하면, 마지막 사
번 1009에 1을 더한 최대 사번
1010이 구해진다.

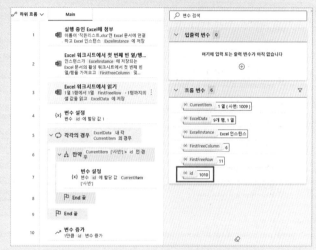

하지만, 이러한 방식은 데이터가 많을 경우에는 모든 값을 비교하기 때문에 상당한 시간과 자원이 소비된다.
최댓값을 구해야 하는 경우는 좀 더 효율적인 다음 방법을 추천한다.

작업 [변수] → [목록으로 데이터 테이블 열 검색], [목록 정렬], [목록 뒤집기] 작업을 이용하여 사번 열을 추
출해서 내림차순으로 정렬한 후에 0번째 인덱스 값을 가져와서 1을 더한다.

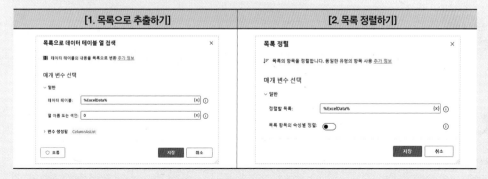

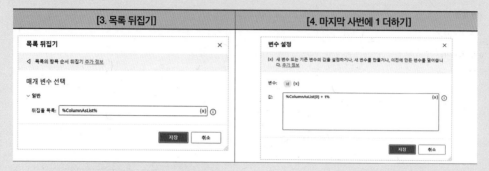

[3. 목록 뒤집기]	[4. 마지막 사번에 1 더하기]

흐름을 실행하면, 최대 사번 1010이 구해진다.

마지막 사번 자동으로 구하기

직원 리스트 파일에서 마지막 사번을 구하는 VBScript를 챗GPT에게 요청해 보자. 챗GPT를 활용하면 PAD보다 더 간단하고 효율적으로 최댓값을 구할 수 있다.

[C:\EXCEL\직원리스트.xlsx] 파일에서 [A] 열의 최댓값을 가져와서 변수에 저장(echo)하는 VBScript 코드를 작성해 줘.

——— 3-5-1 마지막 사번 구하기

```
' Excel 파일 열기
Set xlWorkbook = xlApp.Workbooks.Open("C:\EXCEL\직원리스트.xlsx")
Set xlWorksheet = xlWorkbook.Worksheets(1)

' 최댓값 계산
maxID = xlApp.WorksheetFunction.Max(xlWorksheet.Range("A:A"))

' 결과 출력
WScript.Echo maxID
--이하 생략--
```

흐름을 실행하면,
%VBScriptOutput% 변수에 마지막
사번 '1009'가 저장된 것이 확인된다.

그리고, 해당 변수에 1을 더하는 작업을 추가해서 다음 사번을 구하면 된다. 작업 [변수] → [변수 증가]
메뉴로 VBScript에서 반환한 사번 결괏값에 1을 더한다. 또는 작업 [변수] → [변수 설정] 메뉴를 이
용할 수 있다. [변수 설정] 작업은 자기 자신의 값을 바로 변경할 수 있다는 장점이 있다.

[변수 증가]   [변수 설정]

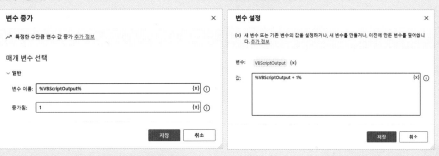

흐름을 실행하면, 마지막 사번
'1009'에 1을 더한 '1010'이 저장된
것이 확인된다.

직원별 인사고과 평균 점수를 구하고 엑셀에 입력하기

실행 영상 파일
https://cafe.naver.com/msrpa/738

#평균값   #AVERGAGE_함수   #채우기_핸들   #텍스트를_숫자로_변환   #순번_변수   #RANK

지금까지 '직원리스트.xlsx' 예제 파일을 활용하여 실습을 진행했다. 이제부터는 새로운 예제 파일 '인사고과.xlsx'를 활용하여 실습을 진행해 보자. 직원 인사고과 파일에서 상반기와 하반기 평균 점수를 구하는 방법을 알아보자. 엑셀에서는 수식 입력줄에 AVERGAGE 함수를 입력하여 쉽게 평균 값을 구할 수 있다.

=AVERAGE(C2:D2)

만약 엑셀 함수 AVERAGE를 모른다면, 챗GPT에게 엑셀에서 평균을 구하는 함수가 무엇인지 물어보면 된다.

 엑셀 파일의 [C2] 셀과 [D2] 셀의 평균을 구하는 엑셀 함수를 알려 줘.

 엑셀에서 [C2] 셀과 [D2] 셀의 평균을 구하는 함수는 다음과 같이 AVERAGE 함수를 사용하면 됩니다. AVERAGE 함수는 지정된 범위의 셀들의 평균 값을 계산해주는 함수입니다.

___ Copy code

```
=AVERAGE(C2:D2)
```

챗GPT가 알려준 수식을 엑셀 파일 E열의 2
번째 행에 커서를 두고 붙여 넣기하면 평균 값
이 계산된다.

년도	사번	상반기	하반기	평균	인사고과
2023	1001	93	75	84	
2023	1002	97	83		
2023	1003	79	92		
2023	1004	99	95		

E2   =AVERAGE(C2:D2)

이번에는 E2 아래 모든 셀의 평균 값을 구하는 서식을 적용하는 방법을 챗GPT에게 물어보자.

> 👤 AVERAGE(C2:D2) 수식을 아래 셀에도 다 적용하는 방법을 알려 줘.

> 🤖 엑셀에서 수식을 한 셀에 입력한 후 해당 수식을 다른 셀에도 적용하는 방법은 "복사 및 붙여 넣기"를
> 사용하면 됩니다. 다음은 수식을 다른 셀에 복사하는 방법을 설명합니다:
> 우선, [C2:D2] 범위에서 **=AVERAGE(C2:D2)** 수식을 입력한 셀을 선택합니다.
> 선택한 셀의 우측 하단에 있는 작은 네모 모양의 "채우기 핸들"을 찾습니다. 이것은 셀의 우측 하단에
> 위치한 작은 네모 모양입니다.
> "채우기 핸들"을 클릭하고 끌어서 적용하려는 범위만큼 드래그합니다. 예를 들어, [C2:D2]에서 시작하
> 여 [C3:D3], [C4:D4], 등등으로 원하는 범위까지 드래그합니다.
> 드래그한 범위에 수식이 자동으로 복사되면서 적용됩니다.
> 이제 해당 범위의 모든 셀에 **=AVERAGE(C2:D2)** 수식이 적용되었습니다. 이러한 방식으로 다른 셀에
> 도 원하는 수식을 쉽게 복사하여 적용할 수 있습니다.

챗GPT가 알려준 방법대로 '평균' 열의 첫 번
째 행 오른쪽 모서리 채우기 핸들(채우기 핸들)
을 선택해서 아래로 끌어내리면 다른 셀에 동
일한 수식이 적용되어 한 번에 계산된다.

E2   =AVERAGE(C2:D2)

년도	사번	상반기	하반기	평균	평가고과
2023	1001	93	75	84	
2023	1002	97	83	90	
2023	1003	79	92	86	
2023	1004	99	95	97	
2023	1005	95	91	93	
2023	1006	87	88	88	
2023	1007	79	75	77	
2023	1008	75	80	78	
2023	1009	94	89	92	

끌어 내리기

이와 같이 업무에 필수적인 엑셀의 다양한 함수와 기능들을 애써 외우지 않더라도, 이제 챗GPT를
활용하여 필요한 정보를 쉽게 얻을 수 있다.

PAD는 엑셀 데이터를 반복하면서 상반기와 하반기 점수를 더한 결과에 나누기를 하는 수식을 적
용해야 한다. 실습 예제 파일은 MS RPA 카페의 [교재 관련 자료] 게시판에서 내려받을 수 있다.

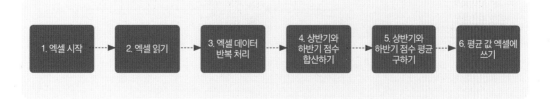

1. 엑셀 시작 → 2. 엑셀 읽기 → 3. 엑셀 데이터 반복 처리 → 4. 상반기와 하반기 점수 합산하기 → 5. 상반기와 하반기 점수 평균 구하기 → 6. 평균 값 엑셀에 쓰기

01 [Excel 시작]과 [Excel 워크시트에서 읽기] 작업을 추가한다.

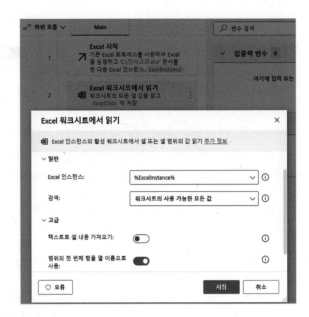

02 엑셀 데이터를 한 줄씩 읽어오기 위해 작업 [반복] → [각각의 경우]를 추가한다. 저장 위치의 변수 %CurrentItem% 이름이 너무 길어서 복잡하다면, %item%과 같이 간략한 이름으로 변경한다. 직관적이고 이해하기 쉬운 변수명을 사용하여 코드의 가독성을 향상시킬 수 있다.

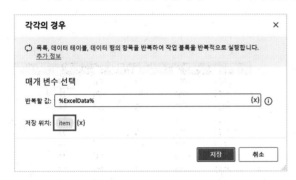

03 [상반기] 평가 결과를 저장할 임시 변수를 하나 생성한다. 작업 [변수] → [변수 설정]을 [각각의 경우] 작업 사이에 끌어 놓는다.

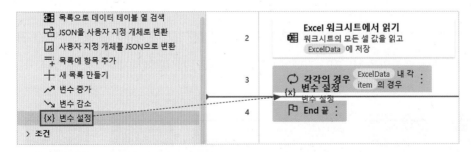

04 ① 변수 이름을 설정하고, ② 값에는 데이터 행 변수의 '상반기' 열을 입력한다. 하반기 점수도 동일한 과정으로 변수 하나를 더 생성하고, 값을 입력한다.

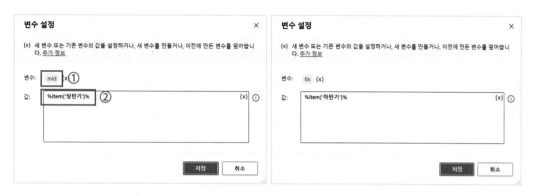

05 상반기(%mid%)와 하반기(%fin%) 인사고과 점수를 합산한 결과를 저장할 변수를 추가해서, 두 개 변수를 더하는 수식을 완성한다. 두 개 변수를 더하는 연산 시, 백분율 기호(%) 안에서 기술해야 한다.

%mid + fin%

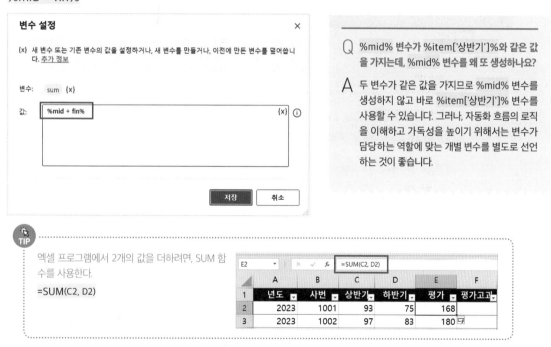

Q %mid% 변수가 %item['상반기']%와 같은 값을 가지는데, %mid% 변수를 왜 또 생성하나요?

A 두 변수가 같은 값을 가지므로 %mid% 변수를 생성하지 않고 바로 %item['상반기']% 변수를 사용할 수 있습니다. 그러나, 자동화 흐름의 로직을 이해하고 가독성을 높이기 위해서는 변수가 담당하는 역할에 맞는 개별 변수를 별도로 선언하는 것이 좋습니다.

TIP

엑셀 프로그램에서 2개의 값을 더하려면, SUM 함수를 사용한다.
=SUM(C2, D2)

	A	B	C	D	E	F
1	년도	사번	상반기	하반기	평가	평가고과
2	2023	1001	93	75	168	
3	2023	1002	97	83	180	

E2 ▼ : × ✓ fx =SUM(C2, D2)

06 상반기와 하반기 점수를 더한 변수에 어떤 값이 들어오는지 확인하기 위해 [중단점]을 설정하고 흐름을 실행한다.

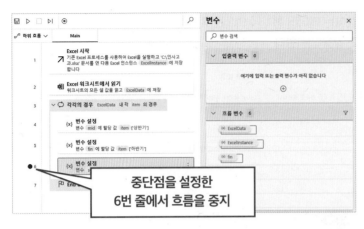

중단점을 설정한
6번 줄에서 흐름을 중지

<u>07</u> ① 흐름이 실행되다가 6번 라인에 도달하면 중지된다. ② 오른쪽 '흐름 변수' 영역에서 각각의 변수에 저장된 값을 확인할 수 있다. 아직 변수 **%sum%**은 계산되지 않았기 때문에 빈 값으로 조회된다. ③ [다음 작업 실행](▷I) 아이콘을 눌러서 6번 라인을 실행해서, **%sum%** 값이 제대로 계산되는지 확인해 보자.

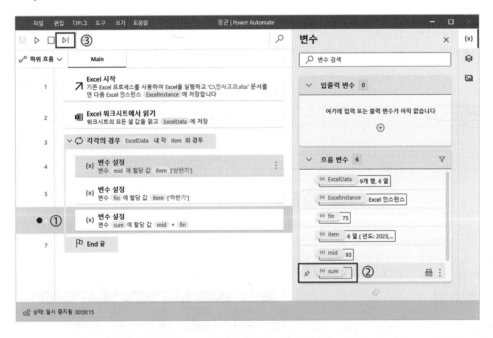

<u>08</u> 흐름은 7번 라인에서 중지한다. 변수 **%sum%**에 상반기 값 93과 하반기 값 75가 합산된 값 168이 저장되어야 하는데, ① 두 변수가 문자로 인식되어 9375로 두 수가 연결된 형태('93'+'75'='9375')로 저장되어 있다. ② [중지](□) 아이콘을 눌러 흐름을 중지하고 문자를 숫자로 변환하는 작업을 추가해 보자.

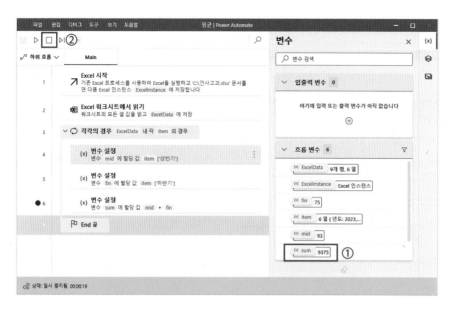

09 작업 [텍스트] → [텍스트를 숫자로 변환]을 4번 라인과 5번 라인 사이에 끌어 놓기 해서, %mid% 변수를 숫자로 변환한다.

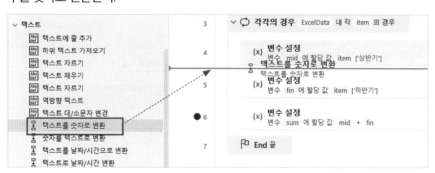

10 ① 변환할 텍스트는 "상반기" 점수를 가지는 %mid% 변수를 선택하고, ② 변수 생성됨 항목에도 변환된 숫자 값을 자기 자신에게 저장하도록 동일한 변수 이름(%mid%)을 입력한다.

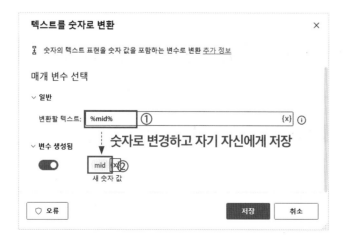

11 흐름을 실행해서 확인해 보면 **%sum%** 변수에 합산된 값 168이 정상적으로 저장된 것이 확인된다.

12 평균 점수를 구할 변수를 새로 생성하거나, ① 기존 생성된 **%sum%** 변수의 값을 다음과 같이 나누기
를 수행하는 수식으로 변경한다. 흐름을 다시 실행하면 ② 평균 점수 84가 계산된다.

%(mid + fin) / 2%

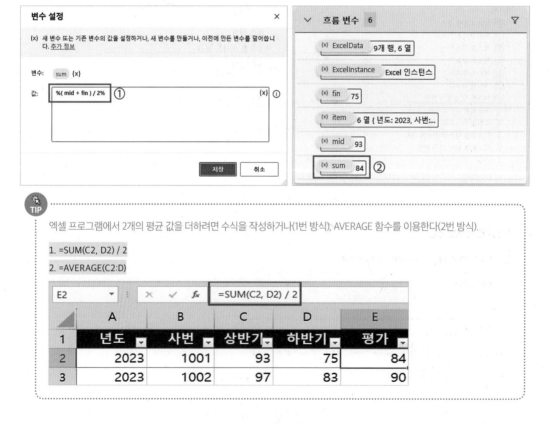

> **TIP**
>
> 엑셀 프로그램에서 2개의 평균 값을 더하려면 수식을 작성하거나(1번 방식), AVERAGE 함수를 이용한다(2번 방식).
>
> 1. =SUM(C2, D2) / 2
> 2. =AVERAGE(C2:D)
>
> | | A | B | C | D | E |
> |---|---|---|---|---|---|
> | | | | | fx | =SUM(C2, D2) / 2 |
> | 1 | 년도 | 사번 | 상반기 | 하반기 | 평가 |
> | 2 | 2023 | 1001 | 93 | 75 | 84 |
> | 3 | 2023 | 1002 | 97 | 83 | 90 |

13 계산된 평균 값을 엑셀에 쓰고자 작업 [Excel] → [Excel 워크시트에 쓰기] 메뉴를 끌어 놓는다.

① 쓸 값: 평균을 입력한 변수 **%sum%**을 선택한다. 그리고 데이터 테이블, 목록 변수, 데이터 행을 입력하면 한 번에 여러 데이터를 쓸 수 있다.

② 쓰기 모드: [지정된 셀에 쓰기]를 선택한다. 쓰기 모드에는 2가지 옵션이 있다.

- [지정된 셀에 쓰기]: 열과 행을 입력한다.
- [현재 활성 상태인 셀에 쓰기]: 현재 활성화되어 있는 셀에 쓰는 작업이다. 작업 [Excel] → [고급] → [Excel 워크시트에서 셀 활성화] 작업이 선행되어야 한다.

③ 열: 평균 점수 열은 5번째 열이므로 5를 입력한다.

④ 행: 엑셀의 행 번호를 입력한다. 테스트를 위해 2번째 행에 쓰기 위해서 2를 입력한다.

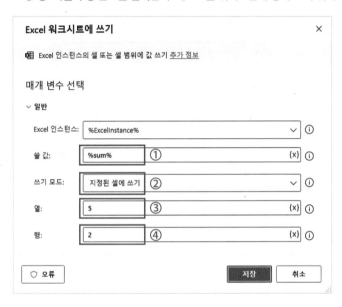

14 흐름을 끝까지 실행하면, 2번째 행에만 반복적으로 평균 값을 업데이트한다. 왜냐하면, 앞 단계에서 2 행을 고정으로 설정했기 때문이다.

	A	B	C	D	E	F
1	년도	사번	상반기	하반기	평균	평가고과
2	2023	1001	93	75	91.5	
3	2023	1002	97	83		
4	2023	1003	79	92		
5	2023	1004	99	95		
6	2023	1005	95	91		
7	2023	1006	87	88		
8	2023	1007	79	75		
9	2023	1008	75	80		
10	2023	1009	94	89		

데이터 테이블과 엑셀 작업의 순번 비교

행과 열 순번은 엑셀 자동화를 구현할 때마다 혼동되는 부분이다. 엑셀에서 읽은 값이 저장되는 데이터 테이블에서는 행과 열이 0부터 시작하고 엑셀 파일에 값을 읽거나 쓸 때는 행과 열이 1부터 시작한다는 점에 항상 주의한다.

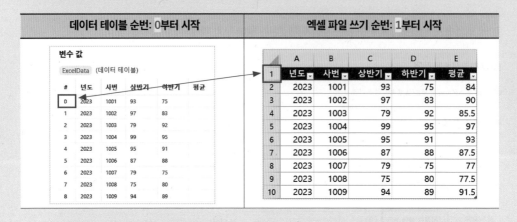

15 엑셀 데이터를 반복할 때마다 증가하는 현재 행 번호를 가지는 순번 변수를 [각각의 경우] 반복문 앞에 생성하자.

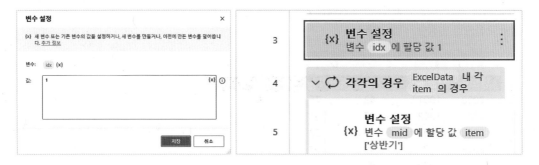

16 반복문 안에서 변수 %idx%에 1을 더하는 작업(%idx + 1%)을 추가한다. 엑셀의 행을 증가시키면서 값을 쓰기 위한 목적이다.

타 프로그래밍 언어에서도 반복문의 현재 순번을 구할 때는 **%idx%**와 같은 임시 순번 변수를 사용하는 것이 일반적이다. PAD 엑셀 자동화에서도 반복문과 순번 변수는 바늘과 실처럼 빈번하게 함께 사용해야 한다. 다음 2단계를 꼭 기억하자.

1. 순번 변수는 반복문을 시작하기 전에 선언한다.

2. 반복문 안에서 순번 변수를 순차적으로 1씩 증가시킨다.

17 13단계의 [Excel 워크시트에 쓰기] 작업 항목에 행 고정값 2를 변수 %idx로 변경한다. 흐름을 실행해서 엑셀 파일의 평균 점수가 업데이트되는지 확인해 보자.

FILTER 함수 사용해 보기

엑셀 2021(M365) 버전부터 FILTER 함수가 새롭게 소개되었다. FILTER는 특정 조건에 해당하는 데이터를 필터링한 결과를 반환하는 아주 유용한 함수이다. 평균 점수가 90점 이상인 전체 데이터를 구하는 FILTER 함수는 다음과 같은 수식을 사용한다.

=FILTER(A2:E9, E2:E9 >=90)

G2			✕ ✓ fx	=FILTER(A2:E9, E2:E9 >=90)						

🏷 Internal ✎

	A	B	C	D	E	F	G	H	I	J	K
1	년도	사번	상반기	하반기	평균		년도	사번	상반기	하반기	평균
2	2023	1001	93	75	84		2023	1002	97	83	90
3	2023	1002	97	83	90		2023	1004	99	95	97
4	2023	1003	79	92	85.5		2023	1005	95	91	93
5	2023	1004	99	95	97						
6	2023	1005	95	91	93						
7	2023	1006	87	88	87.5						
8	2023	1007	79	75	77						
9	2023	1008	75	80	77.5						

FILTER 함수 사용법을 챗GPT에 질문해서 알 수 있다.

 엑셀의 A2:E9 범위에서 E열이 90 이상인 데이터를 필터링해서 데이터를 가져오는 엑셀 함수를 알려 줘.

엑셀에서 A2:E9 범위에서 E열이 90 이상인 데이터를 필터링하여 가져오려면 "FILTER" 함수를 사용하면 됩니다. 다음은 "FILTER" 함수를 사용하여 원하는 데이터를 가져오는 방법입니다.

＿＿ Copy code

```
=FILTER(A2:E9, E2:E9 >= 90)
```

FILTER 함수를 사용하면 VLOOKUP으로는 구현하기 어려운 여러 가지 조건을 쉽게 사용할 수 있다. 이번에는 평균 점수가 80점 이상이고, 90점 미만인 데이터를 가져오려면 어떻게 사용해야 하는지 챗GPT에게 확인해 보자.

 엑셀의 A2:E9 범위에서 E열이 80 이상 그리고 90점 이하인 데이터를 필터링해서 데이터를 가져오는 엑셀 함수를 알려 줘.

＿＿ Copy code

```
=FILTER(A2:E9, (E2:E9 >= 80) * (E2:E9 < 90))
```

챗GPT는 FILTER 함수를 사용한 수식을 알려줌과 동시에 '그리고(AND)' 조건은 * 기호를 사용한다는 것까지 알려주고 있다.

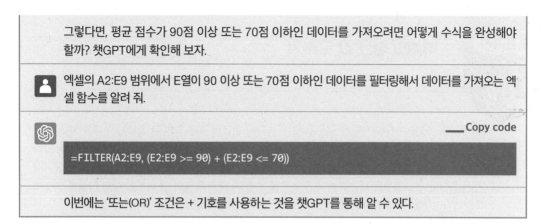

> 그렇다면, 평균 점수가 90점 이상 또는 70점 이하인 데이터를 가져오려면 어떻게 수식을 완성해야 할까? 챗GPT에게 확인해 보자.

> 엑셀의 A2:E9 범위에서 E열이 90 이상 또는 70점 이하인 데이터를 필터링해서 데이터를 가져오는 엑셀 함수를 알려 줘.

_____ Copy code

```
=FILTER(A2:E9, (E2:E9 >= 90) + (E2:E9 <= 70))
```

> 이번에는 '또는(OR)' 조건은 + 기호를 사용하는 것을 챗GPT를 통해 알 수 있다.

<u>18</u> 마지막으로 엑셀 파일을 저장하고 닫는 작업을 추가한다. `작업` [Excel] → [Excel 닫기]를 추가하고, Excel 을 닫기 전 항목은 [문서 저장]을 선택한다. 또는 `작업` [Excel] → [Excel 저장]을 활용해도 된다.

엑셀 Automate 기능과 Office Script

Excel 오피스 스크립트(Office Script)는 엑셀에서 VBA와 유사한 방식으로 반복적인 작업을 자동화하는 데 활용된다. 오피스 스크립트를 사용하려면 MicroSoft 365를 구독해야 한다. 개인 PC 또는 MicroSoft 365 웹 사이트에서 엑셀 프로그램이나 파일을 열면, ① [Automate] 또는 [자동화] 메뉴를 확인할 수 있다. ② [작업 레코딩]은 엑셀에서 사용자가 실행하는 작업들을 녹화해서 스크립트로 작성하는 기능이다. ③ [새 스크립트]는 VBA 코드처럼 사용자가 직접 코드를 작성해야 한다. 물론, 챗GPT에게 오피스 스크립트 작성을 요청할 수도 있다.

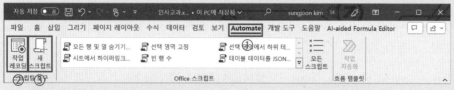

더 자세한 내용은 커뮤니티 게시글을 참고하자.

URL https://cafe.naver.com/msrpa/31099

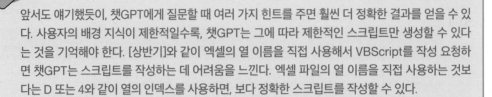

엑셀의 평균 값 구하기

앞서도 얘기했듯이, 챗GPT에게 질문할 때 여러 가지 힌트를 주면 훨씬 더 정확한 결과를 얻을 수 있다. 사용자의 배경 지식이 제한적일수록, 챗GPT는 그에 따라 제한적인 스크립트만 생성할 수 있다는 것을 기억해야 한다. [상반기]와 같이 엑셀의 열 이름을 직접 사용해서 VBScript를 작성 요청하면 챗GPT는 스크립트를 작성하는 데 어려움을 느낀다. 엑셀 파일의 열 이름을 직접 사용하는 것보다는 D 또는 4와 같이 열의 인덱스를 사용하면, 보다 정확한 스크립트를 작성할 수 있다.

👤 [C:₩EXCEL₩인사고과.xlsx] 엑셀 파일의 [상반기]열과 [하반기]열의 평균 값을 구해서 [평균]열에 저장하는 VBScript를 작성해 줘.

⑤ 네, 다음은 엑셀 파일 [C:₩EXCEL₩인사고과.xlsx]에서 [상반기]열과 [하반기]열의 평균을 계산하여 [평균]열에 쓰고 파일을 저장하는 VBScript 코드입니다.

___ Copy code

```
Set objWorkbook = objExcel.Workbooks.Open("C:₩EXCEL₩인사고과.xlsx")
For i = 2 To intLastRow
    dblSemiAnnual1 = objWorksheet.Cells(i, "상반기").Value
    dblSemiAnnual2 = objWorksheet.Cells(i, "하반기").Value
    dblAverage = (dblSemiAnnual1 + dblSemiAnnual2) / 2
Next
--이하 생략--
```

챗GPT가 제안한 스크립트를 실행하면 오류가 발생한다.

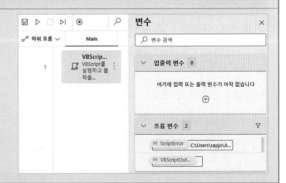

다음과 같이 엑셀의 열 순번을 사용하는 질문으로 변경하면 한 번에 정확한 스크립트를 제안해준다.

👤 [C:₩EXCEL₩인사고과.xlsx] 엑셀 파일의 [C]열과 [D]열의 평균 값을 구해서 [E]열에 저장하는 VBScript를 작성해 줘.

⑤ 다음은 [C:₩EXCEL₩인사고과.xlsx] 엑셀 파일의 [C]열과 [D]열의 평균 값을 구해서 [E]열에 저장하는 VBScript 예시입니다.

___ Copy code

```
Set objWorkbook = objExcel.Workbooks.Open("C:₩EXCEL₩인사고과.xlsx")
For i = 2 to lastRow ' 첫 번째 행은 칼럼 이름이므로 2번째 행부터 시작
    avg = (objWorksheet.Cells(i, "C").Value + objWorksheet.Cells(i, "D").Value) / 2
    objWorksheet.Cells(i, "E").Value = avg
Next
--이하 생략--
```

만약 [상반기]와 같은 열 이름을 꼭 사용하고 싶다면 챗GPT에게 FIND 명령어를 사용해 보라고 추가 힌트를 주는 것이 성공 확률을 높일 수 있다. 현재는 챗GPT가 때때로 오류를 발생시키는 코드를 생성하기도 하지만, 인공지능 기술의 발전 속도는 매우 빠르기 때문에 시간이 흐를수록 챗GPT의 코딩 능력도 더욱 진화할 것으로 예상된다.

 [C:₩EXCEL₩인사고과.xlsx] 엑셀 파일의 [상반기]열과 [하반기]열의 평균 값을 구해서 [평균]열에 저장하는 VBScript를 작성해 줘. 열 이름을 찾을 때 FIND 명령어를 사용해 줘.

___ 3-6-1 평균 값 계산하기

```
ntStartCol = objWorksheet.Cells.Find("상반기").Column
intEndCol = objWorksheet.Cells.Find("하반기").Column

' Loop Through Rows to Calculate Average and Write to "평균" Column
For i = 2 To intLastRow
  ' Calculate Average and Write to "평균" Column
  dblAverage = (objWorksheet.Cells(i, intStartCol).Value + objWorksheet.Cells(i,
intEndCol).Value) / 2
    objWorksheet.Cells(i, objWorksheet.Cells.Find("평균").Column).Value = dblAverage
Next
--이하 생략--
```

흐름을 실행하면, PAD에서 구현한 로직과 동일하게 평균 값을 구해서 엑셀에 저장한다. 참고로, 챗GPT가 작성한 코드에서 오류가 발생하면 엑셀 파일이 잠기는 문제가 발생할 수 있다. 이때는 작업 [시스템] → [프로세스 종료] 메뉴를 추가해서, 실행 중인 엑셀 프로그램을 모두 닫고 다시 시도하는 것을 권장한다. 프로세스 이름에 "EXCEL"이라고 입력하거나, ∨ 아이콘으로 프로세스를 찾아서 선택하면 된다.

그리고 챗GPT가 제공하는 코드를 적용하기 전에는 원본 엑셀 파일을 백업하여 보존하거나 테스트 파일을 사용해야 한다.

엑셀 데이터 최대/최솟값, k번째 순위 값 및 전체 순위 구하기

평균 열의 최대/최솟값을 구하려면, PAD는 여러 작업을 연결하여 로직으로 구현해야 한다. 하지만 엑셀은 MAX, MIN 함수를 이용해서 최대/최솟값을 간편하게 구할 수 있다.

=MAX(E2:E10)

	B	C	D	E	F
	F2		f_x	=MAX(E2:E10)	
1	사번	상반기	하반기	평균	최대값
2	1001	93	75	84	97
3	1002	97	83	90	
4	1003	79	92	85.5	
5	1004	99	95	97	

앞 절에서 실습했듯이, 최댓값을 반환하는 VBScript를 챗GPT에게 요청하면 원하는 결과를 얻을 수 있다. 추가로, 챗GPT에게 최댓값을 구하는 엑셀 함수를 질문해 보자.

👤 엑셀 파일에서 [E]열의 최댓값을 구하는 엑셀 함수를 알려 줘.

 Excel에서 [E]열의 최댓값을 구하는 함수는 "MAX" 함수입니다.
=MAX(E:E)

LARGE 함수는 선택된 데이터 집합 중에서 k번째로 큰 값을 반환한다. 그 반대의 경우는 SMALL 함수를 사용한다.

=LARGE(E1:E9, 2)

앞의 수식은 평균열의 값 중에서 2번째로 큰 값인 93을 반환한다.

	A	B	C	D	E	F
	F2			f_x	=LARGE(E1:E10, 2)	
	Internal					
1	년도	사번	상반가	하반기	평균	k번째 큰값
2	2023	1001	93	75	84	93
3	2023	1002	97	83	90	
4	2023	1003	79	92	85.5	
5	2023	1004	99	95	97	
6	2023	1005	95	91	93	

이번에는 챗GPT에게 평균 값에서 k번째 큰 값을 구하는 엑셀 함수를 물어보자.

엑셀 파일에서 [E]열의 k번째 큰 값을 구하는 엑셀 함수를 알려 줘.

 Excel에서 [E]열의 k번째 큰 값을 구하는 함수는 "LARGE" 함수입니다.

=LARGE(E:E, k)

그리고 평균 열의 순위를 정하려면 엑셀 프로그램에서 RANK 함수를 사용한다.

=RANK(E2, E2:E10)

RANK 함수를 잘 모르겠다면, 엑셀에서 순위를 매기는 수식에 대해 챗GPT에게 물어보고 RANK 함수에 대한 정보를 얻을 수 있다. 이와 같이 엑셀의 다양한 함수를 일일이 기억하지 않더라도 원하는 함수의 기능을 설명하면 챗GPT가 함수의 이름을 쉽게 알려 준다.

 엑셀 파일에서 [E]열의 순위를 정하는 엑셀 수식을 알려 줘.

 엑셀에서 [E]열의 순위를 정하는 수식은 다음과 같습니다:

=RANK(E1, E:E)

엑셀에서 비교 대상 범위를 고정하기 위해서는 절대 참조 기호 $를 사용해야 한다. 수식 입력창의 E2에 커서를 두고 F4키를 입력하면 자동으로 $ 기호가 추가된다.

=RANK(E2, $E$2:$E$10)

F2	▼	⋮	×	✓	fx	=RANK(E2, $E$2:$E$10)	

	B	C	D	E	F
1	사번 ▼	상반기▼	하반기▼	평균 ▼	순위 ▼
2	1001	93	75	84	7
3	1002	97	83	90	4
4	1003	79	92	85.5	6
5	1004	99	95	97	1

평균 열의 순위를 정하는 엑셀의 RANK 함수 기능도 챗GPT를 활용하여 생성한 VBScript 코드로 쉽게 구현할 수 있다.

 C:₩EXCEL₩인사고과.xlsx] 엑셀 파일의 2번째 행부터 [E]열의 순위를 구해서, [G]열에 쓰는 VBScript를 작성해 줘.

___ 3-6-2 순위 구하기

```
Set objWorkbook = objExcel.Workbooks.Open("C:₩EXCEL₩인사고과.xlsx")
Set rngData = objWorksheet.Range("E2:E" & objWorksheet.Cells(objWorksheet.Rows.
Count, "E").End(-4162).Row)
```

```
Set rngRank = objWorksheet.Range("G2")
For Each cell in rngData
    rankValue = objWorksheet.Application.WorksheetFunction.Rank(cell.Value,
rngData)
    rngRank.Value = rankValue
    Set rngRank = rngRank.Offset(1, 0)
Next
--이하 생략--
```

챗GPT가 작성한 코드를 [VBScript 실행] 작업에 붙여 넣고 실행해 보자.

	B	C	D	E	F	G
1	사번	상반기	하반기	평균	평가고과	순위
2	1001	93	75	84		7
3	1002	97	83	90		4
4	1003	79	92	85.5		6
5	1004	99	95	97		1
6	1005	95	91	93		2
7	1006	87	88	87.5		5
8	1007	79	75	77		9
9	1008	75	80	77.5		8
10	1009	94	89	91.5		3

조금 더
알아보기

엑셀의 수식 기능을 PAD에서 활용하기

PAD에서 더하거나 나누는 수식을 사용하지 않고, 엑셀의 수식을 바로 적용하는 방법을 알아보자. 엑셀 데이터를 PAD 작업 영역으로 가져오지 않아도 되므로 효율적이다. 평균을 구하는 엑셀 수식에서 C2와 D2의 값을 순차적으로 증가시키도록 로직을 구현하면 간단하게 적용할 수 있다.

01 앞서 실습했던 방식으로, [Excel 시작]과 [Excel 워크시트에서 첫 번째 빈 열/행 번호 가져오기] 작업을 추가한다. 그리고 [반복] 작업을 추가해서 엑셀 데이터의 개별 행을 반복하면서 평균 열에 수식을 입력할 수 있도록 한다.

① 시작: 값을 엑셀에 쓸 때는 두 번째 행부터 써야 하므로, 인자 값으로 2를 입력한다.

② 끝: 엑셀 파일에 빈 값이 존재하는 마지막 행에서 -1을 차감한다.

③ 증가: 한 줄씩 반복하기 때문에 1을 입력한다.

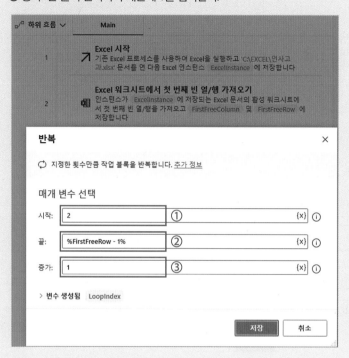

02 변수를 생성해서, AVERAGE 함수를 사용하는 엑셀 서식을 완성한다.

엑셀의 수식	반복 구문의 순번을 저장하는 변수 활용
=AVERAGE(C2:D2)	=AVERAGE(C%LoopIndex%:D%LoopIndex%)

03 엑셀 수식을 가지고 있는 변수를 엑셀에 쓰기 위해서 작업 [Excel] → [Excel 워크시트에 쓰기]를 추가한다. ① 열은 [평균] 열의 순번인 5, ② 행은 반복 구문 내의 현재 행을 가지는 %LoopIndex%를 입력한다.

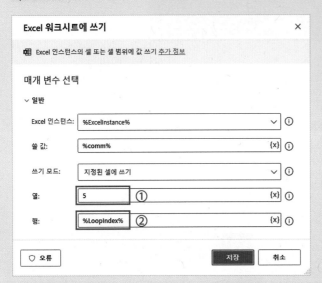

04 흐름을 실행하면, 엑셀 수식을 활용해서 평균 값이 계산된다.

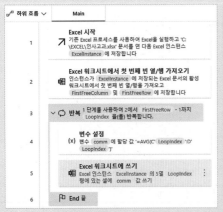

07

직원 인사고과 등급 구하기

실행 영상 파일
https://cafe.naver.com/msrpa/739

#조건문   #그렇지_않다면   #그_밖의_경우   #PAD_단축키   #Excel_워크시트에_쓰기

앞서 계산한 평균 점수의 구간별로 인사고과를 산정하는 자동화를 구현해 보자.

점수	인사고과
90점 이상	A
80점 이상	B
이외	C

01 새 흐름을 생성한 후에 [Excel 시작], [Excel 워크시트에서 읽기], [각각의 경우] 작업을 추가한다. 90점 이상인 경우의 조건을 설정하기 위해서 작업 [조건] → [만약]을 반복문 안에 넣는다.

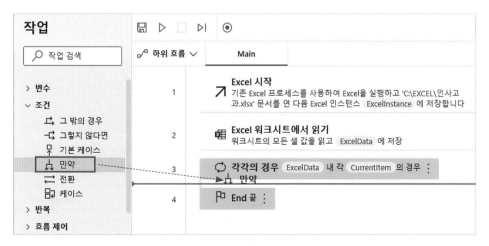

02 엑셀의 평균 점수 열이 90점보다 크거나 같음 조건을 설정하고 저장한다.

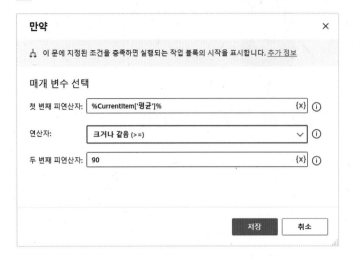

03 [작업] [변수] → [변수 설정]으로 인사고과를 저장할 변수를 생성하고 'A'를 입력한다.

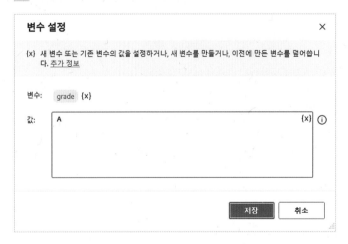

04 80점 이상의 조건을 넣기 위해서 ① [작업] [변수] → [그렇지 않다면]을 [만약] 작업 사이에 추가한다. 그리고, ② 평균 점수가 80점 이상인 조건을 설정한다.

05 3단계에서 생성한 변수 설정 작업을 복사해서 붙여 넣고 값은 'B'로 설정한다.

06 이외 조건은 모두 'C'이므로 [작업] [조건] → [그 밖의 경우]를 만약 구문 안으로 삽입한다. 그리고, 변수에는 C를 설정하고 [그 밖의 경우] 아래에 넣는다.

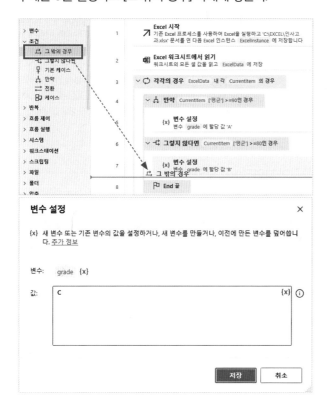

07 엑셀에 쓰기 위해서, 순번을 저장할 순번 변수 **%idx%**를 생성하고 1을 더하는 로직을 구현한다.

08 [Excel 워크시트에 쓰기] 작업을 추가하고 ① 쓸 열에는 인사고과 열의 순번인 6 또는 F를 입력하고, ② 행은 반복 구문 내의 엑셀의 현재 행을 저장하는 **%idx%** 변수를 설정한다.

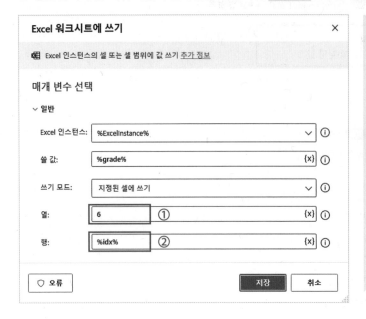

Q [Excel 워크시트에 쓰기]에서 행 항목에 %idx% 변수를 사용한 것처럼 열 항목에도 변수를 이용해서 열을 증가하면서 값을 쓸 수 있나요?

A 네, 열도 행 변수처럼 변수를 활용하여 동적으로 열을 증가시키면서 값을 쓸 수 있습니다. PAD에서 {x} 기호로 표시되는 모든 항목은 변수를 사용할 수 있기 때문에, 원하는 로직의 결괏값을 변수에 할당하고 필요에 따라 활용할 수 있습니다. 이를 통해 유연하고 동적인 작업 흐름을 구성할 수 있습니다. 변수를 활용해 엑셀의 열을 동적으로 사용하는 방법은 7장 엑셀 자동화 고급편에서 자세하게 설명합니다.

09 흐름을 실행해서 점수 조건에 해당하는 등급이 부여되는지 확인해 보자.

	A	B	C	D	E	F
1	년도	사번	상반기	하반기	평균	인사고과
2	2023	1001	93	75	84	B
3	2023	1002	97	83	90	A
4	2023	1003	79	92	85.5	B
5	2023	1004	99	95	97	A
6	2023	1005	95	91	93	A
7	2023	1006	87	88	87.5	B
8	2023	1007	79	75	77	C
9	2023	1008	75	80	77.5	C
10	2023	1009	94	89	91.5	A

조건에 해당하는 등급 구하기

이번 절에서 실습한 작업을 수행하는 VBScript 코드를 챗GPT에게 요청해서 작성해 보자.

 [C:\EXCEL\인사고과.xlsx] 엑셀 파일의 [E]열의 값이 90점 이상이면 "A", 80점 이상이면 "B" 이외는 "C"를 계산해서 [F]열에 쓰기 하는 VBScript를 작성해 줘.

___ 3-7-1 등급 구하기

```
For i = 2 To intLastRow
   If objWorksheet.Cells(i, "E").Value >= 90 Then
      objWorksheet.Cells(i, "F").Value = "A"
   ElseIf objWorksheet.Cells(i, "E").Value >= 80 Then
      objWorksheet.Cells(i, "F").Value = "B"
   Else
      objWorksheet.Cells(i, "F").Value = "C"
   End If
Next
--이하 생략--
```

[VBScript 실행] 작업에 스크립트를 붙여 넣고 실행하면, PAD로 구현한 기능과 동일하게 동작한다.

 조금 더 알아보기

PAD의 단축키 정리

PAD에서는 다음과 같은 단축키를 사용할 수 있다.

단축키	기능	단축키	기능
[F5]	실행	[Ctrl]+[A]	모두 선택
[Shift]+[F5]	흐름 중지	[Ctrl]+[C]	작업 복사
[Alt]+[F5]	여기에서 실행	[Ctrl]+[V]	작업 붙여 넣기
[Ctrl]+[Z]	이전 작업 취소하기	[Ctrl]+[X]	작업 자르기
[Ctrl]+[Y]	작업 되돌리기	[Ctrl]+[S]	저장

PAD 단축키는 작업을 선택한 후 마우스 오른쪽 버튼을 클릭하여 확인할 수도 있다.

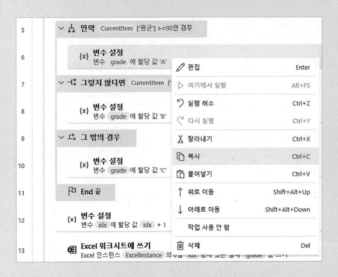

그리고 흐름 디자이너의 편집 메뉴에서도 추가 단축키를 확인할 수 있다.

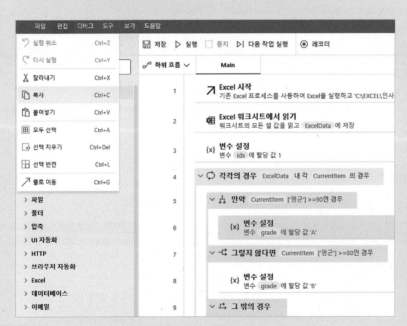

08

직원 이름을 성과 이름으로 구분하기

실행 영상 파일
https://cafe.naver.com/msrpa/740

#텍스트_자르기   #LEFT함수   #RIGHT함수   #문자길이   #하위_텍스트_가져오기   #Length   #텍스트_대체

직원 이름을 성과 이름으로 구분하는 기능을 구현해 보자. 엑셀 프로그램에서는 LEFT 함수를 사용하여 이름의 첫 번째 글자만 잘라내서 성을 추출할 수 있다.

=LEFT(D2, 1)

왼쪽부터   기준이 되는 셀   몇 개의 자리
                (ex. D2)   (ex. 1자리)

➡ D2 셀의 왼쪽에서부터
   1자리(텍스트)를 잘라서 추출

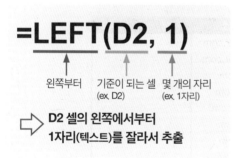

	A	B	C	D	E	F	G
1	사번	부서	직책	이름	메일주소	성	이름2
2	1001	전산	상무	김철수	msrpa@naver.com	김	철수
3	1002	전산	과장	이영희	sapjoy@naver.com	이	영희
4	1003	재무	부장	조영수	jys@nvaer.com	조	영수
5	1004	재무	과장	박옥순	pos@naver.com	박	옥순
6	1005	구매	차장	문영호	myh@naver.com	문	영호
7	1006	구매	대리	정현숙	jhs@naver.com	정	현숙
8	1007	영업	과장	강순자	ksj@naver.com	강	순자
9	1008	영업	사원	채영식	cys@naver.com	채	영식

F2 셀: =LEFT(D2, 1)

그리고, 이름의 오른쪽 끝에서 2자리를 자르면 성을 제외한 이름만 가져온다.

=RIGHT(D2, 2)

오른쪽부터 / 기준이 되는 셀 (ex. D2) / 몇 개의 자리 (ex. 2자리)

➡ **D2 셀의 오른쪽에서부터
2자리(텍스트)를 잘라서 추출**

Q 엑셀 프로그램에서 함수를 이용하면 엑셀 자동화를 할 수 있는데, 왜 PAD를 사용하나요?

A PAD는 엑셀 자동화뿐만 아니라, 다른 시스템과 연결된 업무 자동화도 가능합니다. 또한, 엑셀의 어려운 함수를 모르더라도 조건문이나 반복문과 같은 로직 처리가 가능하기 때문에 다양하게 엑셀 자동화를 활용할 수 있습니다. 가령 ERP에서 데이터를 내려받고, 해당 데이터를 엑셀 파일에 입력하여 웹 시스템에 자동으로 업로드하거나 이메일로 엑셀 파일을 전송하는 등의 업무를 자동화할 수 있습니다. 특히, 여러 개의 엑셀 파일을 처리할 때나 엑셀 수식으로 구현하기 어려운 복잡한 시나리오도 PAD를 활용하여 자동화할 수 있습니다.

LEFT, RIGHT와 같은 엑셀 함수와 동일한 기능을 수행하는 자동화를 구현해 보자. 먼저, 성과 이름을 별도로 저장하기 위해 직원리스트 엑셀 파일에 다음과 같이 2개의 열을 추가하고 저장한다.

	A	B	C	D	E	F	G
1	사번	부서	직책	이름	메일주소	성	이름2
2	1001	전산	상무	김철수	msrpa@naver.com		
3	1002	전산	과장	이영희	sapjoy@naver.com		
4	1003	재무	부장	조영수	jys@nvaer.com		
5	1004	재무	과장	박옥순	pos@naver.com		
6	1005	구매	차장	문영호	myh@naver.com		
7	1006	구매	대리	정현숙	jhs@naver.com		
8	1007	영업	과장	강순자	ksj@naver.com		
9	1008	영업	사원	채영식	cys@naver.com		

<u>01</u> 신규 흐름을 생성하고 [Excel 시작], [Excel 워크시트에서 읽기] 작업 그리고 [각각의 경우] 반복문을 추가한다.

02 엑셀의 이름 열에서 성을 가져오기 위해서, 〔작업〕 [텍스트] → [하위 텍스트 가져오기]를 추가한다. ① 원본 텍스트: 엑셀의 이름 열인 **%CurrentItem['이름']%** 변수를 입력, ② 문자 위치: 첫 번째 자리 순서는 0부터 시작하기 때문에 0을 입력, ③ 문자 수: 이름에서 앞 1자리만 자르기 위해, 1을 입력한다.

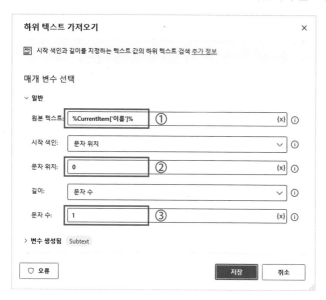

03 이번에는 성을 제외한 이름만 가져오는 기능을 구현한다. 먼저, 이름 길이를 가져오기 위해서 [변수 설정] 작업으로 문자열의 속성인 .Length 속성을 기술한다. 예를 들어, "김철수"의 문자 길이는 3이기 때문에 다음 수식은 3을 반환한다.

%CurrentItem['이름'].Length%

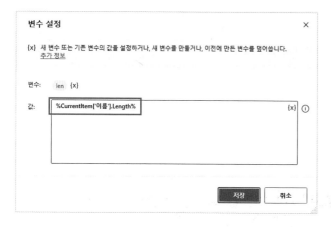

04 성을 제외한 이름만 가져오기 위해서 [하위 텍스트 가져오기] 작업을 하나 더 추가한다. ① 원본 텍스트: 엑셀의 이름 열인 **%CurrentItem['이름']%** 변수를 입력, ② 문자 위치: 성을 제외한 이름만 가져오기 위해서 문자 길이에서 -2를 하는 수식 **%len -2%**를 입력한다. ③ 문자 수: 성을 제외한 이름 2자리를 자르기 위해서 2를 입력한다. ④ 흐름을 실행해서 확인해 보면, 성과 이름을 구분해서 각각 추출한 것을 변수에서 확인할 수 있다.

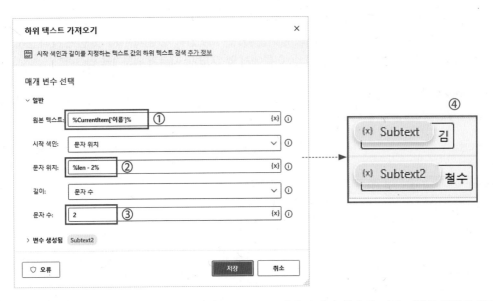

05 (작업) [Excel] → [Excel 워크시트에 쓰기] 메뉴를 2개 추가해서, 추출한 성과 이름을 각각 [F]열과 [G]열에 [쓰기] 한다. 행 순서로 쓰기 위해서 순번을 저장하는 순번 변수 %idx%는 이전 실습 내용을 참고해서 적용한다.

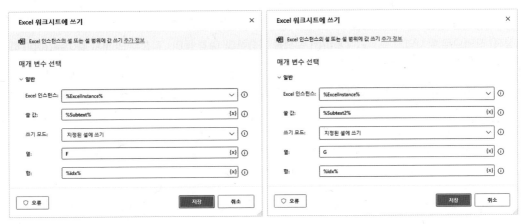

06 흐름을 실행하면, [F]열과 [G]열에 성과 이름을 분리해서 쓰는 것을 확인할 수 있다.

	A	B	C	D	E	F	G
1	사번	부서	직책	이름	메일주소	성	이름2
2	1001	전산	상무	김철수	msrpa@naver.com	김	철수
3	1002	전산	과장	이영희	sapjoy@naver.com	이	영희
4	1003	재무	부장	조영수	jys@nvaer.com	조	영수
5	1004	재무	과장	박옥순	pos@naver.com	박	옥순
6	1005	구매	차장	문영호	myh@naver.com	문	영호
7	1006	구매	대리	정현숙	jhs@naver.com	정	현숙
8	1007	영업	과장	강순자	ksj@naver.com	강	순자
9	1008	영업	사원	채영식	cys@naver.com	채	영식

07 다음과 같이 성이 2자리이거나, 이름이 외자인 경우에는 어떻게 적용해야 할까? 이때는 이름의 길이를 먼저 구한 후에, [만약] 구문으로 4자리인지 2자리인지 확인해서 이름을 자르는 로직을 적용해야 한다. 3단계의 [변수 설정] 작업을 [각각의 경우] 반복문이 시작하는 첫 번째 줄로 이동한다.

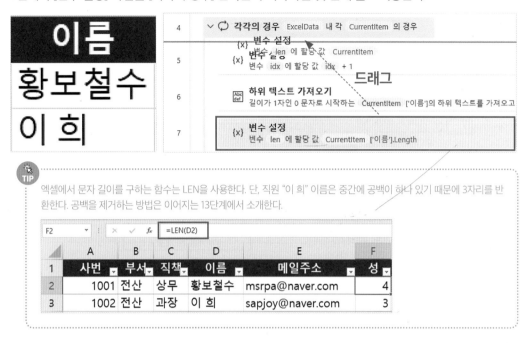

> **TIP**
>
> 엑셀에서 문자 길이를 구하는 함수는 LEN을 사용한다. 단, 직원 "이 희" 이름은 중간에 공백이 하나 있기 때문에 3자리를 반환한다. 공백을 제거하는 방법은 이어지는 13단계에서 소개한다.

08 ① [만약] 조건문을 추가해서, 이름이 4자리인지 체크한다. 그리고, ② 변수 %first_len%을 생성하고 이름에서 2자리의 성을 가져오기 위해, 숫자 2를 설정한다.

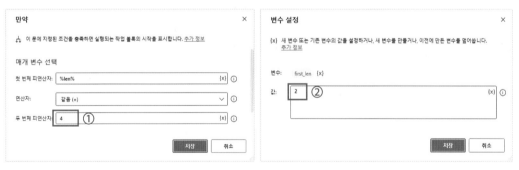

> **TIP**
>
> 문자 길이를 체크하는 조건문을 엑셀에서 구현하려면, IF와 LEN 함수를 함께 사용하면 된다. 그리고 이름이 4자리일 때는 LEFT 함수로 앞 2자리를 자르고 이외의 경우에는 1자리만 자르도록 수식을 완성한다.
>
> | | A | B | C | D | E | F |
> |---|---|---|---|---|---|---|
> | | 사번 | 부서 | 직책 | 이름 | 메일주소 | 성 |
> | 1 | | | | | | |
> | 2 | 1001 | 전산 | 상무 | 황보철수 | msrpa@naver.com | 황보 |
> | 3 | 1002 | 전산 | 과장 | 이 희 | sapjoy@naver.com | 이 |
>
> F2 `=IF(LEN(D2) =4, LEFT(D2, 2), LEFT(D2, 1))`

09 이번에는 이름이 외자인 경우를 확인하기 위해서 ① [그렇지 않다면] 조건을 넣어서, 두 번째 피연산자에 2를 입력한다. 그리고, ② 변수 %last_len%을 생성해서 한 자리 이름을 가져오기 위해서 숫자 1을 설정한다.

 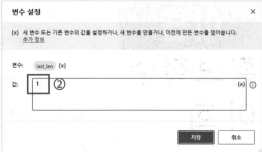

10 이름이 4자리 또는 2자리가 아닌 경우는 모두 3자리이기 때문에 ① 성의 문자 길이를 가지는 변수 %first_len%은 1, ② 성을 제외한 이름을 가지는 변수 %last_len%은 2를 기본으로 설정한다. 그리고 2개 작업은 [만약] 구문 앞에 위치시킨다.

11 2단계에서 설정한 [하위 텍스트 가져오기] 작업을 열어서, 문자 수 항목에 성의 문자 길이를 가지고 있는 변수 %first_len%을 입력한다.

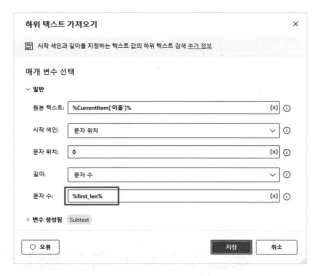

<u>12</u> 4단계에서 설정한 [하위 텍스트 가져오기] 작업을 열어서 성과 이름의 길이를 가지는 변수 ① %first_len%과 ② %last_len%을 각각 입력한다. 흐름을 실행하면, 이름 길이에 관계없이 성과 이름을 정확하게 분리하는 것을 확인할 수 있다.

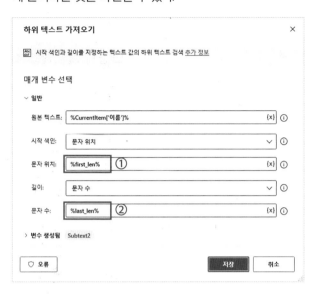

<u>13</u> 이름이 외자인 직원 이름 "이 희"에는 중간에 공백(space)이 한 칸 있다. 공백을 제거하기 위해서 `작업` [텍스트] → [텍스트 대체]를 추가한다.

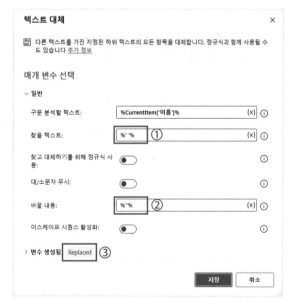

① 찾을 텍스트: %' '% 공백은 백분율 기호와 작은따옴표 사이에 공백을 하나 입력한다.

② 바꿀 내용: %''% 공백이 없는 빈 값은 백분율 기호와 작은따옴표만 연속 입력한다.

③ 변수 생성됨: 공백을 제거한 이름은 변수 **%Replaced%**에 저장된다.

<u>14</u> %CurrentItem['이름']%이 사용된 모든 작업을 열어서 변수 %Replaced%로 변경한다. 흐름을 실행하면, 공백이 포함된 "이 희"에서 공백을 제거하고 "희"자만 추출하는 것을 확인할 수 있다.

TIP

엑셀에서 공백을 제거하려면 SUBSTITUE 함수를 사용하면 된다.

=SUBSTITUTE(D3, " ", "")

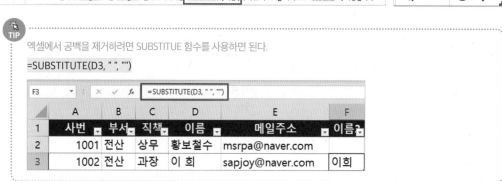

엑셀에서 문자열 자르기

성과 이름을 구분해서 자르는 VBScript 코드를 챗GPT에게 요청해 보자.

 [C:₩EXCEL₩직원리스트.xlsx] 파일의 2번째 행부터 [D]열 문자를 잘라서 [F]열과 [G]열에 쓰는 VBScript를 작성해 줘. 다음 로직으로 작성해 줘.
1. [D]열이 4자리이면, 2자리와 2자리로 잘라서 각각 [D]열과 [G]열에 잘라 줘.
2. [D]열이 2자리이면, 1자리와 1자리로 잘라서 각각 [D]열과 [G]열에 잘라 줘.
3. [D]열이 3자리이면, 1자리와 2자리로 잘라서 각각 [D]열과 [G]열에 잘라 줘.

_____ 3-8-1 문자열 자르기

```
Do Until objWorksheet.Cells(row, 4).Value = "" ' [D]열이 비어있을 때까지 반복
    If length = 4 Then ' [D]열이 4자리인 경우
        part1 = Left(value, 2)
        part2 = Right(value, 2)
    ElseIf length = 2 Then ' [D]열이 2자리인 경우
        part1 = Left(value, 1)
        part2 = Right(value, 1)
    ElseIf length = 3 Then ' [D]열이 3자리인 경우
        part1 = Left(value, 1)
        part2 = Right(value, 2)
    End If
    objWorksheet.Cells(row, 6).Value = part1 ' [F]열에 잘라진 첫 번째 값 쓰기
    objWorksheet.Cells(row, 7).Value = part2 ' [G]열에 잘라진 두 번째 값 쓰기
    row = row + 1 ' 다음 행으로 이동
Loop
--이하 생략--
```

챗GPT가 제안한 스크립트를 [VBScript 실행] 작업에 붙여 넣고 실행하면, 한 번에 성과 이름을 분리할 수 있다.

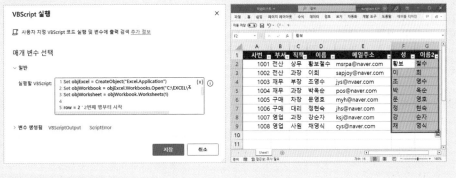

09

직원 리스트에서 공백 행 삭제하기

실행 영상 파일
https://cafe.naver.com/msrpa/741

#공백_행_삭제하기   #Excel_워크시트에서_행_삭제   #Excel_고급작업

엑셀 파일에 공백 행(라인)이 포함되는 경우를 종종 접할 수 있다. 공백 행과 같은 불필요한 라인을 한 번에 삭제하려면, '사번' 또는 다른 열을 기준으로 정렬한 후에 삭제하면 된다. 그러나, 이러한 방법은 기존 데이터의 정렬 순서가 변경될 수 있다는 문제가 있다.

	A	B	C	D	E
1	사번	부서	직책	이름	메일주소
2	1001	전산	상무	김철수	msrpa@naver.com
3	1002	전산	과장	이영희	sapjoy@naver.com
4					
5	1003	재무	부장	조영수	jys@nvaer.com
6					
7	1004	재무	과장	박옥순	pos@naver.com
8					
9	1005	구매	차장	문영호	myh@naver.com
10	1006	구매	대리	정현숙	jhs@naver.com
11	1007	영업	과장	강순자	ksj@naver.com
12	1008	영업	사원	채영식	cys@naver.com

먼저, 엑셀 프로그램에서 공백 행(라인)을 찾아 삭제하는 방법에 대해서 알아보자. 엑셀 파일을 열어서 데이터를 모두(또는 한 열) 선택하고, 메뉴에서 [찾기 및 선택] → [이동 옵션]을 선택한다.

이동 옵션 창에서 ① [빈 셀]을 선택하고 ②
[확인] 버튼을 클릭한다.

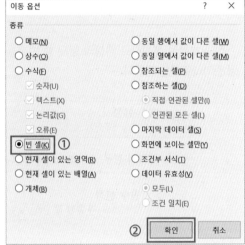

엑셀 파일의 모든 공백 행(라인)이 선택된다. 홈 탭의 [삭제] 버튼을 눌러서 공백 행을 모두 삭제할 수
있다.

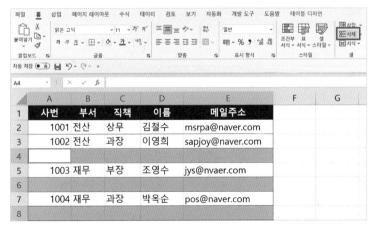

이번에는 PAD에서 공백 행을 삭제하는 방법을 알아보자. 엑셀 데이터를 읽은 후에 반복 처리하면
서 사번 열에 공백인 행을 삭제하면 된다.

01 신규 흐름을 생성하고 [Excel 시작], [Excel 워크시트에서 읽기] 작업 그리고 [각각의 경우] 반복문을 추가한다.

02 신규 흐름을 생성하고 엑셀의 현재 행 번호를 저장할 순번 변수 %idx%를 선언하고, 반복문 안에서 1씩 증가하도록 설정한다.

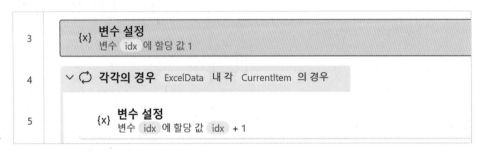

03 신규 흐름을 작업 [조건] → [만약] 메뉴를 추가해서 사번 열이 [비어 있음]을 조건으로 설정한다.

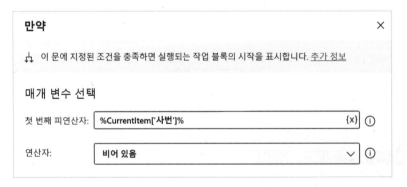

04 사번이 비었으면, 엑셀 파일의 해당 행을 삭제하면 된다. 작업 [Excel] → [고급] → [Excel 워크시트에서 행 삭제]를 추가해서, 엑셀의 현재 행을 삭제한다.

Excel 워크시트에서 행 삭제 ✕

Excel 인스턴스에서 선택한 행 삭제 추가 정보

매개 변수 선택

∨ **일반**

Excel 인스턴스: %ExcelInstance%

행 삭제: %idx% {x}

05 엑셀에서 행을 삭제했으면, 다음 공백 라인을 삭제하기 위해서 현재 행 변수에서 -1을 수행하는 [변수 설정] 작업을 추가한다.

6	∨ ⋔ **만약** CurrentItem ['사번']비어 있음인 경우 ⋮
7	**Excel 워크시트에서 행 삭제** 인스턴스가 ExcelInstance 에 저장된 Excel 문서에서 idx 행 삭제
8	{x} **변수 설정** 변수 idx 에 할당 값 idx - 1
9	▷ **End** 끝

06 흐름을 실행하면, 엑셀 파일에서 불필요한 공백 행을 일괄 삭제한다.

엑셀 파일에서 공백 행(라인) 제거하기

직원 리스트 파일에서 불필요한 공백 행을 삭제하는 VBScript를 챗GPT에게 요청해 보자.

 [C:₩EXCEL₩직원리스트.xlsx] 파일에서 불필요한 공백 행을 모두 삭제하는 VBScript 코드를 작성해 줘.

___ 3-9-1 공백 행 제거하기

```
' 뒤에서부터 각 행 검사하여 공백인 경우 삭제
For row = lastRow To 1 Step -1
    Set range = worksheet.Range("A" & row)
    If excelApp.WorksheetFunction.Trim(range.Value) = "" Then
        range.EntireRow.Delete
    End If
Next
--이하 생략--
```

[VBScript 실행] 작업에 코드를 붙여 넣고 실행하면, 엑셀 파일의 공백 행이 모두 삭제된다.

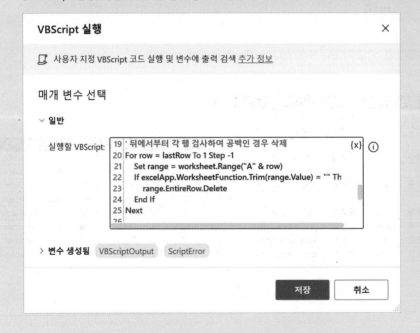

업무 자동화는 반복적인 작업을 기반으로 하며, 엑셀 파일을 PDF 파일로 변환하고 메일을 보내는 등의 후속 작업도 처리하는 것을 포함한다. 또한, PAD가 구현하지 못하는 색상 설정과 같은 서식 변경은 챗GPT의 도움을 받아서 스크립트로 구현할 수 있다. 3장에서 '엑셀'만을 다뤘다면 4장 중급편에서는 챗GPT를 적극 활용하여 엑셀뿐만 아니라 PDF 파일 생성과 표 만들기 등, 진보된 업무 자동화를 구현하는 방법을 집중적으로 알아본다. 업무에서 활용할 수 있는 실질적인 예제들을 바탕으로 챗GPT를 업무에 적용하는 기술과 영감을 얻길 바란다.

01 챗GPT를 이용해 조건부 서식 적용하기
02 인사고과 등급별 인원수 자동 계산하기
03 등급별 워크시트에 인원 업데이트 자동화하기
04 회사 비용을 부서별 엑셀 파일로 분리하기
05 여러 워크시트를 한 엑셀 파일로 취합하기
06 파일 변환 자동화: 엑셀 파일을 PDF 파일로
07 챗GPT로 그래프 그리기 및 이미지로 저장하기
08 챗GPT로 표 그리기 및 거래명세서 자동화

## 4 장

엑셀 자동화 중급편: 챗GPT를 활용한 엑셀 자동화와 시각화

01

챗GPT를 이용해 조건부 서식 적용하기

실행 영상 파일
https://cafe.naver.com/msrpa/742

#조건부_서식   #셀_배경색_설정   #챗GPT를_이용해_코드_작성하기

3장에서 직원별 인사고과 평균 점수로 등급을 매겼다. 이제 등급별로 조건부 서식을 활용해서 색상을 설정하는 자동화를 구현해보자. 다음 표의 내용대로 인사고과에 따른 셀 색상을 변경해 보자.

인사고과	색상
A	녹색
B	보라
C	파랑

만약 엑셀의 조건부 서식 기능을 모른다면, 조건에 해당하는 셀의 배경색을 어떻게 설정하는지 챗GPT에게 물어보면 알 수 있다.

> [C:\EXCEL\인사고과.xlsx] 엑셀 파일의 [F]열이 "A"이면 녹색, "B"이면 보라색, "C"이면 파란색을 바탕색으로 설정하는 방법 알려줘.

> 먼저, [C:\EXCEL\인사고과.xlsx] 파일을 열고 [F]열의 데이터를 선택합니다. 전체 [F]열을 선택하거나 원하는 범위만 선택하셔도 됩니다.
> Excel 상단 메뉴에서 "조건부 서식"을 선택합니다.
> --이하 생략 --

챗GPT가 알려준 방법대로 적용해 보자. Excel 상단 메뉴에서 [조건부 서식]을 선택하고, [새 규칙]

을 클릭하면 된다. 또는 [홈] → [조건부 서식] → [색조] → [기타 규칙]을 활용해서 조건별 색상을 구현할 수 있다.

① 규칙 유형 선택은 [다음을 포함하는 셀만 서식 지정], ② 조건은 [=], ③ 값은 [A]를 입력한다. 그리고 ④ [서식] 버튼을 눌러서 등급에 해당하는 바탕색을 설정하자. 각 등급에 해당하는 조건과 색상을 모두 추가한다. 등급이 A이면 녹색, B이면 보라색, C이면 파란색을 지정한다.

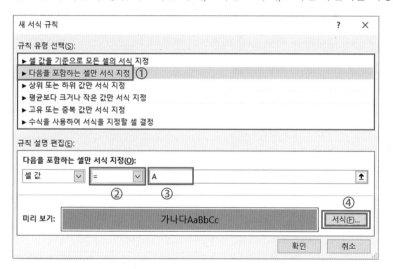

조건부 서식을 적용한 결과 등급에 따라서 셀에 배경 색상이 설정된다.

PAD에는 엑셀 데이터에 색상을 설정하는 기능이 없기 때문에, 챗GPT에게 색상을 설정하는 VBScript 코드 작성을 요청해야 한다.

	A	B	C	D	E	F
1	년도	사번	상반기	하반기	평균	인사고과
2	2023	1001	93	75	84	B
3	2023	1002	97	83	90	A
4	2023	1003	79	92	85.5	B
5	2023	1004	99	95	97	A
6	2023	1005	95	91	93	A
7	2023	1006	87	88	87.5	B
8	2023	1007	79	75	77	C
9	2023	1008	75	80	77.5	C
10	2023	1009	94	89	91.5	A

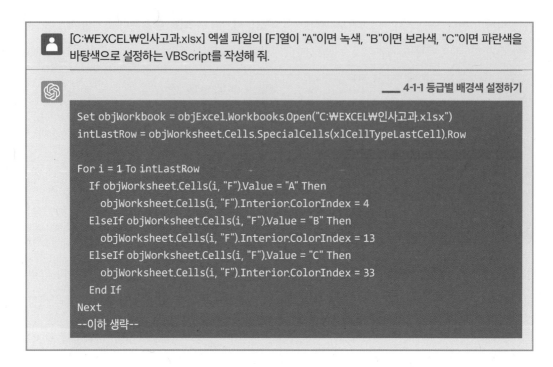

[C:\EXCEL\인사고과.xlsx] 엑셀 파일의 [F]열이 "A"이면 녹색, "B"이면 보라색, "C"이면 파란색을 바탕색으로 설정하는 VBScript를 작성해 줘.

———— 4-1-1 등급별 배경색 설정하기

```
Set objWorkbook = objExcel.Workbooks.Open("C:\EXCEL\인사고과.xlsx")
intLastRow = objWorksheet.Cells.SpecialCells(xlCellTypeLastCell).Row

For i = 1 To intLastRow
    If objWorksheet.Cells(i, "F").Value = "A" Then
        objWorksheet.Cells(i, "F").Interior.ColorIndex = 4
    ElseIf objWorksheet.Cells(i, "F").Value = "B" Then
        objWorksheet.Cells(i, "F").Interior.ColorIndex = 13
    ElseIf objWorksheet.Cells(i, "F").Value = "C" Then
        objWorksheet.Cells(i, "F").Interior.ColorIndex = 33
    End If
Next
--이하 생략--
```

PAD 흐름을 실행하면, 등급 조건에 해당하는 색으로 셀 배경색이 변경된다.

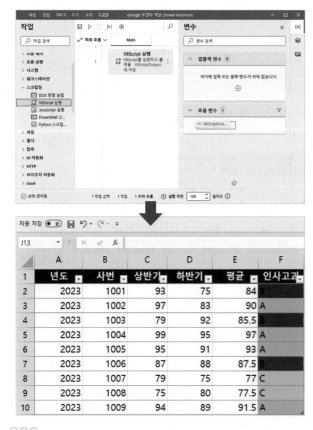

현재 실행 중인 엑셀의 셀 배경색 변경하기

현재 실행 중인 엑셀 파일의 개별 셀의 조건에 따라서 배경색을 설정할 수 있다. 챗GPT에 다음과 같이 프롬프트를 입력해서 VBScript를 작성해 보자.

 현재 열려 있는 엑셀 파일 "인사고과.xlsx" 파일의 F2 셀 값이 B이면 보라색으로 셀의 배경색을 설정하는 VBScript를 작성해 줘.

 ———— 4-1-2 현재 실행 중인 엑셀의 셀 배경색 변경하기

```
Set objExcel = GetObject(, "Excel.Application")
If objWorkbook.Name = "인사고과.xlsx" Then
  If objWorkbook.Sheets(1).Cells(2, 6).Value = "B" Then
    objWorkbook.Sheets(1).Cells(2, 6).Interior.ColorIndex = 13
  End If
End If
--이하 생략--
```

이 코드를 [3장 엑셀 자동화 초급편: 엑셀 자동화에 익숙해지기]에서 [07 직원 인사고과 등급 구하기] 절의 9단계 작업 이후에 VBScript 작업을 추가하고 실행하면 된다. 이때, 앞서 챗GPT에서 도출한 VBScript 코드에서 엑셀의 행 번호인 2를 변수 %idx%로 변경해야 한다.

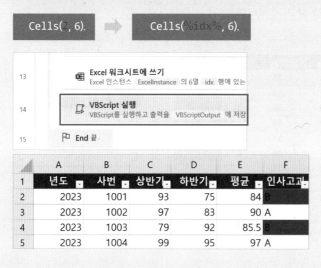

`Cells(2, 6).` ➡ `Cells(%idx%, 6).`

		Excel 워크시트에 쓰기		
13		Excel 인스턴스 ExcelInstance 의 6열 idx 행에 있는		

		VBScript 실행		
14		VBScript를 실행하고 출력을 VBScriptOutput 에 저장		

| 15 | | ▷ End 끝 | | |

	A	B	C	D	E	F
1	년도	사번	상반기	하반기	평균	인사고과
2	2023	1001	93	75	84	B
3	2023	1002	97	83	90	A
4	2023	1003	79	92	85.5	B
5	2023	1004	99	95	97	A

02

인사고과 등급별 인원수 자동 계산하기

실행 영상 파일
https://cafe.naver.com/msrpa/743

#피벗 #PowerBI #새_워크시트_추가 #목록으로_데이터_테이블_열_검색 #목록_정렬 #UNIQUE

새로운 워크시트인 [등급별 인원]을 생성하고 인사고과 등급별로 인원수를 구해 합산하는 자동화를 구현해 보자. 이 기능은 특정 조건을 기준으로 그룹을 나누고 그 수를 쉽게 파악하고 합산할 수 있다는 점에서 유용한 엑셀 자동화 활용 사례이다.

	A	B	C	D	E	F
1	년도	사번	상반기	하반기	평균	인사고과
2	2023	1001	93	75	84	B
3	2023	1002	97	83	90	A
4	2023	1003	79	92	85.5	B
5	2023	1004	99	95	97	B
6	2023	1005	95	91	93	A
7	2023	1006	87	88	87.5	B
8	2023	1007	79	75	77	C
9	2023	1008	75	80	77.5	C
10	2023	1009	94	89	91.5	A

G6				
	A	B		
1	등급	인원수		
2	A	4		
3	B	3		
4	C	2		
5				

Sheet1 등급별 인원

엑셀 프로그램에서는 메뉴 [삽입] → [피벗] 기능을 이용하면 아주 간단하게 리포팅 기능을 구현할 수 있다. 피벗 차트는 집계, 분류, 합계, 평균 등 다양한 계산 기능을 제공하여 데이터를 보다 빠르게 분석할 수 있도록 도와준다.

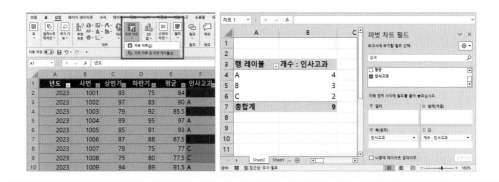

Power BI Desktop(파워 비아이 데스크톱)

실무에서는 Power BI(파워 비아이)를 이용한 대시보드(DashBoard) 개발 요구가 점차 늘고 있다. 파워 플랫폼의 Power BI Desktop을 이용하면 엑셀의 피벗보다 정교한 데이터 분석 화면을 구성할 수 있다. 무료로 제공되는 Power BI Desktop을 내려받아 누구나 사용 가능하다. Power BI는 마이크로소프트에서 개발한 비즈니스 인텔리전스(BI) 도구로, 데이터 시각화, 데이터 모델링, 보고서 작성, 데이터 분석 등 다양한 기능을 제공한다. Power BI는 웹, 모바일, 데스크톱 앱을 지원하며, 클라우드와 로컬 환경에서 모두 활용할 수 있다. 또한, 엑셀과의 호환성도 높아서 엑셀에서 작업한 내용을 Power BI로 가져와 더욱 상세하게 분석할 수 있다. 저렴한 비용과 간편한 사용법으로 많은 기업에서 Power BI를 활용하고 있으며, 데이터 시각화 및 분석 분야에서 선두주자로 자리 잡고 있다.

각자 윈도우 환경 PC에서 마이크로소프트 스토어를 실행해서 'Power BI Desktop'을 검색해서 설치해보자. Power BI Desktop은 사용자 친화적인 인터페이스와 엑셀의 피벗과 유사한 기능을 제공한다. 사용자는 아주 쉽게 엑셀 등의 데이터를 끌어와서 필요한 보고서 및 대시보드를 만들 수 있다.

PAD를 이용해 등급별 인원을 구하려면 다음과 같은 순서로 자동화를 구현해야 한다.

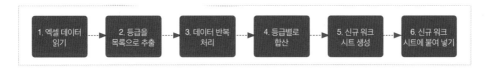

01 [Excel 시작], [Excel 워크시트에서 읽기] 작업을 추가한다. [작업] [Excel] → [새 워크시트 추가] 메뉴로, 등급별 인원수를 생성할 워크시트를 생성해 보자. ① '새 워크시트 이름'에 생성할 워크시트 이름을 입력한다. ② '다음 이름으로 워크시트 추가' 항목은 신규 워크시트의 위치를 설정한다. 여기서는 [마지막 워크시트]로 설정하여 진행하겠다.

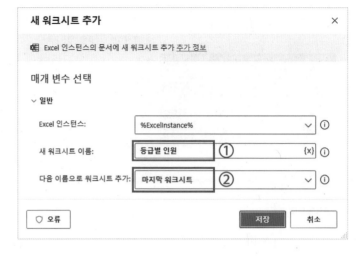

02 [작업] [변수] → [목록으로 데이터 테이블 열 검색] 메뉴를 추가해서, ① 데이터 테이블 %ExcelData%에서 인사고과 열을 ② 목록 변수 %grade%로 추출한다.

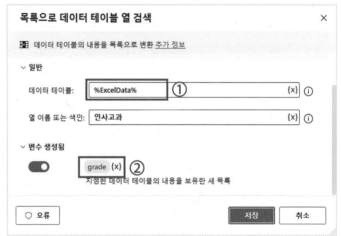

03 목록 변수에서 등급을 "A", "B", "C" 순으로 정렬하기 위해서는, [작업] [변수] → [목록 정렬]을 사용하면 된다.

04 목록 변수에서 중복된 값을 삭제하려면, [작업] [변수] → [목록에서 중복 항목 제거] 메뉴를 활용한다. 흐름을 실행하면, 중복된 값을 제외하고 3개의 값만 목록 변수에 존재하는 것을 확인할 수 있다.

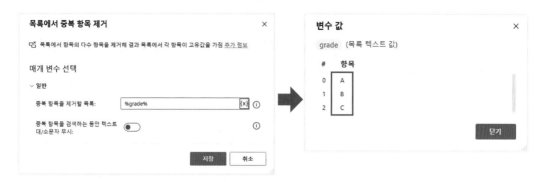

UNIQUE 함수

엑셀에서 특정 열의 범위를 지정하여 중복된 값을 제거하고 고유한 값을 구하려면 UNIQUE 함수를 사용한다.

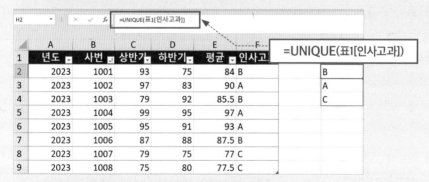

그리고, 챗GPT에게 엑셀의 고유한 값을 구하는 명령어를 알려달라고 해서 UNIQUE 함수를 알아낼 수 있다.

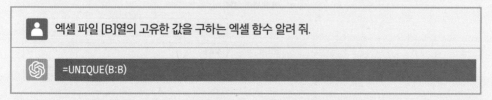

> 엑셀 파일 [B]열의 고유한 값을 구하는 엑셀 함수 알려 줘.
>
> =UNIQUE(B:B)

05 직원의 인사고과 등급과 목록 변수의 등급이 동일한지 체크하려고 한다. ① 목록 변수를 반복 처리하면서, ② 엑셀 데이터도 중첩하여 반복을 수행한다. 작업 [반복] → [각각의 경우]를 2번 추가해서 **중첩 반복문**을 구성한다.

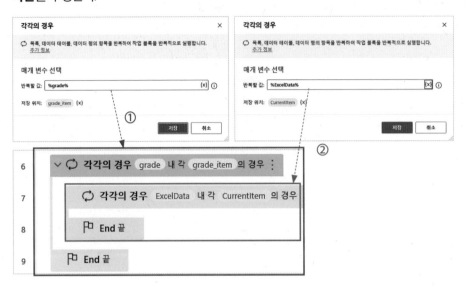

06 등급이 일치하면, 등급 개수를 저장할 변수를 생성해서 2번째 반복문 앞에 추가한다.

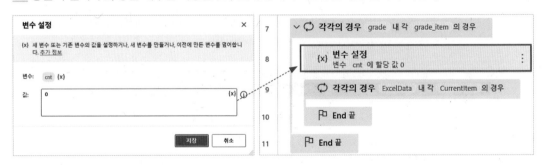

07 목록 변수의 등급과 엑셀 데이터의 등급이 동일한지 체크하는 [만약] 작업을 추가한다.

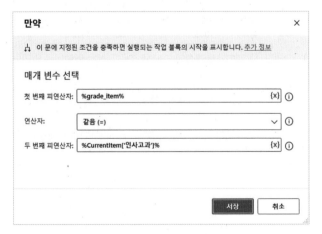

08 2개의 등급이 동일하면 6단계에서 추가한 등급 개수 변수에 1을 더하는 로직을 넣는다.

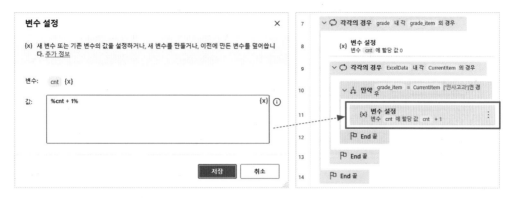

09 중첩 반복문이 종료되었으면, '등급별 인원' 시트를 활성화해서 값을 업데이트한다. **여러 개의 워크시트를 가지는 엑셀 파일을 자동화하려면, 먼저 데이터를 읽을 워크시트를 활성화**해야 한다. 작업 [Excel] → [활성 Excel 워크시트 설정]을 추가하고, ① 다음 워크시트 활성화는 [색인]을 선택하고, ② 워크시트 색인에는 '2'를 입력한다. 2번째 워크시트를 의미한다

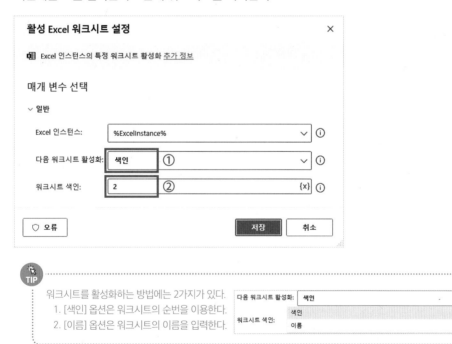

TIP 워크시트를 활성화하는 방법에는 2가지가 있다.
1. [색인] 옵션은 워크시트의 순번을 이용한다.
2. [이름] 옵션은 워크시트의 이름을 입력한다.

다음 워크시트 활성화: 색인
색인
워크시트 색인: 이름

10 등급별 인원 워크시트의 첫 번째 열에 등급 값을 써보자. 행은 A, B, C 등급별로 증가해야 하기 때문에 앞서 실습한 것처럼 순번 변수 %idx%를 생성해서 1씩 증가하는 로직을 구현한다. 작업 [Excel] → [Excel 워크시트에 쓰기]를 추가한다. ① 쓸 값은 목록 변수의 현재 행 변수, ② 열은 첫 번째 열에 쓰기 위해 '1', ③ 행은 순차적으로 증가하도록 변수 %idx%를 입력한다.

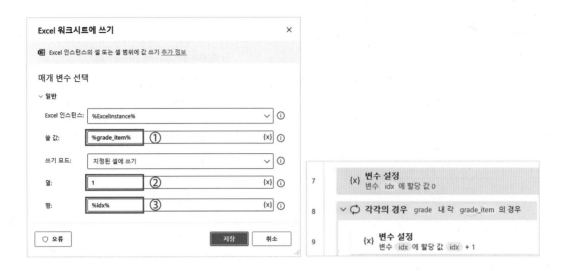

11 등급별 인원을 워크시트에 쓰는 작업도 추가한다. ① 쓸 값은 해당 등급의 개수를 저장하고 있는 변수 %cnt%, ② 열은 두 번째 열에 쓰기 위해 '2', ③ 행은 순차적으로 증가하도록 변수 %idx%를 입력한다.

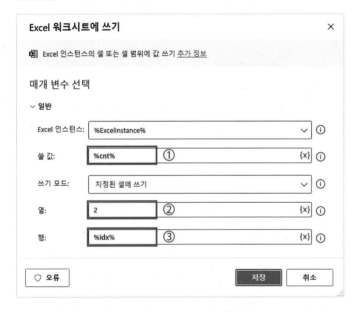

12 흐름을 실행해서, 등급별 인원수가 집계되는지 확인해 보자.

슬라이서 기능

표 서식이 적용된 데이터에서 슬라이서를 이용하면 조건에 해당하는 값을 쉽게 추출할 수 있다. 엑셀 프로그램의 ① **메뉴** [테이블 디자인] → [슬라이서 삽입] 또는 [삽입] → [슬라이서]를 선택한다. 그리고, ② 슬라이서를 설정할 열 [인사고과]를 체크하고 ③ [확인] 버튼을 누른다.

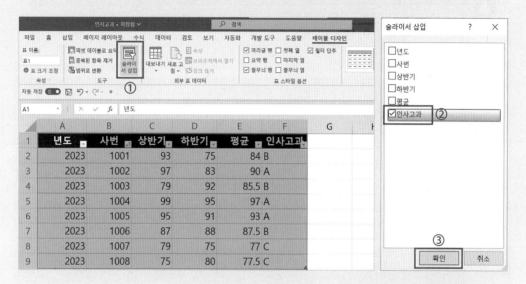

엑셀 파일에 슬라이서가 삽입된 것을 확인할 수 있다. 인사고과 등급을 선택하면, 표 데이터가 슬라이서 조건으로 필터링 된다.

워크시트 생성해서 등급별 인원수 구하기

이번 절에서 실습한 내용과 동일한 기능을 하는 스크립트를 챗GPT에게 구현해 달라고 요청해 보자.

👤 [C:₩EXCEL₩인사고과.xlsx] 엑셀 파일의 [F]열의 고유한 값을 기준으로 신규 워크시트 [등급별 인원]을 생성해서, [F]열의 고유한 값을 기준으로 합산해서 쓰는 VBScript를 작성해 줘. 신규 시트는 [F]열의 값과 개수, 총 2개의 열이 필요해.

———— 4-2-1 등급별 인원수 구하기

```
Set objWorkbook = objExcel.Workbooks.Open("C:₩EXCEL₩인사고과.xlsx")
Set uniqueList = CreateObject("Scripting.Dictionary")
For i = 2 To lastRow
    uniqueValue = objWorksheet1.Cells(i, "F").Value
    If Not uniqueList.Exists(uniqueValue) Then
        uniqueList.Add uniqueValue, 1
    End If
Next

Set objWorksheet2 = objWorkbook.Worksheets.Add( )
objWorksheet2.Name = "등급별 인원"

objWorksheet2.Cells(1, 1).Value = "등급"
objWorksheet2.Cells(1, 2).Value = "인원"
--이하 생략--
```

PAD 흐름을 실행하면, 등급별로 인원이 계산되는 것을 확인할 수 있다. 하지만, 등급이 오름차순으로 정렬되어 있지 않다.

등급별로 정렬하기 위해서 다시 챗GPT에게 요청해서 코드를 보완하는 것도 좋지만, 스크립트가 길어질수록 오류 발생 확률도 높아진다. 기능을 단계적으로 구분하여 처리하는 것은 스크립트의 길이와 복잡도를 줄여서 오류 발생 확률을 낮추는 효과가 있다. 따라서 등급별로 정렬하는 기능을 위해 신규 프롬프트를 작성하여 각 단계별로 스크립트를 작성하는 것이 더 효율적일 것이다. 신규 프롬프트를 작성해서 챗GPT에게 코드 작성을 요청해 보자.

[C:₩EXCEL₩인사고과.xlsx] 엑셀 파일의 [등급별 인원] 워크시트에서 [A]열을 기준으로 정렬하는 VBScript를 작성해 줘.

 _____ 4-2-2 등급으로 정렬하기

```
' 엑셀 파일 열기
Set objWorkbook = objExcel.Workbooks.Open("C:₩EXCEL₩인사고과.xlsx")

' 정렬 대상 워크시트 선택
Set objWorksheet = objWorkbook.Worksheets("등급별 인원")

' [A]열을 기준으로 오름차순 정렬
objWorksheet.Range("A1").Sort objWorksheet.Range("A1").CurrentRegion
--이하 생략--
```

이제 2개의 [VBScript 실행] 작업으로 구성된 PAD 흐름을 실행하여 결과를 확인해 보자.

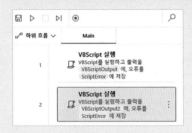

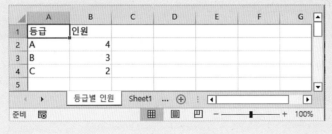

Q VBScript 작업을 여러 개 연결하는 것이 PAD 작업으로만 엑셀 자동화를 하는 것보다 효율적인가요?

A PAD 작업은 미리 정의된 작업들을 조합하여 사용하는 반면, VBScript를 사용하면 필요에 따라 작업을 직접 구현하고 수정할 수 있습니다. VBScript는 엑셀을 비롯한 다양한 애플리케이션을 제어하고 데이터를 처리하는 데 유용한 강력한 스크립팅 언어입니다. 이는 자동화 작업에 더 많은 제어와 유연성을 제공하며, 복잡한 작업을 자동화하는 데 효과적입니다. 그러나 업무 자동화의 전체 흐름을 이해하고, 오류 발생에 대처하기 위해 시민 개발자들은 PAD 작업을 활용하는 것을 권장합니다. PAD 작업은 자동화 작업을 간단하게 구성하고 관리할 수 있는 방법을 제공하므로 비전문적인 사용자도 쉽게 이해하고 사용할 수 있습니다.

데이터 테이블 행 삭제 기능

이번 절에서 실습한 자동화는 엑셀 데이터를 여러 번 반복하기 때문에 대용량 데이터인 경우 성능이 저하될 우려가 있다. 등급이 같은 데이터를 찾았을 때 해당 직원은 다시 집계할 필요가 없으므로 데이터 테이블에서 삭제하는 것이 좋다. PAD에서 작업 [변수] → [데이터 테이블] 메뉴에는 데이터 테이블 생성, 행 삽입, 찾기, 업데이트, 행 삭제와 같은 동작들이 존재한다. 이러한 기능들을 활용하여 엑셀에서 읽은 데이터를 더 유연하게 관리할 수 있다.

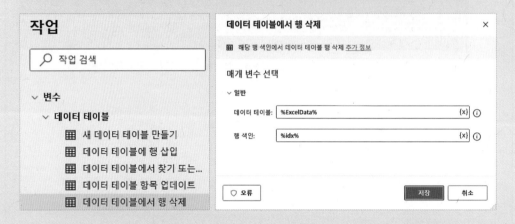

등급별 워크시트에 인원 업데이트 자동화하기

실행 영상 파일
https://cafe.naver.com/msrpa/744

#흐름_복사본_만들기　　#데이터_테이블에_행_삽입　　#새_워크시트_추가　　#활성_Excel_워크시트_설정

인사고과 등급별로 워크시트를 생성하고 해당 등급별 워크시트에 해당하는 인원을 업데이트하는 자동화를 구현해 보자. 이 기능은 기업에서 판매하는 제품을 그룹별로 분리하여 정리해야 하는 업무와 같이 실무에서 빈번하게 요청되는 엑셀 자동화 사례이다.

앞 절의 자동화 실습과 전체적인 로직은 유사하다. 흐름의 구조는 데이터 테이블을 생성하고 여기에 해당 등급의 리스트를 추가한 후에 신규 워크시트에 쓰는 과정으로 구성하면 된다. 물론, 업무 자동화도 코드가 없는 프로그래밍이기 때문에 논리적인 절차 과정은 사람마다 다르게 구현할 수 있다.

01 먼저, 앞 절에서 생성한 흐름을 선택하고 ① [추가 작업](⋮) 아이콘을 누른 후에 ② [복사본 만들기] 메뉴를 선택해서 신규 흐름으로 저장한다.

02 다음과 같이 불필요한 작업은 삭제하고 그림을 참고하여 흐름을 구성한다. (다음 목록은 삭제하는 작업들이다.)

- **3번 라인: [새 워크시트 추가]**
- **10번, 13번 라인: %cnt% 변수 설정 관련 작업**
- **16번~18번 라인: Excel 관련 작업**

03 7번 라인 [각각의 경우] 반복문 작업 이전에, 작업 [변수] → [데이터 테이블] → [새 데이터 테이블 만들기]를 추가한다. 열 구조를 만들기 위해서 [편집] 버튼을 누른다.

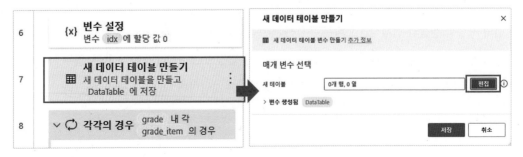

04 열을 생성하기 위해, ① 새 열 추가 아이콘(⊕)을 6번 눌러 ② 6개의 열을 생성하고 저장한다.

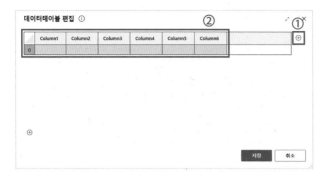

05 목록 변수의 등급과 직원의 등급이 같다면 데이터 테이블에 추가하는 작업을 구현한다. 작업 [변수] → [데이터 테이블] → [데이터 테이블에 행 삽입]을 추가한다. ① 데이터 테이블 항목은 앞 단계에서 생성한 데이터 테이블 변수 %DataTable%을 입력, ② 삽입할 위치는 [데이터 테이블의 끝], ③ 새 값에는 반복 구문 내의 현재 엑셀 데이터 행 변수를 입력한다.

06 등급별로 반복 구문이 완료되었으면, 작업 [Excel] → [새 워크시트 추가]를 이용해 신규 워크시트를 생성하는 로직을 추가한다. 새 워크시트 이름은 A~C와 같이 등급 이름을 가지는 목록 변수의 현재 행을 저장하는 변수 %grade_item%을 입력한다.

07 등급에 해당하는 워크시트를 활성화한다. **작업** [Excel] → [활성 Excel 워크시트 설정]을 추가하고, 워크시트 이름에 %grade_item%을 입력한다.

08 **작업** [Excel] → [Excel 워크시트에 쓰기] 메뉴로 각 등급을 저장하고 있는 데이터 테이블 변수 %DataTable%을 워크시트의 1열과 1행에 쓴다.

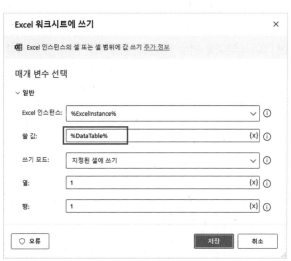

09 흐름을 실행하면, 각 등급에 해당하는 워크시트가 생성되고 등급 정보가 기록된다. 단, B등급과 C등급의 리스트에는 이전의 데이터가 누적되는 오류가 있다. 그리고, 첫 번째 행이 빈 값으로 입력된 것은 데이터 테이블을 생성할 때 기본으로 빈 값을 가지는 한 행이 생성되어 있기 때문이다.

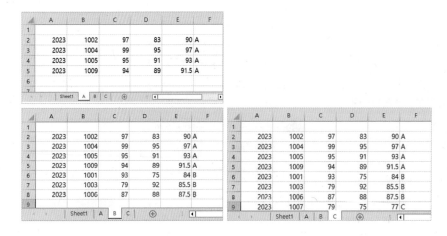

10 모든 프로그래밍 언어에서 변수를 사용할 때는 **초기화하는 과정을 필수적으로 기술**해야 한다. 등급별 데이터를 저장하는 데이터 테이블을 초기화하기 위해, [각각의 경우]와 [데이터 테이블에서 행 삭제] 작업을 추가한다. 삭제할 행 색인은 반복해서 첫 번째 행을 삭제하므로 순번 '0'을 입력한다.

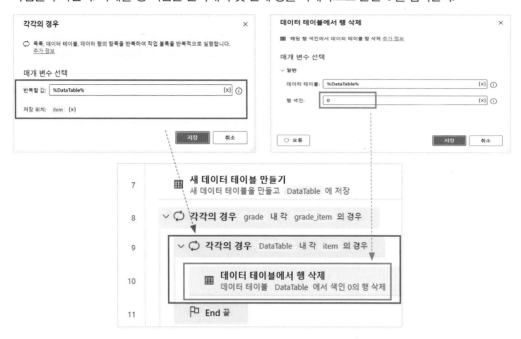

11 흐름을 실행하면 등급별 워크시트에 해당하는 인원의 리스트가 정리된 것이 확인된다.

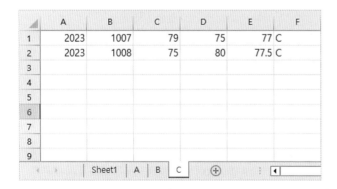

엑셀 데이터를 등급별로 구분하기

챗GPT는 VBScript와 같은 코드를 생성해서 단위별 업무 자동화를 아주 훌륭하게 수행한다. 반면에, 복잡한 업무 프로세스 전체를 자동화하는 것에는 한계가 있다. PAD는 전체 업무 자동화 프로세스를 관리하고 연결하는 데 있어 매우 효과적이다. 즉, PAD는 챗GPT의 결과물과 PAD의 작업들을 서로 연결하여, 최적의 업무 자동화 결과를 도출해낼 수 있다.

챗GPT에게 이번 절에서 실습한 내용을 VBScript 코드로 작성해 달라고 요청해 보자.

 [C:\EXCEL\인사고과.xlsx] 엑셀 파일의 [F]열의 고유한 값별로 신규 워크시트를 생성하고, [F]열 값별로 신규 워크시트에 저장하는 VBScript를 작성해 줘.

_____ Copy code

```
excelFilePath = "C:\EXCEL\인사고과.xlsx"

' 엑셀 파일 열기
Dim excelWorkbook
Set excelWorkbook = excelApp.Workbooks.Open(excelFilePath)
--이하 생략--
```

여러 차례 오류가 발생하여, 로직을 단계적으로 정리한 뒤 프롬프트에 다시 요청하였다.

 여러 번 오류가 발생하고 있어. [C:\EXCEL\인사고과.xlsx] 엑셀 파일의 [F]열의 고유한 값별로 신규 워크시트를 생성하고, [F]열 값별로 신규 워크시트에 저장하는 PAD에서 동작하는 VBScript를 작성해 줘. 다음 순서로 로직을 구현하면 돼.
1. [F]열을 기준으로 정렬
2. [F]열의 고유한 값을 추출해서, [F]열의 고유한 이름으로 신규 워크시트 생성
3. [F]열의 값과 동일한 이름을 갖는 워크시트에 붙여 넣기해 줘.

_____ Copy code

```
' [F]열을 기준으로 정렬
Set rng = xlSheet.Range("A1:F" & lastRow)
rng.Sort Key1:=xlSheet.Range("F1"), Order1:=1, Header:=1, _
   OrderCustom:=1, MatchCase:=False, Orientation:=xlTopToBottom, _
   DataOption1:=xlSortNormal
```

```
' [F]열의 고유한 값을 추출해서, 신규 워크시트로 [F]열의 값으로 생성
Set dict = CreateObject("Scripting.Dictionary")
For i = 2 To lastRow
  If Not dict.Exists(xlSheet.Cells(i, "F").Value) Then
    dict.Add xlSheet.Cells(i, "F").Value, True
  End If
Next
--이하 생략--
```

이번에는 작업이 정상적으로 수행되었다. 그러나, 불필요한 [인사고과] 워크시트가 생성되었다는 점이 아쉽다.

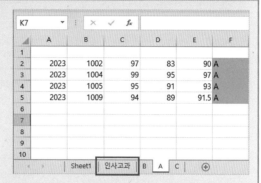

[인사고과] 시트가 생성되지 않도록 여러 차례 프롬프트를 변경하면서 요청했지만, 여전히 오류가 발생한다. 챗GPT가 복잡한 요구 사항에 대해 코드를 작성하는 것에 한계가 있음을 확인했다. 오류 코드를 입력하여 챗GPT와 상호 작용하면서 임무를 완료할 수 있지만, 이는 많은 시행착오를 겪어야 하므로 상당한 시간이 소요된다. 그래서 다음과 같이 단계별로 로직을 분리하여 요청하였다.

01 [F]열 기준으로 정렬하기

 [C:\EXCEL\인사고과.xlsx] 엑셀 파일의 [F]열 기준으로 정렬해서 저장하는 VBScript를 작성해 줘.

— 4-3-1 등급별로 워크시트에 정리하기

```
Set objWorkbook = objExcel.Workbooks.Open("C:\EXCEL\인사고과.xlsx")
Set objWorksheet = objWorkbook.Worksheets("Sheet1")


' Get the used range of the worksheet
Set usedRange = objWorksheet.UsedRange

' Sort the used range by column F
usedRange.Sort objWorksheet.Range("F1"), 1, , , , , 1
--이하 생략--
```

PAD 흐름을 실행하면, [F]열 기준으로 데이터가 정렬된 결과를 확인할 수 있다.

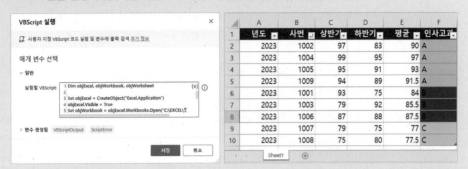

02 [F]열의 고유한 값으로 워크시트 생성하기

> [C:\EXCEL\인사고과.xlsx] 엑셀 파일의 [F]열의 고유한 값을 구해서, [F]열의 고유한 이름으로 신규 워크시트를 생성하는 VBScript를 작성해 줘.

___ 4-3-2 등급별로 워크시트에 정리하기

```
' [F]열의 고유한 값을 구하기
Set xlSheet = xlBook.Worksheets("Sheet1")
For i = 2 To xlSheet.Cells(xlSheet.Rows.Count, "F").End(-4162).Row
    sheetNames(xlSheet.Cells(i, "F").Value) = 1
Next
' 고유한 값으로 워크시트 생성하기
For Each j In sheetNames.Keys
  ' 이름 중복 여부 체크
  For k = 1 To xlBook.Worksheets.Count
    If xlBook.Worksheets(k).Name = j Then Exit For
  Next
--이하 생략--
```

PAD 흐름을 실행하면, [F]열의 고유한 값 기준으로 "A", "B", "C" 3개의 워크시트를 생성한다.

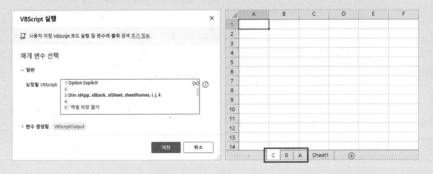

03 [F]열의 값과 워크시트 이름이 동일하면 값 추가하기

[C:\EXCEL\인사고과.xlsx] 엑셀 파일의 워크시트 [Sheet1]의 [F]열 값이 다른 워크시트의 이름과 동일하면, [Sheet1]의 모든 열의 데이터를 [F]열과 동일한 이름의 워크시트에 추가하는 VBScript를 작성해 줘.

_____ 4-3-3 등급별로 워크시트에 정리하기

```
' 엑셀 파일 열기
Set wb = xlApp.Workbooks.Open("C:\EXCEL\인사고과.xlsx")

' Sheet1의 마지막 행 찾기
Set ws = wb.Worksheets("Sheet1")
lastRow = ws.Cells(ws.Rows.Count, "F").End(-4162).Row ' -4162는 xlUp을 의미

' 각 행마다 작업 수행
For i = 1 To lastRow
    ' F열의 값을 sheetName 변수에 저장
    sheetName = ws.Cells(i, "F").Value
--이하 생략--
```

[VBScript 실행] 작업 3개로 구성된 흐름을 실행하면, 각 등급에 해당하는 워크시트에 데이터가 생성되는 것을 확인할 수 있다. 이와 같이 PAD는 챗GPT가 생성한 코드를 모듈처럼 서로 연결해서 업무 자동화를 구현할 수 있다.

신규 워크시트 헤더 작성하기

신규로 생성한 워크시트에 헤더 열을 삽입하는 다양한 방법을 알아보자. 먼저, 가장 간단한 방법은 데이터 테이블의 헤더 열만 추출해서 데이터 행으로 저장할 수 있다. %ExcelData% 변수의 세부 속성에서, [변수 설정] 작업에 .ColumnHeadersRow 속성을 다음과 같이 입력하면 된다.

▲	A	B	C	D	E	F
1	년도	사번	상반기	하반기	평균	인사고과
2	2023	1002	97	83	90	A
3	2023	1004	99	95	97	A
4	2023	1005	95	91	93	A
5	2023	1009	94	89	91.5	A
6						
7						
8						
9						

%ExcelData.ColumnHeadersRow%

1. [Excel 워크시트에서 읽기]와 데이터 테이블 활용하기

[Excel 워크시트에서 읽기] 작업에서 시작 행과 끝 행을 모두 '1'로 입력하면, 데이터 테이블에 헤더 행만 저장된다. 이렇게 저장된 해당 값을 신규 워크시트에 쓰기 하면 된다. 당연히 끝 열은 [Excel 워크시트에서 첫 번째 빈 열/행 가져오기] 작업으로 처리해야 한다.

엑셀의 헤더 열만 데이터 테이블에 저장된다.

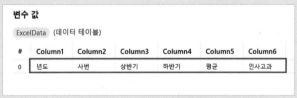

변수 값

ExcelData (데이터 테이블)

#	Column1	Column2	Column3	Column4	Column5	Column6
0	년도	사번	상반기	하반기	평균	인사고과

조금 더
알아보기

2. Excel 고급 기능 활용하기

작업 [Excel] → [고급] → [Excel 워크시트에서 셀 복사], [Excel 워크시트에 셀 붙여넣기] 메뉴를 활용하면 **엑셀의 서식까지 그대로 복사**해서 대상 워크시트에 붙여 넣을 수 있다.

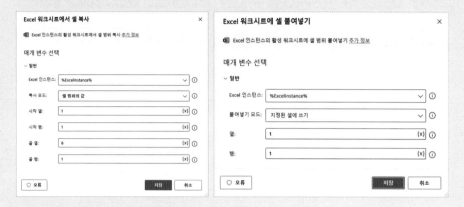

3. 데이터 행 변수 활용하기

전체 Excel 데이터를 읽을 때 [범위의 첫 번째 행을 열 이름으로 사용] 옵션을 해제하면 헤더 행까지 데이터 테이블에 저장한다.

그런 후에 반복 구문 안에서 첫 번째 반복을 수행할 때 데이터 행 변수를 대상 워크시트에서 쓰기 하는 로직을 구현하면 된다.

회사 비용을 부서별 엑셀 파일로 분리하기

실행 영상 파일
https://cafe.naver.com/msrpa/745

#Excel_워크시트에서_쓰기   #Excel_닫기   #플래그_변수   #데이터_테이블에_행_삽입   #논리_연산

앞 절과 유사한 상황에서 다른 절차(로직)를 사용하여 자동화하는 방법을 알아보자. 비슷한 사례를 다양한 관점으로 접근하고 분석하는 것은, 여러 유형의 엑셀 파일을 자동화하는 응용력을 향상시킬 수 있다.

이번 절에서는 전체 부서의 비용을 부서별 엑셀 파일로 생성하는 실무 자동화 사례를 다룰 것이다. 이해를 돕기 위해, 엑셀 파일을 형식으로 재구성하였다.

전체 부서의 데이터를 반복 처리하면서 부서별 데이터를 취합한 후에, 새로운 엑셀 파일에 저장하는 순서로 진행한다.

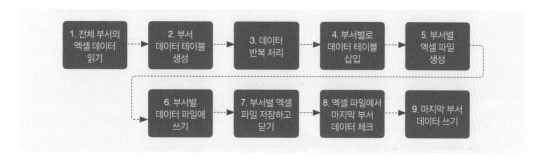

우선 엑셀 파일은 부서 열 기준으로 정렬되어 있어야 한다. 정렬 작업까지 자동화 흐름에 포함해야 한다면, 앞서 소개한 대로 챗GPT에게 VBScript를 요청해서 적용할 수 있다.

01 새 흐름을 생성한 후에 [Excel 시작], [Excel 워크시트에서 읽기], [각각의 경우] 작업을 추가한다.

02 부서별 엑셀 파일의 헤더 데이터를 만들기 위해서 [Excel 워크시트에서 첫 번째 빈 열/행 가져오기] 작업과 [Excel 워크시트에서 읽기] 작업을 추가한다.

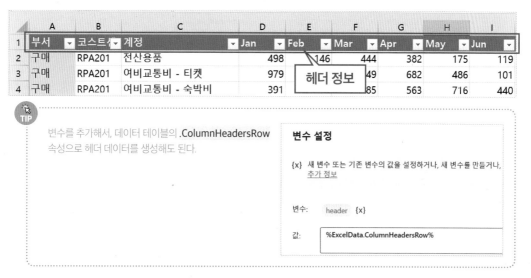

03 [Excel 워크시트에서 읽기] 작업의 ① 검색 항목은 '셀 범위의 값'을 선택한다. 시작 행과 끝 행은 각각 '1'을 입력하고, 시작 열은 '1', ② 끝 열은 마지막 빈 값을 가지는 열에서 -1을 계산하는 수식 %FirstFreeColumn - 1%를 입력한다.

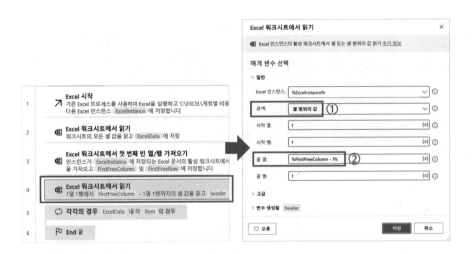

04 이번에는 부서별 비용을 저장할 데이터 테이블을 하나 더 생성한다. 3단계의 [Excel 워크시트에서 읽기] 작업을 그대로 복사하고, 변수 생성됨 항목의 이름만 %copydata%로 변경한다.

05 만약 이전 부서가 현재 부서와 동일하면 부서별 비용 데이터 테이블 %copydata%에 저장하기 위해서, [반복문] 안에 [만약] 작업을 추가한다. 새로운 변수 %prev_team%은 이전 행의 부서 값을 저장하는 데 활용된다. 11단계를 참고해서 %prev_team% 변수를 미리 생성해야, [만약] 작업 실행 중에 오류가 발생하지 않는다.

	A	B	C	D	E
1	부서	코스트*	계정	Jan	Feb
2	구매	RPA201	전산용품		
3	구매	RPA201	여비교통비 - 티켓		
4	구매	RPA201	여비교통비 - 숙박비	267	575
5	구매	RPA201	여비교통비 - 교통비	982	776
6	생산	RPA223	복리후생비 - 기타	462	422
7	생산	RPA223	회의비 - 일반	987	410
8	생산	RPA223	여비교통비 - 숙박비		

%prev_team%

%item['부서']%

헤더 다음 행인 2번째 행은 이전 부서 변수인 %prev_team%이 빈 값이므로 OR 구문으로 연결한다. 즉, [반복문] 안에서 이전 부서 변수의 값이 빈 값이거나 다음 라인의 부서 값과 동일하면 비용 데이터 테이블에 추가하기 위한 '논리 연산 조건문'이다.

%item['부서'] = prev_team OR prev_team = ''%

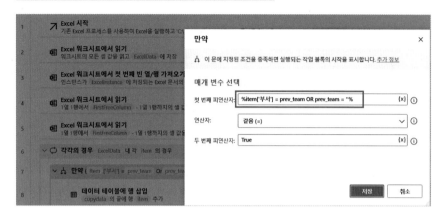

06 작업 [변수] → [데이터 테이블] → [데이터 테이블에 행 삽입] 메뉴를 추가한다. [반복문] 안에서 이전 행과 이후 행의 부서 코드가 동일(True)하면 반복 구문 내의 현재 행 데이터 %item%을 데이터 테이블 %copydata%에 저장한다.

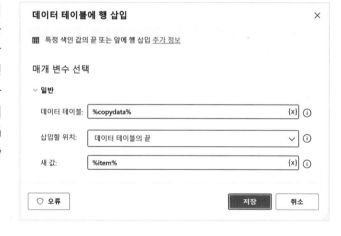

07 부서 코드가 다른 경우는 ① [그 밖의 경우] 작업으로 로직을 분기한다. ② [Excel 시작] 작업으로 빈 엑셀 파일을 연다. [Excel 워크시트에서 쓰기] 작업 2개를 열어서 ③ 헤더 %header% 데이터와 ④ 부서별 비용 %copydata% 데이터를 빈 엑셀 파일에 쓰기 한다.

08 해당 부서 데이터를 신규 엑셀 파일에 쓰기 완료하였으면, [Excel 닫기] 작업으로 파일을 저장하고 닫는다. ① Excel을 닫기 전 항목은 [다음 형식으로 문서 저장]을 선택하고, ② 문서 경로 항목에 엑셀 파일을 저장할 폴더와 부서 이름을 저장하는 변수를 연결해서 입력한다.

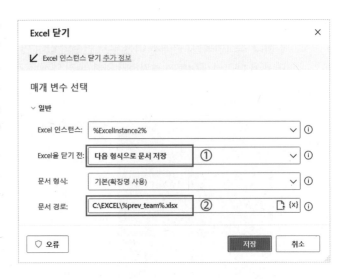

09 부서별 비용 데이터 %copydata%는 다시 초기화해야 하므로 5번째 라인의 작업을 복사해서 14번 라인에 붙여 넣는다.

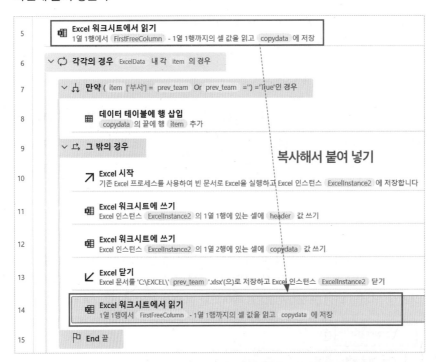

10 이전 행의 '구매' 부서와 다른 새로운 '생산' 부서가 시작되는 6번 행도 %copydata%에 추가해야 한다.

	A	B	C	D	E
1	부서	코스트	계정	Jan	Feb
2	구매	RPA201	전산용품	286	104
3	구매	RPA201	여비교통비 - 티켓	749	958
4	구매	RPA201	여비교통비 - 숙박비	267	575
5	구매	RPA201	여비교통비 - 교통비	982	776
6	생산	RPA223	복리후생비 - 기타	462	422
7	생산	RPA223	회의비 - 일반	987	410
8	생산	RPA223	여비교통비 - 숙박비	698	767

앞 5단계의 [데이터 테이블에 행 삽입] 작업을 복사해서 붙여 넣는다.

11 이전 행의 부서 값을 저장하는 변수 %prev_team%에 %item['부서']%를 할당하는 [변수 설정] 작업을 추가한다.

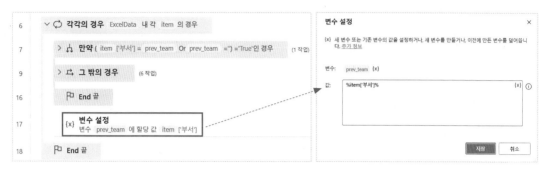

12 흐름을 실행하여 부서별 비용 데이터가 별도의 파일로 저장되는지 확인해 보자. 그런데, 마지막 부서인 '전산' 부서의 엑셀 파일은 생성되지 않았다.

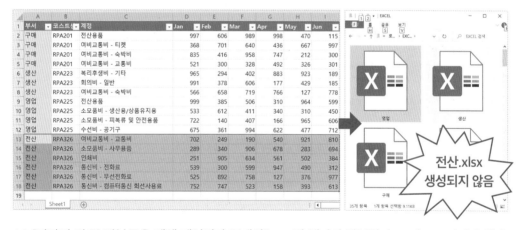

13 [각각의 경우] 반복문은 엑셀 데이터가 존재하는 18번 행까지 반복한다. 그러므로 마지막 행에 도달했을 때 '전산' 부서의 데이터를 추가하는 로직을 반영해야 한다. 현재 반복 횟수를 저장할 ① 변수 %idx%를 선언하고 1씩 더하는 수식을 작성한다. ② [만약] 작업을 추가하여, 변수 %idx%가 엑셀 파일의 행의 마지막 빈 값을 저장하고 있는 %FirstFreeRow% 변수에 –2를 한 값과 동일한지 체크한다. ③ 마지막 행이라는 것을 표시할 %last_flg% 플래그 변수에 'Y' 값을 할당한다. ④ 마지막 행도 포함해야 하므로 [데이터 테이블에 행 삽입] 작업으로 %copydata%에 추가한다.

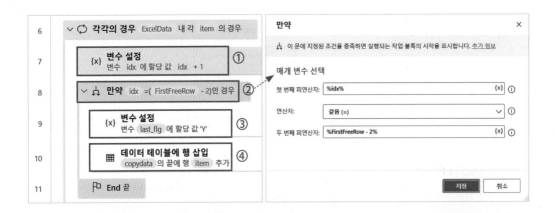

Q **플래그 변수가 무엇인가요?**

A 플래그(flag)는 우리 말로 깃발을 의미합니다. 육상 경기에서 깃발을 내리면 정지했다가 깃발을 들면 출발하는 것과 같이, 깃발은 어떤 동작을 제어하는 용도로 사용됩니다. 프로그램에서도 플래그 변수는 어떤 동작이나 로직을 제어하는 데 사용되므로 조건 변수라고 부르기도 합니다. 어떤 조건이 참이면 True, 거짓이라면 False와 같은 두 가지 값을 가집니다. 13단계에서처럼 Y 값을 설정하거나 X 값을 사용하기도 합니다. 플래그 변수는 코드 기반의 프로그래밍에서 로직을 제어하는 데 자주 사용됩니다.

14 앞 5단계에 설정한 [만약] 작업을 열어서 %last_flg% 가 Y가 아닌 조건을 AND 조건으로 추가한다. 이전의 조건은 괄호로 ( )로 그룹 짓는다.

%(item['부서'] = prev_team OR prev_team = '') AND last_flg <> 'Y'%

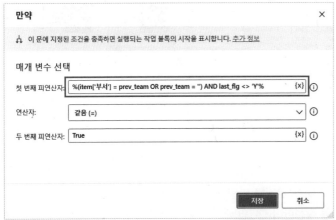

15 흐름을 실행하면, 이제 마지막 데이터인 '전산' 부서의 엑셀 파일도 생성되었음을 확인할 수 있다.

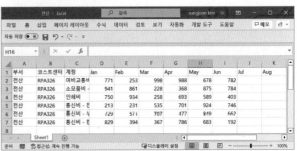

05

여러 워크시트를 한 엑셀 파일로 취합하기

실행 영상 파일
https://cafe.naver.com/msrpa/746

#모든_Excel_워크시트_가져오기 #활성_Excel_워크시트_가져오기 #Excel_워크시트에서_셀_복사/붙여넣기 #하위_흐름

이번에는 4장 3절에서 실습했던 내용과 반대로 모든 워크시트의 데이터를 하나의 엑셀 파일로 합치는 자동화 흐름을 만들어 보자. 흐름을 구성하는 작업 순서는 다음과 같다.

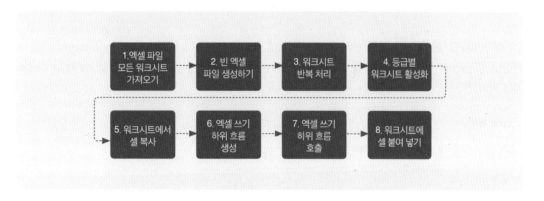

먼저, 엑셀 파일의 [Sheet1]은 삭제하고 [A], [B], [C] 워크시트만 남겨둔다. 이번 절은 3개의 워크시트에서 값을 복사해서 새로운 엑셀 파일(하나의 워크시트)에 취합하는 자동화를 구현한다.

01 새 흐름을 생성한 후에 [Excel 시작] 작업을 추가한다. 그리고, [작업] [Excel] → [고급] → [모든 Excel 워크시트 가져오기]를 선택한다. 흐름을 실행하면, 모든 워크시트의 이름이 목록 변수 %SheetNames% 에 저장된다.

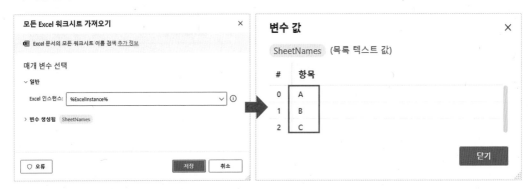

02 각각의 워크시트의 값을 붙여 넣기 위해 신규 엑셀 파일을 생성한다. [작업] [Excel] → [Excel 시작]을 추가한다. ① Excel 시작은 [빈 문서]를 선택한다. ② '변수 생성됨' 항목에서 변수 이름이 %ExcelInstance2% 임을 기억한다.

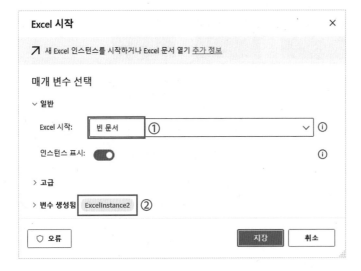

03 `작업` [반복] → [각각의 경우] 작업을 추가해서 목록 변수에 저장되어 있는 워크시트의 이름을 하나씩 추출한다.

04 반복문 내에서 `작업` [Excel] → [활성 Excel 워크시트 설정] 메뉴를 추가해서 A 워크시트부터 활성화한다. 2단계의 [반복] 구문이 처음 실행되면, %CurrentItem% 변수에 A 워크시트의 값이 저장된다.

05 헤더 열은 한 번만 복사해서 붙여 넣어야 하기 때문에, 첫 번째 행인지 체크하는 조건문을 설정해야 한다. 먼저 `작업` [Excel] → [고급] → [활성 Excel 워크시트 가져오기]를 추가한다.

06 `작업` [Excel] → [Excel 워크시트에서 첫 번째 빈 열/행 가져오기]를 넣는다.

07 현재 활성화된 워크시트의 순번이 1이 아니면 헤더 행을 복사할 필요가 없기 때문에 `작업` [조건] → [만약] 구문을 추가해서, 현재 활성화된 워크시트의 순번이 1과 같은지 체크하는 조건을 설정한다.

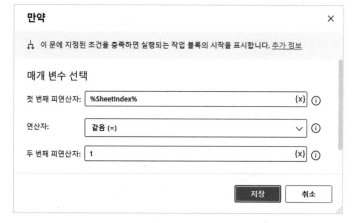

08 `작업` [Excel] → [고급] → [Excel 워크시트에서 셀 복사]를 추가해서 워크시트에서 필요한 데이터를 복사한다. ① 복사 모드는 [셀 범위의 값]을 선택하고, ② 시작 행에 '1'을 입력한다. 시작 행을 '1'로 입력했기 때문에 헤더 열인 첫 번째 행도 복사된다.

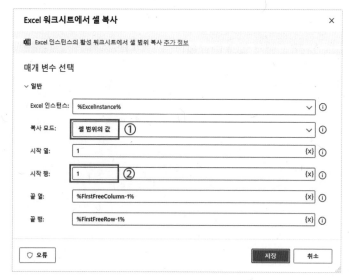

09 (작업) [만약] → [그 밖의 경우] 조건을 추가해서, 두 번째 워크시트부터는 헤더 행을 복사하지 않도록 로직을 분기한다.

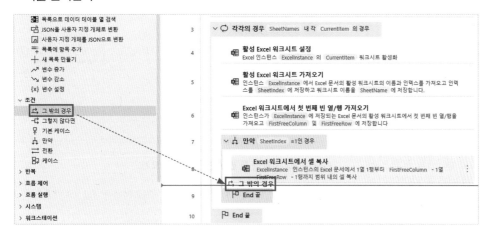

10 (작업) [Excel] → [고급] → [Excel 워크시트에서 셀 복사]를 추가한다. ① 복사 모드는 [셀 범위의 값]을 선택하고, ② 헤더 행은 다시 복사할 필요가 없으므로 '2'를 입력한다.

11 새로운 엑셀 파일에 붙여 넣는 것은 공통으로 수행해야 하는 작업이므로 하위 흐름을 생성한다. 흐름 디자이너 상단의 ① 하위 흐름을 선택하고, ② 새 하위 흐름 메뉴를 누른다.

12 ① 하위 흐름 이름을 입력하고 저장한다. Main 흐름 옆에 ② 'write_excel2'라는 하위 흐름이 조회된다.

13 데이터를 쓸 엑셀 파일의 마지막 열과 행 번호를 알아내기 위해서 〔작업〕 [Excel] → [Excel 워크시트에서 첫 번째 빈 열/행 가져오기]를 추가한다. 이때 주의할 점은 ① Excel 인스턴스에 %ExcelInstance2%를 선택해야 한다는 것이다. ② 빈 열과 행 번호를 저장할 변수는 각각 숫자 '2'가 붙어있음을 인지한다.

14 〔작업〕 [Excel] → [고급] → [Excel 워크시트에 셀 붙여넣기]를 추가하고, 두 번째 엑셀 파일에 붙여 넣도록 설정한다.
① Excel 인스턴스: 신규 엑셀 파일인 **%ExcelInstance2%**를 입력
② 붙여넣기 모드: [지정된 셀에 쓰기]를 선택
③ 열: 열 순번 '1' 입력
④ 행: 빈 행 변수 **%FirstFreeRow2-1%** 입력

15 7단계와 같이 [만약] 작업을 추가하여 첫 번째 Sheet 조건과 [그 밖의 경우] 조건을 추가한다. 각 조건 아래에 [Excel 워크시트에 셀 붙여넣기] 작업을 복사해서 붙여 넣는다. [그 밖의 경우] 작업의 셀 붙여넣기 행 번호는 **%FirstFreeRow2%**를 입력한다.

16 Main 흐름으로 돌아와서 하위 흐름 write_excel2를 호출하는 작업 [흐름 제어] → [하위 흐름 실행] 동작을 반복문이 끝나기 전에 추가한다.

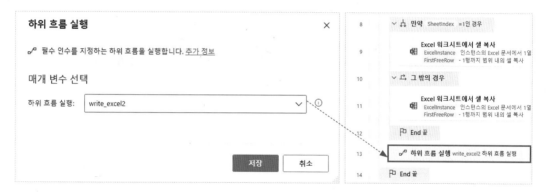

17 흐름을 실행해서, 첫 번째 파일의 모든 워크시트에 있는 값이 두 번째 엑셀 파일에 붙여 넣기되는지 알아보자.

	A	B	C	D	E	F
1	년도	사번	상반기	하반기	평균	인사고과
2	2023	1002	97	83	90	A
3	2023	1004	99	95	97	A
4	2023	1005	95	91	93	A
5	2023	1009	94	89	91.5	A
6	2023	1001	93	75	84	B
7	2023	1003	79	92	85.5	B
8	2023	1006	87	88	87.5	B
9	2023	1007	79	75	77	C
10	2023	1008	75	80	77.5	C

Sheet1

모든 워크시트의 값을 새로운 엑셀 파일에 붙여 넣기

IT 담당자에게 시스템 개발을 요청할 때는 일목요연하게 정리하여 설명해야 한다. 업무 순서를 체계적으로 정리하고, 개별 기능의 세부사항을 자세하게 기술해야 한다. 시스템 사양서를 완벽하게 작성하더라도 프로그래밍 단계에서 예상치 못한 오류를 만나는 것은 다반사이다. 챗GPT에게 스크립트 작성을 요청할 때도 이와 동일하다. 기능을 순서대로 정리해서 프롬프트를 작성하면 챗GPT가 더 정확하게 이해할 수 있다.

VBScript를 다음 순서대로 작성해 줘.
1. [C:\EXCEL\인사고과.xlsx] 엑셀 파일의 모든 워크시트의 값을 추출한다.
2. 새로운 엑셀 파일을 생성해서, 추출한 모든 값을 붙여 넣기한다.

___ Copy code

```
Set objWorkbook1 = objExcel1.Workbooks.Open("C:\EXCEL\인사고과.xlsx")
' 추출할 데이터 범위 지정
Dim strRange
strRange = "A1:Z1000" ' 예시 데이터 범위
' 데이터 추출
For Each objSheet1 in objWorkbook1.Worksheets
    objSheet1.Range(strRange).Copy
    ' 2. 새로운 엑셀 파일을 생성해서, 추출한 모든 값을 붙여 넣기한다.
    Set objExcel2 = CreateObject("Excel.Application")
    Set objWorkbook2 = objExcel2.Workbooks.Add( )
    Set objSheet2 = objWorkbook2.Worksheets(1)
-- 이하 생략 --
```

해당 스크립트를 실행하면, 등급별로 엑셀 파일 3개가 생성된다.

추출결과_A		2023-05-07 오전 12:15
추출결과_B		2023-05-07 오전 12:15
추출결과_C		2023-05-07 오전 12:15

각각의 엑셀 파일은 등급별 데이터를 저장하고 있다.

	A	B	C	D	E	F
1	년도	사번	상반기	하반기	평균	인사고과
2	2023	1002	97	83	90	A
3	2023	1004	99	95	97	A
4	2023	1005	95	91	93	A
5	2023	1009	94	89	91.5	A
6						

Sheet1

개별 엑셀 파일을 하나로 취합하기 위해서 프롬프트를 다음과 같이 보완해 보자.

VBScript를 다음 순서대로 작성해 줘.

1. [C:₩EXCEL₩인사고과.xlsx] 엑셀 파일의 모든 워크시트 정보를 가져온다.
2. 워크시트를 반복하면서 개별 워크시트의 값을 복사한다.
3. 개별 워크시트의 모든 값을 복사해서, 새로운 엑셀 파일에 통합한다.

___ Copy code

```
Set objSourceWorkbook = objExcel.Workbooks.Open("C:₩EXCEL₩인사고과.xlsx")
For Each objWorksheet in objSourceWorkbook.Worksheets
    Set objRange = objWorksheet.UsedRange
    objRange.Copy( )

    intLastRow = objWorkbook.ActiveSheet.UsedRange.Rows.Count
    intLastRow = intLastRow + 1
    objWorkbook.ActiveSheet.Cells(intLastRow, 1).PasteSpecial -4163
Next

objWorkbook.SaveAs "C:₩EXCEL₩인사고과_통합.xlsx"
-- 이하 생략 --
```

이번에는 헤더를 여러 번 복사하는 문제가 발생한다.

	A	B	C	D	E	F
1						
2	년도	사번	상반기	하반기	평균	인사고과
3	2023	1002	97	83	90	A
4	2023	1004	99	95	97	A
5	2023	1005	95	91	93	A
6	년도	사번	상반기	하반기	평균	인사고과
7	2023	1001	93	75	84	B
8	2023	1003	79	92	85.5	B
9	년도	사번	상반기	하반기	평균	인사고과
10	2023	1007	79	75	77	C
11	2023	1008	75	80	77.5	C
12						

Sheet1

헤더 열을 한 번만 복사하도록, 프롬프트를 다음과 같이 보완해 보자.

VBScript를 다음 순서대로 작성해 줘.

1. [C:₩EXCEL₩인사고과.xlsx] 엑셀 파일의 모든 워크시트 정보를 가져온다.
2. 첫 번째 워크시트는 모든 값을 복사한다.
3. 두 번째 워크시트 이후부터는 2번째 행부터 모든 값을 복사한다.
4. 워크시트를 반복하면서 개별 워크시트의 값을 복사한다.
5. 개별 워크시트의 모든 값을 복사해서, 새로운 엑셀 파일의 sheet 하나에 통합한다.

___ 4-5-1모든 워크시트의 값을 새로운 엑셀 파일에 붙여 넣기

```
Set objWorkbook = objExcel.Workbooks.Open("C:₩EXCEL₩인사고과.xlsx")
' 새 엑셀 파일 생성
Set objNewWorkbook = objExcel.Workbooks.Add( )

' 첫 번째 워크시트 처리
Set objSheet = objWorkbook.Sheets(1)
Set objNewSheet = objNewWorkbook.Sheets(1)
objSheet.Cells.Copy objNewSheet.Cells

' 두 번째 워크시트부터 처리
For intSheet = 2 To objWorkbook.Sheets.Count
    Set objSheet = objWorkbook.Sheets(intSheet)
-- 이하 생략 --
```

프롬프트를 단계별로 상세하게 설명하면, 다음과 같이 원하는 결과를 얻을 수 있다.

	A	B	C	D	E	F
1	년도	사번	상반기	하반기	평균	인사고과
2	2023	1002	97	83	90	A
3	2023	1004	99	95	97	A
4	2023	1005	95	91	93	A
5	2023	1009	94	89	91.5	A
6	2023	1001	93	75	84	B
7	2023	1003	79	92	85.5	B
8	2023	1006	87	88	87.5	B
9	2023	1007	79	75	77	C
10	2023	1008	75	80	77.5	C

Sheet1

조금 더 알아보기

하위 흐름

모든 프로그래밍 언어는 모듈화를 지원한다. 여기서 말하는 모듈화란 같은 기능을 수행하는 소스 코드를 하나의 그룹으로 묶어서 다시 호출해서 사용할 수 있도록 하는 기술이다. 소프트웨어 개발에서 모듈화의 가장 큰 목적은 독립된 기능의 재사용이다. 그리고 모듈화는 복잡한 긴 스크립트를 기능 단위별로 나누어 가독성을 높이고 흐름을 이해하기 쉽도록 돕는 기능도 한다. 모듈화는 다음 2가지 목적으로 주로 사용한다.

- 1. 기능 측면: 독립적인 기능 단위로 코드를 재사용하고 필요한 곳에서 재호출
- 2. 가독성 측면: 프로그램 구조를 체계적으로 만들어 누구나 쉽게 이해하고 쉽게 수정할 수 있도록 함

프로그래밍 언어에서 모듈화는 다양한 형태로 이루어진다.

외부 프로그램 삽입(Include)	함수(Function)와 라이브러리(Library)
서브루틴(Subroutine)	클래스(Class)와 메서드(Method)
프로시저(Procedure)	모듈(Module) 또는 패키지(Package) 등

파일 변환 자동화: 엑셀 파일을 PDF 파일로

실행 영상 파일
https://cafe.naver.com/msrpa/747

#PDF파일_저장하기　　#하위_흐름_실행　　#파일_삭제　　#Outlook_시작하기　　#메일_보내기

개인별 평가 결과를 PDF 파일로 저장하고 개인 메일로 전송하는 자동화를 만들어 보자. 이러한 업무 자동화는 인사부서에서 매년 개인별 급여명세서를 메일로 송부하는 것과 같은 유사한 업무에 적용할 수 있다. PAD는 PDF 파일로 저장하는 기능을 제공하지 않으므로, 이번 실습과정에서는 **PAD의 작업과 챗GPT가 서로 협력하여 자동화 흐름을 구성**한다. 챗GPT가 등장하기 이전에는 시민개발자가 PAD를 이용해 개인별 엑셀 파일 저장 기능을 구현하고, PDF로 전환하는 작업은 IT 전문 개발자가 지원하는 것이 일반적인 협업의 모습이었지만, 이제는 챗GPT가 IT 개발자의 역할을 대체할 수 있게 되었다.

개인별 인사고과 엑셀 양식에서 성명과 평가 등급을 입력하고 개인 이름으로 저장한 후에 대상자에게 메일을 송부하려고 한다. 소속, 직급,

		인 사 고 과 자								
소속		실.지사	부.	지점		※ 고과기간: 20 . . 부터 20 . . 까지				
직급		직군				평가점수		인사고과		B
성명	김철수	사번								

고 과 요 소		등급	평점	고과자 1차	2차	고 과 요 소		등급	평점	고과자 1차	2차
직무이행	담당직무를 기간내에 확실하고 순서있게 얼마나 처리하고 있는가.	수	7			책임적극성	업무수행에 자발적이고 의욕적으로 일하는 자세와 맡은바 직무에 대한 책임감은 어느 정도인가.	수	5		
		우	5.5					우	4		
		미	4					미	3		
		양	2.5					양	2		
		가	1					가	1		
직무이행	담당직무 수행에 오류나 불비가 없이 어느정도 우수하게 처리하고 있는가	수	7			절충력협조	상대를 설득하고 납득시키는 능력 및 동료나 상하간 또는 관계부서간의 유기적인 협조관계는 어느 정도인가	수	5		
		우	5.5					우	4		
		미	4					미	3		
		양	2.5					양	2		
		가	1					가	1		
직무지식	담당직무 수행에 필요한 지식과 기술은 어느정도 갖추고 있는가	수	7			적성판단	상위직 승진에 필요한 적성 및 발전성은 어느 정도 갖추고 있으며 간부로서의 자질과 지도통솔력은 어느 정도 있다고 보	수	5		
		우	5.5					우	4		
		미	4					미	3		
		양	2.5					양	2		
		가	1					가	1		

사번, 평가점수는 이번 실습 과정을 참고하여 직접 자동화해 보자.

'인사고과.xlsx' 엑셀 파일에는 이름, 직책, 메일 주소 정보가 없기 때문에 '직원리스트.xlsx' 파일에서 사번으로 비교해서 가져와야 한다. 이렇게 다른 성격의 데이터가 개별 엑셀 파일(저장소)에 분산 저장되어 있고, 사원 번호와 같이 유일한 값을 기준으로 서로 연결된 구조를 **관계형 데이터베이스**라고 한다. 또한, 데이터의 논리적인 관계를 물리적인 데이터베이스 구조로 변환하는 것을 **데이터 모델링**이라고 한다.

	A	B	C	D	E	F
1	년도	사번	상반기	하반기	평균	인사고과
2	2023	1001	93	75	84	B
3	2023	1002	97	83	90	A
4	2023	1003	79	92	85.5	B
5	2023	1004	9	95	97	A
6	2023	1005				
7	2023	1006				
8	2023	1007	79	75	77	C
9	2023	1008	75	80	77.5	C

사번으로 연결

	A	B	C	D	E
1	사번	부서	직책	이름	메일주소
2	1001	전산	상무	김철수	msrpa@naver.com
3	1002	전산	과장	이영희	sapjoy@naver.com
4	1003	재무	부장	조영수	jys@nvaer.com
5	1004	재무	과장	박옥순	pos@naver.com
6	1005	구매	차장	문영호	myh@naver.com
7	1006	구매	대리	정현숙	jhs@naver.com
8	1007	영업	과장	강순자	ksj@naver.com
9	1008	영업	사원	채영식	cys@naver.com

이번에 구현할 자동화 흐름의 개략적인 프로세스 구조는 다음과 같다.

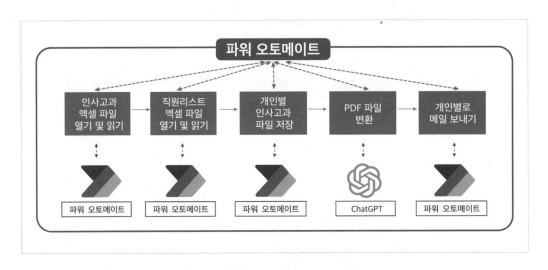

신규 흐름을 생성해서, 개인별 평가 결과를 양식 파일로 저장한 후에 PDF로 저장하는 방법을 알아본다. 그리고 대상자에게 PDF 파일을 첨부해서 메일로 보내는 기능을 수행한다.

01 '인사고과.xlsx'와 '직원리스트.xlsx' 엑셀 파일을 여는 작업 [Excel] → [Excel 시작]을 2개 추가한다. 엑셀 인스턴스 이름은 쉽게 구분하기 위해서 각각 ① %grade%와 ② %master%라고 지정하자.

02 각각의 엑셀 파일에서 값을 읽기 위해 작업 [Excel] → [Excel 워크시트에서 읽기] 메뉴를 2개 추가한다. 데이터 테이블 변수 이름은 각각 ① %gradedata%, ② %masterdata%라고 입력한다.

03 작업 [반복] → [각각의 경우]를 이용해 직원리스트 엑셀 데이터를 하나씩 읽는다. 데이터 행 변수의 이름은 %m_item%으로 설정한다.

04 직원의 인사고과를 가져오기 위해서 ① 작업 [반복] → [각각의 경우]를 중첩되게 추가한다. 데이터 행 변수의 이름은 ② %g_item%으로 설정한다.

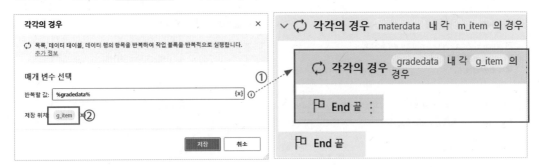

05 두 엑셀 파일의 사번이 동일한지 확인하는 조건문을 추가한다. 작업 [조건] → [만약]을 다음과 같이 설정한다.

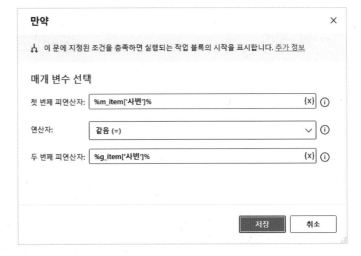

06 인사고과 파일에서 사번에 해당하는 데이터를 찾았을 경우, 더 이상 반복을 수행할 필요가 없다. 중첩된 반복문을 빠져나오기 위해 [반복] → [반복 종료] 작업을 추가한다.

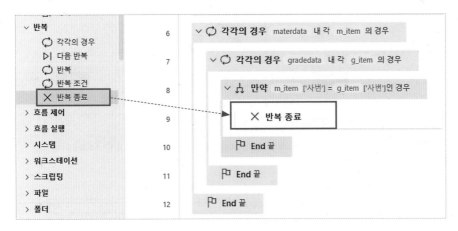

07 [새 하위 흐름]을 선택하여 개인별 인사고과 양식 파일을 열고 저장하는 용도의 하위 흐름 save_
template을 생성한다.

08 하위 흐름에 작업 [Excel] →
[Excel 시작]을 추가해서, '개인별
평가_양식' 파일을 연다. 엑셀 인스
턴스 이름은 %template%이라고
입력한다.

09 양식 파일에 입력할 이름 셀은 ① [C4]이다. 작업 [Excel] → [Excel 워크시트에 쓰기]를 추가해서
② 열은 'C', ③ 행은 '4'를 입력한다. 쓸 값은 직원리스트 파일에서 사번으로 찾은 현재 데이터 행 ④ %m_
item['이름']%이다.

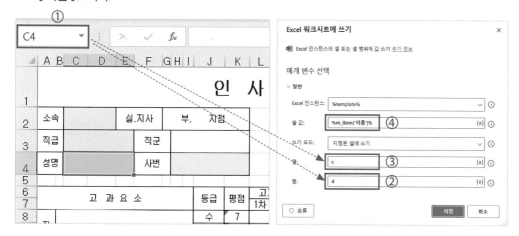

10 양식 파일에 입력할 인사고과 셀은 ① [Y3]이다. `작업` [Excel] → [Excel 워크시트에 쓰기]를 추가해서 ② 열은 'Y', ③ 행은 '3'을 입력한다. ④ 쓸 값은 인사고과 파일의 현재 데이터 행 ④ %g_item['인사고과']%이다.

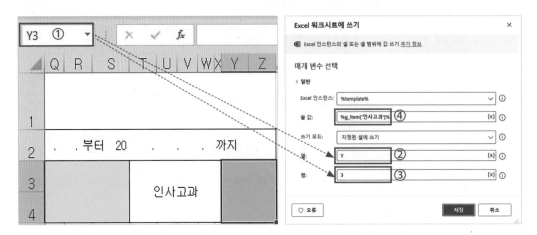

11 양식 파일을 개인별 평가 결과로 저장하기 위해서 `작업` [Excel] → [Excel 닫기]를 추가한다. ① 저장 모드는 [다음 형식으로 문서 저장]을 선택하고, ② 문서 경로는 다음과 같이 입력한다.

C:₩EXCEL₩GRADE₩%m_item['이름']%.xlsx

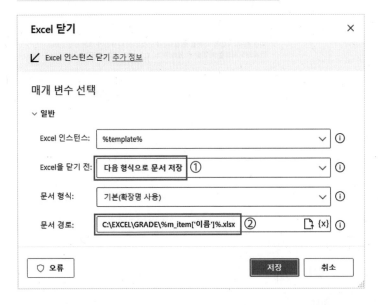

12 하위 흐름을 호출하도록 [Main] 흐름으로 이동한 후에, ① `작업` [흐름 제어] → [하위 흐름 실행]을 추가한다. ② 하위 흐름 실행은 save_template을 선택하고 저장하자.

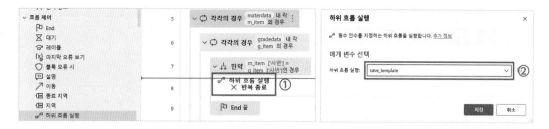

13 개인별로 인사고과 파일이 저장되는지 중간 점검을 해보자. 직원별 엑셀 파일이 8개 생성되었고, 개인 인사고과 양식 파일에는 성명과 인사고과가 저장되어 있음을 확인할 수 있다. 이후 실습 단계 진행을 위해서 엑셀 파일은 모두 삭제한다.

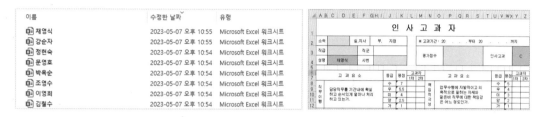

14 PAD는 엑셀 파일을 PDF로 변환하는 기능을 제공하지 않는다. 개인별 인사고과 엑셀 파일을 PDF로 변환하기 위해 챗GPT에게 VBScript를 작성해 달라고 요청해 보자.

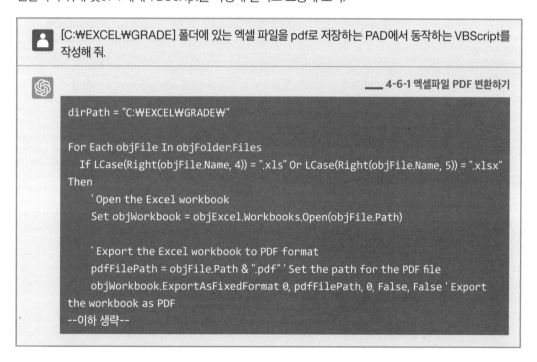

> [C:₩EXCEL₩GRADE] 폴더에 있는 엑셀 파일을 pdf로 저장하는 PAD에서 동작하는 VBScript를 작성해 줘.

___ 4-6-1 엑셀파일 PDF 변환하기

```
dirPath = "C:₩EXCEL₩GRADE₩"

For Each objFile In objFolder.Files
    If LCase(Right(objFile.Name, 4)) = ".xls" Or LCase(Right(objFile.Name, 5)) = ".xlsx" Then
        ' Open the Excel workbook
        Set objWorkbook = objExcel.Workbooks.Open(objFile.Path)

        ' Export the Excel workbook to PDF format
        pdfFilePath = objFile.Path & ".pdf" ' Set the path for the PDF file
        objWorkbook.ExportAsFixedFormat 0, pdfFilePath, 0, False, False ' Export
the workbook as PDF
    --이하 생략--
```

챗GPT가 작성한 VBScript 수정하기

챗GPT에게 [C:\EXCEL\GRADE\김철수.xlsx]에 있는 엑셀 파일을 PDF로 변환하는 VBScript 작성을 요청한 후에, 스크립트에서 해당 파일의 이름을 PAD의 변수로 대체해서 자동화할 수 있다.

> 👤 [C:\EXCEL\GRADE\김철수.xlsx] 엑셀 파일을 PDF 파일로 저장하는 VBScript를 작성해 줘.

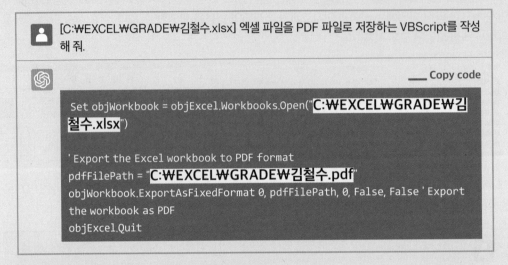

```
Set objWorkbook = objExcel.Workbooks.Open("C:\EXCEL\GRADE\김철수.xlsx")

' Export the Excel workbook to PDF format
pdfFilePath = "C:\EXCEL\GRADE\김철수.pdf"
objWorkbook.ExportAsFixedFormat 0, pdfFilePath, 0, False, False ' Export the workbook as PDF
objExcel.Quit
```

챗GPT가 제안한 소스 코드에서 "김철수.xlsx"와 "김철수.pdf" 이름을 수정해서 PAD에 적용해 보자. [VBScript 실행] 작업의 코드를 다음과 같이 변수를 활용해서 수정하면, 파일 이름을 동적으로 변환할 수 있다.

① 변환할 대상 엑셀 파일 이름: "C:\EXCEL\GRADE\%m_item['이름']%.xlsx"

② pdf로 변환된 파일 이름: "C:\EXCEL\GRADE\%m_item['이름']%.pdf"

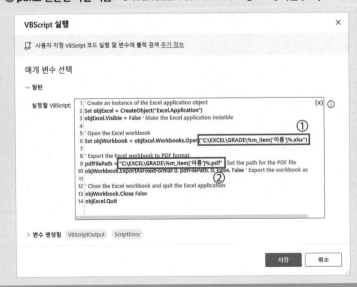

흐름을 실행해서 PDF 파일이 생성되는지 확인해 보자. 이 방법을 적용했다면 15단계 [파일 삭제] 작업은 건너뛰어도 된다.

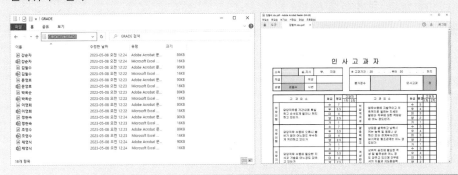

15 작업 [파일] → [파일 삭제]로 엑셀 파일을 지우는 작업을 추가한다. [파일 이동] 작업으로 다른 폴더로 이동하는 것도 좋은 방법이다.

16 흐름을 실행하면, 개인별로 PDF 파일이 생성된다.

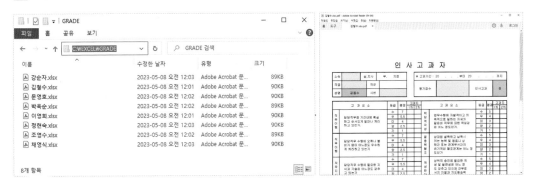

17 이제 개인별로 메일을 보내는 작업을 추가해 보자. 조직 또는 학교 계정은 Outlook(아웃룩)으로 쉽게 메일을 보낼 수 있다. 개인 계정을 사용 중이면, 뒤이어 나오는 [조금 더 알아보기: 네이버 계정으로 메일 보내기]를 참고해서 네이버 계정으로 메일을 보내면 된다. 작업 [Outlook] → [Outlook 시작]을 추가한다.

그리고 [Outlook으로 이메일 메시지 보내기] 작업을 삽입하고, 다음과 같이 설정한다.

① 계정: 메일 보낼 사람 주소 입력

② 받는 사람: 메일 받을 사람 주소 입력, **%m_item['메일주소']%**

③ 제목: 메일 제목 입력, '**%m_item['이름']%**님의 평가결과입니다.'

④ 본문: 메일 내용을 입력한다.

⑤ 첨부 파일 이름을 설정한다. C:₩EXCEL₩GRADE₩%m_item['이름']%.pdf

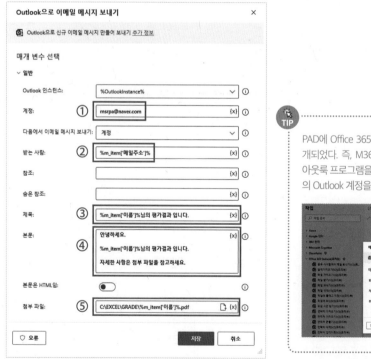

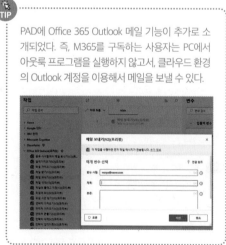

> **TIP**
> PAD에 Office 365 Outlook 메일 기능이 추가로 소개되었다. 즉, M365를 구독하는 사용자는 PC에서 아웃룩 프로그램을 실행하지 않고서, 클라우드 환경의 Outlook 계정을 이용해서 메일을 보낼 수 있다.

18 흐름을 실행해서 메일이 정상적으로 전송되는지 확인해 보자.

네이버 계정으로 메일 보내기

작업 [이메일] → [이메일 보내기]를 이용해 개인 계정으로 메일을 보낼 수 있다.

01 네이버와 같은 이메일
서비스를 제공하는 포털에
접속해서 환경 설정 메뉴로
이동한다.

① 네이버 메일은 [내 메일
함] 메뉴 오른쪽에 있는 메
일함 관리 아이콘(⚙)을 누
르면 메일 환경을 설정하는
화면으로 이동한다.

② 환경 설정 화면에서 [PO
P3/IMAP 설정] 메뉴를 선
택한다.

02 POP/SMTP 사용 항목에서 [사용함]을 선택한다. 그리고 SMTP 서버 이름과 SMTP 포트를 복
사한다.

① POP3/SMTP 사용: [사용함]

② SMTP 서버명: [smtp.naver.com], SMTP 서버는 메일을 보내는 역할을 한다.

③ SMTP 포트: [465]는 메일을 보낼 때 사용하는 포트 번호이다.

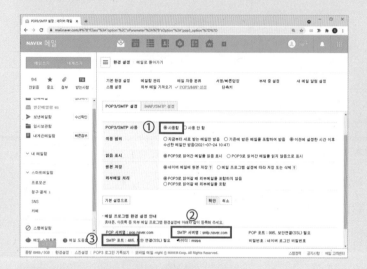

03 원본 저장 메뉴에서 [네이버 메일에 원본 저장]을 선택하고 [확인] 버튼을 눌러 저장한다.

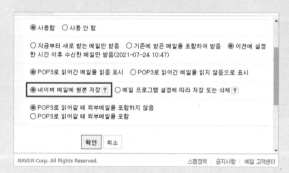

04 (작업) [이메일] → [이메일 보내기] 메뉴를 끌어 놓고 [이메일 보내기] 작업의 매개 변수를 설정한다.

① SMTP 서버: 2단계에서 복사한 SMTP 서버 이름을 붙여 넣는다.

② 서버 포트: 2단계에서 복사한 SMTP 포트 번호를 입력한다.

③ [SSL 사용]을 활성화한다.

④ [SMTP 서버에 인증 필요]를 활성화한다.

⑤ 사용자 이름과 암호: 본인의 네이버 아이디와 비밀번호를 입력하고 저장한다.

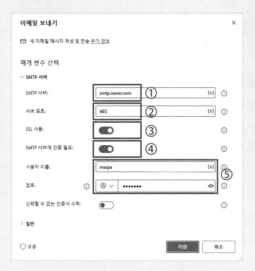

이메일 보내기 ×

☑ 새 이메일 메시지 작성 및 전송 추가 정보

매개 변수 선택

∨ SMTP 서버

SMTP 서버:	smtp.naver.com ①	{x} ⓘ
서버 포트:	465 ②	{x} ⓘ
SSL 사용:	⬤ ③	ⓘ
SMTP 서버에 인증 필요:	⬤ ④	ⓘ
사용자 이름:	msrpa	{x} ⑤
암호:	ⓘ ▦ ∨ •••••• 👁	ⓘ
신뢰할 수 없는 인증서 수락:	◯	ⓘ

› 일반

♡ 오류   **저장** 취소

05 일반 옵션을 펼친 후에 메일 전송과 관련된 정보를 입력한다.

이메일 보내기 ×

☑ 새 이메일 메시지 작성 및 전송 추가 정보

∨ 일반 ①		
보낸 사람:	② msrpa@naver.com	{x} ⓘ
발신자 표시 이름:	③ RPA	{x} ⓘ
받는 사람:	④ %m_item['메일주소']%	{x} ⓘ
참조:		{x} ⓘ
숨은 참조:		{x} ⓘ
제목:	⑤ %m_item['이름']%님의 평가결과 입니다.	{x} ⓘ
본문:	⑥ 안녕하세요. %m_item['이름']%님의 평가결과 입니다. 첨부 파일을 참고하세요.	{x} ⓘ
첨부 파일:	⑦ C:\EXCEL\GRADE\%m_item['이름']%.pdf	📄 {x} ⓘ

♡ 오류   **저장** 취소

① 일반 옵션: 메일 정보 세부 입력 기능 펼치기

② 보낸 사람: 메일 보낼 사람 주소 입력

③ 발신자 표시 이름: 메일 보낸 사람 이름

④ 받는 사람: 메일 받을 사람 주소 입력, **%m_item['메일주소']%**

⑤ 제목: 메일 제목 입력, '**%m_item['이름']%**님의 평가결과 입니다.'

⑥ 본문: 메일 내용을 입력한다.

⑦ 첨부 파일 이름을 설정한다. C:\EXCEL\GRADE\%m_item['이름'].pdf

흐름을 실행해서 메일이 정상적으로 전송되는지 확인해 보자.

챗GPT로 그래프 그리기 및
이미지로 저장하기

실행 영상 파일
https://cafe.naver.com/msrpa/748

#COUNTIF   #활성_Excel_워크시트_설정   #텍스트로_셀_내용_가져오기   #그래프_그리기

이번에는 직원들이 점심시간에 메뉴를 선택하면, 선택된 메뉴들의 전체 비용을 합산하는 과정을 자동화하는 방법에 대해서 실습하며 알아보자. 그리고 메뉴별 수량을 그래프로 구현하고 이메일로 첨부하는 후속 자동화도 구현한다. 이 실습 예제는 사내 복지 중 하나인 직원별 도서 구매 건을 취합하는 업무 등 다양하게 응용할 수 있다.

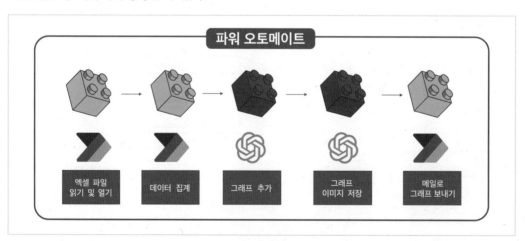

엑셀 파일은 직원이 선택한 메뉴 리스트가 있는 [직원] 시트와 메뉴 가격이 정리된 [메뉴가격] 시트로 구성되어 있다.

직원별 메뉴 리스트					메뉴가격			

	A	B	C	D
1	사번	부서	이름	메뉴
2	1001	전산	김철수	짜장면
3	1002	전산	이영희	짬뽕
4	1003	재무	조영수	볶음밥
5	1004	재무	박옥순	짜장면
6	1005	구매	문영호	볶음밥
7	1006	구매	정현숙	간짜장
8	1007	영업	강순자	짬뽕
9	1008	영업	채영식	짬뽕

직원 메뉴가격 ⊕

	A	B	C	D
1	메뉴	가격	수량	합계
2	짜장면	6000		
3	짬뽕	6500		
4	볶음밥	7500		
5	간짜장	7000		
6				
7				
8				
9				
10				
11				

직원 메뉴가격 ⊕

엑셀 프로그램에서는 COUNTIF 함수를 이용하면 메뉴별 합계 수량을 구할 수 있다. ① [직원] 워크시트의 D2행부터 D9행까지의 메뉴가 ② [메뉴가격] 워크시트의 A열 메뉴와 동일하면 메뉴별 개수를 계산한다.

=COUNTIF(직원!D2:D9, A2)

	A	B	C	D
1	사번	부서	이름	메뉴
2	1001	전산	김철수	짜장면
3	1002	전산	이영희	짬뽕
4	1003	재무	조영수	볶음밥
5	1004	재무	박옥순	짜장면
6	1005	구매	문영호	볶음밥
7	1006	구매	정현숙	간짜장
8	1007	영업	강순자	짬뽕
9	1008	영업	채영식	짬뽕

직원 메뉴가격 ⊕ ①

| C2 | | f_x | =COUNTIF(직원!D2:D9, A2) |

	A	B	C	D	E
1	메뉴	가격	수량	합계	
2	짜장면	6000	2		
3	짬뽕	6500	3		
4	볶음밥	7500	2		
5	간짜장	7000	1		
6					

②

엑셀의 COUNTIF 함수를 이용해서 메뉴별 수량을 구하는 기능을 PAD를 이용해서 구현해 보자.

01 새 흐름을 생성하고, [Excel 시작] 작업을 추가하고 "직원 점심 메뉴.xlsx" 파일을 입력한다.

Excel 시작 ✕

↗ 새 Excel 인스턴스를 시작하거나 Excel 문서 열기 추가 정보

매개 변수 선택

∨ 일반

Excel 시작: 및 다음 문서 열기 ∨ ⓘ

문서 경로: C:\EXCEL\직원 점심 메뉴.xlsx ⓘ

인스턴스 표시: ⬤ ⓘ

♡ 오류 저장 취소

02 작업 [Excel] → [활성 Excel 워크시트 설정] 메뉴를 선택해서, ① 다음 워크시트 활성화에 [이름]을 선택하고 ② 워크시트 이름은 첫 번째 워크시트인 "직원"을 입력한다.

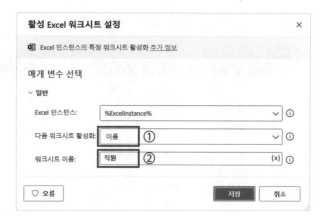

03 작업 [Excel] → [Excel 워크시트에서 읽기]를 추가해서, 직원들이 선택한 메뉴 데이터를 읽어온다.

[텍스트로 셀 내용 가져오기] 옵션

[Excel 워크시트에서 읽기]에서 [텍스트로 셀 내용 가져오기] 옵션은 엑셀 파일 내에 있는 날짜 타입 데이터나 1000단위 구분 기호를 포함한 숫자 타입의 변수를 텍스트 형태로 읽어오는 기능이다. 예로, 날짜 타입의 데이터를 읽을 때 해당 데이터를 그대로 텍스트로 가져오거나 7,799와 같은 값의 1000단위 구분 기호(쉼표)를 유지한 채로 읽어올 수 있다. 엑셀 파일의 날짜 타입을 PAD에서 읽으면 다음과 같이 날짜 타입 데이터를 텍스트 형태로 읽어온다. 그리고 엑셀의 7,799와 같은 숫자 타입 변수를 읽을 때도 1000단위 구분 기호인 쉼표 기호를 그대로 가져온다.

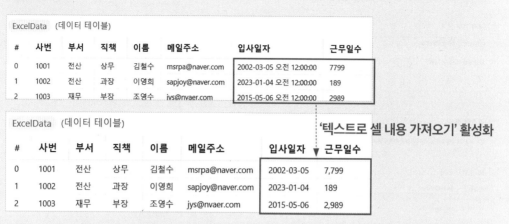

ExcelData (데이터 테이블)

#	사번	부서	직책	이름	메일주소	입사일자	근무일수
0	1001	전산	상무	김철수	msrpa@naver.com	2002-03-05 오전 12:00:00	7799
1	1002	전산	과장	이영희	sapjoy@naver.com	2023-01-04 오전 12:00:00	189
2	1003	재무	부장	조영수	ivs@nvaer.com	2015-05-06 오전 12:00:00	2989

ExcelData (데이터 테이블)

'텍스트로 셀 내용 가져오기' 활성화

#	사번	부서	직책	이름	메일주소	입사일자	근무일수
0	1001	전산	상무	김철수	msrpa@naver.com	2002-03-05	7,799
1	1002	전산	과장	이영희	sapjoy@naver.com	2023-01-04	189
2	1003	재무	부장	조영수	jys@nvaer.com	2015-05-06	2,989

04 작업 [Excel] → [활성 Excel 워크시트 설정] 메뉴를 다시 추가하고, 메뉴 가격이 정리되어 있는 두 번째 워크시트를 활성화한다. ① 다음 워크시트 활성화는 [색인]을 선택하고 ② 워크시트 색인은 "2"를 입력한다.

05 메뉴 가격 리스트를 읽기 위해서 작업 [Excel] → [Excel 워크시트에서 읽기] 메뉴를 추가하고 [범위의 첫 번째 행을 열 이름으로 사용] 항목을 체크한다.

06 ① 메뉴 가격 데이터 테이블을 반복하면서 ② 직원이 선택한 메뉴와 동일한 메뉴가 있으면 수량을 합산하는 로직을 추가해 보자. [각각의 경우] 작업을 중첩 구조로 추가한다.

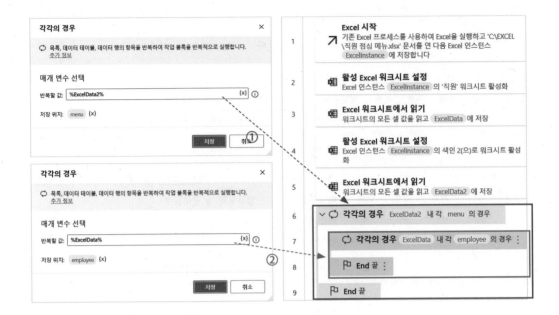

07 직원이 선택한 메뉴와 메뉴가격 시트의 메뉴가 동일한지 체크하는 [만약] 작업을 추가한다.

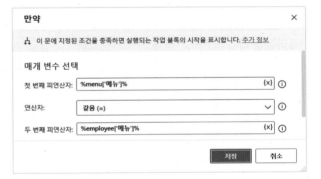

08 메뉴가 동일하면, 수량을 합산하도록 ① %cnt% 변수를 0으로 선언하고, ② %cnt% 변수에 1을 더하는 작업을 추가한다.

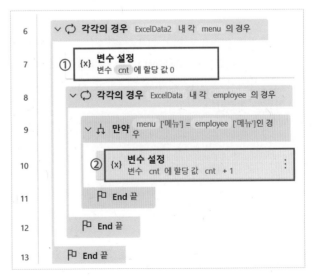

09 작업 [Excel] → [Excel 워크시트에 쓰기]로 메뉴 수량을 엑셀 파일에 쓰기하자. ① 행 항목에는 %idx%를 입력한다. ② 변수 %idx%를 생성하고, ③ 반복 구문 내에서 1씩 증가하는 로직을 추가한다.

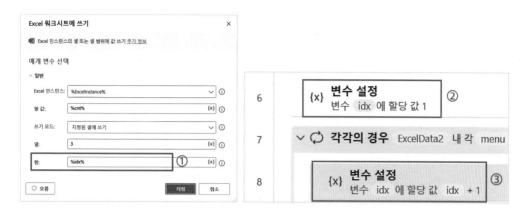

10 합계를 엑셀 파일에 쓰기 위해서 작업 [Excel] → [Excel 워크시트에 쓰기]를 하나 더 추가한다. '수량 * 가격'과 같은 수식으로 합계를 구하도록 수식을 쓸 값에 입력한다.

11 흐름을 실행하면 메뉴의 수량과 합계가 계산된다.

	A	B	C	D
1	메뉴	가격	수량	합계
2	짜장면	6000	2	12000
3	짬뽕	6500	3	19500
4	볶음밥	7500	2	15000
5	간짜장	7000	1	7000

12 메뉴의 선호도를 그래프로 만들기 위해 챗GPT에게 코드 작성을 요청해 보자.

엑셀 그래프 그리기

 PAD에서 [VBScript 실행] 작업을 호출해서 사용할 거야.
1. [C:\EXCEL\직원 점심 메뉴.xlsx]파일의 [메뉴가격] 시트를 열어 줘.
2. [B]열은 제외하고 [A]열과 [C]열 2개 열만 읽어서, 새로운 [그래프] 워크시트에 붙여 넣어 줘.
3. [그래프] 워크시트에 붙여 넣기한 [A]열을 X 축으로 하고, [B]열을 Y축으로 하는 2차원 세로 막대형 그래프를 그려 줘.

___ 4-7-1 엑셀 그래프 그리기

```
' 그래프 생성
Set chartRange = graphWorksheet.Range("A1:B" & lastRow)
Set chartObject = graphWorksheet.ChartObjects.Add(50, 50, 400, 300)
Set chart = chartObject.Chart
chart.SetSourceData chartRange
chart.ChartType = xlColumnClustered
--이하 생략--
```

작업 [스크립팅] → [VBScript 실행] 메뉴를 넣어서 챗GPT가 작성한 스크립트를 붙여 넣는다. 흐름을 실행하면 [그래프] 워크시트가 생성되고 막대형 그래프가 삽입된 것을 확인할 수 있다.

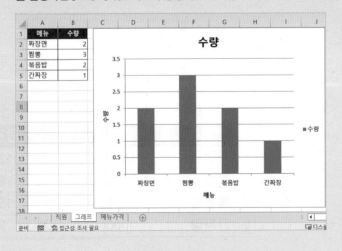

13 엑셀에 생성된 그래프를 파일로 저장하는 스크립트를 챗GPT에게 요청해 보자.

엑셀에 존재하는 그래프를 이미지로 저장하기

PAD에서 [VBScript 실행] 작업을 호출해서 사용할 거야.
1. [C:\EXCEL\직원 점심 메뉴.xlsx] 파일의 [그래프] 시트를 열어 줘.
2. [그래프] 시트에 생성되어 있는 그래프를 [C:\EXCEL\메뉴별수량_그래프.jpg]로 저장해 줘.

—— 4-7-2 그래프 이미지로 저장하기

```
Set objWorkbook = objExcel.Workbooks.Open("C:\EXCEL\직원 점심 메뉴.xlsx")
Set objWorksheet = objWorkbook.Sheets("그래프")
objWorksheet.ChartObjects(1).Chart.Export "C:\EXCEL\메뉴별수량_그래프.jpg"
--이하 생략--
```

작업 [스크립팅] → [VBScript 실행] 메뉴를 넣어서 챗GPT가 작성한 스크립트를 붙여 넣는다. 흐름을 실행하면 그래프가 이미지로 저장된다.

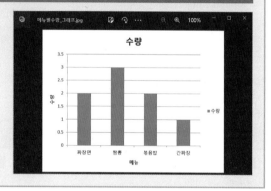

14 마지막으로 그래프 이미지를 메일에 첨부해서 전송해 보자. 이번에 실습한 내용은 기업의 다양한 업무에 응용해서 활용할 수 있다.

08

챗GPT로 표 그리기 및 거래명세서 자동화

실행 영상 파일
https://cafe.naver.com/msrpa/749

#텍스트로_셀_내용_가져오기   #표_삽입하기   #레두리_그리기   #폴더에_있는_모든_파일_가져오기

업체별 거래명세서 파일에서 필요한 항목을 추출하고 하나의 엑셀 파일에 합치는 자동화를 구현해

보자.

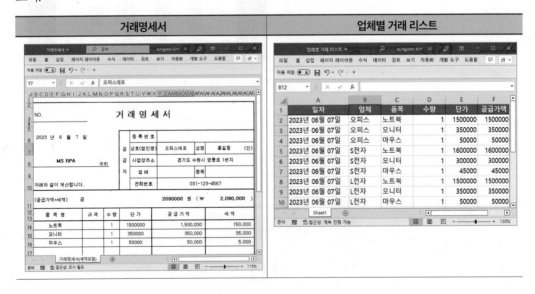

거래명세서	업체별 거래 리스트

업체별 거래 리스트 파일은 다음과 같이 7개 열의 구조를 가지고 있다. 이번 실습은 거래명세서 파

일에서 해당하는 항목을 가져와서 업데이트하는 엑셀 자동화이다.

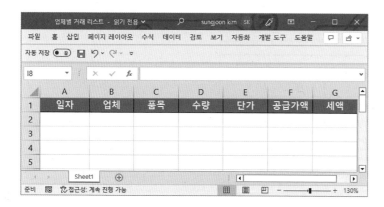

이번 절에서 구현하는 자동화 흐름은 다음의 작업 절차로 구성된다. 그리고, 5장 엑셀 자동화 확장편의 '01 PDF 문서 자동화: 정규식 알아보기'와 연결된다.

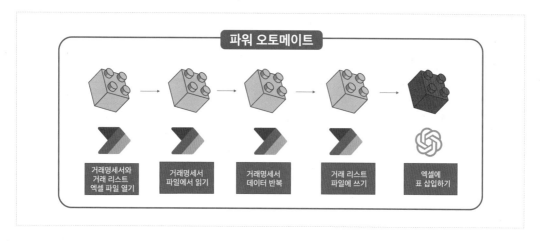

01 새 흐름을 생성하고 '거래명세서.xslx'와 '업체별 거래 리스트.xlsx' 파일을 여는 [Excel 시작] 작업 2개를 추가한다.

02 일자와 상호명은 각각 B6과 Y7셀에 위치한다. [Excel 워크시트에서 읽기] 작업 2개를 넣은 다음에, 다음과 같이 설정한다. ① 검색은 [단일 셀의 값]을 선택하고, ② 시작 열과 시작 행에는 각각의 셀 위치를 입력한다. ③ 변수 이름은 %DateData%와 %VendorData%로 지정한다.

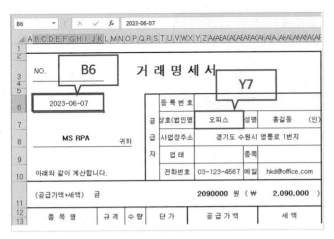

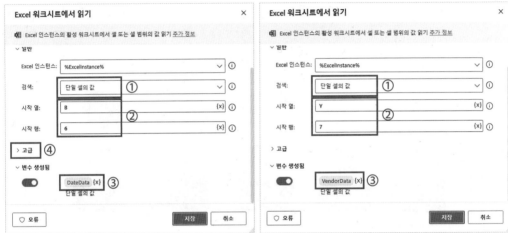

단, 엑셀 파일의 날짜를 읽으면 PAD에는 날짜 타입으로 가져오기 때문에 B6 셀을 읽는 [Excel 워크시트에서 읽기] 작업의 ④ 고급 항목을 열어서 ⑤ [텍스트로 셀 내용 가져오기]를 활성화한다. 앞서 설명했듯이 날짜를 텍스트 형태로 가져오기 위한 목적이다.

Q [Excel 워크시트에서 읽기] 작업의 열 항목에 알파벳과 숫자 중 어느 것이 더 효율적인가요?

A 열 항목에 알파벳 A와 같은 문자 또는 숫자 1을 입력하는 데는 큰 차이가 없습니다. 다만, 자동화 작업에서 열을 동적으로 처리해야 할 경우, 변수를 활용하는 것이 더 효율적입니다.

03 이번에는 품목 리스트를 가져오기 위해서, [Excel 워크시트에서 읽기] 작업 하나를 더 추가한다. 엑셀 파일에서 추출해야 할 품목은 14행과 A열부터 시작한다. 그리고 끝 열은 AP이다. 마지막 행은 [Excel 워크시트에서 첫 번째 빈 열/행 가져오기] 작업을 사용하는 대신에 실습의 편의를 위해서 30이라고 설정한다.

	품 목 명	규 격	수 량	단 가	공 급 가 액	세 액
12 13						
14	노트북		1	1500000	1,500,000	150,000
15	모니터		1	350000	350,000	35,000
16	마우스		1	50000	50,000	5,000

① 검색: [셀 범위의 값]
② 시작 열: [A]
③ 시작 행: [14]
④ 끝 열: [AP]
⑤ 끝 행: [30]

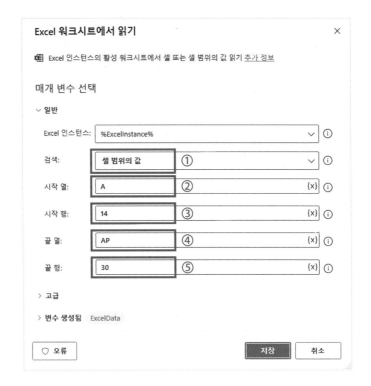

04 업체별 거래 리스트 파일은 데이터가 누적되어 생성되기 때문에, [Excel 워크시트에서 첫 번째 빈 열/행 가져오기] 작업으로 마지막 행을 구해야 한다.

05 작업 [반복] → [각각의 경우]를 추가해서, 거래명세서 파일의 품목 데이터 테이블을 반복 처리한다.

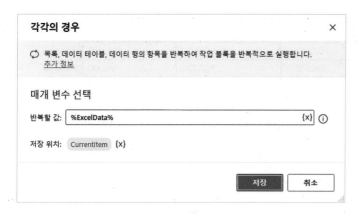

06 업체별 거래 리스트 파일에 행을 증가하면서 입력해야 하기 때문에 순번 변수 %idx%에 1을 더하는 [변수 설정] 작업을 설정한다.

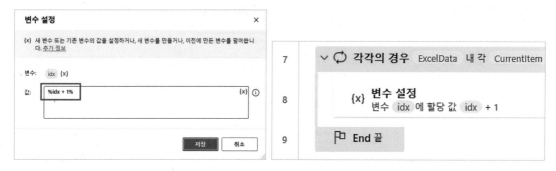

07 [Excel 워크시트에 쓰기] 작업으로 일자와 상호명을 업체별 거래 리스트 파일에 입력한다. 이때, 엑셀 파일의 마지막 행부터 차례대로 쓰기 위해서 행 항목에 %FirstFreeRow + idx − 1%를 입력한다.

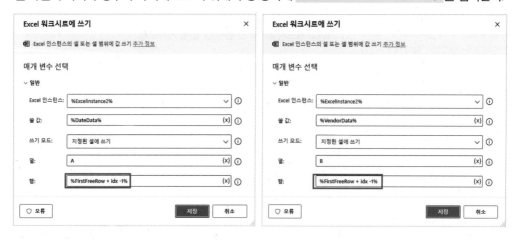

08 이제 거래명세서 파일에서 읽어온 품목 데이터 테이블을 처리해야 한다. 거래명세서의 각 항목은 다음 열에 저장되어 있다.

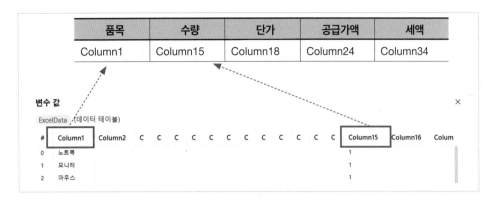

[Excel 워크시트에 쓰기] 작업을 5개 추가해서, 쓸 값에 각 항목에 해당하는 칼럼명을 %CurrentItem['Column1']%와 같이 설정해서 입력한다. 별도의 데이터 테이블을 하나 생성해서 모든 항목을 입력한 후에 쓰기 하는 작업을 사용하는 방법을 적용해 보는 것도 좋다.

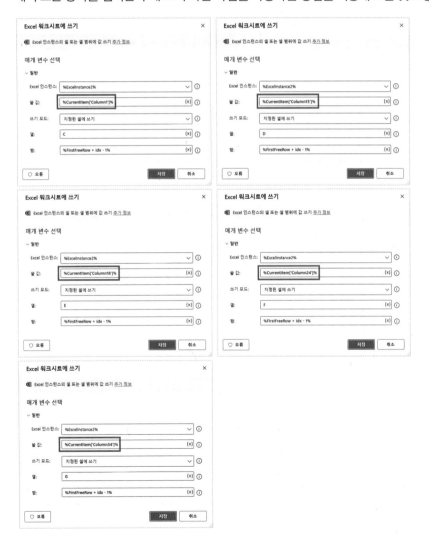

09 거래명세서 파일에 품목명이 빈 값이면 반복해서 값을 쓸 필요가 없기 때문에 ① [만약] 조건문과 ② [반복 종료] 작업을 [Excel 워크시트 쓰기] 작업 전에 추가해서, 반복문을 빠져나오도록 한다.

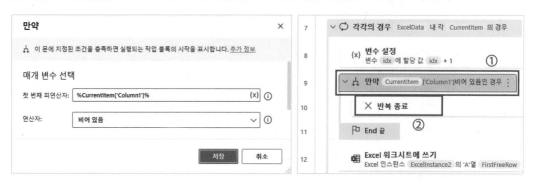

10 흐름을 실행하면, 거래명세서에 필요한 항목을 추출해서 업체별 거래 리스트 파일에 일괄 입력한다. 여러 개의 샘플 거래명세서 파일을 만들어서 각자 테스트해 보자.

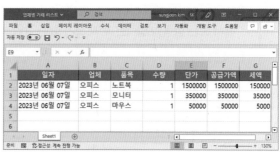

챗GPT 활용하기

엑셀 데이터 테두리 그리기 및 표 삽입하기

엑셀 파일의 데이터에 테두리를 그리는 스크립트를 챗GPT에게 요청해 보자.

> 👤 [C:₩EXCEL₩업체별 거래 리스트.xlsx] 엑셀 파일의 데이터가 있는 모든 셀에 테두리를 그리는 VBScript를 작성해 줘.

> 🤖 _____ 4-8-1 엑셀 데이터에 테두리 그리기

```
' 워크시트 선택
Set objWorksheet = objWorkbook.Worksheets(1) ' 첫 번째 워크시트를 선택하거나 원하는 워
크시트의 인덱스를 사용

' 데이터 범위 선택
Set objRange = objWorksheet.UsedRange ' 데이터가 있는 범위 선택

' 테두리 그리기
objRange.Borders.LineStyle = 1 ' 모든 셀에 테두리 그리기
--이하 생략--
```

[VBScript 실행] 작업에 코드를 붙여 넣고 흐름을 실행하면, 데이터가 있는 모든 셀에 테두리가 그려진다.

이번에는 테두리가 아니라 표를 삽입하는 코드 작성을 요청해 보자.

 [C:\EXCEL\업체별 거래 리스트.xlsx] 엑셀 파일의 데이터에 표를 삽입하는 VBScript 작성해 줘.

_____ 4-8-2 엑셀에 표 삽입하기

```
' 데이터 범위 선택
Set objRange = objWorksheet.UsedRange ' 데이터가 있는 범위 선택

' 표 생성을 위한 셀 범위 확장
Set objTableRange = objRange.Resize(objRange.Rows.Count + 1, objRange.Columns.Count) ' 데이터 범위를 아래로 한 행 확장하여 표의 범위로 사용

' 표 생성
Set objTable = objWorksheet.ListObjects.Add(1, objTableRange, , 1) ' 표 생성 (데이터 범위를 기반으로)
--이하 생략--
```

[VBScript 실행] 작업에 코드를 붙여 넣고 실행하면, 엑셀 파일에 표가 설정된다.

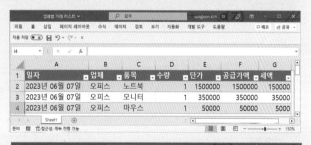

표를 다시 일반 데이터로 변경하려면 메뉴에서 [개발 도구] → [범위로 변환]을 선택하면 된다.

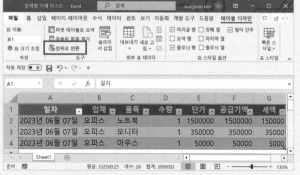

참고로, 표는 데이터를 구조화하고 관리하는 도구이며 테두리는 데이터의 경계를 시각적으로 강조하는 선이다. 표는 데이터를 정렬하고 필터링하는 기능을 제공하며, 테두리는 데이터의 시각적인 표현을 개선하는 데 도움을 준다. 특히 표는 피벗 테이블이나 차트의 원본 데이터로 활용될 수 있으며, 표에 값을 추가하면 자동으로 해당 값을 피벗과 차트에 반영하는 등의 기능을 포함하고 있다.

폴더 내에 있는 모든 파일 가져오기

업체별 여러 개의 거래명세서를 한 번에 자동화하기 위해서는 먼저 대상 파일들을 하나의 폴더에 저장해야 한다. 그리고 작업 [폴더] → [폴더의 파일 가져오기] 메뉴를 이용하면 폴더 내의 모든 파일을 가져올 수 있다. ① 파일 필터 항목에 거래명세서 엑셀 파일을 전부 가져오려면 '*.xlsx' 라고 입력한다. 특수 문자인 애스터리스크 기호(*)는 문자열 검색 패턴에서 어떤 문자열의 일부가 될 수 있는 임의의 문자열을 나타낸다. ② 폴더 내의 파일 리스트는 %Files% 목록 파일 변수에 저장된다.

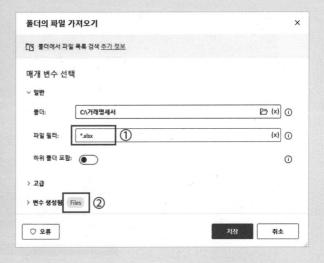

[각각의 경우] 반복문으로 %Files% 목록 변수를 반복하면서 [Excel 시작] 작업의 문서 경로 항목에 설정하면 폴더 내의 모든 엑셀 파일을 자동화할 수 있다.

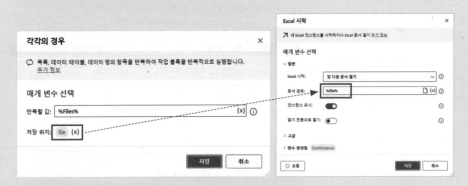

폴더의 파일 가져오기 기능을 이번 절의 실습 예제에 적용해서 각자 테스트해 보자. 약간의 수정이 필요하지만 여기까지 실습을 이해했다면, 어렵지 않게 해결할 수 있을 것이다.

추가로 작업 [폴더] → [특수 폴더 가져오기] 메뉴를 이용하면 바탕화면과 같은 특수 폴더의 경로를 가져올 수 있다. 특수 폴더 경로에는 사용자 ID가 포함되어 있기 때문에 여러 사람이 함께 사용하는 자동화 흐름에서 유용하게 활용할 수 있다.

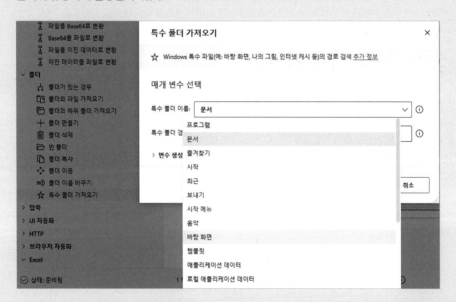

CHATGPT
& EXCEL
AUTOMATION

이번 장에서는 다양한 실무 상황에서 빈번하게 사용할 수 있는 유용한 자동화 업무를 소개한다. PDF 파일에서 텍스트를 추출하여 자동화하는 방법부터 WORD 파일과 PPT 파일에서 개별 직원 이름을 변경하고 파일을 저장하는 방법, 엑셀 매크로 호출과 VBA 스크립트(코드)를 활용하는 반복 적이고 복잡한 작업을 자동화하는 방법도 알아본다. 그리고 엑셀 파일을 데이터베이스처럼 활용하 여 데이터를 검색·변경하는 등의 다양한 작업을 빠르고 편리하게 수행할 수 있도록 한다. 마지막으 로 비교적 쉬운 문법으로 인기 있는 프로그래밍 언어인 파이썬 코드를 활용해 엑셀 자동화를 구현 하는 방법도 소개한다.

## 5 장

엑셀 자동화 확장편: PDF, 워드, PPT 파일까지

PDF 문서 자동화: 정규식 알아보기

실행 영상 파일
https://cafe.naver.com/msrpa/750

#PDF자동화   #정규식   #OCR   #PDF에서_텍스트_추출   #텍스트의_엔터리_인식   #텍스트_자르기   #PDF에서_테이블_추출

4장에서 거래명세서 엑셀 파일을 자동화하는 방법을 알아보았다. 이번 절은 거래명세서가 PDF 파일로 오는 경우에 자동화 처리할 수 있는 방법을 소개한다. PDF 자동화는 실무에서 빈번하게 요청되는 사례 중 하나이다. PDF 파일을 자동화할 때 가장 먼저 확인해야 하는 것은 PDF 파일의 해상도이다. 종이 문서를 스캔한 PDF 파일은 해상도가 낮아 대부분의 RPA 도구가 인식하지 못한다. 더군다나 현장에서 사용한, 손글씨가 포함된 낮은 해상도의 문서를 파워 오토메이트 클라우드의 AI Builder 솔루션으로 검증해 보면 해상도가 낮은 문서는 고작 50% 수준의 인식 수준을 보인다.

거래하는 업체가 많을수록 PDF 양식도 제각각이며 많게는 20개가 넘는 거래처의 다양한 PDF 문서를 자동화해야 하는 경우도 있었다. 업체가 메일로 보낸 송장 문서에서 관련 정보를 추출하여 ERP 시스템에 자동으로 입력하는 업무를 생각해 보자. PDF 문서를 눈으로 확인하고 ERP에 입력하는 반복 작업에 많은 시간을 빼앗기고 사용자 실수로 잘못된 데이터를 입력하기도 한다.

다음 그림은 현업의 요구사항이 자동화 가능한지 분석하는 장표의 일부이다. 실무자는 담당 업무를 자동화할 때, 개발 요구사항 분석이나 개발 사항서 같은 표준 문서를 작성하지 않는다. 단순한 워드 또는 PPT 문서로 간단하게 업무 흐름을 정리하여 설명할 수 있으면 충분하다. PAD를 이용한 자동화는 엑셀처럼 업무의 일부로 내재되어야 한다. 다만, IT 부서에서 개발하는 업무 자동화는 관련 산

출물을 작성하는 것이 필요하다. 이 책은 시민 개발자가 엑셀 자동화를 스스로 구현하는 것을 목적으로 하므로 딱딱하고 어려운 내용은 최대한 배제했다.

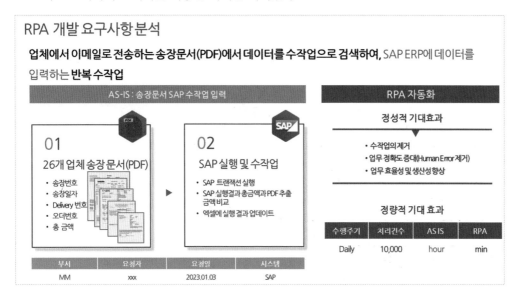

RPA 개발 요구사항 분석

업체에서 이메일로 전송하는 송장문서(PDF)에서 데이터를 수작업으로 검색하여, SAP ERP에 데이터를 입력하는 **반복 수작업**

| AS-IS : 송장문서 SAP 수작업 입력 | | RPA 자동화 |

01
26개 업체 송장 문서(PDF)
- 송장번호
- 송장일자
- Delivery 번호
- 오더번호
- 총 금액

02
SAP 실행 및 수작업
- SAP 트랜잭션 실행
- SAP 실행결과 총금액과 PDF 추출 금액 비교
- 엑셀에 실행 결과 업데이트

정성적 기대효과
- 수작업의 제거
- 업무 정확도 증대(Human Error 제거)
- 업무 효율성 및 생산성 향상

정량적 기대 효과

수행주기	처리건수	AS IS	RPA
Daily	10,000	hour	min

부서	요청자	요청일	시스템
MM	xxx	2023.01.03	SAP

PDF에서 데이터를 추출하는 작업은 높은 난이도가 요구되는 업무 자동화라고 할 수 있다. 데이터 추출이 까다로운 것도 있지만, 다양한 문서 양식과 복잡한 문서 구조로 인해 어려움을 겪을 수밖에 없다.

업무에 사용되는 PDF 파일은 아주 많은 부가 정보를 포함하고 있으며, 이 많은 정보 중에서 필요한 데이터만 콕 집어서 추출해야 한다. '콕 집어서'라고 표현한 것은 거래명세서 또는 송장 문서에서 인보이스 번호, 가격과 같은 정보는 ERP나 비슷한 유형의 시스템에 필수로 입력해야 하기 때문이다.

> PDF나 이미지 파일에서 데이터를 추출할 때는 파워 오토메이트 클라우드의 AI Builder를 활용하는 것이 효율적이다. AI Builder는 유사한 양식의 문서들을 학습하여 동적으로 데이터를 추출할 수 있다. 예를 들면, 품목 리스트의 개수는 매번 다르지만 AI Builder는 테이블 형태로 리스트를 정확하게 인식한다. 파워 오토메이트 클라우드의 AI Builder 기능에 대한 자세한 내용은 저자의 다른 도서, 《노코드, 자동화에 날개를 다는 MS 파워 오토메이트 클라우드》 서적을 참고하자.
> 추가로, 스캔한 PDF 문서를 자동화해야 하는 경우에는 파워 오토메이트 클라우드의 [Adobe PDF Services] → [OCR을 사용하여 검색 가능한 PDF 만들기] 작업으로 PDF 문서를 변환하는 방법도 고려해 볼 만하다.

Q **PAD에서 이미지 속 텍스트를 추출할 수 있는 방법은 없나요?**

A PAD에서는 OCR 기능을 이용해서 이미지에서 텍스트를 추출할 수 있습니다. 작업 [OCR] → [OCR을 포함한 텍스트 추출]을 이용하면 됩니다. OCR(Optical Character Recognition, 광학문자인식)은 이미지에 저장된 텍스트를 컴퓨터가 인식할 수 있는 텍스트로 변환하는 기술입니다.

PDF 실습 예제를 진행하면서 텍스트 처리에 관한 몇 가지 방법을 소개한다. 이 책을 통해 습득한 기법을 이용해서 소속 회사의 PDF 문서 자동화를 시도하고 응용함으로써 생산성을 높일 수 있다. 그 첫 번째로 거래명세서 파일에서 업체 상호, 전화번호, 이메일 및 품목 리스트를 추출해서 엑셀 파일에 취합하는 자동화를 구현해 보자.

거래명세서	업체별 거래 리스트

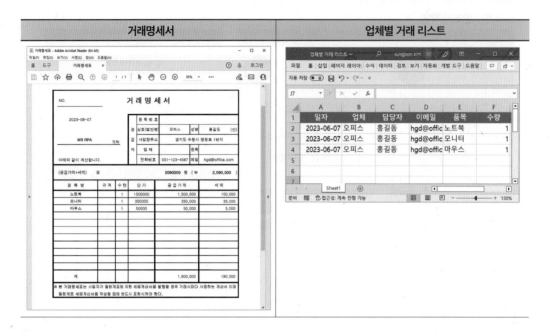

이번에 구현할 자동화 흐름의 개략적인 작업 순서는 다음과 같다.

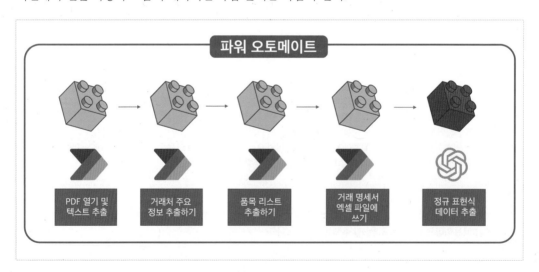

01 새로운 흐름을 생성한 후 [Excel 시작하기] 작업으로 "업체별 거래 리스트.xlsx" 파일을 연다. 그리고 작업 [PDF] → [PDF에서 텍스트 추출] 메뉴를 끌어 놓는다. PDF 파일을 선택하고 흐름을 실행하면 텍스트가 추출된다. 결과를 확인해 보면, 일정한 규칙이나 구조화된 형식 없이 텍스트가 구성되어 있음을 알 수 있다. 이러한 텍스트에서 필요한 정보를 추출하는 것은 쉽지 않은 일이다.

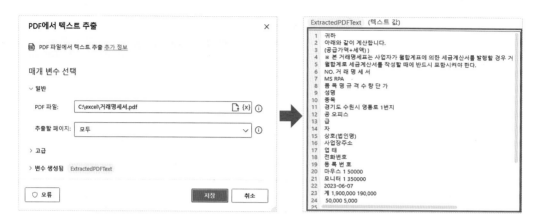

02 [PDF에서 텍스트 추출] 작업을 열고 ① [고급] 항목의 ② [구조화된 데이터에 최적화] 항목을 활성화한다. 흐름을 실행하면, 이번에는 시각적으로 정리된 형태로 텍스트가 추출된다.

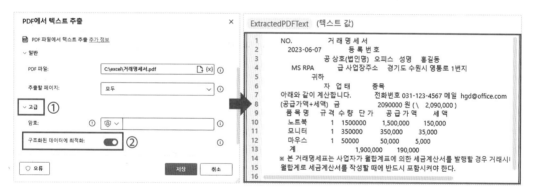

03 텍스트에서 일자를 추출하기 위해서, 작업 [PDF] → [텍스트의 엔터티 인식]을 추가한다. 인식할 테스트에는 2단계에서 생성된 변수를 입력하고, 엔터티 유형은 [날짜/시간]을 선택한다. 이외에도 여러 가지 엔터티 타입을 선택해서 다양한 타입의 문자열을 찾을 수 있다. ③ 실행 결과 데이터 테이블의 [Original text]에 일자가 저장되어 있는 것을 확인할 수 있다.

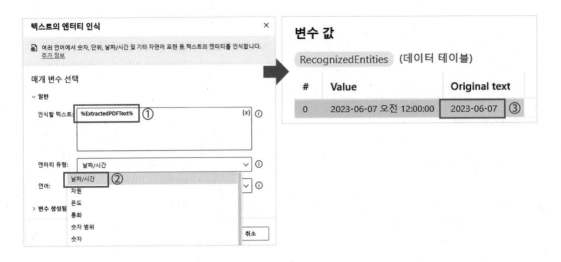

04 [변수 설정] 작업을 추가하고, 추출한 일자를 저장한다. 실행 결과 %date% 변수에 일자가 텍스트 값으로 저장된다.

%RecognizedEntities[0][1]%

05 [텍스트의 엔터티 인식] 작업을 하나 더 추가하고 엔터티 유형을 [이메일]로 설정해서, 이메일 주소를 추출해 보자.

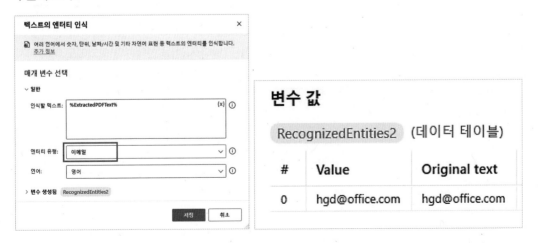

06 4단계와 동일하게 변수를 하나 더 생성해서, 이메일 주소를 저장한다. 이번에는 [Value] 값을 사용한다.

%RecognizedEntities2[0][0]%

07 업체명 "오피스"를 추출하려고 한다. 일반 문자이기 때문에 [텍스트의 엔터티 인식] 작업으로 찾을 수가 없다. %ExtractedPDFText% 변수에서 3번째 라인을 전체 복사한다.

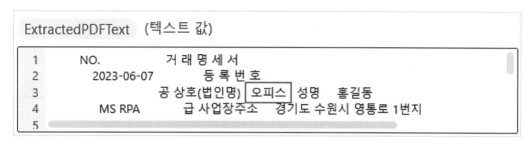

작업 [텍스트] → [텍스트 자르기]를 추가해서 ① 모드를 [지정한 두 플래그 사이에 텍스트 가져오기]로 선택한다. ② 시작 플래그는 **"오피스" 앞의 모든 문자(공백 포함)를 입력**한다. ③ 종료 플래그는 **"오피스" 다음의 문자열을 입력**한다. 흐름을 실행하면 ④ %CroppedText% 변수에 업체 이름 "오피스"만 저장한다.

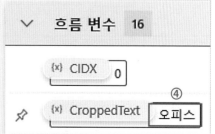

[변수 설정] 작업으로 %com_name% 변수를 생성하고 상호(%CroppedText%)를 입력한다.

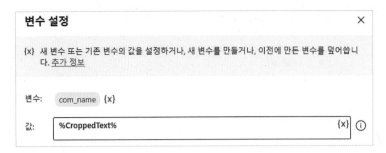

08 이번에는 [텍스트 자르기] 작업으로 업체 담당자명을 가져오자. ① 모드는 [지정한 플래그 뒤에 텍스트 가져오기]를 선택하고, ② 시작 플래그는 이름 앞의 공백을 포함한 문자를 입력한다. 흐름을 실행하면 ③ "홍길동" 담당자 이름 뒤의 불필요한 문자열까지 모두 추출한다.

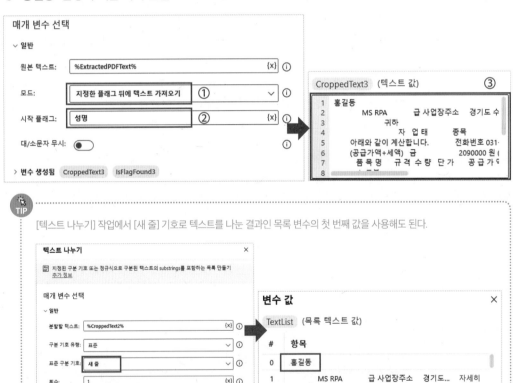

Q '새 줄'이 무엇인가요?

A '새 줄'이란 텍스트 편집기 또는 프로그래밍 언어에서 사용되는 용어로, 텍스트의 내용을 구분 짓기 위해 사용되는 개념입니다. 쉽게 설명하면, 텍스트 문서나 코드에서 한 줄의 내용이 끝나고 다음 줄의 내용이 시작되는 지점을 의미합니다.

예를 들어, 일반적인 텍스트 문서에서 한 줄의 텍스트를 작성하고 [Enter] 키(또는 [Return] 키)를 누르면 다음 줄로 커서가 이동하면서 새로운 줄이 시작됩니다. 이렇게 새로운 줄로 넘어가는 것을 '새 줄'이라고 합니다. '개행'이라고도 부르며, 문장이나 문단을 구분하거나 가독성을 높이기 위해 사용됩니다.

프로그래밍에서도 새 줄은 중요한 역할을 합니다. 코드에서 각각의 명령어나 문장을 새 줄로 구분하면 코드의 가독성이 좋아집니다.

09 이름 "홍길동" 다음에는 '종료 플래그'로 사용할 문자가 없이, 바로 새 줄이 등장한다. '새 줄'에 대한 코드를 입력해야 "홍길동" 이름만 집어낼 수 있다. 그런데 [텍스트 자르기] 작업으로는 '새 줄'을 인식할 수 있는 코드를 알 수가 없다.

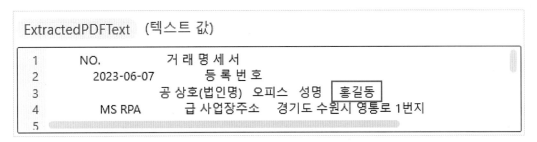

작업 [텍스트] → [정규식에 대한 텍스트 이스케이프] 메뉴로 '새 줄'이 의미하는 정규식 코드를 추출하는 방식을 적용해 보자. 흐름을 실행하면, '새 줄'은 "₩r₩n"이라는 코드 값을 가지는 것을 알 수 있다. 참고로, \와 ₩는 동일한 기호(백슬래시)이다.

TIP 정규식은 특정한 패턴의 문자열을 찾거나 조작하기 위해 사용되는 도구이며, 텍스트 이스케이프(Text Escape)는 정규식에서 사용되는 특수한 문자들을 특별한 의미 없이 문자 자체로 해석하기 위해 사용되는 기법이다.

10 8단계의 [텍스트 자르기] 작업을 열어서 ① 원본 텍스트는 이스케이프된 텍스트 변수 %Escaped Text%, ② 모드는 [지정한 두 플래그 사이에 텍스트 가져오기], ③ 시작 플래그에는 백슬래시 코드(\)와 공백을 포함한 이름 앞의 모든 문자, ④ 종료 플래그에는 ₩r₩n을 입력한다. 이제 담당자 이름 ⑤ "홍길동"만 추출된 것을 확인할 수 있다.

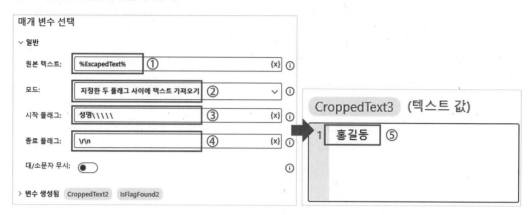

[변수 설정] 작업으로 %per_name% 변수를 생성하고 잘라낸 값을 입력한다.

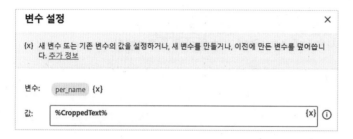

11 마지막으로 품목 리스트 3개를 추출해 보자.

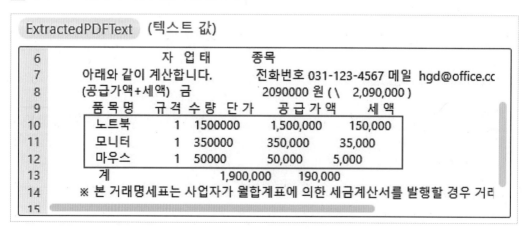

작업 [텍스트] → [텍스트 나누기]를 추가하고, PDF에서 추출한 문자를 [새 줄]로 나누어서 목록 변수에 저장한다.

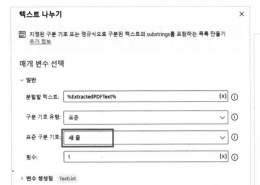

조금 더 알아보기

PDF에서 테이블 추출

작업 [PDF] → [PDF에서 테이블 추출]
메뉴를 이용해서 PDF파일에 존재하는
테이블 구조의 데이터를 추출할 수 있다.

거래명세서 파일에서 동일한 필드의 품목 리스트 3개가 추출되기 때문에, 해당 작업으로 자동화를 구현할
수 있다. [PDF에서 텍스트 추출]과 [PDF에서 테이블 추출] 2가지 방법 중에서 적절한 방법을 사용하면 된다.

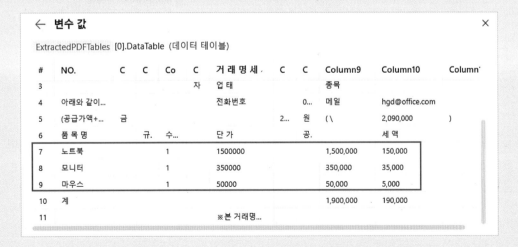

12 거래명세서는 고정된 양식을 사용하기 때문에 "품 목 명" 아래의 데이터를 추출하면 된다. ① [각각의 경우] 반복문으로 %TextList% 목록 변수를 반복 처리한다. ② [만약] 작업의 연산자를 [포함]으로 선택해서, 현재 라인 문자열이 "품 목 명"을 포함하고 있는지 체크한다.

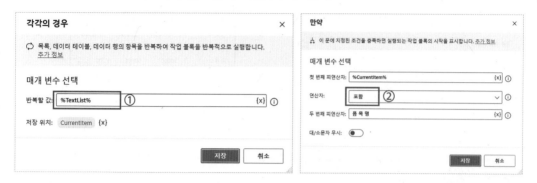

13 ① [변수 설정] 작업을 추가해서, 현재 행이 "품 목 명"을 포함한 경우는 %FLG% 변수에 "Y"를 설정한다. "품 목 명" 다음 항목들을 추출하기 위한 목적이다. 그리고, ② [다음 반복] 작업을 추가한다.

14 ① [그렇지 않다면] 작업을 12단계의 [만약] 조건문 안에 넣는다. 문자열에 "계" 가 포함되어 있으면 품목을 모두 반복한 것이기 때문에 [반복 종료] 작업으로 반복문을 빠져나온다. ② 공백을 포함해서 "계" 문자를 [두 번째 피연산자]에 입력한다.

15 ① [만약] 조건문을 하나 더 추가하고, %FLG% 변수가 "Y"이면, 품목 항목의 개별 칼럼을 공백으로 나누기 위해 ② [텍스트 나누기] 작업을 추가한다. 결괏값은 %TextList2% 목록 변수에 저장된다.

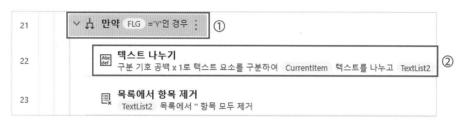

흐름을 실행하면 품목 아이템이 저장된 %CurrentItem% 변수의 값이 공백을 기준으로 나눠져서 목록 변수 %TextList2%에 저장된다.

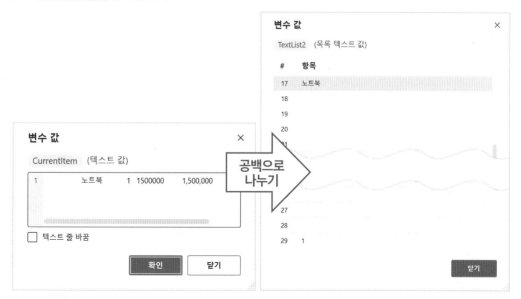

16 빈 값만 가지는 불필요한 라인들은 [목록에서 항목 제거] 작업으로 삭제한다. 빈 값은 다음과 같이 백분율 기호 사이에 작은따옴표 2개를 붙여서 입력한다. %''%

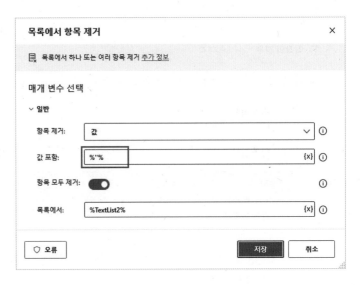

흐름을 실행하면 목록 변수에 존재하는 빈 값들이 삭제되고 필요한 정보만 남겨진다.

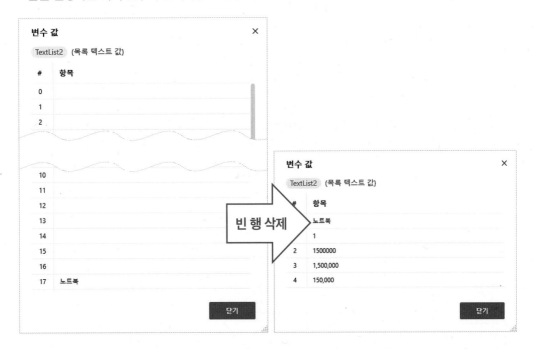

17 업체별 거래명세서 파일에 쓰기 위해서 행과 열을 저장할 %IDX%와 %CIDX% 변수 2개를 추가한다. ① 쓸 행 번호를 저장하는 %IDX% 변수는 1씩 증가하도록 설정한다.

23		목록에서 항목 제거 TextList2 목록에서 '' 항목 모두 제거	
24	{x}	변수 설정 변수 IDX 에 할당 값 IDX + 1	①
25	{x}	변수 설정 변수 CIDX 에 할당 값 5	②

그리고 ② 엑셀의 열 순번을 저장할 변수 %CIDX%를 생성하고, 초깃값을 5로 설정한다.

18 ① 품목을 저장하고 있는 %TextList2% 변수를 [각각의 경우] 반복문을 중첩되게 추가한 후에 ②
[Excel 워크시트에 쓰기] 작업과 ③ %CIDX% 변수를 1씩 증가시키는 [변수 설정] 작업을 추가한다.

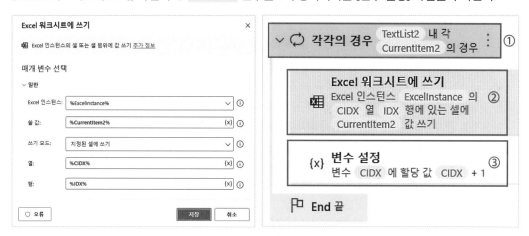

19 흐름을 실행하면 품목 리스트의 개별 항목이 엑셀 파일에 기록된다.

	B	C	D	E	F	G	H	I
1	업체	담당자	이메일	품목	수량	단가	공급가액	세액
2				노트북	1	1500000	1,500,000	150,000
3				모니터	1	350000	350,000	35,000
4				마우스	1	50000	50,000	5,000

20 품목 리스트 이외에 일자, 업체, 담당자, 이메일 4개의 값을 쓰는 [Excel 워크시트에 쓰기] 작업을 다음과 같이 추가해서 자동화를 완성해 보자.

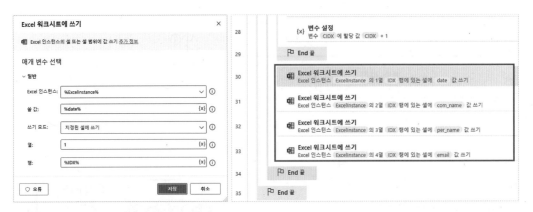

정규식을 활용한 데이터 추출 자동화

AI Builder의 문서 인식 기능에 견줄 만한 효과를 내기 위해선, PAD의 정규식 패턴을 활용해야 한다. 정규식(Regular Expression, 정규표현식)은 일정한 규칙으로 문자열을 검색하고 치환하는 공통 표현식이다. 미국의 수학자 스티븐 클린(Stephen Kleene)이 개발한 이 기법은 많은 프로그래밍 언어에서 문자열 규칙을 찾을 때 사용하는 공용 코딩 기법으로, 사용자가 입력한 비밀번호의 유효성을 검사할 때도 사용한다. **패턴이 있는 문자열을 검색할 때는 정규식을 사용하는 것이 가장 효율적**이며 정확한 결과를 얻을 수 있다. 이 책에서 정규식 문법을 자세히 설명하지는 않는다. 대신, 텍스트에서 전화번호 패턴을 찾는 정규식을 실습하여 기본적으로 어떻게 사용하는지를 이해한 후에는 웹 검색 등을 통해 스스로 학습하도록 하거나 챗GPT의 도움을 받자.

01 새로운 흐름을 생성한 후에 [PDF에서 텍스트 추출] 작업을 추가한다. 그리고 작업 [텍스트] → [텍스트 구문 분석]을 끌어 놓는다.

① 구문 분석할 텍스트: PDF 파일에서 추출한 텍스트 변수 **%ExtractedPDFText%**를 선택한다.

② 찾을 텍스트: 찾을 텍스트 또는 정규식을 입력한다. 여기에는 전화번호를 나타내는 정규식을 입력한다.

₩d{2,3}-?₩d{3,4}-?₩d{4}

③ 정규식 여부: 정규식을 사용할 것이므로 활성화한다.

④ 위치에서 구분 분석 시작: 시작할 위치 '0'을 입력한다.

조금 더 알아보기

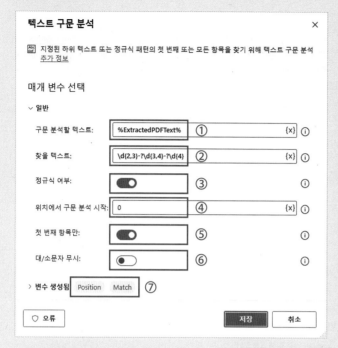

⑤ 첫 번째 항목만: 한 번만 찾을 것이기 때문에 활성화한다. 여러 개의 전화번호 패턴을 찾으려면 비활성화한다.

⑥ 대/소문자 무시: 대/소문자는 무시하도록 활성화한다. (옆 그림에선 비활성화된 상태임)

⑦ 변수 생성됨: 위치 **%Position%**과 찾은 값 **%Match%**를 반환한다.

02 흐름을 실행해서 결과로 생성된 두 개의 변수를 확인해 보자. ① PDF 파일에 기재된 전화번호와 ② 시작 위치를 각각 변수로 반환한다.

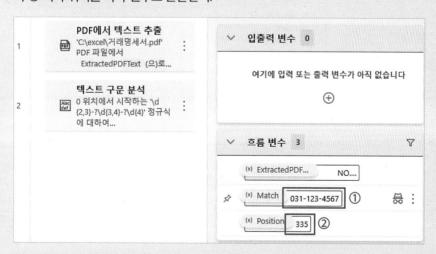

이제 1단계에서 사용한 정규식을 해석해 보자.

₩d{2,3}-?₩d{3,4}-?₩d{4}

- ₩d: 숫자를 뜻함
- {2,3}: 2~3자리
- -: 기호
- ?: 앞 자리의 - 기호가 0개 또는 1개
- {3,4}: 3자리 또는 4자리
- {4}: 4자리

해당 정규식 패턴은 다음과 같이 여러 가지 유형의 전화번호를 모두 찾을 수 있다.

- 0212345678
- 02-1234-5678
- 0311234567
- 031-1234-5678

[텍스트 구문 분석] 작업의 '첫 번째 항목만'을 비활성화하면 정규식 패턴에 일치하는 여러 개의 결과를 목록 변수에 반환한다.

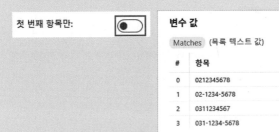

정규식을 활용하여 데이터 추출 자동화하기

정규식(정규표현식) 패턴은 수학식과 유사하여 해당 규칙을 익히기 위해서는 상당한 연습이 필요하다. 더군다나 가끔 사용하는 정규식 패턴을 적용하기 위해, 이전에 기억했던 문법을 다시 상기해내는 것도 쉬운 일이 아니다. 챗GPT에게 정규식을 요청하면 간단하게 정규식을 작성할 수 있다.

다음과 같은 문장에서
김철수의 이메일 주소는 msrpa@naver.com 입니다.
이영희의 이메일 주소는 ms_rpa@daum.co.kr 입니다.
조영수의 이메일 주소는 msrpa@abc_def.com 입니다.

다음 이메일 주소만 추출하는 정규식 패턴을 만들어 줘.
msrpa@naver.com
ms_rpa@daum.co.kr
msrpa@abc_def.com

_____ 5-1-1 정규표현식

```
\b[A-Za-z0-9._%+-]+@[A-Za-z0-9.-]+(?:_[A-Za-z0-9.-]+)?\.[A-Za-z]{2,}\b
```

챗GPT가 작성한 정규식 패턴을 [텍스트 구문 분석] 작업에 붙여 넣으면 구문 오류가 발생한다. 왜냐하면, % 기호는 PAD에서 변수를 정의하는 특수 문자이기 때문이다. % 기호를 문자로 인식하기 위해서 다시 한번 % 기호를 앞에 써준다.

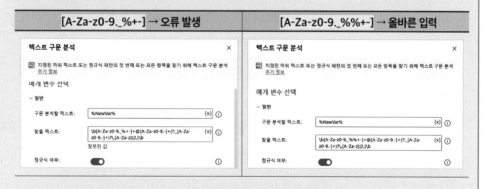

[A-Za-z0-9._%+-] → 오류 발생	[A-Za-z0-9._%%+-] → 올바른 입력

흐름을 실행하면, 다음과 같이 메일 주소만 추출해서 목록 변수에 반환한다.

ChatPDF 서비스 소개

ChatPDF에서는 PDF 문서 내용을 기반으로 질문에 대한 답변을 제공한다. 논문과 같이 자료가 방대하고 전문 지식이 요구되는 PDF 문서를 쉽게 요약하거나 파악할 수 있다. 무료로 사용 가능하며 하루에 3개의 문서까지 사용할 수 있다.

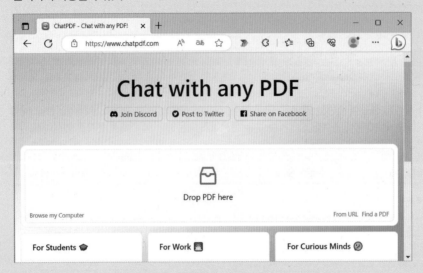

ChatPDF(https://www.chatpdf.com/) 사이트에 접속해서 개인 PC에 있는 PDF 문서를 업로드한 후에 질문해 보자. ChatPDF는 챗GPT API 연동을 통해서 데이터를 분석해서 답변을 제공한다.

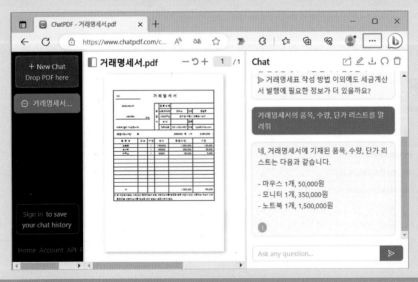

02

워드 자동화: 교육 수료증 만들기

실행 영상 파일
https://cafe.naver.com/msrpa/751

#Word자동화   #파일_선택_대화_표시   #VBA   #PDF_변환   #Word에서_텍스트_추출하기

MS 워드 파일을 열어서 값을 읽거나 입력한 후에 저장할 수 있다. 메뉴 [Word] 폴더 아래의 작업들을 이용해서 워드 자동화를 구현한다. 각 작업의 명칭만으로도 해당 기능을 짐작할 수 있기 때문에 자세한 설명은 생략한다.

매년 조정되는 급여 정보를 개인별 워드 파일에 입력하고, 이를 PDF 파일로 변환하여 이메일로 발송하는 것은 기업에서 흔히 하는 업무다. 워드 자동화 방법은 다양하지만, PAD와 VBScript의 조합은 그 어떤 방법과 비교해도 충분히 유용한 워드 자

| 수강생 리스트 | | | | 교육 수료증 양식 |

	A 사번	B 부서	C 이름	D 메일주소
1	사번	부서	이름	메일주소
2	1001	전산	김철수	msrpa@naver.com
3	1002	전산	이영희	sapjoy@naver.com
4	1003	재무	조영수	jys@nvaer.com
5	1004	재무	박옥순	pos@naver.com
6	1005	구매	문영호	myh@naver.com
7	1006	구매	정현숙	jhs@naver.com
8	1007	영업	강순자	ksj@naver.com
9	1008	영업	채영식	cys@naver.com

동화 도구가 될 수 있다.

교육 수강생 리스트가 담긴 엑셀 파일에서 이름을 읽은 다음, 해당 이름을 교육 수료증 워드 파일에 입력하는 자동화를 구현해 보자. 실습 예제는 8명의 수강생을 대상으로 하고 있지만, 이와 유사한 방식을 사용하여 대상자 수가 많은 실무 업무에 적용할 수 있다.

흐름을 구성하는 작업 순서는 다음과 같다.

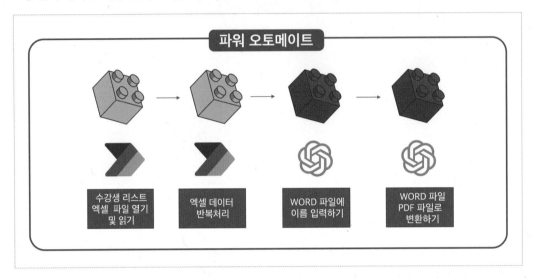

01 수강생 리스트는 회차마다 대상자가 변경된다. 사용자가 직접 수강생 리스트 엑셀 파일을 선택하는 작업을 넣어 보자. 작업 [메시지] → [파일 선택 대화 표시] 메뉴를 추가한다. 사용자가 선택한 파일은 변수 %SelectedFile% 변수에 저장된다.

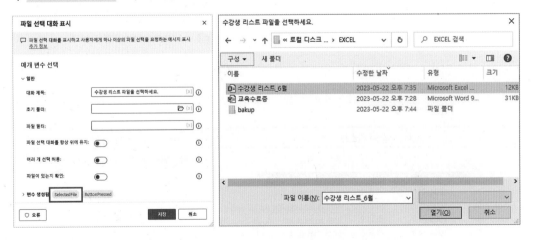

02 [Excel 시작] 작업을 추가해서 사용자가 선택한 파일 변수 %SelectedFile%을 입력한다.

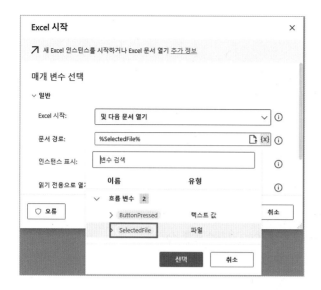

<u>03</u> [Excel 워크시트에서 읽기] 작업으로 수강생 리스트를 모두 가져온 후에 [각각의 경우] 반복문을 추가한다.

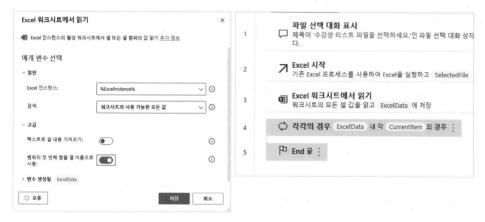

<u>04</u> 수료증 워드 파일에 수강생 이름을 입력해 보자. 워드 파일에 존재하는 첫 번째 표의 1행 2열에 이름을 입력하는 VBScript 코드 작성을 챗GPT에게 요청한다. PAD 기능으로 구현하려면, 작업 [Word] → [Word 문서에서 단어를 찾고 바꾸기] 메뉴를 이용하면 된다. 자세한 내용은 커뮤니티 게시글을 참고하자. (https://cafe.naver.com/msrpa/31105)

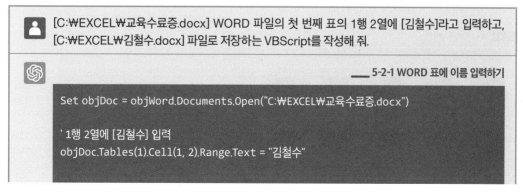

> [C:\EXCEL\교육수료증.docx] WORD 파일의 첫 번째 표의 1행 2열에 [김철수]라고 입력하고, [C:\EXCEL\김철수.docx] 파일로 저장하는 VBScript를 작성해 줘.

⎯⎯ 5-2-1 WORD 표에 이름 입력하기

```
Set objDoc = objWord.Documents.Open("C:\EXCEL\교육수료증.docx")

' 1행 2열에 [김철수] 입력
objDoc.Tables(1).Cell(1, 2).Range.Text = "김철수"
```

```
' 저장 및 종료
objDoc.SaveAs "C:\EXCEL\김철수.docx"
--이하 생략--
```

05 (작업) [스크립팅] → [VBScript 실행]에 스크립트를 붙여 넣는다. ① 직원의 이름 '김철수'는 엑셀 파일에서 읽어온 변수 %CurrentItem['이름']%으로 변경한다. 그리고, ② 저장할 파일 이름도 변수 이름으로 대체한다.

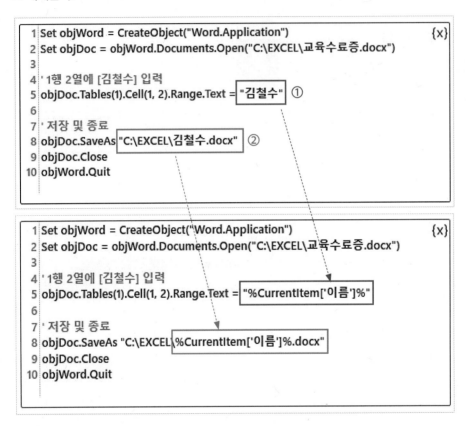

```
 1  Set objWord = CreateObject("Word.Application")              {x}
 2  Set objDoc = objWord.Documents.Open("C:\EXCEL\교육수료증.docx")
 3
 4  ' 1행 2열에 [김철수] 입력
 5  objDoc.Tables(1).Cell(1, 2).Range.Text = "김철수"  ①
 6
 7  ' 저장 및 종료
 8  objDoc.SaveAs "C:\EXCEL\김철수.docx"  ②
 9  objDoc.Close
10  objWord.Quit
```

```
 1  Set objWord = CreateObject("Word.Application")              {x}
 2  Set objDoc = objWord.Documents.Open("C:\EXCEL\교육수료증.docx")
 3
 4  ' 1행 2열에 [김철수] 입력
 5  objDoc.Tables(1).Cell(1, 2).Range.Text = "%CurrentItem['이름']%"
 6
 7  ' 저장 및 종료
 8  objDoc.SaveAs "C:\EXCEL\%CurrentItem['이름']%.docx"
 9  objDoc.Close
10  objWord.Quit
```

06 흐름을 실행하면, 수강생별로 워드 파일이 저장되는 것이 확인된다.

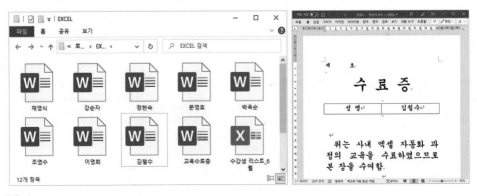

Word 프로그램에 VBA 코드 적용하기

MS Word 프로그램에도 VBA 코드를 적용할 수 있다. VBA는 MS Office 프로그램들에 내장된 프로그래밍 언어로, Excel, Word, PowerPoint 등의 Office 애플리케이션에서 자동화 및 사용자 정의 기능을 구현할 수 있다. VBA를 사용하여 MS Word에서 텍스트 조작, 문서 생성, 서식 변경, 매크로 작성 등 다양한 작업을 수행할 수 있다. 챗GPT에게 VBA 코드 작성을 요청하여 워드 메뉴 중 [개발 도구]에서 VBA 코드를 추가할 수 있다. 단, Word 파일을 docm 확장자로 저장해야 한다.

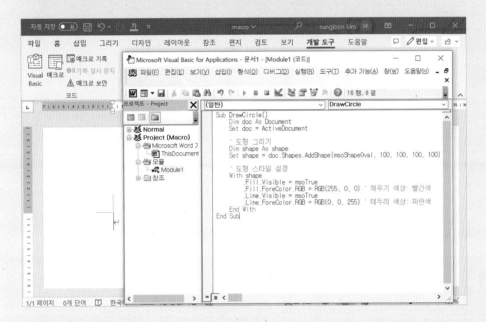

그리고, 매크로를 호출하는 VBScript를 챗GPT에게 작성 요청해서 Word의 매크로를 PAD에서 호출할 수 있다.

[C:\EXCEL\macro.docm] 워드 파일의 DrawCircle 매크로를 호출하는 VBScript를 작성해 줘.

———— 5-2-2 WORD 매크로 호출하기

```
Dim objWord
Set objWord = CreateObject("Word.Application")

' Word 문서 열기
```

조금 더
알아보기

```
Dim objDoc
Set objDoc = objWord.Documents.Open("C:\EXCEL\macro.docm")

' 매크로 실행
objWord.Run "DrawCircle"

' Word 문서 저장 및 닫기
objDoc.Save
objDoc.Close

' Word 종료
objWord.Quit

Set objDoc = Nothing
Set objWord = Nothing
```

07 이번에는 워드 파일을 PDF로 변환하는 코드를 챗GPT에게 요청해 보자.

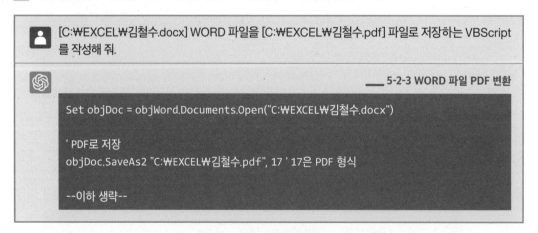

> [C:\EXCEL\김철수.docx] WORD 파일을 [C:\EXCEL\김철수.pdf] 파일로 저장하는 VBScript
> 를 작성해 줘.

____ **5-2-3 WORD 파일 PDF 변환**

```
Set objDoc = objWord.Documents.Open("C:\EXCEL\김철수.docx")

' PDF로 저장
objDoc.SaveAs2 "C:\EXCEL\김철수.pdf", 17 ' 17은 PDF 형식

--이하 생략--
```

5단계에서 적용했던 것처럼 하드코딩된 부분의 변수를 활용해서 동적으로 변경한다. ① 직원의 이름 '김
철수'는 변수 %CurrentItem['이름']%으로 변경한다. ② 저장할 파일 이름도 동일한 변수 이름으로 대
체한다.

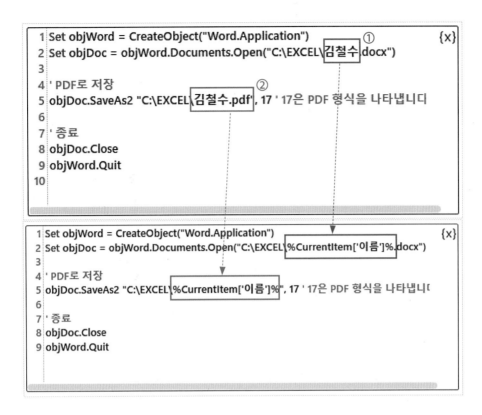

```
1  Set objWord = CreateObject("Word.Application")                        {x}
2  Set objDoc = objWord.Documents.Open("C:\EXCEL\[김철수]①.docx")
3
4  ' PDF로 저장
5  objDoc.SaveAs2 "C:\EXCEL\[김철수.pdf]②", 17 ' 17은 PDF 형식을 나타냅니다
6
7  ' 종료
8  objDoc.Close
9  objWord.Quit
10
```

```
1  Set objWord = CreateObject("Word.Application")                        {x}
2  Set objDoc = objWord.Documents.Open("C:\EXCEL\[%CurrentItem['이름']%].docx")
3
4  ' PDF로 저장
5  objDoc.SaveAs2 "C:\EXCEL\[%CurrentItem['이름']%]", 17 ' 17은 PDF 형식을 나타냅니[
6
7  ' 종료
8  objDoc.Close
9  objWord.Quit
```

<u>08</u> 흐름을 실행하면, 수강생별로 PDF 파일이 생성되는 것을 확인할 수 있다. 이후 메일을 보내는 후속 작업은 각자 구현해 보도록 하자.

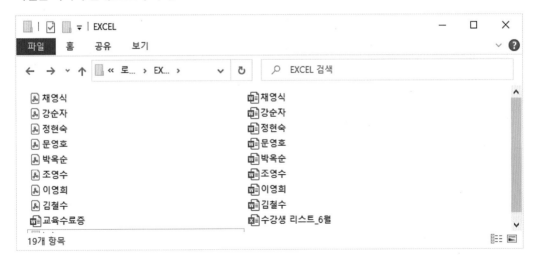

WORD 자동화 키워드 적용하기

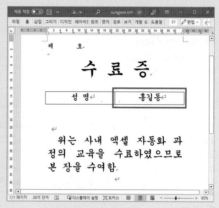

워드 파일 내의 "홍길동" 이라는 이름을 "김철수"로 변경하는 VBScript를 적용하는 것도 좋은 방법이다. 동일한 내용의 수료증을 이름만 변경해서 만들 수 있으므로 간편한 방법이라고 할 수 있다.

챗GPT에게 워드 파일의 키워드를 변경해달라는 스크립트 작성을 요청해 보자.

 [C:₩EXCEL₩교육수료증.docx] WORD 파일에 있는 키워드 [홍길동]을 [김철수]라고 변경하고 [C:₩EXCEL₩김철수.docx] 파일로 저장하는 VBScript를 작성해 줘.

—— 5-2-4 WORD 키워드 변경하기

```
Set objSelection = objWord.Selection
objSelection.Find.Text = "홍길동"
objSelection.Find.Forward = True
objSelection.Find.Wrap = wdFindContinue
objSelection.Find.Execute

If objSelection.Find.Found Then
    objSelection.Text = "김철수"
End If
--이하 생략--
```

흐름을 실행하면 "홍길동" 이라는 키워드를 찾은 후에 "김철수"로 변경해서 워드 파일로 저장한다. 반복 구문 안에 넣어서 변수 이름을 적용하는 것은 각자 실습해 보자.

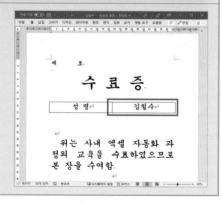

조금 더
알아보기

MS Word 파일에서 텍스트 추출하기

VBScript를 사용해서 워드 파일에서 텍스트를 추출할 수 있다. PAD 도움말 사이트에서 설명과 함께 스크립트를 제공한다. 물론, 챗GPT에게 스크립트 작성을 요청해도 된다. 도움말 사이트로 이동해서 '제목으로 필터링' 검색란에 "VBScript"라고 입력하면 아래에 해당 단어를 포함한 메뉴를 표시한다. 해당 페이지로 이동한 다음, [복사] 버튼을 눌러 스크립트를 클립보드로 복사하자.

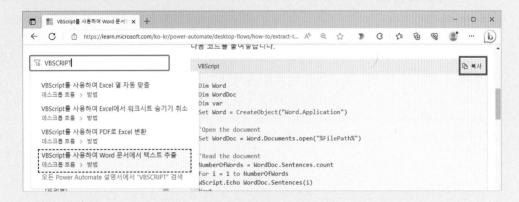

다음 워드 파일에서 텍스트를 추출하는 작업을 실습해 보자.

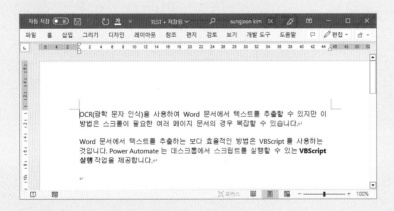

01 새로운 흐름을 생성한 후 **작업** [스크립팅] → [VBScript 실행] 메뉴를 추가한다. 그리고 도움말 사이트에서 복사한 스크립트를 붙여 넣는다. 스크립트 안에 정의하지 않은 변수가 있으므로 작업을 저장하면 변수가 없다는 오류가 발생한다.

Word.Documents.open("%FilePath%")

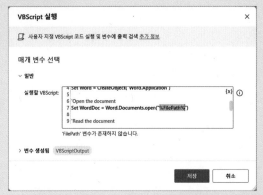

02 작업 [메시지 상자] → [파일 선택 대화 표시] 작업을 [VBScript 실행] 작업 앞으로 끌어 놓고 선택한 파일 이름에 1단계의 변수 %FilePath%를 '변수 생성됨' 항목에 지정한다. 또는 직접 %FilePath% 변수를 생성해서 파일의 전체 경로를 넣어도 된다.

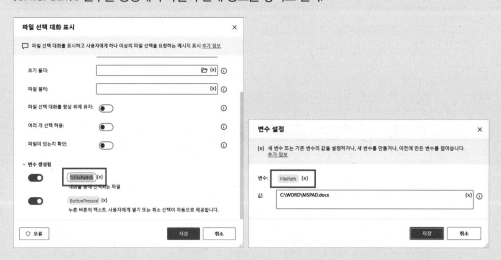

03 흐름을 실행해서 결과를 확인해 보자. 한글과 영문 모두 인식률이 좋음을 알 수 있다. 거래명세서 PDF 파일 자동화에서 텍스트를 추출했던 방식으로 워드 자동화에도 적용할 수 있다.

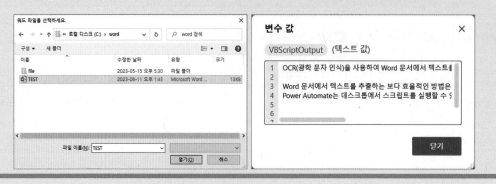

PPT 자동화:
생일 축하 카드 만들고 발송하기

실행 영상 파일
https://cafe.naver.com/msrpa/752

#PPT자동화 #하위_텍스트_가져오기 #PPT에서_VBA코드_호출하기 #이메일_보내기

회사 복도를 걷다 보면 부서 게시판마다 이달의 생일자를 축하하는 글이 공지된 것을 쉽게 볼 수 있다. 그리고 매월 기업에서는 전사원을 대상으로 해당 월의 생일자에게 축하 메시지를 메일로 보내기도 한다. 이 과정을 업무 자동화로 처리하는 방법에 대해서 알아보자. 전체 흐름의 로직은 다음과 같이 구성된다.

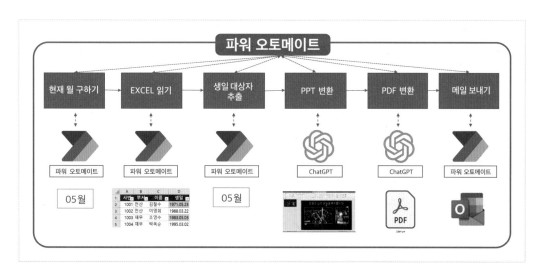

먼저, 현재 월을 구하고 전체 직원의 생일이 기록된 인사 파일에서 이번 달이 생일인 대상자를 추출해서 비교해야 한다. 그리고 생일자 대상으로 파워포인트 파일에 이름을 추가하여 메일을 보내는 자동화를 구현해 보자.

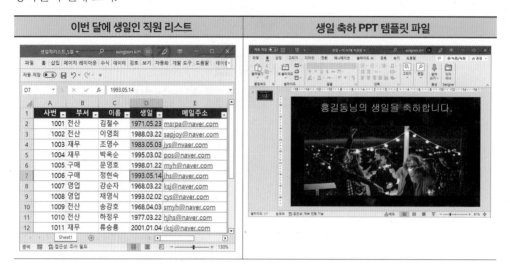

이번 달에 생일인 직원 리스트	생일 축하 PPT 템플릿 파일

01 먼저, 현재 날짜의 월을 구해야 한다. 작업 [날짜/시간] → [현재 날짜 및 시간 가져오기]를 끌어온다.

02 날짜 변수에서 월만 추출하기 위해 작업 [텍스트] → [텍스트로 날짜/시간 변환]의 옵션을 다음과 같이 설정하자. ① 변환할 날짜/시간: 1단계에서 생성한 날짜 변수 입력, ② 사용할 형식: [사용자 지정]을 선택, ③ 사용자 지정 형식: 월을 의미하는 대문자 "MM"을 입력, ④ 변수 생성됨: 변수 이름은 본인이 쉽게 인식할 수 있도록 %curr_mon%으로 변경한다. 흐름을 실행하면 ⑤ %curr_mon% 변수에 현재 월인 "05"가 저장된 것이 확인된다.

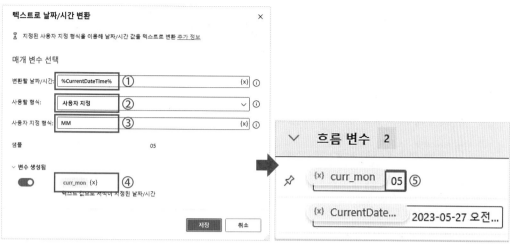

VBScript로 현재 월 구하기

현재 월을 구하는 VBScript를 챗GPT에게 요청해 보자.

현재 월 2자리를 구하는 PAD에서 실행하는 VBScript 코드를 작성해 줘.

___ 5-3-1 현재 월 구하기

```
' 메인 코드
Dim currentMonth
currentMonth = GetCurrentMonth()

' 결과 출력
WScript.Echo currentMonth
--이하 생략--
```

[VBScript] 실행 작업에 ① 스크립트를 붙여 넣고, ② 변수 이름은 %curr_mon%으로 변경한다. 흐름을 실행하면 %curr_mon% 변수에 월 "05"가 반환된다.

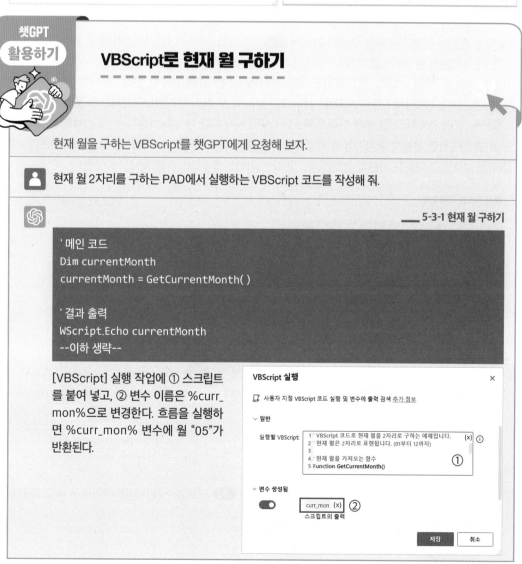

<u>03</u> [Excel 시작]과 [Excel 워크시트에서 읽기] 작업으로 '생일자리스트_5월.xlsx' 파일의 데이터를 읽는다. 이번 달의 생일자 리스트를 추출하기 위해서 [각각의 경우] 반복문으로 처리한다.

1	**현재 날짜 및 시간 가져오기**
	현재 날짜/시간을 검색하고 `CurrentDateTime` 에 저장
2	**텍스트로 날짜/시간 변환**
	'MM' 형식을 사용하여 `CurrentDateTime` 날짜/시간을 텍스트로 변환하고 `curr_mon`
3	**Excel 시작**
	기존 Excel 프로세스를 사용하여 Excel을 실행하고 'C:\EXCEL\생일자리스트_5월.xlsx' 문서
4	**Excel 워크시트에서 읽기**
	워크시트의 모든 셀 값을 읽고 `ExcelData` 에 저장
5	⟳ **각각의 경우** `ExcelData` 내 각 `CurrentItem` 의 경우 ⋮
6	⌀ **End 끝** ⋮

<u>04</u> 엑셀 파일의 생일에서 월을 구하기 위해서 작업 [텍스트] → [하위 텍스트 가져오기] 메뉴를 끌어 놓는다. 이 작업은 생일 "1971.**05**.23"에서 월 2자리 "05"를 추출하는 기능을 수행한다.
① 원본 텍스트: 엑셀 파일의 생일 데이터 %CurrentItem['생일']% 변수를 입력, ② 시작 색인: [문자 위치]를 선택한다. 만약 [텍스트의 시작]을 선택하면 문자의 첫 번째 자리부터 자른다. ③ 문자 위치: 월이 시작하는 "5"를 입력한다. 첫 번째 자리 인덱스는 0부터 시작한다. ④ 길이: [문자 수]를 선택한다. [텍스트의 끝]을 선택하면 문자의 마지막에서 자릿수만큼 자를 수 있다. ⑤ 문자 수: 월은 2자리이기 때문에 2를 입력한다. ⑥ 변수 이름은 직원의 생월(태어난 달)을 의미하는 %birth_mon%으로 변경한다.

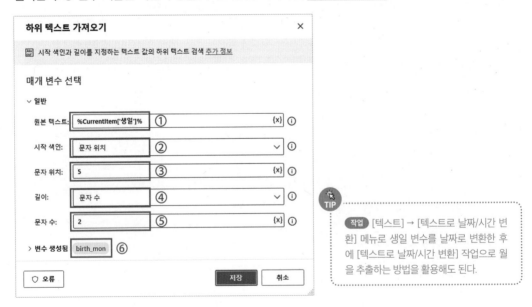

> 작업 [텍스트] → [텍스트로 날짜/시간 변환] 메뉴로 생일 변수를 날짜로 변환한 후에 [텍스트로 날짜/시간 변환] 작업으로 월을 추출하는 방법을 활용해도 된다.

<u>05</u> 현재 월과 직원의 생월이 동일한지 비교하기 위해서 작업 [조건] → [만약]을 추가해서 비교 조건을 완성한다.

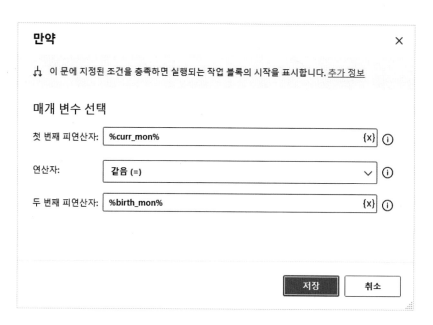

06 생일 축하 PPT 파일을 생일 대상자 이름으로 변경 저장하는 VBScript를 챗GPT에게 요청하여 [VBScript 실행] 작업에 붙여 넣는다.

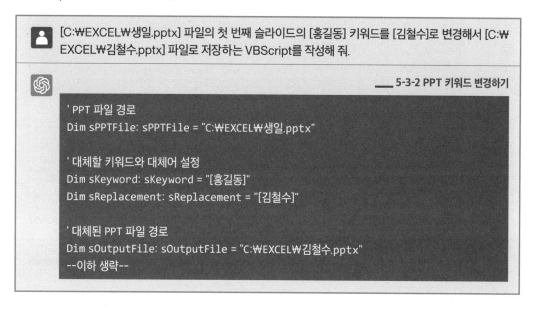

[C:₩EXCEL₩생일.pptx] 파일의 첫 번째 슬라이드의 [홍길동] 키워드를 [김철수]로 변경해서 [C:₩ EXCEL₩김철수.pptx] 파일로 저장하는 VBScript를 작성해 줘.

_____ 5-3-2 PPT 키워드 변경하기

```
' PPT 파일 경로
Dim sPPTFile: sPPTFile = "C:₩EXCEL₩생일.pptx"

' 대체할 키워드와 대체어 설정
Dim sKeyword: sKeyword = "[홍길동]"
Dim sReplacement: sReplacement = "[김철수]"

' 대체된 PPT 파일 경로
Dim sOutputFile: sOutputFile = "C:₩EXCEL₩김철수.pptx"
--이하 생략--
```

PPT에 VBA 코드를 추가하고, PAD에서 해당 매크로를 호출하기

PAD에는 엑셀 매크로만 호출하는 기능이 내장되어 있다. 파워포인트에 추가한 매크로를 호출하려면, 챗GPT에게 매크로를 호출하는 VBScript를 작성해달라고 요청해서 PAD의 [VBScript 실행] 작업에서 실행하면 된다. 파워포인트에서 매크로를 실행하려면, 확장자를 pptm으로 저장해야 한다. 먼저, 테스트를 위해 원 도형을 그리는 VBA 코드를 챗GPT에게 작성해서 반영하길 바란다. 그런 후에, 파워포인트 매크로를 호출하는 VBScript 작성을 챗GPT에게 요청하면 된다.

> 👤 C:₩EXCEL₩circle_macro.pptm 파워포인트 문서의 DrawCircle 매크로를 호출하는 VBScript를 작성해 줘.

🔲 _____ 5-3-3 PPT 매크로 호출하기

```
Dim oApp
Dim oPres
Dim oSlide

Set oApp = CreateObject("Powerpoint.Application")
oApp.visible = true
Set oPres = oApp.Presentations.Open("C:₩EXCEL₩circle_macro.pptm")

oApp.Run "circle_macro.pptm!DrawCircle"

' 파일 저장
oPres.SaveAs "C:₩EXCEL₩circle_macro.pptm"

oPres.Close
oApp.Quit
```

코드를 [VBScript 실행] 작업에 붙여 넣고 실행하면, 파워포인트에서 원 도형을 그리는 매크로가 실행된다.

07 "김철수"로 하드코딩된 부분을 동적으로 변경하기 위해서 변수 %CurrentItem['이름']%으로 대체한다.

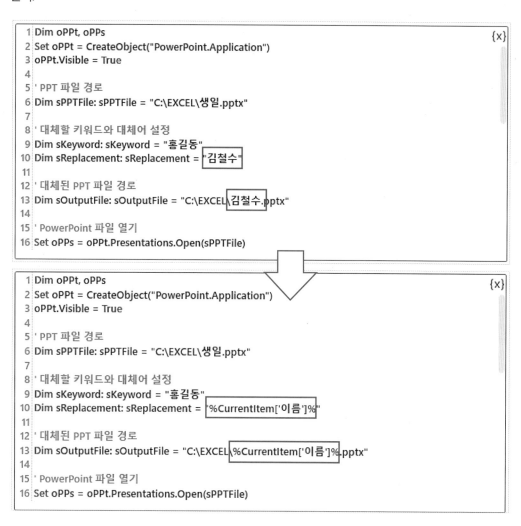

```
1  Dim oPPt, oPPs                                                              {x}
2  Set oPPt = CreateObject("PowerPoint.Application")
3  oPPt.Visible = True
4
5  ' PPT 파일 경로
6  Dim sPPTFile: sPPTFile = "C:\EXCEL\생일.pptx"
7
8  ' 대체할 키워드와 대체어 설정
9  Dim sKeyword: sKeyword = "홍길동"
10 Dim sReplacement: sReplacement = "김철수"
11
12 ' 대체된 PPT 파일 경로
13 Dim sOutputFile: sOutputFile = "C:\EXCEL\김철수.pptx"
14
15 ' PowerPoint 파일 열기
16 Set oPPs = oPPt.Presentations.Open(sPPTFile)
```

```
1  Dim oPPt, oPPs                                                              {x}
2  Set oPPt = CreateObject("PowerPoint.Application")
3  oPPt.Visible = True
4
5  ' PPT 파일 경로
6  Dim sPPTFile: sPPTFile = "C:\EXCEL\생일.pptx"
7
8  ' 대체할 키워드와 대체어 설정
9  Dim sKeyword: sKeyword = "홍길동"
10 Dim sReplacement: sReplacement = "%CurrentItem['이름']%"
11
12 ' 대체된 PPT 파일 경로
13 Dim sOutputFile: sOutputFile = "C:\EXCEL\%CurrentItem['이름']%.pptx"
14
15 ' PowerPoint 파일 열기
16 Set oPPs = oPPt.Presentations.Open(sPPTFile)
```

08 이번에는 PPT 파일을 PDF 파일로 변환하여 저장하는 VBScript를 챗GPT에게 요청해 보자.

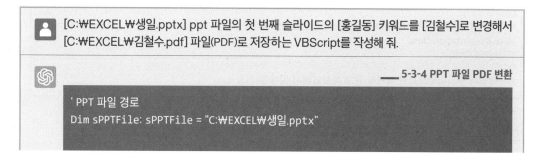

[C:\EXCEL\생일.pptx] ppt 파일의 첫 번째 슬라이드의 [홍길동] 키워드를 [김철수]로 변경해서 [C:\EXCEL\김철수.pdf] 파일(PDF)로 저장하는 VBScript를 작성해 줘.

_____ 5-3-4 PPT 파일 PDF 변환

```
' PPT 파일 경로
Dim sPPTFile: sPPTFile = "C:\EXCEL\생일.pptx"
```

```
' 대체할 키워드와 대체어 설정
Dim sKeyword: sKeyword = "[홍길동]"
Dim sReplacement: sReplacement = "[김철수]"

' 대체된 PPT 파일 경로
Dim sOutputFile: sOutputFile = "C:\EXCEL\김철수.pptx"
--이하 생략--
```

<u>09</u> VBScript에서 "김철수"로 표기된 부분을 변수로 변경한다.

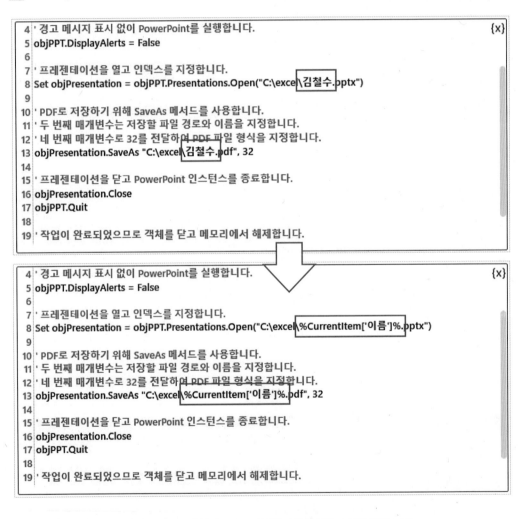

```
 4 ' 경고 메시지 표시 없이 PowerPoint를 실행합니다.                              {x}
 5 objPPT.DisplayAlerts = False
 6
 7 ' 프레젠테이션을 열고 인덱스를 지정합니다.
 8 Set objPresentation = objPPT.Presentations.Open("C:\excel\김철수.pptx")
 9
10 ' PDF로 저장하기 위해 SaveAs 메서드를 사용합니다.
11 ' 두 번째 매개변수는 저장할 파일 경로와 이름을 지정합니다.
12 ' 네 번째 매개변수로 32를 전달하여 PDF 파일 형식을 지정합니다.
13 objPresentation.SaveAs "C:\excel\김철수.pdf", 32
14
15 ' 프레젠테이션을 닫고 PowerPoint 인스턴스를 종료합니다.
16 objPresentation.Close
17 objPPT.Quit
18
19 ' 작업이 완료되었으므로 객체를 닫고 메모리에서 해제합니다.
```

```
 4 ' 경고 메시지 표시 없이 PowerPoint를 실행합니다.                              {x}
 5 objPPT.DisplayAlerts = False
 6
 7 ' 프레젠테이션을 열고 인덱스를 지정합니다.
 8 Set objPresentation = objPPT.Presentations.Open("C:\excel\%CurrentItem['이름']%.pptx")
 9
10 ' PDF로 저장하기 위해 SaveAs 메서드를 사용합니다.
11 ' 두 번째 매개변수는 저장할 파일 경로와 이름을 지정합니다.
12 ' 네 번째 매개변수로 32를 전달하여 PDF 파일 형식을 지정합니다.
13 objPresentation.SaveAs "C:\excel\%CurrentItem['이름']%.pdf", 32
14
15 ' 프레젠테이션을 닫고 PowerPoint 인스턴스를 종료합니다.
16 objPresentation.Close
17 objPPT.Quit
18
19 ' 작업이 완료되었으므로 객체를 닫고 메모리에서 해제합니다.
```

<u>10</u> 흐름을 실행해서 생일자의 PPT 파일과 PDF 파일이 생성되었는지 확인해 보자.

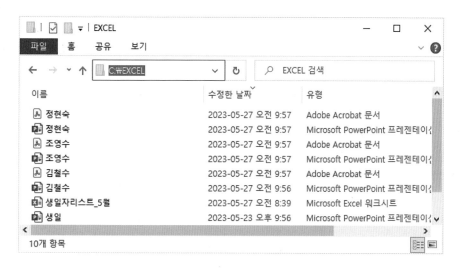

11 마지막으로, 메일 발송 기능을 자동화하자. ① 작업 [Outlook] → [Outlook 시작] 메뉴를 반복문 시작 이전에 추가한다. 작업 [Outlook] → [Outlook으로 이메일 메시지 보내기] 메뉴를 반복문 안에 끌어놓고, 입력 값을 설정한다. ② 계정: 메일을 보내는 사람의 메일 계정, ③ 받는 사람: 메일을 받는 사람인 엑셀 파일의 '메일주소' 열 정보 입력, ④ 제목: 생일자의 이름 변수와 축하 메시지 입력, ⑤ 본문: 인사글과 함께 본문을 구성하고, ⑥ 첨부 파일은 9단계에서 생성한 PDF 파일을 첨부하도록 경로와 변수를 설정한다. ⑦ 흐름을 저장한다. 흐름을 실행한 후에 첨부 파일과 함께 메일이 전송되는지 확인해 보자.

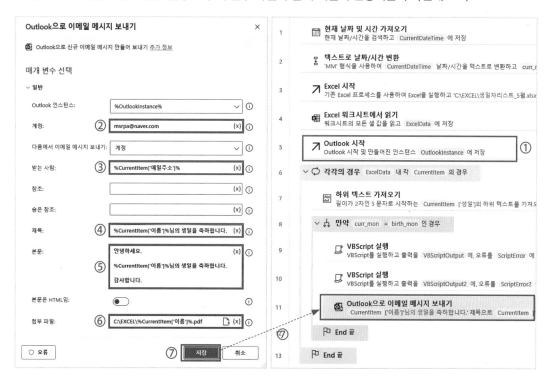

PAD 예제 활용하기

PAD 중앙 콘솔에서 [예] 탭으로 이동하면 마이크로소프트에서 제공하는 다양한 예제를 확인할 수 있다.
[Excel 자동화] 박스를 더블 클릭해 보자.

추가 작업 : 아이콘을 누르고 [복사본 만들기] 메뉴로 새 흐름을 만들고 본인만의 로직을 적용하여 흐름
을 테스트할 수 있다.

엑셀 VBA 활용:
동호회 회비 계산 자동화하기

실행 영상 파일
https://cafe.naver.com/msrpa/753

#Excel_매크로   #SUMIF   #매크로_기록   #Excel_매크로_사용_통합_문서

RPA 도입 이전, 사무직원들은 주로 엑셀 매크로를 사용하여 업무 자동화를 수행했다. 다음은 재무팀에서 VBA 코드로 매크로를 작성한 엑셀 파일 중 하나이다. VBA(Visual Basic Script) 매크로 소스를 직접 작성하여 하루에도 여러 번 실행해야 하는 반복 작업을 효율적으로 개선하였다.

엑셀 파일	VBA 매크로 소스 코드

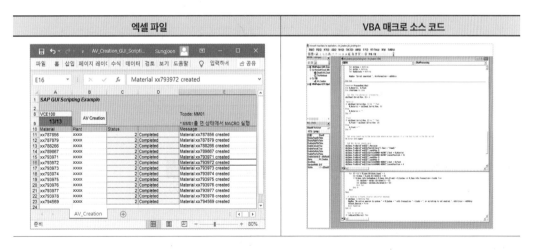

특히, 재무부서에서는 엑셀 파일을 이용한 수작업이 빈번히 이루어진다. 신입사원이 입사하면 엑셀 단축키를 익숙하게 사용할 수 있도록 교육한다. 재무팀의 한 직원은 PAD를 공식적으로 소개하기도

전에, 타 부서의 자동화 개선 사례를 듣고 매크로 작업을 PAD로 개선하고 싶다는 의견을 전달해 왔다. 전문 영역이 아닌 매크로를 VBA 스크립트로 작성하는 것에 부담을 느낀 것이다. 매크로에 사용한 소스 코드를 전부 제거하는 것이 1차 목표라는 것은 말하지 않아도 알 수 있었다.

SAP ERP에서 데이터를 내려받고 엑셀로 데이터를 정리하여 다시 SAP 마스터 데이터를 변경하는 작업이 여러 번 반복되는 작업 유형이다. 14단계의 과정을 업무 유형별로 그룹화해서 5개의 데스크톱 흐름을 생성했다. 모든 데스크톱 흐름은 서로 호출할 수 있도록 작업 [흐름 실행] → [데스크톱 흐름 실행]으로 연결했다. 즉, 자동화 실행 버튼만 누르면 14단계의 작업이 한 번에 수행된다. 이 자동화를 구현하는 과정에서 PAD의 엑셀 고급 작업들을 활용하였다. 또한, SAP 자동화는 SAP Script Recording으로 구현하였기 때문에 자동화 실행 중에도 다른 작업을 병행할 수 있다.

이 직원은 현재, 부서 내에서 업무 자동화의 전도사 역할을 자처한다. 초반에는 이런저런 기술적인 상담으로 IT 부서를 자주 찾았지만, 지금은 자동화 관련 문의가 줄었다. 시민 개발자가 어엿한 자동화 전문가로 성장한 것이다. 다음으로는 파워 앱스를 활용해 업무용 앱을 개발하는 단계로 나아가야 한다. 필자가 근무하는 회사의 각 부서에서는 디지털 전략에 관심 있는 직원들을 선정하여 파워 플랫폼을 교육하고 업무 자동화가 정착될 수 있도록 DEX(Digital Employee Experience) 커뮤니티를 구성하였다.

> **TIP** 모바일 앱을 제작하는 로코드(Low-code) 기반의 파워 앱스에 대한 자세한 설명은 《코드 한 줄 없이 시작하는 Microsoft 파워 앱스(2022년 출간, 프리렉)》 서적을 참고하자.

이제 PAD에서 엑셀 매크로를 호출하는 방법에 대해서 알아보자. 동호회 회비 납부 리스트를 회원별로 합계하는 VBA 매크로를 생성해서 PAD에서 호출하는 방식이다.

월별 회비 리스트				회원별 불입 합계 현황	
	A	B	C		A	B

	A	B	C
1	일자	이름	회비
2	2023-01-01	김철수	10000
3	2023-01-01	조영수	10000
4	2023-01-01	박옥순	10000
5	2023-01-01	문영호	10000
6	2023-01-01	정현숙	10000
7	2023-01-01	강순자	10000
8	2023-01-01	채영식	10000
9	2023-02-01	김철수	10000
10	2023-02-01	이영희	10000

	A	B
1	이름	회비
2	김철수	50000
3	조영수	50000
4	박옥순	50000
5	문영호	50000
6	정현숙	50000
7	강순자	50000
8	채영식	50000
9	이영희	40000

이번에 실습할 흐름은 챗GPT가 작성한 회비 계산 VBA 코드를 추가하고, 매크로를 호출하는 2단계의 작업으로 구성되어 있다.

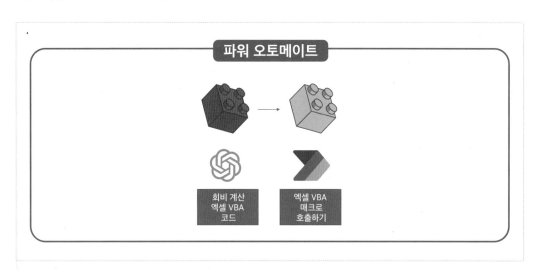

01 매월 동호회 회비 리스트에서 회원별로 합계 금액을 계산하는 VBA 스크립트 작성을 챗GPT에게 요청한다.

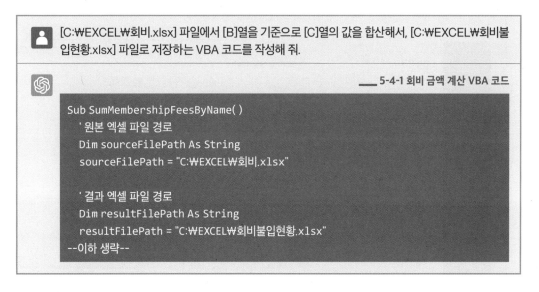

02 "회비.xslx" 파일을 열고 ① 메뉴 [개발 도구] → [Visual Basic]를 선택한다. 상단의 [VBAProject]를 클릭하고 ② 마우스 오른쪽 버튼을 눌러서 [삽입] → [모듈] 메뉴를 누른다. 그리고, ③ 챗GPT가 작성한 스크립트를 붙여 넣고 ④ ▶ 아이콘을 눌러서 실행한다.

TIP

[개발 도구] 메뉴가 보이지 않으면 ① 메뉴 [파일] → [옵션]을 선택하고, ② [리본 사용자 지정] 메뉴에서 ③ [개발 도구]를 선택하면 된다. MS 워드와 파워포인트도 동일한 방식으로 [개발 도구]를 추가할 수 있다.

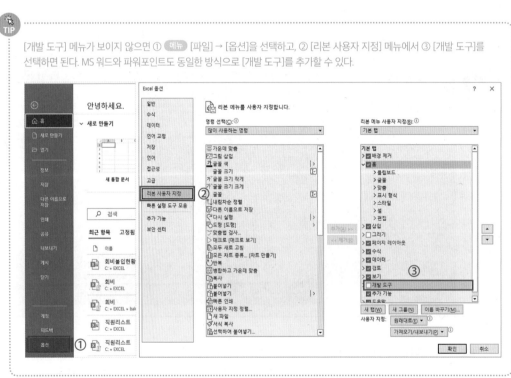

03 [다른 이름으로 저장] 메뉴를 이용해서 엑셀 파일을 [Excel 매크로 사용 통합 문서(*.xlsm)]로 저장한다.

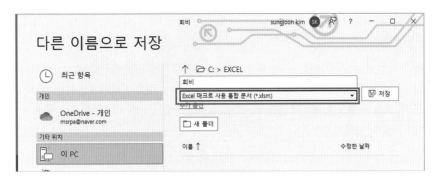

04 이제 PAD에서 엑셀 파일을 열어서 엑셀 매크로를 호출하면 자동화 작업이 완료된다. 새로운 흐름을 생성한 후에 [Excel 시작] 작업을 추가한다.

05 작업 [Excel] → [고급] → [Excel 매크로 실행] 메뉴를 끌어 놓는다. 매크로 옵션에 앞서 생성했던 매크로 이름을 입력한다.

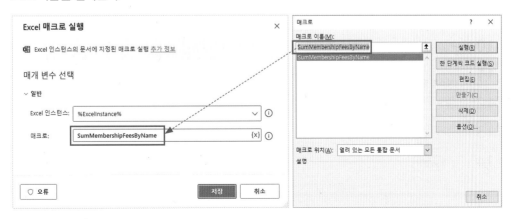

엑셀 매크로 기능 활용하기

엑셀 프로그램은 사용자 작업을 녹화해서 그대로 재현하는 매크로 기능을 제공한다. 매크로(Macro)는 엑셀에 포함된 레코딩 재현 기능이며, VBA는 매크로를 개발하는 프로그래밍 언어이다. **매크로는 단순 녹화이기 때문에 VBA 스크립트를 한 줄도 입력하지 않는다**는 점을 강조하고 싶다. 해당 매크로를 PAD로 호출하는 방식으로 엑셀 자동화에 활용할 수 있다.

<u>01</u> 엑셀 파일을 열고 [보기] 탭의 [매크로] → [매크로 기록] 메뉴를 클릭한다. 매크로 이름을 입력하고 [확인] 버튼을 누르자. 지금부터 작업하는 엑셀의 모든 액션이 녹화된다.

<u>02</u> '부서' 열의 필터를 눌러서 "전산"인 리스트만 조회되도록 한다. [매크로] → [기록 중지] 버튼을 눌러서 녹화를 종료한다.

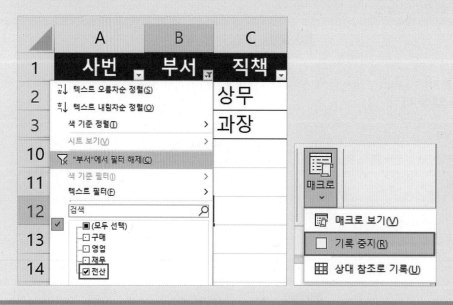

03 [매크로 보기] 메뉴를 누르면 녹화한 매크로가 조회된다. [실행] 버튼을 눌러서 매크로를 실행하면 앞서 녹화했던 작업을 그대로 재현한다. 엑셀 파일을 매크로 사용 통합 문서 확장자(.xlsm)로 저장해서, 이번 절에서 실습했던 것처럼 PAD에서 [Excel 매크로 실행] 작업으로 매크로를 호출해서 자동화할 수 있다.

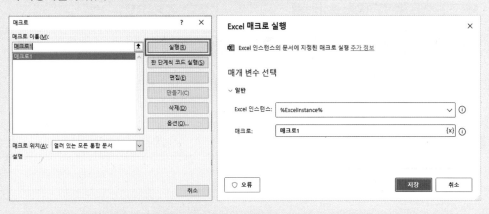

06 흐름을 실행해서 회원별로 회비를 합산하는 작업이 실행되는지 확인해 보자.

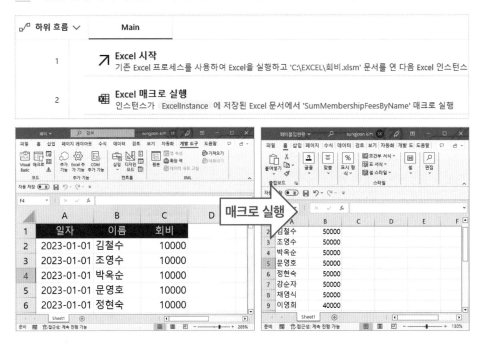

07 메뉴 [개발 도구] → [삽입] → [단추]를 추가하면 매크로를 실행하는 버튼을 추가할 수 있다.

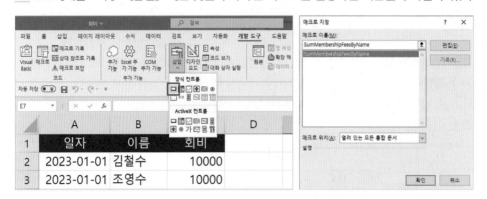

[회비계산] 버튼을 누르면, 매크로가 실행되고 '회비불입현황' 엑셀 파일을 생성한다.

챗GPT
활용하기

엑셀의 SUMIF 함수 사용하기

챗GPT에게 이름을 비교해서 회비를 합산하는 엑셀 수식을 알려 달라고 질문해 보자.

👤 엑셀 파일의 [B]열과 [E]열이 동일하면, [C]열의 값을 합산하는 엑셀 수식을 알려 줘.

⑨ =SUMIF(B:B, E2, C:C)

챗GPT가 알려준 SUMIF 수식을 엑셀에 입력하면, 이름이 동일한 조건에 해당하는 데이터의 합을 구할 수 있다. SUMIF 함수는 조건에 해당하는 합계를 계산하는 데 자주 활용된다.

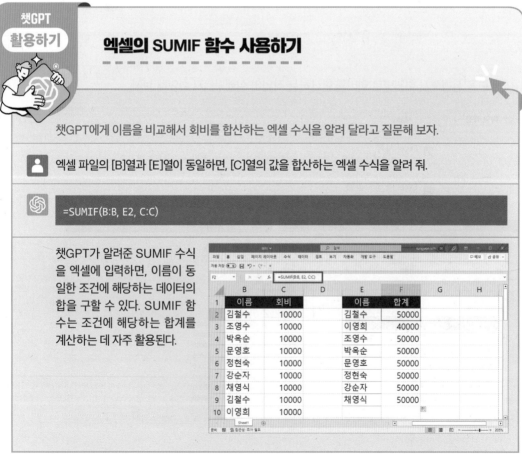

AI-aided Formular Editor 활용하기

GPT-4 인공지능이 탑재된 AI-aided formular Editor를 설치하면 챗GPT처럼 원하는 기능을 질의해서 엑셀 수식을 만들 수 있다. 엑셀 프로그램을 실행하고 ① 메뉴 [삽입] → [추가 기능 가져오기]를 선택한다. 'AI-aided Formular'를 검색한 후, ② [추가] 버튼을 눌러서 설치하자.

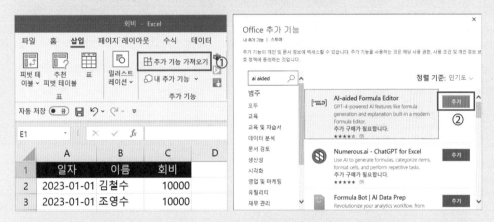

[Go to Sign In] 버튼을 눌러서 [Microsoft] 또는 [Google] 계정으로 로그인한다.

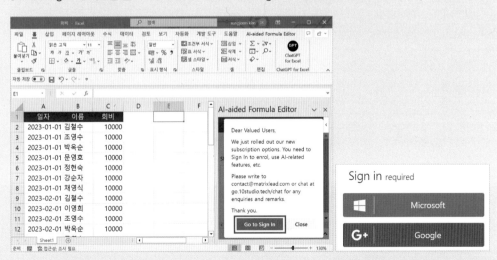

① [AI Generator] 버튼을 눌러서 작성하려는 수식을 설명하고 ② [Submit] 버튼을 누르면 ③ 인공지능이 엑셀 서식을 생성한다.

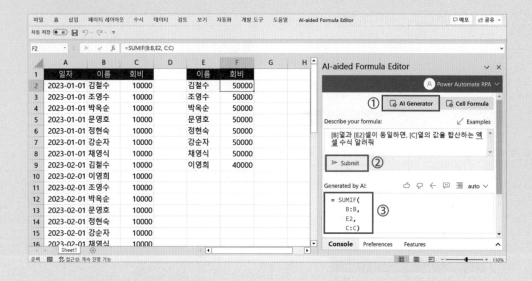

05

엑셀을 데이터베이스처럼 활용하기

실행 영상 파일
https://cafe.naver.com/msrpa/754

#SQL   #SQL_연결_활성화   #데이터베이스   #SQL문_실행

엑셀 파일을 데이터베이스 테이블처럼 활용해서, SQL 쿼리로 데이터를 빠르게 검색하거나 업데이트할 수 있다. 참고로 SQL(Structured Query Language, 구조화 질의)은 데이터베이스를 다룰 때 사용하는 언어이다. SQL의 WHERE 조건을 이용해 엑셀 파일의 데이터에 효율적으로 접근할 수 있다. 엑셀 데이터 처리 과정에서 성능 문제가 발생할 때 해결책이 될 수 있기에, 엑셀 파일을 SQL 구문으로 쿼리하는 방법을 소개해 보려고 한다. 이제 차근차근 따라 하며 엑셀 파일을 SQL 쿼리로 처리하는 방법을 알아보자.

01 새로운 흐름을 생성한 후 [데이터베이스] → [SQL 연결 활성화] 메뉴를 끌어 놓는다. 연결 문자열 작성 아이콘(📷)을 눌러서 데이터 연결 설정 속성 창으로 이동한다.

SQL 연결 활성화   ✕

🗄 데이터베이스에 대한 새 연결 활성화 <u>추가 정보</u>

매개 변수 선택

연결 문자열: [   ] [📷][{x}] ⓘ

> 변수 생성됨   SQLConnection

♡ 오류   저장   취소

02 OLE DB 공급자 목록에서 [Microsoft Office 12.0 Access Database~]를 선택하고 다음 화면으로 이동한다.

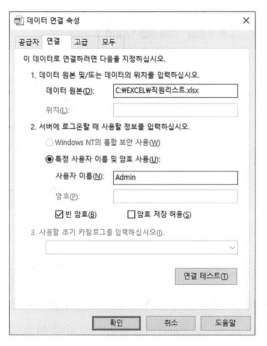

03 [연결] 탭의 데이터 원본에 "C:₩EXCEL₩직원리스트.xlsx" 파일 이름을 입력한다.

04 ① [모두] 탭으로 이동한 후에 ② [Extended Properties] 항목을 더블 클릭한다. ③ 속성 값 항목에 "Excel 12.0 Xml;HDR=YES"를 입력한다.

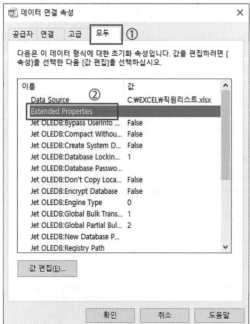

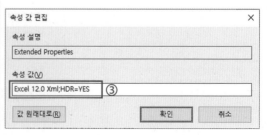

05 [연결] 탭으로 이동하여 [연결 테스트] 버튼을 누르면 "연결 테스트를 성공했습니다."라는 성공 메시지가 조회된다. [확인] 버튼을 눌러 설정을 마친다.

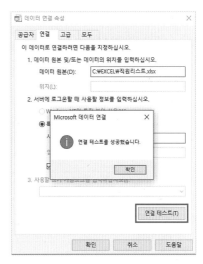

06 [SQL 연결 활성화] 작업의 연결 문자열이 완성된다. **해당 코드를 복사해서 파일 이름을 변경하면, 다른 엑셀 파일에도 적용이 가능**하다. 또는 다음 단계에서 설명하는 것처럼 변수를 활용할 수도 있다.

07 [변수 설정] 작업을 추가해서, 엑셀 파일의 경로와 이름을 입력한다. 6단계에 기술되어 있는 "**C:₩EXCEL₩직원리스트.xlsx**" 엑셀 파일의 이름을 변수로 대체한다.

Provider=Microsoft.ACE.OLEDB.12.0;Data Source= **%FILE%**;Extended Properties="Excel 12.0 Xml;HDR=YES";Persist Security Info=False

08 작업 [데이터베이스] → [SQL 문 실행] 메뉴를 추가한다. 엑셀 데이터에서 만들어진 테이블 데이터를 읽는 SQL은 SELECT 명령어를 이용한다. FROM 구문 다음에 테이블 이름을 입력할 때, 엑셀 파일을 사용할 경우에는 대괄호 [] 안에 워크시트명을 입력하고 그 뒤에 $ 기호를 추가한다.

SELECT * FROM [SHEET1$]

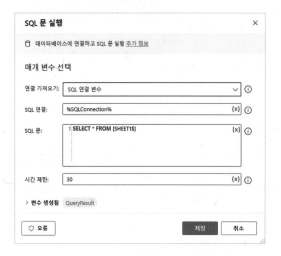

09 흐름을 실행하면 SQL 결과가 데이터 테이블 변수로 저장되는 것을 확인할 수 있다.

10 예제에서 **SELECT** 다음 애스터리스크 기호(*)는 모든 칼럼의 값을 가져오라는 뜻이다. 이름과 메일주소 열 2개만 추출하고 싶으면 다음과 같이 열 이름을 사용해서 SQL 구문을 작성하면 된다.

SELECT [이름], [메일주소] FROM [Sheet1$]

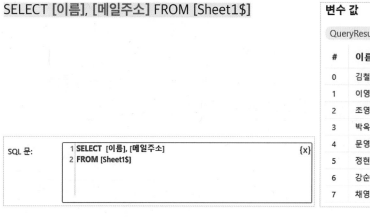

11 데이터베이스 테이블을 이용하는 장점 중 하나는 데이터를 검색할 때 조건을 사용할 수 있다는 것이다. 학생 데이터 중에 '김철수' 직원의 데이터만 가져오는 SQL문을 완성해 보자. 조건 구문으로는 WHERE 구문을 사용한다.

SELECT [이름], [메일주소]
FROM [Sheet1$]
WHERE [이름] = '김철수'

실행 결과 WHERE 조건에 해당하는 데이터 1건만 조회된다. 이외 여러 조건을 이용해서 각자 실습해 보자.

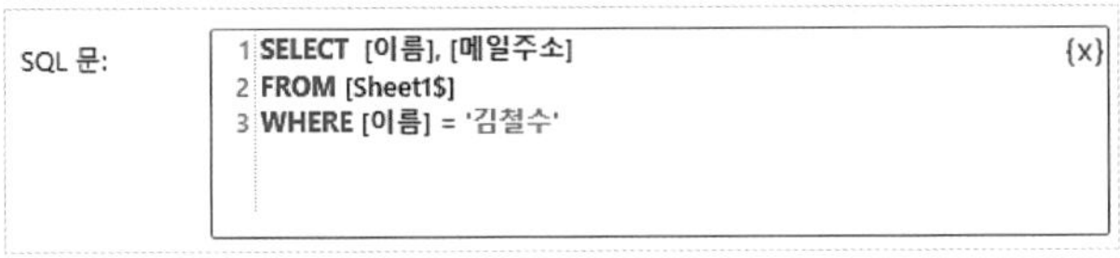

변수 값

QueryResult (데이터 테이블)

SQL 문:

```
1 SELECT [이름], [메일주소]                                    {x}
2 FROM [Sheet1$]
3 WHERE [이름] = '김철수'
```

#	이름	메일주소
0	김철수	msrpa@naver.com

12 이번에는 엑셀 파일에서 시트 두 개의 데이터를 서로 연결해서 하나의 결과를 가져오는 SQL문을 작성하려고 한다. 엑셀 파일에 다음과 같이 '연락처' 워크시트를 만들어서 전화번호를 업데이트하자. 챗GPT에게 임의의 전화번호 8개를 만들어 달라고 요청하면 된다. 다음 그림 속 전화번호는 챗GPT를 통해 얻은 임의의 전화번호다.

	A	B
1	사번	휴대폰 번호
2	1001	010-1234-5678
3	1002	010-9876-5432
4	1003	010-2468-1357
5	1004	010-8642-5791
6	1005	010-3579-6428
7	1006	010-6248-1739
8	1007	010-7813-2956
9	1008	010-5197-3846

Sheet1 | 연락처 | ⊕

13 'Sheet1' 직원 정보와 '연락처' 시트의 전화번호를 한 번에 가져오려면 두 테이블을 서로 연결(INNER JOIN)하는 SQL 구문을 다음과 같이 작성한다. 이때 두 개 워크시트에서 유일한 값을 가지는 키 값인 "사번"으로 연결한다.

SELECT * FROM [Sheet1$]
        INNER JOIN [연락처$]
        ON [Sheet1$].[사번]=[연락처$].[사번]

SQL 문:

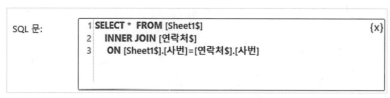

```
1  SELECT *  FROM [Sheet1$]                                      {x}
2     INNER JOIN [연락처$]
3        ON [Sheet1$].[사번]=[연락처$].[사번]
```

변수 값

QueryResult (데이터 테이블)

#	Sheet1$.사번	부서	직책	이름	메일주소	연락처$.사번	휴대폰 번호
0	1001	전산	상무	김철수	msrpa@naver.com	1001	010-1234-5678
1	1002	전산	과장	이영희	sapjoy@naver.com	1002	010-9876-5432
2	1003	재무	부장	조영수	jys@nvaer.com	1003	010-2468-1357
3	1004	재무	과장	박옥순	pos@naver.com	1004	010-8642-5791
4	1005	구매	차장	문영호	myh@naver.com	1005	010-3579-6428
5	1006	구매	대리	정현숙	jhs@naver.com	1006	010-6248-1739
6	1007	영업	과장	강순자	ksj@naver.com	1007	010-7813-2956
7	1008	영업	사원	채영식	cys@naver.com	1008	010-5197-3846

이름과 휴대폰 번호 2개 열만 추출하려면 다음과 같이 워크시트 이름과 열을 지정하여 SQL 문을 작성한다. 원한다면 여기에 WHERE 구문을 추가하여 추출하려는 데이터 조건을 더 구체적으로 설정할 수 있다.

SELECT [Sheet1$].[이름], [연락처$].[휴대폰 번호]
FROM [Sheet1$]
  INNER JOIN [연락처$]
  ON [Sheet1$].[사번]=[연락처$].[사번]

변수 값

QueryResult (데이터 테이블)

#	이름	휴대폰 번호
0	김철수	010-1234-5678
1	이영희	010-9876-5432
2	조영수	010-2468-1357
3	박옥순	010-8642-5791
4	문영호	010-3579-6428
5	정현숙	010-6248-1739
6	강순자	010-7813-2956
7	채영식	010-5197-3846

SQL 문:

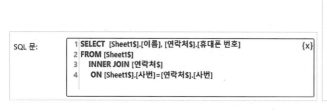

```
1  SELECT  [Sheet1$].[이름], [연락처$].[휴대폰 번호]           {x}
2  FROM [Sheet1$]
3     INNER JOIN [연락처$]
4        ON [Sheet1$].[사번]=[연락처$].[사번]
```

SQL 구문 요청하기

챗GPT에 SQL 구문 작성을 요청해 보자. 엑셀 파일의 워크시트 이름, 열 이름 등의 정보를 제공하고, 챗GPT에게 데이터를 읽어올 조건 또는 필요한 작업에 대해 설명하면 챗GPT는 요구에 맞는 SQL 구문을 생성해 준다.

> 엑셀 [Sheet1]의 [사번]이 "1001"인 조건의 [이름]열과 [부서]열을 가져오는 SQL 구문을 작성해 줘.

— Copy code

```
SELECT [이름], [부서]
FROM [Sheet1$]
WHERE [사번] = '1001'
```

조금 더
알아보기

데이터를 변경하는 SQL 알아보기

테이블에 데이터를 입력하거나 변경할 때는 다음과 같은 SQL 명령어를 사용한다.

명령어	기능
UPDATE	데이터 변경
INSERT	데이터 생성
DELETE	데이터 삭제

각각의 SQL 기능에 대해서 간략하게 실습한다. 자세한 사항은 시중의 SQL 서적을 참고하거나 챗GPT에게 SQL 사용법에 대한 상세 정보를 물어볼 수 있다.

명령어	**UPDATE 구문** 해당 사번의 메일주소를 변경한다. 숫자 타입은 작은 따옴표를 기술하지 않는다. UPDATE [Sheet1$] SET [메일주소] = 'nocode@outlook.com' WHERE [사번] = 1001

| SQL 예제 | SQL 문: | ```1 UPDATE [Sheet1$]   {x}
2 SET [메일주소] = 'nocode@outlook.com'
3 WHERE [사번] = 1001``` |
|---|---|---|
| 명령어 | **INSERT 구문**
새로운 행을 삽입한다

INSERT INTO [Sheet1$]
([사번], [메일주소])
VALUES
(1011, 'MSRPA@naver.com') | |
| SQL 예제 | SQL 문: | ```1 INSERT INTO [Sheet1$]   {x}
2 ([사번], [메일주소])
3 VALUES
4 ('1011', 'MSRPA@naver.com')
5``` |
| 명령어 | **DELETE 구문**
데이터베이스 테이블은 DELETE 구문으로 데이터를 삭제하지만, 엑셀을 대상으로 하는 SQL은 DELETE가 동작하지 않는다. UPDATE 구문으로 모든 칼럼을 NULL값으로 업데이트하는 대체 방식을 사용해야 한다. 또는 PAD의 작업 [Excel] → [고급] → [Excel 워크시트에서 삭제] 또는 [Excel 워크시트에서 행 삭제] 메뉴를 활용한다.

UPDATE [Sheet1$] SET [사번]=NULL, [메일주소]=NULL
WHERE [사번]=1011 | |
| SQL 예제 | SQL 문: | ```1 UPDATE [Sheet1$] SET [사번]=NULL, [메일주소]=NULL   {x}
2 WHERE [사번]=1011``` |

06

파이썬으로 엑셀 자동화하기

실행 영상 파일
https://cafe.naver.com/msrpa/755

#파이썬　　#IronPython　　#Python_스크립트_실행　　#파이썬_설치

PAD는 VBScript, 파이썬, 자바스크립트, 파워 셸과 같은 다른 언어의 소스 코드를 쉽게 추가할 수 있다. 이 중에서도 파이썬은 다양한 분야에서 널리 사용되는 인기있는 프로그래밍 언어이다. PAD는 오픈소스 IronPython을 사용한다. **IronPython은 .Net 프로그래밍에 사용**하기 위해 **마이크로소프트에서 개발한 파이썬 프로그래밍의 한 종류**이다.

> **TIP**
>
> 디지털 시대에서 개인적인 업무 역량 향상과 경쟁력을 강화하기 위해, 대중적인 프로그래밍 언어인 파이썬을 학습하는 것은 매우 유용하다. 파이썬은 다양한 자동화 작업과 데이터 처리에 사용되는 강력한 도구로 인공지능, 머신러닝, 데이터 분석 등의 분야에서 널리 사용되고 있다.

파이썬 스크립트를 활용하여 품목리스트 파일의 공급가액에서 세액의 10%를 계산하는 엑셀 자동화를 구현해 보자.

품목	수량	단가	공급가액	세액
노트북	1	1,500,000	1,500,000	
모니터	1	350,000	350,000	
마우스	1	50,000	50,000	

01 챗GPT에게 엑셀 자동화를 위한 파이썬 코드 작성을 요청한다. 주의할 것은 IronPython 코드를 사용해야 한다는 점이다.

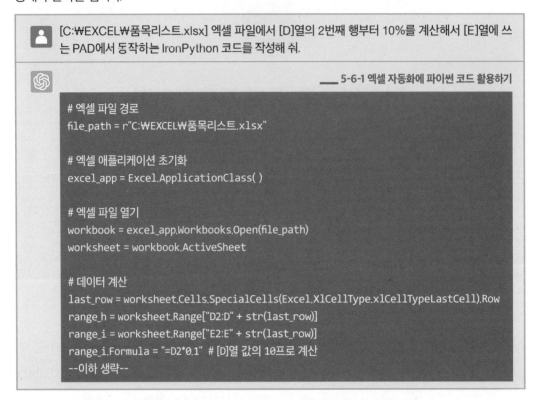

> [C:₩EXCEL₩품목리스트.xlsx] 엑셀 파일에서 [D]열의 2번째 행부터 10%를 계산해서 [E]열에 쓰는 PAD에서 동작하는 IronPython 코드를 작성해 줘.

— 5-6-1 엑셀 자동화에 파이썬 코드 활용하기

```python
# 엑셀 파일 경로
file_path = r"C:₩EXCEL₩품목리스트.xlsx"

# 엑셀 애플리케이션 초기화
excel_app = Excel.ApplicationClass()

# 엑셀 파일 열기
workbook = excel_app.Workbooks.Open(file_path)
worksheet = workbook.ActiveSheet

# 데이터 계산
last_row = worksheet.Cells.SpecialCells(Excel.XlCellType.xlCellTypeLastCell).Row
range_h = worksheet.Range["D2:D" + str(last_row)]
range_i = worksheet.Range["E2:E" + str(last_row)]
range_i.Formula = "=D2*0.1" # [D]열 값의 10프로 계산
--이하 생략--
```

02 PAD의 ① 작업 [스크립팅] → [Python 스크립트 실행]에 파이썬 코드를 붙여 넣는다. ② [변수 생성됨] 항목을 열어서 ③ [ScriptError] 항목을 활성화하면 파이썬 실행 결과 오류 코드를 확인할 수 있다.

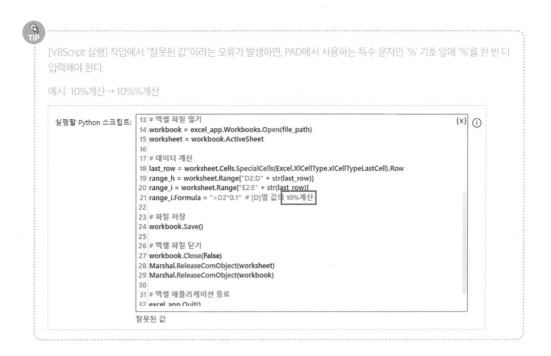

[VBScript 실행] 작업에서 "잘못된 값"이라는 오류가 발생하면, PAD에서 사용하는 특수 문자인 '%' 기호 앞에 '%'를 한 번 더 입력해야 한다.

예시: 10%계산 → 10%%계산

실행할 Python 스크립트:

```
13  # 엑셀 파일 열기
14  workbook = excel_app.Workbooks.Open(file_path)
15  worksheet = workbook.ActiveSheet
16
17  # 데이터 계산
18  last_row = worksheet.Cells.SpecialCells(Excel.XlCellType.xlCellTypeLastCell).Row
19  range_h = worksheet.Range["D2:D" + str(last_row)]
20  range_i = worksheet.Range["E2:E" + str(last_row)]
21  range_i.Formula = "=D2*0.1"  # [D]열 값의 10%계산
22
23  # 파일 저장
24  workbook.Save()
25
26  # 엑셀 파일 닫기
27  workbook.Close(False)
28  Marshal.ReleaseComObject(worksheet)
29  Marshal.ReleaseComObject(workbook)
30
31  # 엑셀 애플리케이션 종료
32  excel_app.Quit()
```

잘못된 값

03 흐름을 실행하면, 파이썬 코드가 실행되어 엑셀 파일의 세액을 계산하고 업데이트한다.

E2			f_x	=D2*0.1		
	A	B	C	D	E	
1	품목	수량	단가	공급가액	세액	
2	노트북	1	1,500,000	1,500,000	150,000	
3	모니터	2	350,000	700,000	70,000	
4	마우스	1	50,000	50,000	5,000	

04 이번에는 모니터의 세액을 변수로 반환하는 파이썬 코드를 작성해 보자.

[C:\EXCEL\품목리스트.xlsx] 엑셀 파일에서 [품목] 이름 열에서 값이 "모니터"인 [세액] 이름 열의 데이터를 출력하는 PAD에서 동작하는 IronPython 코드를 작성해 줘.

___ 5-6-2 파이썬 코드로 엑셀 데이터 가져오기

```
# 엑셀 파일 경로
file_path = r"C:\EXCEL\품목리스트.xlsx"
header_row = 1
header_column = 1
while worksheet.Cells[header_row, header_column].Value2 is not None:
    if worksheet.Cells[header_row, header_column].Value2 == "품목":
```

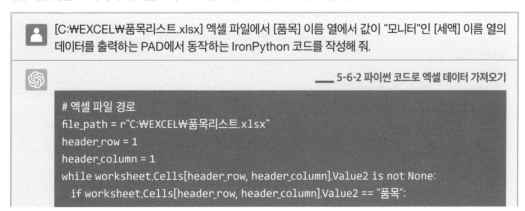

```
        product_column = header_column
    elif worksheet.Cells[header_row, header_column].Value2 == "세액":
        price_column = header_column
    header_column += 1
--이하 생략--
```

05 흐름을 실행하면 [Python 스크립트 실행] 작업의 변수 **%PythonScriptOutput%**에 세액 정보가 저장된다.

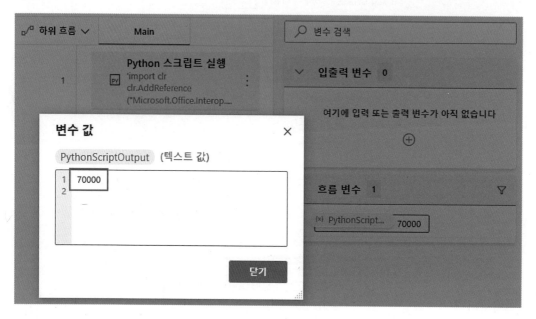

06 작업 [메시지 상자] → [입력 대화 표시]를 넣어서, 사용자에게 품목을 입력 받도록 파이썬 코드를 보완해 보자.

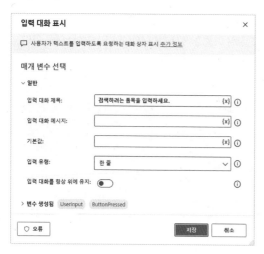

[Python 스크립트 실행] 작업을 열어서 "모니터"라고 하드코딩된 부분을 [입력 대화 표시] 작업의 %UserInput% 변수로 대체한다.

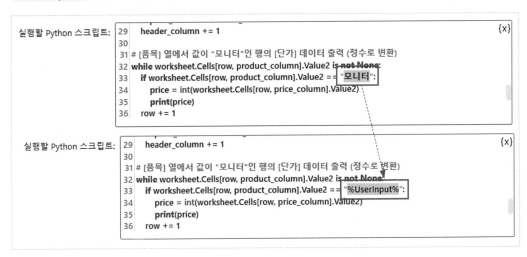

이제 흐름을 실행하면, 사용자가 입력한 품목에 대한 단가를 가져올 수 있다. 이와 같은 방식으로 사용자와 상호작용하면서 파이썬 코드의 다양한 기능을 활용하고, 그 결괏값을 PAD 흐름에서 다시 사용할 수 있다.

조금 더
알아보기

PAD에서 제공하는 파이썬 예제 실행하기

PAD에서 제공하는 Python 예제를 실행하면 "디렉터리가 없습니다."라는 오류가 발생한다.

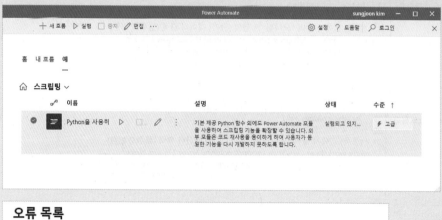

오류 목록

	하위 흐름(1) ∨	❗ 오류(1)	⚠ 경고(0)	▽ 모든 필터 지우기

유형	설명
❗	'C:\Python27\Lib 디렉터리가 없습니다.

[Python 스크립트 실행] 작업을 열어서 모듈 폴더 경로의 위치를 개인 PC에 설치한 파이썬 경로로 변경해야 한다. 오류를 해결하기 위해 파이썬 프로그램을 설치해 보자.

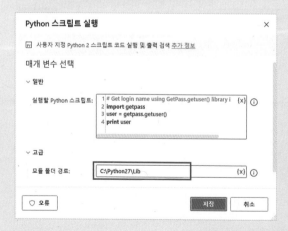

IronPython(https://ironpython.net) 사이트에 접속해서 파이썬 프로그램을 내려받는다.

2.7 정식 버전 또는 3.4 알파 버전 중에서 현재 PAD가 지원하는 2.7 버전을 선택해서 설치한다. 설치 폴더는 기본 경로인 "C:₩Program Files₩IronPython 2.7"을 사용하거나, 원하는 폴더로 변경한다. 참고로 2.7 버전은 Python 2 문법을 사용하고 3.4 버전은 Python 3 문법을 따른다.

설치가 완료된 후에는 파이썬·라이브러리에서 정의한 함수를 사용할 수 있다.

이번 장에서는 엑셀 데이터를 시스템에 반복적으로 입력하는 수작업을 개선하기 위한 브라우저 자동화와 UI 자동화를 소개한다. 브라우저 자동화는 웹 기반 시스템에 접근하여 작업을 자동으로 수행하는 방법이며, UI 자동화는 PC 프로그램의 사용자 인터페이스 요소를 녹화하여 자동화하는 방식이다. 이러한 방법을 통해 엑셀에 정리된 데이터를 빠르고 정확하게 시스템에 입력할 수 있다. 만약, 여러 자동화 방식이 동작하지 않을 때 대신할 수 있는 마우스와 키보드 작업으로 자동화하는 방식도 알아본다. 마지막으로 PAD 흐름에서 직접 챗GPT를 호출하여 업무 자동화를 더욱 효율적으로 수행하는 방법을 알아보고, 브라우저에서 실행하는 방식과 API를 통한 백그라운드 통신 방법을 소개한다. 이를 통해 업무 처리 시 챗GPT의 자연어 처리 능력을 직접 활용할 수 있다.

## 6 장

엑셀 자동화 연계편:
브라우저 및 UI 자동화

01

브라우저 자동화(1):
IT 장비 구매 요청 자동화하기

실행 영상 파일
https://cafe.naver.com/msrpa/756

#브라우저_자동화   #웹페이지의_텍스트_필드_채우기   #UI_요소_선택기   #웹페이지_버튼_선택

#웹페이지_세부_정보_가져오기   #Excel_쓰기_작업_성능_높이기

엣지나 크롬 등과 같은 **웹 브라우저에서 수행하는 업무는 브라우저 자동화(웹 자동화) 기능을 활용하여 자동화**한다. 물론 브라우저도 PC에서 수행되는 응용 프로그램이므로 이번 장 '03 UI 자동화(1): 송장 입력 자동화하기'에서 소개하는 UI 자동화로 웹 화면의 일부 기능을 녹화할 수도 있다. 브라우저 자동화를 사용하려면 브라우저 타입에 맞는 확장 소프트웨어를 별도로 설치해야 한다. 흐름 디자이너 메뉴에서 ① [도구] 선택 후, ② [브라우저 확장]을 선택해서 각자 선호하는 ③ 웹 브라우저의 추가(확장) 기능 프로그램을 설치한다.

추가 기능이 설치되어 있지 않으면, [다운로드] 버튼을 눌러서 설치한다.

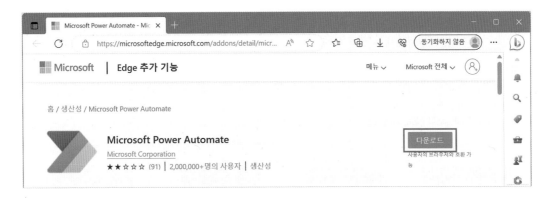

기업 내에는 여러 웹 시스템과 ERP 시스템 등 다양한 프로그램이 존재한다. 직원의 IT 장비 요청사항을 엑셀로 집계하고, 해당 정보를 IT 장비 요청 웹 시스템에 반복적으로 입력해야 하는 수작업이 있다고 가정해 보자. 담당자는 웹 시스템에 접속하여 엑셀 파일에 집계된 '사번', '항목', '가격' 정보를 입력해야 한다. 그리고 [SUBMIT] 버튼을 클릭하면 "성공적으로 신청되었습니다."라는 메시지를 화면에 표시해야 한다.

IT 장비 요청 리스트	IT 장비 요청 입력 웹 시스템

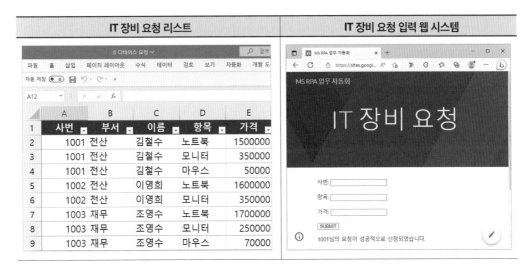

엑셀 데이터를 읽어와 반복적으로 시스템에 입력하는 작업은 매우 일반적인 업무 형태이다. 이러한 반복 작업은 RPA를 활용하여 자동화할 수 있는 적합한 유형 중 하나이다. RPA를 실행하면 엑셀 데이터를 웹 시스템에 자동으로 입력하고, 결과 메시지를 추출하여 다시 엑셀 파일에 업데이트하는 과정을 반복한다. RPA가 열심히 일하는 동안, 직원들은 더 가치 있는 업무에 집중할 수 있다. 반복되는

단순한 업무는 사람의 신체와 정신을 긴장하게 하며, 사고의 흐름도 경직되게 만든다. 몸과 마음이 편안한 상태에서 근무해야, 근본적인 문제를 해결하거나 창의적으로 사고할 수 있는 몰입의 순간에 도달할 수 있다고 한다. RPA가 만들어준 시간적 여유 속에서 업무 생산성과 효율성을 향상시킬 수 있는 기회를 가질 수 있기를 기대한다.

이제 직원이 신청한 IT 장비를 웹 시스템에 입력하는 자동화 흐름을 구현해 보자. 흐름은 다음과 같이 네 가지 순서로 구성되어 있다.

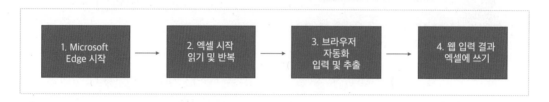

01 새로운 흐름을 생성한 후 작업 [브라우저 자동화] → [새 Microsoft Edge 시작] 메뉴를 선택한다.

① 시작 모드: [새 인스턴스 시작]을 선택한다. [실행 중인 인스턴스를 첨부]를 선택하면 현재 실행 중인 웹 브라우저의 웹사이트를 선택할 수 있다.

② 이니셜 URL: 웹사이트 주소(https://sites.google.com/view/msrpa)를 입력한다. 해당 웹사이트는 실습을 위해 챗GPT에게 요청하여 작성하였다.

③ 창 상태: [기본] 크기를 선택한다. [최소], [최대] 크기를 설정할 수 있다.

④ 변수 생성됨: 생성된 **Browser** 인스턴스는 웹 자동화의 개별 작업에 사용된다.

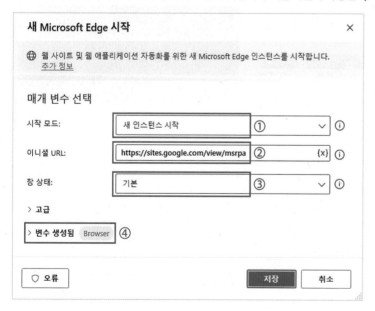

02 [Excel 시작], [Excel 워크시트에서 읽기] 작업을 추가해서 'IT 장비 요청 리스트.xlsx' 엑셀 파일에서 데이터를 읽어온다. 그리고, [각각의 경우] 작업으로 엑셀 데이터를 반복하면서 개별 행을 읽어 들인다.

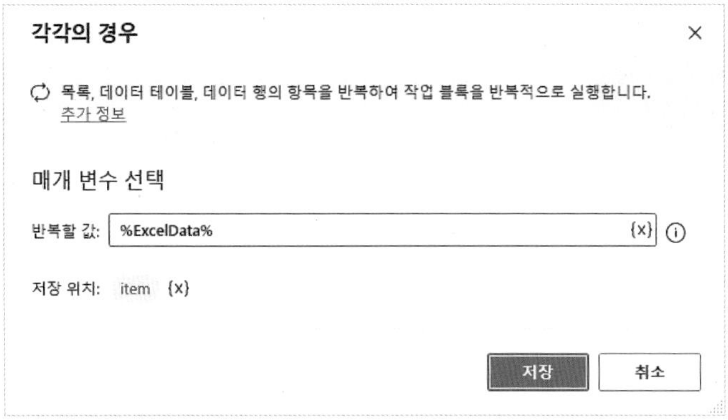

03 IT 장비 요청 웹 시스템에 엑셀 데이터를 입력하기 위해, 작업 [브라우저 자동화] → [웹 양식 채우기] → [웹 페이지의 텍스트 필드 채우기]를 끌어 놓는다. ① 'UI 요소' 필드를 클릭한 후에 ② [UI 요소 추가] 버튼을 누른다. [UI 요소 선택기]라는 이름의 팝업 창이 열린다.

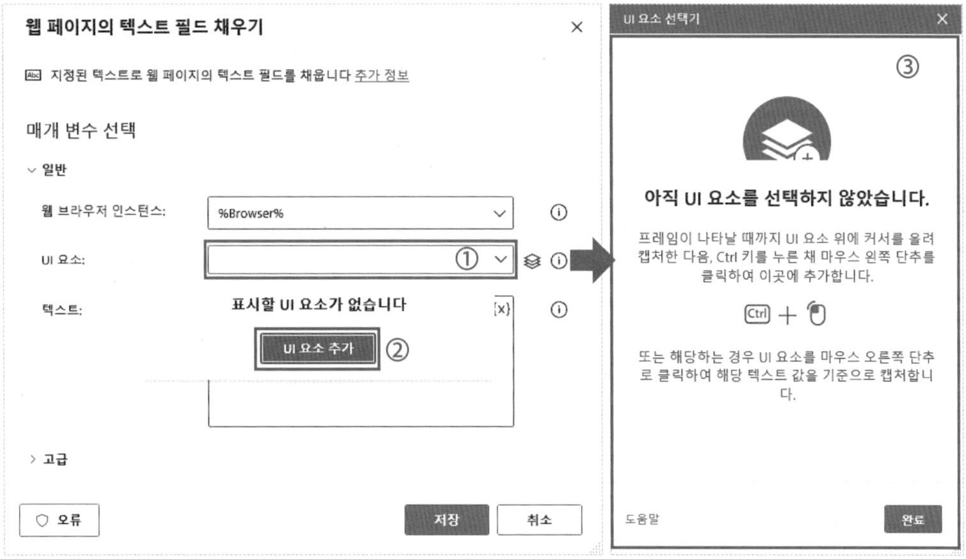

04 마우스 커서를 ① 브라우저의 '사번' 입력 박스에 옮기면 빨간색 박스로 강조된다. 이때 [Ctrl] 키와 마우스 왼쪽 버튼을 클릭하여 녹화한다. ② 텍스트에 %item['사번']% 변수를 입력한다. 빨간색 박스가 나타나지 않으면, 마우스 커서를 천천히 움직이면 된다.

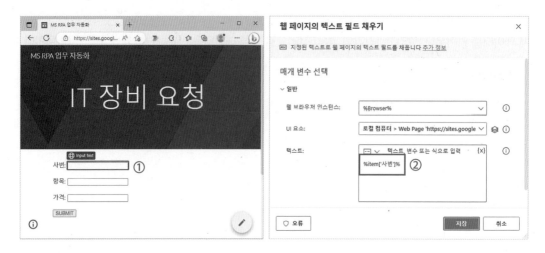

05 항목, 가격도 4단계와 동일한 방식으로 [웹 페이지의 텍스트 필드 채우기] 작업을 2개 추가해서 설정한다.

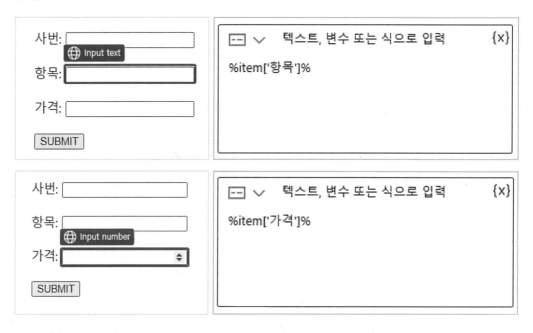

06 [SUBMIT] 버튼을 누르는 동작을 실행하기 위해, 작업 [브라우저 자동화] → [웹 양식 채우기] → [웹 페이지 버튼 누르기] 메뉴를 이용해 UI 요소를 추가한다.

UI 요소 미리보기 아이콘(⬢) 을 클릭
하면, 녹화한 UI 요소를 확인할 수 있다.

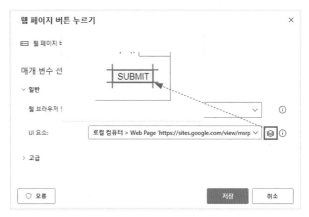

07 IT 장비 요청 처리 결과 메시지를 추출하기 위해서, 작업 [브라우저 자동화] → [웹 데이터 추출] → [웹 페이지 요소의 세부 정보 가져오기]를 추가한다. 마우스 커서를 웹 브라우저로 이동해서 UI 요소를 선택한다. 추출한 텍스트는 %AttributeValue% 변수에 저장된다.

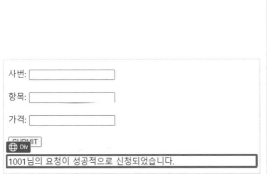

08 웹 시스템에서 추출한 결과 변수를 엑셀 파일에 쓰는 작업을 구현해 보자. 먼저, 엑셀의 행 번호를 저장할 ① 변수 %idx%를 반복문 앞에 생성하고 1을 입력한다. 그리고, ② 변수에 1을 더하는 작업을 반복문 안에 추가한다.

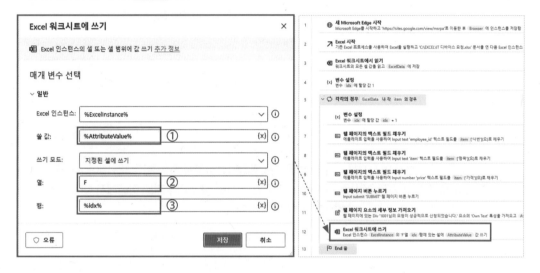

09 작업 [Excel] → [Excel 워크시트에 쓰기] 작업을 설정한다.

① 쓸 값: 7단계에서 추출한 결괏값을 가지는 변수 **%AttributeValue%** 입력

② 열: F열 입력

③ 행: 행 번호를 가지는 **%idx%** 변수

10 흐름을 실행하면, 웹사이트를 오픈해서 데이터를 입력하고 결과를 추출해서 엑셀 파일에 쓰기 한다.

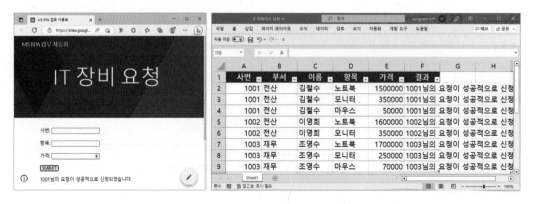

챗GPT
활용하기

엑셀의 글자 폰트, 크기, 색상 조절하기

PAD는 엑셀의 글자 크기, 폰트 등과 같은 서식 설정 기능을 지원하지 않는다. 해당 기능을 구현하는 스크립트 작성을 챗GPT에게 요청해 보자.

 [C:\EXCEL\IT 디바이스 요청.xlsx] 파일의 F열 2번째 행부터 마지막 행까지 글자 폰트는 8, 폰트는 ARIAL, 색상은 녹색으로 변경하는 VBScript를 작성해 줘.

_____ 6-1-1 엑셀 글자 폰트 크기 색상 조절하기

```
Set objWorkbook = objExcel.Workbooks.Open("C:\EXCEL\IT 디바이스 요청.xlsx")
Set objWorksheet = objWorkbook.Worksheets(1)

objWorksheet.Cells(2, 6).Font.Size = 8
objWorksheet.Cells(2, 6).Font.Name = "ARIAL"
objWorksheet.Cells(2, 6).Font.Color = RGB(0, 128, 0) ' 녹색 (RGB 코드: 0, 128, 0)
--이하 생략--
```

챗GPT가 작성한 코드를 PAD에 추가해서 흐름을 실행하면, 엑셀의 F열 글자 서식이 변경된 것이 확인된다.

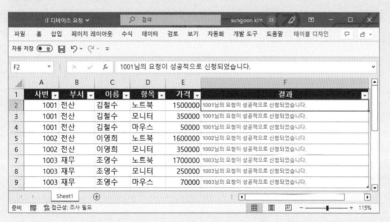

[Excel 워크시트에 쓰기] 작업 성능 높이기

엑셀에 1만 건 이상의 대량 데이터가 있을 경우, 데이터를 반복하면서 [Excel 워크시트에 쓰기] 작업을 수행하는 것에는 상당한 시간이 소요된다. 이러한 문제를 해결하기 위해, PAD에 존재하는 데이터 테이블이나 목록을 먼저 변경한 후에 엑셀 파일에 일괄 업데이트하는 방식을 선택하면 효과적이다.

엑셀 작업의 성능을 높이는 예제로, IT 장비 가격의 10%를 계산하여 부가세 열에 업데이트하는 자동화를 구현해 보자.

	A	B	C	D	E	F
1	사번 ▾	부서 ▾	이름 ▾	항목 ▾	가격 ▾	부가세 ▾
2	1001	전산	김철수	노트북	1500000	
3	1001	전산	김철수	모니터	350000	
4	1001	전산	김철수	마우스	50000	
5	1002	전산	이영희	노트북	1600000	
6	1002	전산	이영희	모니터	350000	
7	1003	재무	조영수	노트북	1700000	
8	1003	재무	조영수	모니터	250000	
9	1003	재무	조영수	마우스	70000	

01 [Excel 시작], [Excel 워크시트에서 읽기] 작업을 추가해서 'IT 장비 요청 리스트.xlsx' 엑셀 파일에서 데이터를 읽어온다. [각각의 경우] 작업으로 엑셀 데이터를 반복하면서 개별 행을 읽어 들인다.

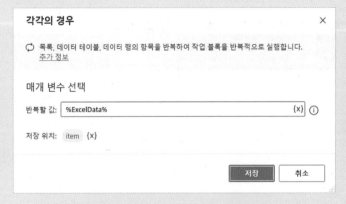

02 데이터 테이블의 현재 행 순번을 저장하는 순번 변수 %idx%를 생성하고 초깃값으로 0을 설정한다.

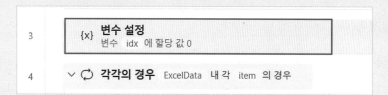

03 [각각의 경우] 반복문 내에서 데이터 테이블의 행과 열 순번에 해당하는 값을 변경하기 위해서 ① [변수 설정] 작업을 추가하고, 변수 항목에 다음과 같이 설정한다. idx는 2단계에서 생성한 순번 변수이며, 5는 엑셀 파일의 부가세 열의 순번이다.

%ExcelData[idx][5]%

또는 다음과 같이 열 이름을 적어도 된다.

%ExcelData[idx]['부가세']%

② 값 항목에는 엑셀 데이터의 가격 칼럼에 0.1을 곱하는 수식을 입력한다.

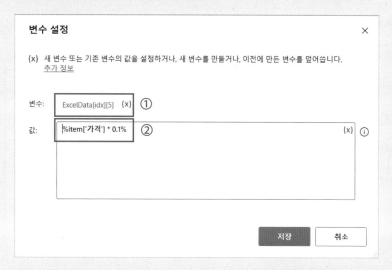

04 [변수 증가] 작업으로 순번 변수 %idx%를 순차적으로 1씩 증가시킨다.

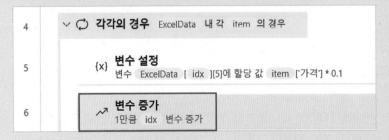

05 [각각의 경우] 반복문 작업을 종료한 다음에 작업 [변수] → [목록으로 데이터 테이블 열 검색]을 추가해서, 데이터 테이블의 부가세 칼럼을 목록으로 추출한다.

① 데이터 테이블: 엑셀에서 읽은 데이터 테이블 **%ExcelData%**

② 열 이름 또는 색인: 엑셀의 열 이름 '부가세' 입력 또는 열 순번인 5를 입력할 수 있다.

③ 변수 생성됨: 데이터 테이블에서 '부가세' 열만 추출해서 목록변수 **%ColumnAsList%**로 저장한다.

④ 흐름을 실행하면, 목록 변수에 부가세가 저장된 것을 확인할 수 있다.

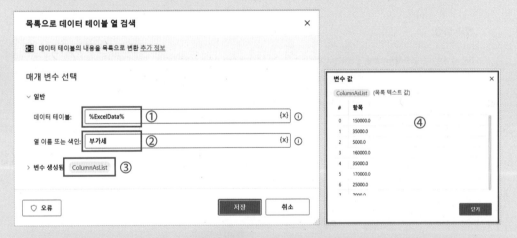

06 [Excel 워크시트에 쓰기] 작업을 추가해서, 부가세 열에 추출한 목록 변수를 쓰는 작업을 완성한다.

① 쓸 값: 부가세 값을 저장하는 목록 변수 **%ColumnAsList%**

② 쓰기 모드: [지정된 셀에 쓰기] 선택

③ 열: 부가세 열의 순번인 6을 입력

④ 행: 2번째 행부터 쓰기 위해서 행 번호 2를 입력

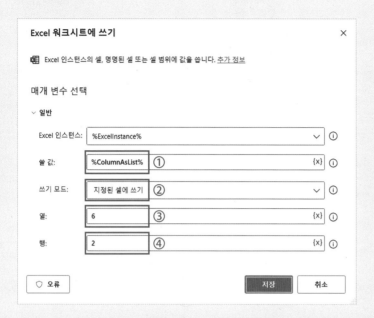

이제 흐름을 실행하면 목록 데이터를 엑셀의 부가세 칼럼에 한 번에 쓴다. PAD 내에서 부가세를 계산하여 목록 변수에 일괄 저장한 후, 엑셀 파일에는 전체 데이터를 한 번만 쓰는 방식을 사용하기 때문에 반복문 내에서 엑셀에 쓰는 작업보다 훨씬 빠른 속도로 처리된다. 더 빠른 결과를 원하면 챗GPT에게 부가세를 구해서 업데이트하는 VBScript를 요청해서 실행하거나 엑셀을 데이터베이스로 연결해서 UPDATE 구문으로 일괄 변경할 수도 있다.

	A	B	C	D	E	F
1	사번	부서	이름	항목	가격	부가세
2	1001	전산	김철수	노트북	1500000	150000
3	1001	전산	김철수	모니터	350000	35000
4	1001	전산	김철수	마우스	50000	5000
5	1002	전산	이영희	노트북	1600000	160000
6	1002	전산	이영희	모니터	350000	35000
7	1003	재무	조영수	노트북	1700000	170000
8	1003	재무	조영수	모니터	250000	25000
9	1003	재무	조영수	마우스	70000	7000

브라우저 자동화(2): 온라인 쇼핑몰 제품 검색 자동화하기

실행 영상 파일
https://cafe.naver.com/msrpa/757

#웹_스크래핑   #웹페이지의_텍스트_필드_채우기   #웹페이지에서_데이터_추출   #웹페이지_설정

웹사이트에서 특정 정보를 추출하는 것을 **웹 스크래핑(Web Scraping)**이라고 한다. 웹 스크래핑은 업무 자동화에 자주 등장하는 RPA 주요 기술 중의 하나이다. 직원들이 신청할 노트북 모델을 선정하기 위해서, 온라인 쇼핑몰에서 인기 제품 리스트를 추출하는 브라우저 자동화를 구현해 보자.

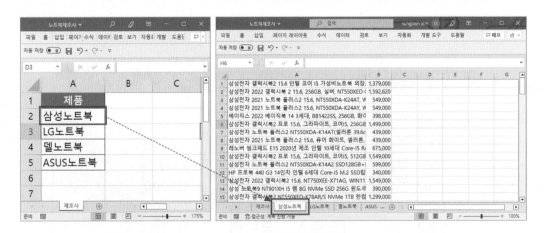

이번 실습에서는 온라인 쇼핑몰 '쿠팡'에서 제품별 인기 리스트를 추출한 후에, 제조사별 워크시트를 생성하고 제품 리스트를 쓰는 과정으로 진행한다. 물론, 본인이 자주 방문하는 타 쇼핑몰 사이트

를 이용해도 된다. 다음과 같은 흐름으로 진행해 보자.

01 새로운 흐름을 생성한 후 `작업`
[브라우저 자동화] → [새 Micro
soft Edge 시작] 메뉴를 선택한다.
이니셜 URL에는 쿠팡 웹사이트
주소(https://www.coupang.com)를
입력한다.

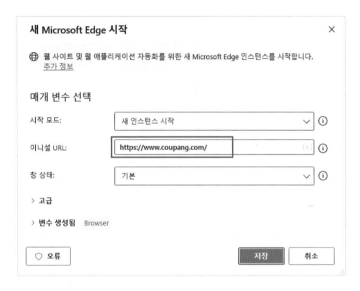

02 [Excel 시작], [Excel 워크
시트에서 읽기] 작업을 추가해
서 '노트북제조사.xlsx' 엑셀 파일
에서 데이터를 읽어온다. 그리고
[각각의 경우] 작업으로 엑셀 데
이터를 반복하면서 개별 행을 읽
는다.

03 `작업` [브라우저 자동화] → [웹 양식 채우기] → [웹 페이지의 텍스트 필드 채우기]를 끌어 놓는다. 쿠
팡 검색란에 노트북 제조사를 입력하기 위해서 UI 요소를 레코딩한다.

텍스트에는 엑셀 파일에서 읽어
온 데이터 %item['제품']% 변수
를 입력한다.

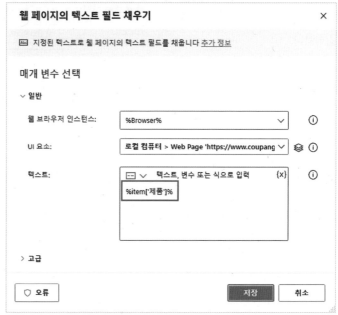

04 검색 버튼을 누르는 동작을 실행하기 위해, [작업] [브라우저 자동화] → [웹 양식 채우기] → [웹 페이지
버튼 누르기] 메뉴에 UI 요소를 추가한다.

05 제품 리스트는 기본적으로 랭킹 순서로 조회되기 때문에, 데이터를 추출하면 인기 제품순으로 나열
된다. [작업] [브라우저 자동화] → [웹 데이터 추출] → [웹 페이지에서 데이터 추출] 메뉴를 연 상태에서 쿠
팡으로 커서를 이동한다. 그러면 [라이브 웹 도우미]라는 기능이 자동으로 활성화된다.

06 첫 번째 제품의 제목에서 마우스 오른쪽 버튼을 누른 상태에서 메뉴 [요소 값 추출] → [텍스트]를 선택한다.

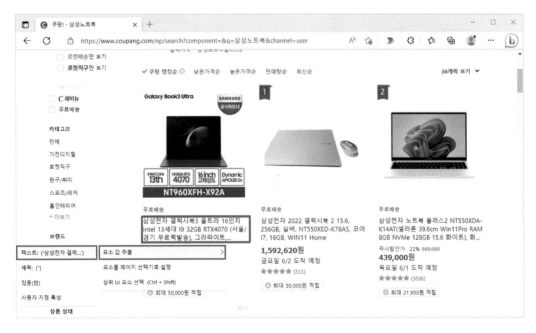

07 이번에는 가격에 커서를 두고 마우스 오른쪽 버튼을 눌러서 [텍스트]를 추출한다.

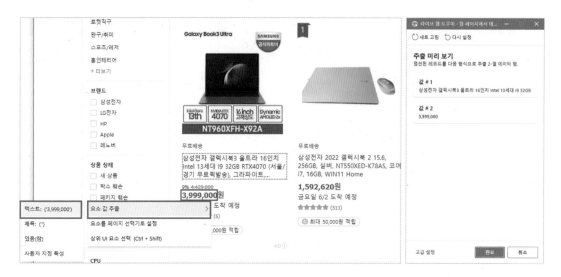

08 두 번째 리스트에 있는 제품의 제목을 ① [요소 값 추출]로 텍스트를 추출하는 순간, 페이지에 있는 리스트가 ② 테이블 형태로 자동으로 변환된다. 7단계와 8단계의 추출 결과 화면을 비교해 보자.

09 검색 결과 리스트는 보통 여러 페이지로 구성되어 있으므로 몇 페이지까지 검색할지 설정하는 것이 좋다. 웹페이지 아래로 이동하여, 다음 페이지 아이콘에 커서를 두고 [요소를 페이지 선택기로 설정] 메뉴를 선택한다.

| 1 | 2 | 3 | 4 | 5 | 6 | 7 | 8 | 9 | ... | 27 | ❯

요소 값 추출 ❯

요소를 페이지 선택기로 설정

상위 UI 요소 선택 (Ctrl + Shift)

이 함께 본 상품

10 라이브 웹 도우미 창에서 ① [완료] 버튼을 누르면, [웹 페이지에서 데이터 추출] 작업 화면으로 이동한다. ② 처리할 최대 웹 페이지 수에 페이지 수를 할당하기 위해서 3을 입력한다. 즉, 3페이지까지만 검색하겠다는 의미이다.

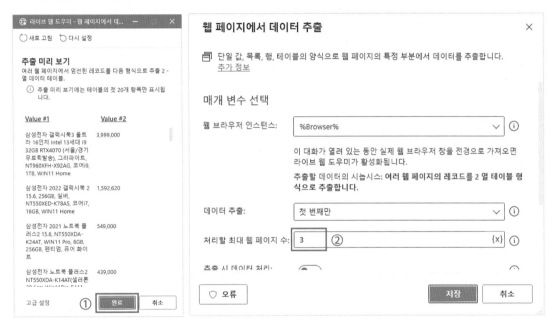

11 흐름을 실행하면 엑셀 파일에 기록된 제조사별 노트북 리스트를 쿠팡에서 검색하고 1~3페이지 제품리스트를 데이터 테이블에 저장한다.

<u>12</u> 제품별 시트를 생성한 후에 추출한 제품 리스트를 저장하는 로직을 추가해 보자. 작업 [Excel] → [새 워크시트 추가] 메뉴를 끌어 놓는다. ① 새 워크시트 이름에는 변수, ② 다음 이름으로 워크시트 추가는 [마지막 워크시트]로 설정한다.

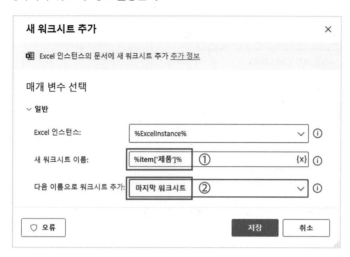

<u>13</u> 쿠팡에서 추출한 리스트를 워크시트에 추가하기 위해, 작업 [Excel] → [Excel 워크시트에 쓰기]를 삽입한다. ① 쓸 값: 제품 리스트를 저장하고 있는 데이터 테이블 %DataFromWebPage%, ② 쓰기 모드: [지정된 셀에 쓰기], ③ 열: 1, ④ 행: 1을 입력한다.

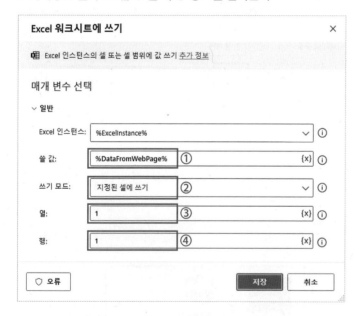

<u>14</u> 흐름을 실행해서 결과를 확인해 보자. 제조사별 워크시트를 생성하고 추출한 결과를 엑셀에 기록하는 작업이 자동으로 실행된다.

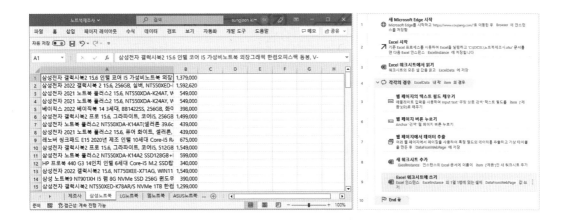

페이지 설정하기

각 웹사이트마다 페이지 설정 및 다음 페이지로 이동하는 방법은 다를 수 있다. 쿠팡의 경우 다음 페이지
❯ 아이콘을 클릭하면 1페이지씩 이동한다.

반면에 온라인 서점 yes24에서 다음 페이지 ❯ 아이콘을 누르면 10페이지씩 이동한다.

쿠팡처럼 1페이지씩 이동되도록 하려면 yes24 URL 주소의 page 파라미터를 이용해서 페이지별로 차례
대로 추출하도록 로직을 적용해야 한다.

> https://www.yes24.com/Product/Search?domain=BOOK&query=RPA&page=01
>
> https://www.yes24.com/Product/Search?domain=BOOK&query=RPA&page=02

03

UI 자동화(1): 송장 입력 자동화하기

실행 영상 파일
https://cafe.naver.com/msrpa/758

#UI_자동화   #스크린_스크래핑   #창_버튼_누르기   #창에서_텍스트_필드_채우기   #창의_드롭다운_목록값_설정   #레코더

RPA를 이용한 UI 자동화가 무엇인지 알아보자. **UI(User Interface, 사용자 인터페이스)는 입력 칼럼과 버튼 등으로 구성된 시스템 또는 화면**을 나타내며 사용자와 응용 프로그램 간 상호작용을 위해 설계되었다. 대부분 RPA 솔루션은 이러한 UI 자동화 기능을 포함한다. UI 자동화는 컴퓨터에서 수행되는 ERP와 같은 응용 프로그램을 자동화한다는 것이다. 요컨대 사용자의 작업 과정을 녹화(레코딩)하여 그대로 재현한다. 또한 UI 자동화에는 응용 프로그램 화면에서 텍스트나 이미지를 추출하는 기능이 포함되며, 화면에서 데이터를 추출하는 기술을 **스크린 스크래핑**(Screen Scrapping)이라 한다. PAD 에는 다음과 같은 메뉴들을 이용하여 화면의 데이터를 가져올 수 있다.

∨ **UI 자동화**
   ∨ **데이터 추출**
      🔲 창의 세부 정보 가져오기
      🔳 창에서 UI 요소의 세부 정보 가져오기
      ☑ 창에서 선택된 확인란 가져오기
      ◉ 창에서 선택된 라디오 버튼 가져오기
      🗒 창에서 데이터 추출
      🖼 UI 요소의 스크린샷 찍기

이번 실습에서는 송장 엑셀 파일에서 값을 읽어와 송장 리스트 정보를 입력하는 'Contoso Invoicing'이라는 데모 프로그램에 입력해 보자.

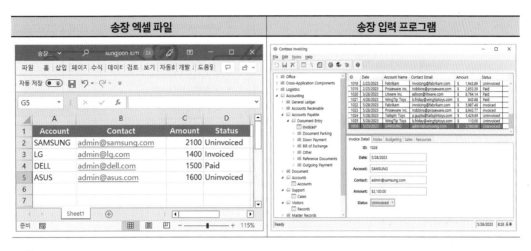

| 송장 엑셀 파일 | 송장 입력 프로그램 |

TIP

실습에 사용하는 Contoso Invoicing 데모 프로그램은 마이크로소프트에서 RPA 교육용으로 제공하고 있다. MS RPA 카페 자료실에서 내려받을 수 있다.

URL https://cafe.naver.com/MSRPA/616

교재 관련 자료 >

Contoso Invoicing Application

MSRPA 카페매니저 ⊞
2023.05.28. 18:05 조회 1

💬 댓글 0   URL 복사   ⋮

📁 첨부파일 모아보기 1

📁 ContosoInvoicingSetup.msi   ↓

01 흐름을 생성한 후에 [Excel 시작], [Excel 워크시트에서 읽기] 작업을 추가해서 '송장리스트.xlsx' 엑셀 파일에서 데이터를 읽어온다. 그리고 [각각의 경우] 작업으로 엑셀 데이터를 반복하면서 개별 행을 읽는다.

각각의 경우   ✕

↻ 목록, 데이터 테이블, 데이터 행의 항목을 반복하여 작업 블록을 반복적으로 실행합니다.
  추가 정보

매개 변수 선택

반복할 값: %ExcelData%   {x} ⓘ

저장 위치: item {x}

                                    저장   취소

02 실습의 편의를 위해 Contoso Invoicing 프로그램을 실행하고, 왼쪽 메뉴에서 [Invoices]를 선택한 상태에서 진행한다. Invoice를 생성하기 위해서 작업 [UI 자동화] → [창의 버튼 누르기]를 추가한다. ①
[UI 요소 추가] 버튼을 눌러서 ② 생성 아이콘을 레코딩한다.

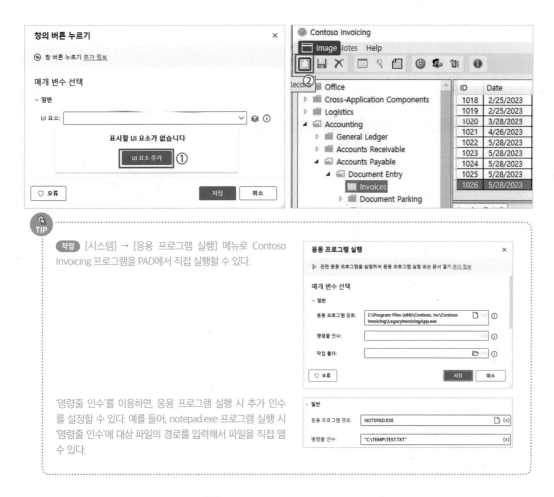

03 Account 정보를 입력하고자, ① 작업 [UI 자동화] → [창에서 텍스트 필드 채우기]로 UI 요소를 녹화한다. ② 채울 텍스트에는 엑셀에서 읽어 온 정보인 %item['Account']% 변수를 입력한다.

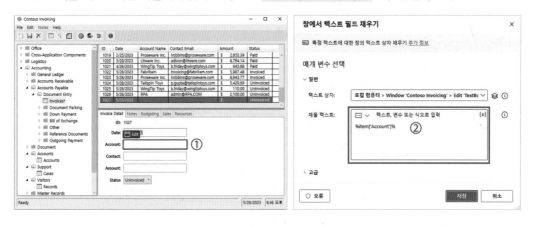

04 Account와 동일한 방법으로 Contact, Amount도 UI 요소를 추가하고 채울 텍스트에 엑셀에서 읽어온 변수를 입력한다.

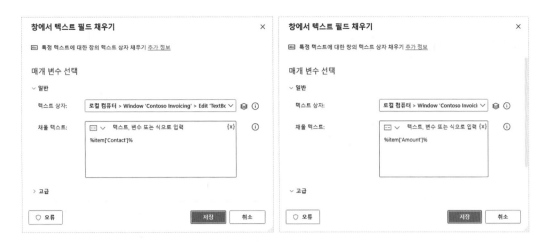

05 Status 입력란은 드롭다운 형태이기 때문에 ① 작업 [UI 자동화] → [창의 드롭다운 목록 값 설정]을 이용한다. ② 작업: [이름을 사용하여 옵션 선택], ③ 옵션 이름: 엑셀에서 읽은 변수 %item['Status']% 를 입력한다.

06 마지막으로 저장 아이콘을 누르는 ① 작업 [UI 자동화] → [창의 버튼 누르기]를 삽입해서 저장하는 UI 요소를 추가한다. ② 미리보기 아이콘을 누르면 ③ 녹화한 UI 요소를 확인할 수 있다.

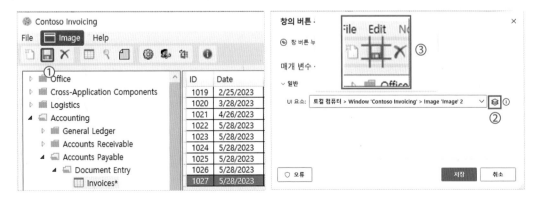

07 흐름을 실행해서 Invoice 데이터가 잘 생성되는지 확인해 보자.

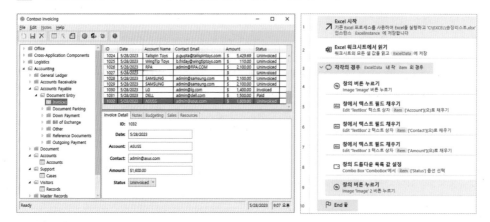

레코더 활용하기

[UI 자동화]의 개별 작업은 응용 프로그램의 UI 단위별로 녹화할 수 있다. 이 경우, 각 UI 요소의 동작을 개별적으로 레코딩하고 필요한 작업을 수행해야 한다. 반면에 레코더는 모든 작업을 한 번에 레코딩하는 방식을 사용한다. 레코더를 사용하면 사용자의 모든 동작이 순차적으로 녹화되며, 이를 재생하여 자동화 작업을 수행할 수 있다. 레코더를 사용하면 작업을 연속으로 녹화할 수 있기 때문에 효율적이다. 어떤 UI 자동화 작업을 녹화해야 할지 확실하지 않을 때도 레코드 기능을 활용하면 유용하다.

레코더로 녹화한 흐름은 [UI 자동화] 메뉴의 개별 작업으로 구성된다. [UI 자동화]와 레코더는 상황에 따라 조합하여 사용하는 것이 좋다. [UI 자동화]의 개별 메뉴는 응용 프로그램 유형에 따라 의도한 대로 녹화되지 않을 수 있다. 이때는 레코더로 대체하면, UI 속성을 좀 더 정확하게 인식할 수 있다. 흐름 디자이너 상단의 레코더 아이콘을 클릭하면, 사용자 작업 순서가 단계별로 자동으로 녹화된다.

레코더는 2가지 기능을 제공한다. 브라우저 자동화에 사용하는 웹 자동화 레코더와 응용 프로그램을 자동화하는 UI 자동화 레코더이다. 웹 자동화 레코더를 실행하려면, ① 추가 작업 아이콘을 클릭하고 ② [새 웹 브라우저 실행] 선택, ③ 브라우저 타입을 선택하면 된다. UI 자동화는 ④ [레코드] 버튼을 누르면 바로 녹화를 시작한다.

1. 웹 자동화 레코더

레코더 화면에서 브라우저 중 하나를 클릭하면, 웹 브라우저가 자동으로 실행된다. 레코딩을 원하는 웹사이트를 입력하고 [레코드] 버튼을 누르면 레코딩을 시작한다.

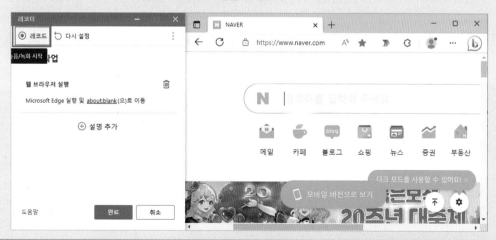

네이버 검색 창에 "서울날씨"를 입력하면 레코더에 해당 동작이 녹화된다. 이어서 검색 버튼도 눌러보고, 여러 가지 작업을 실행한 후 [완료] 버튼을 누르면 모든 동작이 자동으로 녹화되어 흐름으로 만들어진다.

2. UI 자동화 레코더

레코더 화면에서 [레코드] 버튼을 누르면 개인 PC에서 실행되는 응용 프로그램을 녹화한다. 프로그램에서 버튼을 클릭하거나 마우스 오른쪽 버튼을 클릭해서 추출하는 모든 과정을 쉽게 녹화할 수 있다.

UI 자동화(2): 출장 경비 입력 자동화하기

실행 영상 파일
https://cafe.naver.com/msrpa/759

#목록_만들기 #응용_프로그램_실행 #창에서_텍스트_필드_채우기 #오류_처리하기 #대기_작업

다음 그림은 재무팀 담당자가 ERP 시스템에 비용을 입력하기 위해 사용하는 엑셀 문서이다. 각 계정의 비용을 입력하고, 모든 계정의 합계 금액을 자동으로 계산하여 입력하는 방식을 사용하고 있다.

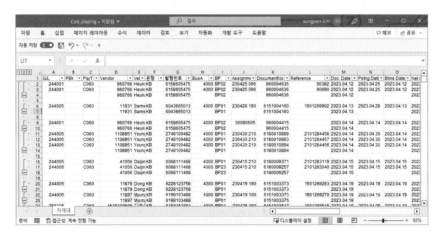

언뜻 보기에도 엑셀 양식이 너무 복잡해서, 실습 예제로 사용하기에는 적절치 않다는 것을 알 수 있다. 실습의 편의를 위해서 출장 비용 신청을 위한 엑셀 양식으로 간소화했다. 또한, ERP 시스템 기능을 대체하기 위해 VBScript로 간단한 입력 프로그램을 구현했다. 물론, 챗GPT에게 요청해서 만든스크립트이다. 출장 경비 신청 파일 리스트에서 김철수 직원은 1박 2일 일정으로 "숙박비"를 포함하고 있지만, 이영희 직원은 당일 출장으로 "식대"와 "교통비"만 필요하다. 즉, 경비 신청 항목의 개수가 직원마다 다르다는 것을 염두에 두어야 한다. 그리고, 경비 입력 ERP 시스템에는 "합계" 금액을 먼저 입력해야 한다는 점에도 주의한다.

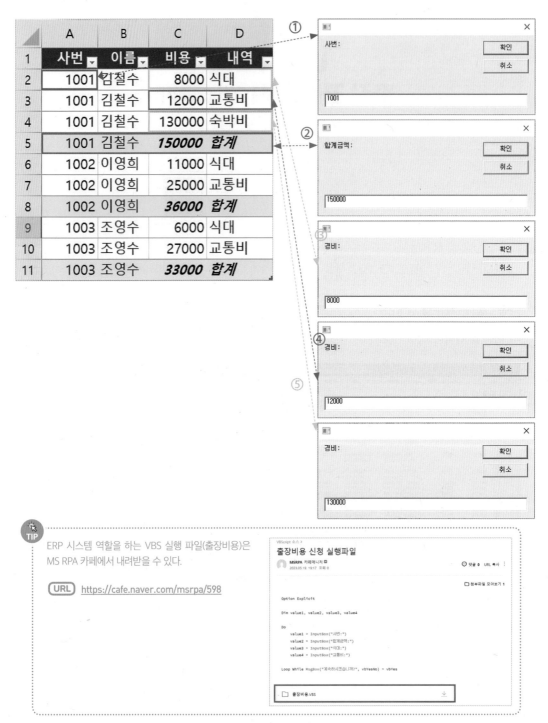

TIP ERP 시스템 역할을 하는 VBS 실행 파일(출장비용)은 MS RPA 카페에서 내려받을 수 있다.

URL https://cafe.naver.com/msrpa/598

VBScript 소스

출장비용 신청 실행파일

MSRPA 카페매니저 ☞
2023.05.19. 19:17 조회 0   💬 댓글 0   URL 복사 ⋮

📎 첨부파일 모아보기 1

```
Option Explicit

Dim value1, value2, value3, value4

Do
    value1 = InputBox("사번:")
    value2 = InputBox("합계금액:")
    value3 = InputBox("식대:")
    value4 = InputBox("교통비:")

Loop While MsgBox("계속하시겠습니까?", vbYesNo) = vbYes
```

📁 출장비용.VBS   ⬇

이번 자동화의 주요 로직은 엑셀 데이터를 반복하여 처리하는 과정에서 첫 번째 직원 "김철수"의 경비 항목을 모두 입력한 후, 새로운 직원인 "이영희"의 사번이 나타나면 경비를 다시 입력하는 순서로 구성되어 있다. 합계 비용을 먼저 입력해야 하기 때문에, 직원의 개별 비용 항목을 목록 변수(또는 데이터 테이블)에 별도로 저장해 두어야 한다.

김철수 직원은 경비 항목(식대, 교통비, 숙박비)을 총 3번 입력해야 하고, 이영희 직원은 2번(식대, 교통비) 입력해야 한다. 개별 비용 항목을 반복하여 입력하려면, "경비를 추가 입력하겠습니까?"라는 팝업창이 나타날 때 [예]를 선택하면 된다. 그리고 김철수 직원의 경비 작업이 완료되면, 다음으로 이영희 직원의 경비를 처리해야 한다. 이전 팝업창에서 [아니요] 버튼을 누르면, 다른 직원의 경비를 입력받도록 프로그램이 구성되어 있다.

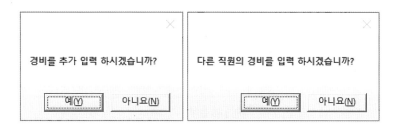

이제 차근차근 자동화 흐름을 만들어보자. 경비 입력 자동화 흐름의 개략적인 순서는 다음과 같다.

01 [Excel 시작], [Excel 워크시트에서 읽기] 작업을 추가해서 '출장비용.xlsx' 엑셀 파일에서 데이터를 읽어 온다. 그리고 작업 [변수] → [새 목록 만들기] 메뉴로 직원별 경비 항목을 저장할 목록 변수 %cost_list%를 생성한다.

02 [각각의 경우] 작업을 추가해서 엑셀 데이터를 반복하면서 개별 행을 읽어 들인다.

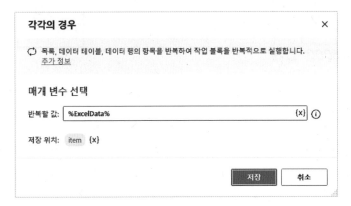

03 비용을 저장할 변수를 하나 생성하고, '비용' 열의 개별 행 엑셀 데이터를 할당한다.

04 엑셀의 현재 행의 사번과 다음 행의 사번이 동일한지 비교하기 위해, 이전 행의 사번을 저장할 용도의 변수를 하나 생성한다.

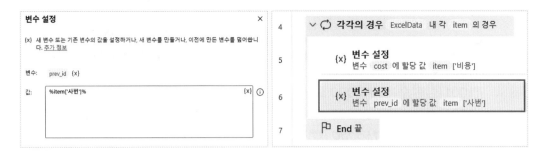

__05__ 반복되는 현재 행의 사번과 이전에 저장한 사번이 동일하면, 비용 목록 변수에 비용을 추가하는 로직을 넣으려고 한다. **작업** [조건] → [만약]을 추가하고, 다음과 같이 매개 변수를 설정한다.

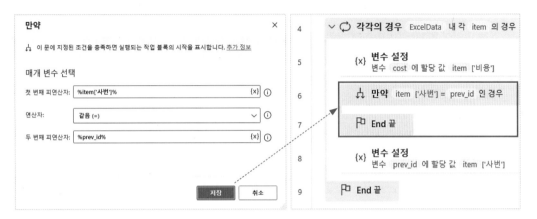

__06__ 사번이 일치하면 비용 항목을 목록에 삽입하기 위해, **작업** [변수] → [목록에 항목 추가]를 추가한다.

__07__ 만약 사번이 일치하지 않는다면, 이는 새로운 직원의 경비를 처리해야 함을 의미한다. ① [그 밖의 경우] 작업을 추가한다. ② 기존의 경비 목록을 삭제하기 위해 [목록 지우기] 작업을 넣고 ③ [목록에 항목 추가] 작업으로 새로운 직원의 첫 번째 경비 항목을 추가해 주어야 한다. 예를 들어, 6번째 행은 이영희 직원의 첫 번째 식대 경비 항목을 의미한다.

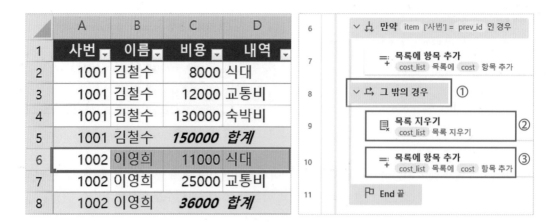

08 엑셀 파일의 합계는 ERP 프로그램을 실행할 때 먼저 입력해야 하는 항목이다. 따라서, 내역 열의 값이 "합계"인지 체크하는 ① [만약] 조건문을 하나 더 추가해야 한다. 그리고 ② [그 밖의 경우] 작업을 넣고 ③ 그 아래에 6단계의 [목록에 항목 추가] 작업을 옮겨온다.

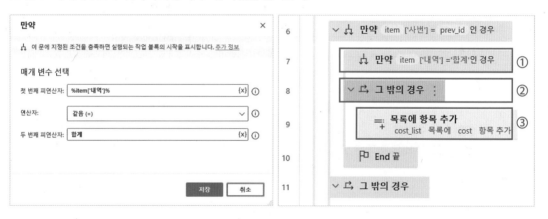

09 ERP 시스템을 실행하고 사번과 합계 금액을 입력하는 로직을 넣어보자. 작업 [시스템] → [응용 프로그램 실행] 메뉴를 반복 구문 앞에 추가해서, MSRPA 카페에서 내려받은 VBS 실행 파일을 응용 프로그램 경로에 입력한다.

10 흐름을 실행하면 VBS 프로그램이 실행되고 사번을 입력하라는 팝업 창이 나타난다.

11 작업 [UI 자동화] → [양식 채우기] → [창에서 텍스트 필드 채우기]를 끌어 놓는다. ① '텍스트 상자' 필드를 클릭한 후에 ② [UI 요소 추가] 버튼을 누른다.

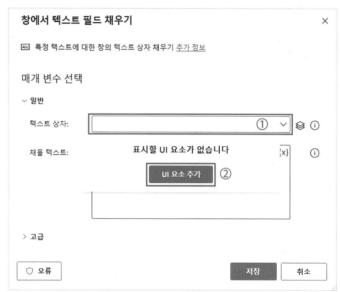

12 [UI 요소 선택기]라는 제목의 팝업 창이 열린다. 그리고 VBS 프로그램으로 이동해서 입력 박스에 마우스 커서를 올려 놓으면 빨간 박스로 강조된다. [Ctrl] 키를 누른 상태에서 마우스 왼쪽 버튼을 누르면 해당 동작을 녹화한다.

13 ① '텍스트 상자' 필드에 12단계에서 녹화한 UI 요소가 저장된다. ② '채울 텍스트'에는 현재 사번 정보를 가지고 있는 %item['사번']% 변수를 입력한다. 여기까지 완료했으면 각자 실행해서 VBS 프로그램에 사번이 입력되는지 확인해 보자.

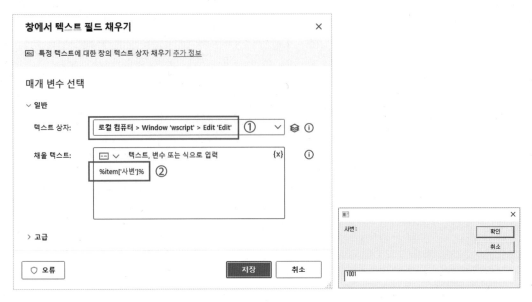

14 사번을 입력한 후에 다음 화면으로 넘어가려면 [확인] 버튼을 눌러야 한다. 작업 [UI 자동화] → [양식 채우기] → [창의 버튼 누르기]를 추가해서 버튼 UI 요소를 추가한다.

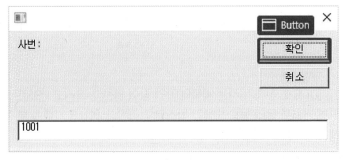

15 합계 금액을 입력하는 팝업 화면도 작업 [UI 자동화] → [양식 채우기] → [창에서 텍스트 필드 채우기] 메뉴로 완성한다. [확인] 버튼을 누르는 작업까지 완료한다.

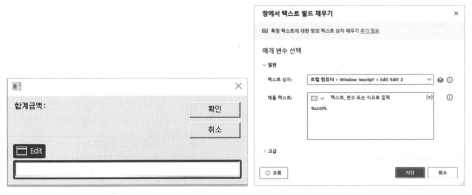

16 경비 항목은 여러 건을 반복해서 입력해야 하기 때문에 경비 목록 변수를 반복하면서 처리해야 한다. 작업 [반복] → [각각의 경우] 메뉴를 추가한다.

17 경비 비용을 입력하기 위해서 작업 [UI 자동화] → [양식 채우기] → [창에서 텍스트 필드 채우기]를 하나 더 넣는다. [확인] 버튼을 누르는 작업도 추가한다.

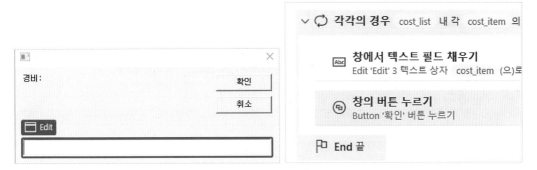

18 김철수 직원의 경비 항목은 3개이므로 추가로 입력하기 위해 [창의 버튼 누르기] 작업으로 [예] 버튼을 클릭한다.

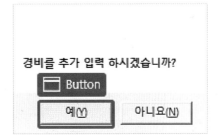

19 경비 항목을 모두 입력 완료했으면 [취소] 버튼과 [아니요] 버튼을 누르는 작업도 추가하자.

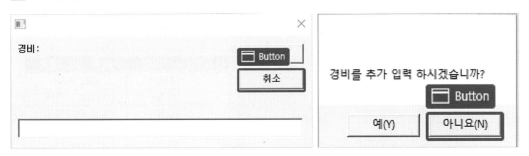

20 다음으로 이영희 직원의 경비를 입력하기 위해서 [예] 버튼을 누르는 작업을 완료한다.

21 이제 흐름을 실행해서 엑셀에 정리된 직원별 경비가 올바르게 입력되는지 확인해 보자.

챗GPT 활용하기

엑셀의 셀을 병합하는 VBScript 코드 작성하기

실무에서는 엑셀 데이터의 가독성을 높이기 위해 동일한 데이터를 가지는 셀들은 주로 병합한다. 챗 GPT에게 동일한 값을 가지는 셀을 병합하는 코드 작성을 요청해 보자.

> [C:\EXCEL\출장비용.xlsx] 엑셀 파일에서 [A]열이 연속해서 중복된 값이 존재하면 셀을 병합하는 VBScript를 작성해 줘.

6-4-1 엑셀 셀 병합하기

```
' 현재 값과 다음 값이 다른 경우 병합 대상 범위 지정
    Dim mergeRange
    Set mergeRange = worksheet.Range(mergeStartCell, currentCell)
    ' 병합 수행
    mergeRange.Merge
--이하 생략--
```

VBScript를 실행하면 연속으로 중복된 [사번] 열의 셀이 병합된다.

	A	B	C	D
1	**사번**	**이름**	**비용**	**내역**
2		김철수	8000	식대
3	1001	김철수	12000	교통비
4		김철수	130000	숙박비
5		김철수	*150000*	*합계*
6		이영희	11000	식대
7	1002	이영희	25000	교통비
8		이영희	*36000*	*합계*

자동화 작업 오류 처리하기

사용자 작업을 녹화하는 것은 자동화 구현에서 상당 부분을 차지한다. 그런데 레코딩 작업에는 주의해야 할 중요한 문제가 있다. UI 또는 웹 자동화 실행 시 사용자의 PC 상황에 따라 프로그램 로딩 시간에 차이 가 발생할 수 있다. 버튼을 눌러야 하는 자동화 작업을 실행할 때, 애플리케이션의 구동이 지연되면 UI 요 소를 클릭하는 작업이 실패하게 된다. 이외에도 다양한 상황에서 UI 요소 작업은 오류를 마주할 수 있다.

프로그램 지연과 같은 문제를 해결하기 위해 다양한 대기 작업을 활용할 수 있다. 가장 간단한 해결책으로 는 작업 [흐름 제어] → [대기] 메뉴를 추가해서 프로그램이 구동되기까지 일정 시간(초 단위)을 기다리게 하면 된다. 그리고 개별 작업이 실패하면 오류 처리 기능으로 해당 작업을 다시 시도할 수도 있다. 오류 처 리는 모든 작업에서 중요한 기능으로, 특히 UI 자동화 작업에서는 오류 처리 기능을 적극적으로 사용하는 것이 권장된다. 오류가 발생할 경우 재시도 기능 설정은 최소한의 조치이다. PAD는 자동화 작업에 있어서 강력하고 다양한 오류 처리 기능을 제공한다.

01 이번 실습 과정의 UI 요소와 관련된 작업에서 다음의 [오류] 버튼을 클릭하여 오류 처리 화면으 로 이동해보자.

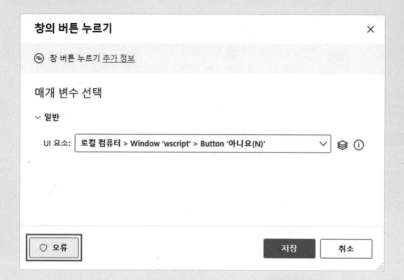

02 오류 처리 화면의 ① 재시도 정책을 [고정]으로 선택하고, 오류 발생 시 작업을 ② 반복할 횟수 3과 ③ 간격 2초를 입력한다. 이외에도 [새 규칙]을 생성하는 등 다양한 오류 처리 기능을 적용할 수 있다.

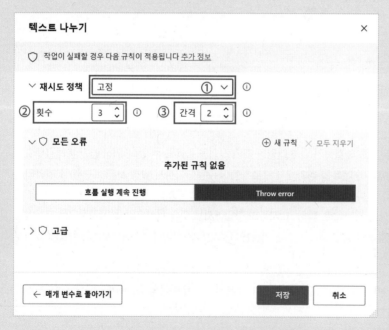

03 오류 처리를 저장하면 흐름 디자이너의 작업 순번 왼쪽에 오류 처리 아이콘(🛡)이 표시된다. 흐름을 실행하면 엑셀 프로그램이 로딩되어서 해당 버튼이 조회될 때까지 3번 재시도한다.

추가로 [대기]에는 여러 가지 작업이 있다. 다음 표에 각 작업의 기능이 정리되어 있으니 참고하자.

작업	기능
웹 페이지 콘텐츠 기다리기	웹 페이지에 UI 요소나 텍스트가 나타날 때까지 흐름을 대기
창 내용 대기	특정 텍스트 또는 UI 요소가 화면에 나타날 때까지 대기
파일 대기	파일이 생성 또는 삭제될 때까지 흐름을 대기
화면에서 텍스트 대기(OCR)	OCR을 이용해 화면에 텍스트나 이미지가 나타날 때까지 대기
이미지 대기	특정 이미지가 화면에 나타날 때까지 흐름을 대기
창 대기	특정 창이 열기 또는 닫기, 가져오기, 포커스를 잃을 때까지 흐름 대기
마우스 대기	마우스 포인터가 변경될 때까지 흐름 대기
대기	지정된 시간(초) 동안 대기
프로세스 대기	프로세스 시작 또는 중지될 때까지 흐름을 대기
서비스 대기	컴퓨터에서 서비스가 실행, 일시 중지 또는 중지될 때까지 흐름을 대기

05

마우스와 키보드 작업으로
엑셀 자동화하기

실행 영상 파일
https://cafe.naver.com/msrpa/760

#마우스_키보드_자동화   #입력_차단   #이미지로_마우스_이동   #Excel_워크시트에서_셀_활성화

#창_포커스   #창_상태_설정

엑셀 자동화를 구현할 때 고려해야 할 마지막 방법은 마우스와 키보드 작업으로 자동화하는 것이다. RPA 도구는 이러한 자동 입력 기능을 내장하고 있으며, 마우스와 키보드로 자동화하기 위해서는 선행되어야 하는 중요한 작업이 있다. 바로, 자동화 흐름을 방해하지 않도록 사용자의 입력을 차단하는 것이다. 마우스와 키보드를 이용한 흐름이 실행되는 동안 사용자가 마우스 커서를 움직이거나 키보드에 값을 입력할 수 없도록 해서 자동화에 영향을 미치지 않도록 해야 하는 것이다. UI 자동화 작업도 마찬가지이다. 사용자의 마우스 조작과 키보드 입력은 자동화 과정에서 영향을 받는다. UI 요소 클릭 같은 작업을 시작하기 전에는 입력 차단을 설정하고 작업을 완료한 후에는 입력 차단을 해제하는 것을 권장한다.

자동화 작업 실행 중에도 PC에서 다른 작업을 동시에 수행하고자 하는 요구사항을 종종 접하게 된다. UI 자동화와 마우스, 키보드 자동화는 사용자의 작업에 불가피하게 영향을 미치게 된다. 다시 말해, 하나의 PC에서 동시에 여러 작업을 수행하는 것은 사실상 어렵다. 이 문제에 대한 해결책으로는 자동화 작업 전용으로 PC를 별도로 구비하거나, 가상머신(Virtual Machine)을 설치하는 것이다.

PAD를 관리자 모드로 실행한 후 `작업`
[마우스 및 키보드] → [입력 차단] 메뉴
를 추가하면 흐름이 실행되는 동안 사용
자의 마우스 움직임과 키보드 입력이 잠
긴다. 흐름 실행 도중에 사용자가 값을
입력해야 한다면 입력 차단을 비활성화
하는 단계를 다시 넣을 수 있다.

Q 화면의 이미지를 인식해서 마우스로 클릭하는 기능이 있나요?

A PAD는 화면에서 찾은 이미지 위로 마우스를 이동해서 클릭하는 작업을 제공합니다. 작업 [마우스 및 키보드] → [이미지로 마우스 이동] 메뉴를 추가하고, ① [이미지 선택] 버튼을 누르고 ② [이미지 캡처] 버튼을 이용해서 이미지를 캡처할 수 있습니다. 흐름을 실행하면 캡처한 이미지로 이동하여 마우스를 클릭하는 자동화가 수행됩니다.

이제 중요한 사전 작업도 확인했으므로 엑셀 프로그램을 실행해서 필터를 설정하는 기능을 마우스와 키보드 작업으로 구현해 보자.

	A	B	C	D	E
1	사번	부서	직책	이름	메일주소
2	1001	전산	상무	김철수	msrpa@naver.com
3	1002	전산	과장	이영희	sapjoy@naver.com
4	1003	재무	부장	조영수	jys@nvaer.com
5	1004	재무	과장	박옥순	pos@naver.com
6	1005	구매	차장	문영호	myh@naver.com
7	1006	구매	대리	정현숙	jhs@naver.com
8	1007	영업	과장	강순자	ksj@naver.com
9	1008	영업	사원	채영식	cys@naver.com

→

	A	B	C	D	E
1	사번	부서	직책	이름	메일주소
2	1001	전산	상무	김철수	msrpa@naver.com
3	1002	전산	과장	이영희	sapjoy@naver.com
4	1003	재무	부장	조영수	jys@nvaer.com
5	1004	재무	과장	박옥순	pos@naver.com
6	1005	구매	차장	문영호	myh@naver.com
7	1006	구매	대리	정현숙	jhs@naver.com
8	1007	영업	과장	강순자	ksj@naver.com
9	1008	영업	사원	채영식	cys@naver.com

01 [Excel 시작] 작업으로 "직원리스트.xlsx" 엑셀 파일을 연다. 필터를 설정하려면, 필터를 설정할 대상 영역의 셀이 활성화되어 있어야 한다. `작업` [Excel] → [고급] → [Excel 워크시트에서 셀 활성화] 메뉴를 추가한다. ① 활성화: [절댓값으로 지정된 셀]을 선택하고, ② 열과 행에 각각 1을 입력한다.

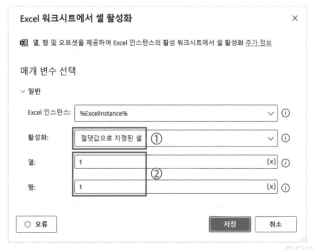

02 마우스 및 키보드 작업이 수행되려면 대상 프로그램이 활성화(포커스)되어 있어야 한다. 작업 [UI 자동화] → [창] → [창 포커스]를 추가한다. ① 창 모드 찾기: [제목 또는 클래스별]을 선택하고, ② [창 선택] 버튼을 클릭한다. ③ 엑셀 프로그램으로 이동하면, 창이 빨간색 테두리로 활성화된다. [Ctrl] 키를 누른 상태에서 마우스 왼쪽 클릭하여 엑셀 창을 선택한다.

[창 포커스]와 [창 상태 설정]

UI 자동화의 [창 포커스]와 [창 상태 설정]은 비슷한 기능을 수행하지만 차이가 있다. 작업 [UI 자동화] → [창] → [창 포커스]와 [창 상태 설정] 메뉴를 추가해서 비교해 보자.

1. [창 포커스]

창이 열린 상태에서 사용해야 정상으로 동작한다. 즉, 다른 프로그램이 전경에 설정되어서 엑셀 프로그램 창이 열려는 있지만 비활성화인 상태를 의미한다.

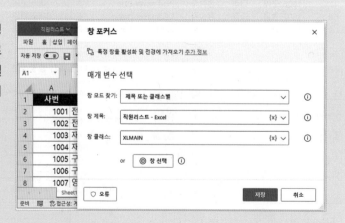

2. [창 상태 설정]

다음과 같이 엑셀 프로그램 창이 최소화된 상태에서 사용할 수 있다.

03 엑셀 데이터에 필터링을 설정하는 단축키는 [Ctrl]+[Shift]+[L]이다. 작업 [마우스 및 키보드] → [키 보내기]를 추가하고 ① 키 보내기: [포그라운드 창]을 선택하고, ② [수정자 삽입]을 선택한다. ③ [Control]과 ④ [Shift]를 선택한다. ⑤ 보낼 텍스트에 다음과 같이 단축키를 완성한다.

{Control}{Shift}({L})

TIP

키 보내기 종류에는 [특수 키]와 [수정자]가 있다. 특수 키는 문자, 숫자, 기호 입력 이외의 역할을 수행하는 키이다. [Space Bar], [Enter], [Backspace], [Insert], [Delete] 등이 특수 키에 해당한다. 수정자는 다른 키와 결합하여 기능을 변경하는 키이다. [Ctrl], [Alt], [Shift] 등이 수정자에 속한다.

04 흐름을 실행하면, 엑셀 파일이 실행되고 대상 데이터에 필터가 설정된다.

	A	B	C	D	E
1	사번	부서	직책	이름	메일주소
2	1001	전산	상무	김철수	msrpa@naver.com
3	1002	전산	과장	이영희	sapjoy@naver.com

05 사번이 '1001'인 직원을 필터링하는 기능을 이어서 설정해 보자. 필터 검색 활성은 [Alt]+[↓(아래 화살표)] 키를 사용한다. [키 보내기] 작업을 추가하고 [Alt] 키를 입력하기 위해 [수정자 삽입]을 선택한다. 아래 화살표는 ① [특수 키 삽입] 메뉴를 선택한다. ② [화살표 키]를 클릭하고, ③ 아래로 메뉴를 누르면, ④ 보낼 텍스트에 다음과 같이 입력된다.

{Alt}({Down})

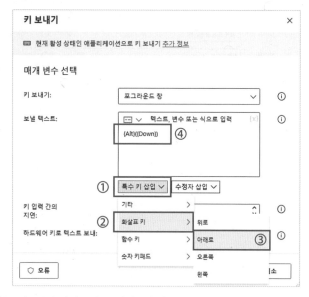

06 필터 검색 입력란에 커서를 두는 단축키는 영문 [E]이다. [키 보내기] 작업을 추가하고 ① 보낼 텍스트에 'E'를 입력한다. [키 보내기] 작업 하나를 더 추가하고, ② 검색한 사번 '1001'을 넣고 저장한다.

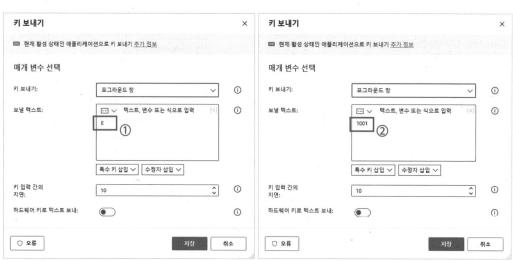

<u>07</u> 흐름을 실행하면, 사번 열에
필터 검색이 활성화되고 사번 '10
01'이 입력된 것을 확인할 수 있다.

<u>08</u> 필터 검색 창의 [확인] 버튼을 누르는 액션을 수행하기 위해서, [키 보내기] 작업에 [Enter] 특수 키를
삽입한다. 이제 흐름을 실행하고 필터 기능이 동작하는지 확인해 보자.

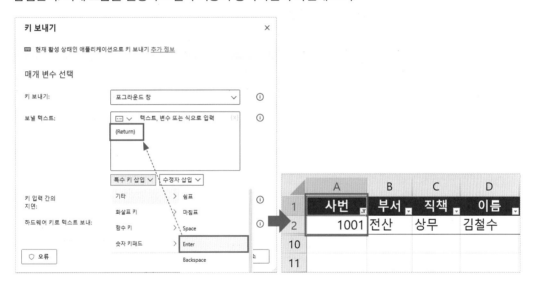

TIP

PAD의 메뉴 [클립보드] → [클립보드 텍스트 가져오기] 메뉴를 활용하면, [키보드 작업]으로 [Ctrl]+[C]를 입력해서 엑셀 데
이터를 클립보드에 저장한 후에 PAD 변수로 가져올 수 있다.

엑셀 필터 기능 설정하기

- - - - - - - - - - - - - -

이번 절에서 실습한 것처럼 엑셀 데이터에 필터 기능을 설정하는 코드를 챗GPT에게 요청해 보자.

 [C:₩EXCEL₩직원리스트.xlsx] 엑셀 파일에 존재하는 데이터에 필터를 설정하는 VBScript를 작성해 줘.

___ 6-5-1 엑셀 필터 기능 설정하기

```
' 엑셀 파일 열기
Set objWorkbook = objExcel.Workbooks.Open("C:₩EXCEL₩직원리스트.xlsx")

' 첫 번째 시트 선택
Set objWorksheet = objWorkbook.Sheets(1)

' 데이터 범위 지정
Set objRange = objWorksheet.UsedRange

' 필터 설정
objRange.AutoFilter
--이하 생략--
```

챗GPT가 작성한 코드를 [VBScript 실행] 작업에 붙여 넣고 실행하면 필터 기능이 활성화된다.

마우스 좌표에 변수를 사용해서 동적으로 적용하기

[마우스 클릭 보내기] 작업의 X와 Y 좌표에 변수를 입력하면 일정한 간격을 두고 클릭을 반복할 수 있다. 다수의 응용 프로그램은 종종, 데이터를 트리 구조로 표현한다. 다음 그림처럼 [2023] 폴더부터 연도별로 폴더를 차례대로 클릭해야 하는 작업이 있다고 가정하자. 이럴 때는 [마우스 클릭] 작업에 변수를 적용하면 간단히 해결할 수 있다.

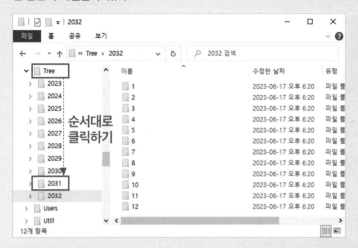

참고로, 실습을 위해 연도와 월별 폴더를 수작업으로 생성해도 되지만 [폴더 만들기]와 [반복] 작업을 이용하면 [2023]에서 [2032]까지 폴더를 한번에 만들 수 있다. 동일한 방법으로 개별 연도 폴더에 1~12월의 폴더도 각자 생성해 보자.

01 [마우스 클릭 보내기] 작업을 추가하고 Y 좌표에 변수를 입력한다. 변수는 반복문 안에서 일정한 간격을 두고 계속 증가한다. 처음 Y 좌표 값이 300이었다면 그 다음은 330, 360과 같이 Y 좌표 값을 설정한다. 물론, X 좌표에도 변수를 넣을 수 있다.

이해를 돕기 위해서 흐름을 하나 만들어 구체적으로 설명해 보자. [마우스 클릭 보내기] 메뉴를 끌어 놓는다. [Ctrl]+[Shift] 키를 누른 상태에서 마우스 왼쪽 클릭해서 [2023] 폴더의 아이콘(▣) 좌표를 입력한다.

조금 더
알아보기

02 [마우스 클릭 보내기] 메뉴 하나를 더 추가해서 [2024] 폴더의 아이콘(　) 좌표를 입력한다.

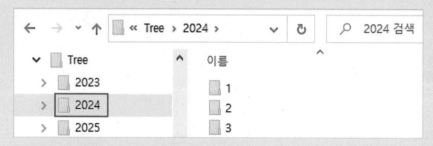

앞서 언급한 폴더 2개의 [마우스 클릭 보내기] 작업의 Y 좌표는 각각 300과 330의 값이 저장되어 있다. 즉, 각 폴더는 30이라는 간격을 두고 위치한다는 것을 의미한다.

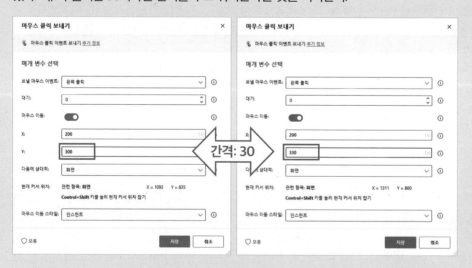

03 작업 [변수] → [변수 설정] 메뉴를 추가하고 Y좌표 300을 저장하는 변수를 생성한다.

04 2023~2032까지 10개의 폴더를 차례대로 클릭해야 하기 때문에 작업 [반복] → [반복] 메뉴를 추가해서 10번 반복하도록 매개 변수 값을 설정한다.

05 Y좌표에 앞서 생성한 변수를 입력한다.

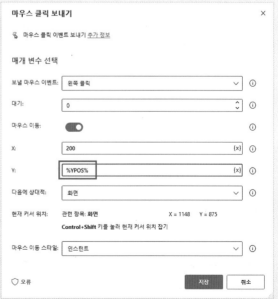

06 다음 위치의 폴더를 클릭하기 위해서 작업 [변수] → [변수 증가] 메뉴를 추가한다. Y좌표 변수를 30 증가시킨다.

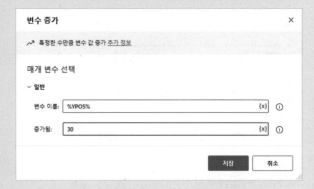

해당 흐름은 다음의 작업으로 구성되어 있다.

07 데스크톱 흐름을 실행해서 폴더를 자동으로 하나씩 클릭하는지 확인해 보자.

업무 자동화와 챗GPT 직접 연계하기

실행 영상 파일
https://cafe.naver.com/msrpa/761

#업무자동화_챗GPT_연계   #자연어_처리   #브라우저_자동화   #웹페이지_요소의_세부_정보_가져오기

#텍스트_편집기   #UI_요소_선택기

앞서 소개한 과정에서 챗GPT는 코드 작성을 통해 업무 자동화를 보완하는 역할을 주로 수행했다. 이번 절에서는 챗GPT의 자연어 처리 기능을 업무 자동화에 직접 연결하는 방법을 소개한다.

챗GPT와 업무 자동화를 연계하는 것은 다양한 실무 분야에서 직접 활용될 수 있다. 예를 들어, 식품회사와 같이 일반 소비자가 고객인 기업은 수많은 제품 후기 댓글을 수집하고 분석하기 위해 많은 시간과 노력을 들인다. 인턴을 고용해 이 업무를 수작업하는 대신, PAD 브라우저 작업을 활용하여 쇼핑몰 댓글 스크래핑 자동화를 구현하고 챗GPT 기반으로 긍정/부정 평가를 실시하는 작업을 구축해 보자. 챗GPT는 자연어 처리를 기반으로 제품 후기 댓글이 긍정인지 부정인지 쉽게 분석할 수 있고, 분석 결과는 PAD가 다시 엑셀 파일에 업데이트한다.

본격적으로 챗GPT를 활용하여, 해당 후기가 긍정적인지 부정적인지 평가하는 자동화 기능을 구현해 보자. 브라우저 자동화 작업을 활용하여 쇼핑몰에서 특정 노트북의 구매 후기를 추출하고, 이를 엑셀 파일로 정리하였다. 이 부분은 앞서 소개한 브라우저 자동화를 응용하여 개별적으로 구현해 보자. 실습의 편의를 위해서 '노트북 후기.xlsx' 엑셀 파일을 카페 - [교재 자료실](https://cafe.naver.

com/msrpa/621)에서 내려받아서 사용해도 된다.

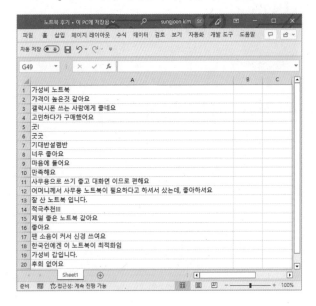

실습의 전체적인 구조는 다음과 같다.

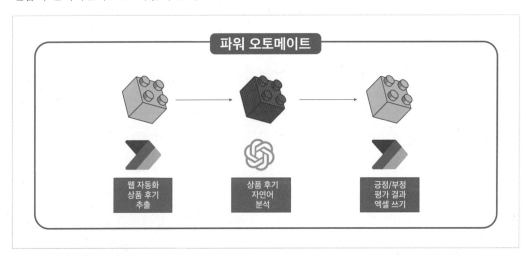

01 새로운 흐름을 생성한 후 [Excel 시작]과 [Excel 워크시트에서 읽기] 작업을 추가해서 '노트북 후기.xlsx' 엑셀 파일의 데이터를 불러온다. [각각의 경우] 반복문으로 댓글을 하나씩 처리한다.

02 (작업) [브라우저 자동화] → [새 Microsoft Edge 시작] 메뉴를 반복문 앞에 추가한다.

① 시작 모드: [새 인스턴스 시작]을 선택한다. [실행 중인 인스턴스를 첨부]를 선택하면 현재 브라우저에서 실행 중인 웹사이트를 선택할 수 있다.

② 이니셜 URL: 챗GPT 웹사이트 주소(**https://chat.openai.com**)를 입력한다.

③ 창 상태: [기본] 크기를 선택한다. 최소, 최대 크기를 설정할 수 있다.

④ 변수 생성됨: 생성된 Browser 인스턴스는 웹 자동화의 개별 작업에 사용된다.

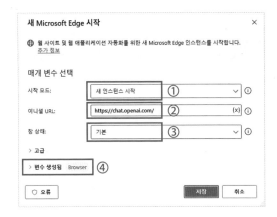

03 프롬프트를 입력하기 위해 (작업) [브라우저 자동화] → [웹 양식 채우기] → [웹 페이지의 텍스트 필드 채우기] 메뉴를 끌어 놓는다. UI 자동화에서 레코딩을 했던 것과 마찬가지 방법으로 UI 요소를 추가한다.

04 UI 자동화 녹화를 하기 위해서 챗GPT 프롬프트 입력란에 마우스 커서를 옮기면 빨간색 박스로 강조된다. 이때 [Ctrl] 키를 누르면서 마우스 왼쪽 클릭한다.

05 텍스트 입력란에 프롬프트에 사용할 문자열을 입력하고 [저장] 버튼을 눌러 저장한다.

다음 댓글이 긍정인지 부정인지 분석해줘. "긍정"과 "부정" 두 가지 중에 하나만 선택해서 "긍정"과 "부정" 두 글자로만 답변해줘. 다른 대답은 필요 없어.

"[%CurrentItem[0]%]"

06 작업 [브라우저 자동화] → [웹 양식 채우기] → [웹 페이지 버튼 누르기] 메뉴를 끌어 놓고 실행 버튼을 클릭하는 액션을 녹화한다.

07 프롬프트 결과에서 스크립트를 추출하기 위해 <mark>작업</mark> [브라우저 자동화] → [웹 데이터 추출] → [웹 페이지 요소의 세부 정보 가져오기] 메뉴를 선택한다. 답변 영역에 마우스 커서를 옮겨서 **빨간색 박스가 "Div"라는 태그로 변경**될 때 UI 요소를 녹화한다. 이때 웹 브라우저에서 추출한 코드는 변수 %AttributeValue%에 저장된다.

> **TIP** `<div>`는 HTML에서 구획을 나누기 위해 사용되는 태그이다. "div"는 "division"의 줄임말로, 문서의 일부를 그룹화하여 스타일링이나 레이아웃을 적용하기 위해 사용된다.

08 챗GPT가 답변을 생성하는 중에는 다음과 같이 "Stop generating"이라는 문구가 조회된다. 이 문구에서 "Regenerate response" 문구로 변경되어야 챗GPT가 답변을 완료한 것이다.

[웹 페이지 요소의 세부 정보 가져오기] 작업을 하나 더 추가해서 "Regenerate response" 버튼의 텍스트를 추출한다.

09 <mark>작업</mark> [반복] → [반복 조건]을 추가해서, 8단계에서 추출한 버튼의 텍스트가 "Regenerate response"와 같지 않으면 계속 반복하도록 설정한다. [반복 조건] 구문 내에 10단계의 작업을 삽입한다.

___10___ 다음 그림과 같이 챗GPT가 답변하는 시간이 오래 걸려서 "Regenerate response" 버튼이 조회되지 않으면, [웹 페이지 요소의 세부 정보 가져오기] 작업이 실패한다. 작업 실패를 방지하기 위해 재시도 기능을 추가해 보자.

앞서 8단계에서 추가한 [웹 페이지 요소의 세부 정보 가져오기] 작업을 열어서, ① [오류] 버튼을 선택한다. ② 재시도 정책은 [고정]을 선택하고, ③ 횟수는 최댓값인 25회, ④ 간격은 2초를 입력한다. 챗GPT의 응답이 지연되는 경우를 대비하기 위한 목적이다. 참고로, 유럽과 미국 사용자들이 집중되는 시간대에 응답 지연이 자주 발생한다.

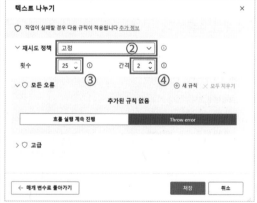

___11___ 7단계의 [웹 페이지 요소의 세부 정보 가져오기] 작업에서 주의해야 할 점이 하나 있다. 챗GPT에게 여러 번 질문하기 때문에, 마지막 답변을 추출해야 한다는 것이다. 흐름 디자이너 ① 오른쪽 상단의 UI 요소 아이콘(❀)을 선택하고, 프롬프트 입력 필드를 녹화한 ② UI 요소를 선택한다. 그리고 추가 작업 아이콘(⋮)을 누르거나 마우스 오른쪽 메뉴를 눌러서, ③ [편집] 메뉴를 클릭한다.

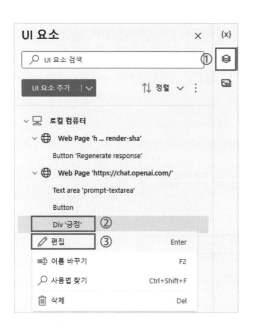

12 UI 요소 선택기 화면이 열린다. 요소 영역에 맨 아래로 스크롤을 내리면, 13번 요소 'Ordinal' 특성이 [같음] 연산자 조건으로 3이 입력되어 있다. 즉, 앞서 챗GPT가 답변한 UI 요소가 화면에서 3번째 순번을 가진다는 의미로 이해할 수 있다.

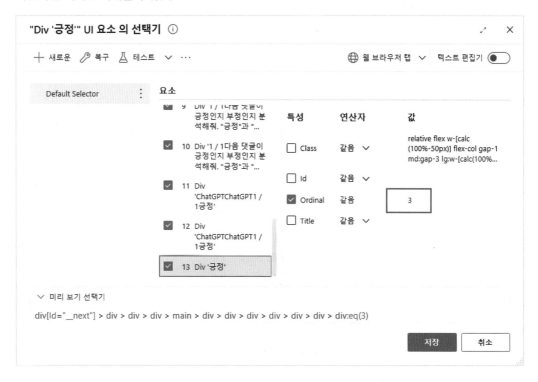

13 챗GPT의 두 번째 답변을 UI 요소로 추가해서, 몇 번째 순번을 가지는지 확인해 보자.

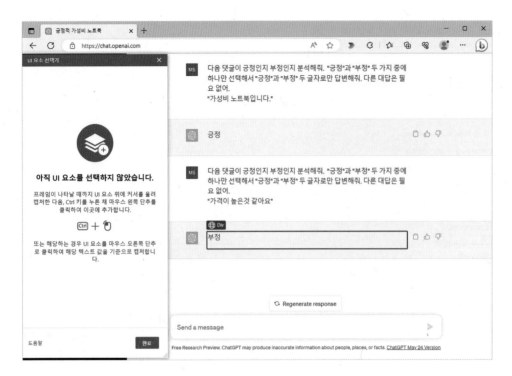

14 13단계와 같이 "부정"이라고 답변한 UI 요소 선택기 화면을 열어 보면, 13번째 요소의 Ordinal 특성 값이 7로 녹화된 것이 확인된다. 즉, 첫 번째 답변은 3이고 두 번째 답변은 7이기 때문에 4의 간격을 유지하여 세 번째 답변은 11이 될 것이라는 것을 추측할 수 있다. 13단계에서 추가한 UI 요소는 간격을 알아내기 위해서 임시로 추가했으므로 삭제한다.

15 [각각의 경우] 반복문 앞에 [변수 설정] 작업을 추가해서 UI 요소의 순번을 저장할 변수를 생성하고 초깃값으로 3을 설정한다.

16 앞서 알아낸 챗GPT의 답변 간의 간격 값 4를 변수 %idx%에 더하는 [변수 설정] 작업을 추가한다.

17 12단계로 다시 돌아가서 챗 GPT가 답변한 UI 요소 설정을 열어서 Ordinal 특성에 변수 %idx%를 입력한다.

TIP
[텍스트 편집기]에서 변수를 입력하는 방식을 사용해도 된다. ① [텍스트 편집기] 옵션을 활성화해서, ② 직접 변수를 입력할 수 있다.

18 챗GPT의 답변을 추출한 결과와 "Regenerate response" 버튼에서 추출한 텍스트를 초기화하기 위해, [변수 설정] 작업을 2개 추가하고 빈 값을 의미하는 수식 %''%을 입력한다.

초기화를 수행하는 [변수 설정] 작업 2개는 [각각의 경우] 반복문 아래에 추가한다.

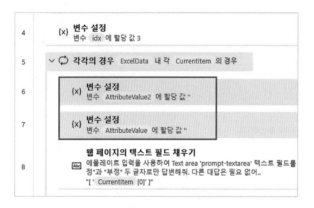

19 [Excel 워크시트에 쓰기] 작업을 추가하고, ① 챗GPT 답변을 추출한 변숫값과 ② 순번 변수 %row_idx%를 생성해서 입력한다. 순번 변수는 여러 번 실습하였기에 자세한 사항은 설명을 생략한다.

20 흐름을 실행해서, 챗GPT가 상품 후기에 대해서 어떻게 분석하는지 확인해 보자.

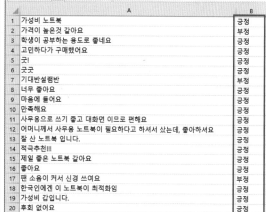

	A	B
1	가성비 노트북	긍정
2	가격이 높은것 같아요	부정
3	학생이 공부하는 용도로 좋네요	긍정
4	고민하다가 구매했어요	긍정
5	굿!	긍정
6	굿굿	긍정
7	기대반설렘반	부정
8	너무 좋아요	긍정
9	마음에 들어요	긍정
10	만족해요	긍정
11	사무용으로 쓰기 좋고 대화면 이므로 편해요	긍정
12	어머니께서 사무용 노트북이 필요하다고 하셔서 샀는데, 좋아하셔요	긍정
13	잘 산 노트북 입니다.	긍정
14	적극추천!!!	긍정
15	제일 좋은 노트북 같아요	긍정
16	좋아요	긍정
17	팬 소음이 커서 신경 쓰여요	부정
18	한국인에겐 이 노트북이 최적화임	긍정
19	가성비 갑입니다.	긍정
20	후회 없어요	긍정

조금 더 알아보기

챗GPT가 작성한 코드 바로 적용하기

챗GPT가 작성한 코드를 [VBScript 실행] 작업에 바로 적용하는 자동화 구현이 가능하다.
[웹 페이지의 텍스트 필드 채우기] 작업으로 프롬프트 입력란에 필요한 코드의 내용을 입력하고 [저장] 버튼을 누른다.

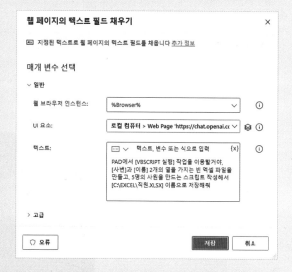

> 🧑 PAD에서 [VBScript 실행] 작업을 이용할 거야.
> [사번]과 [이름] 2개의 열을 가지는 빈 엑셀 파일을 만들고, 5명의 사원을 만드는 스크립트를 작성해서 [C:\EXCEL\직원.XLSX] 이름으로 저장해 줘.

챗GPT가 생성한 코드를 추출하기 위해
[작업] [브라우저 자동화] → [웹 데이터 추출]
→ [웹 페이지 요소의 세부 정보 가져오기]
메뉴를 선택한다.

코드에 마우스 커서를 옮겨서 빨간색 박스가 Code 영역으로 변경될 때 UI 요소를 녹화한다. 이때 웹 브라우저에서 추출한 코드는 변수 %AttributeValue%에 저장된다. 또는 📋 Copy code 메뉴를 눌러서 코드를 복사한다. [작업] [클립보드] → [클립보드 텍스트 가져오기]로 PAD 변수에 저장하는 방법을 활용할 수도 있다.

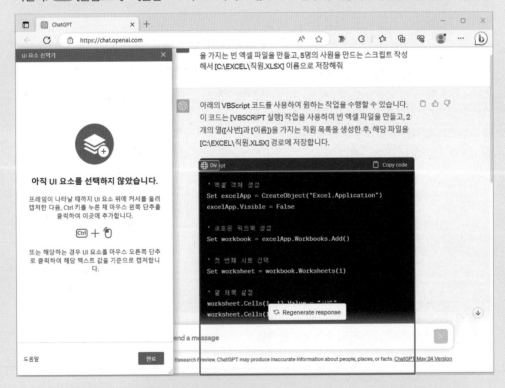

[작업] [스크립팅] → [VBScript 실행] 메뉴를 추가하고, 챗GPT가 작성한 코드를 추출하여 변수 %AttributeValue%에 입력한다. 그리고 흐름을 실행하면, 엑셀 파일이 자동으로 생성된다.

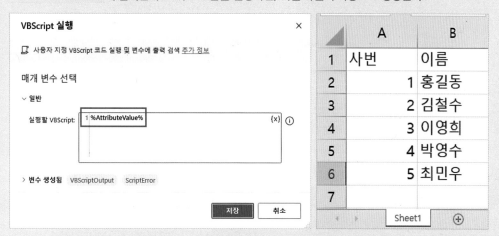

GPT가 생성한 코드에 오류가 발생하기도 한다. 정상적으로 실행될 때까지 반복해서 코드를 생성하는 자동화를 만들어 보자. 챗GPT의 두 번째 응답 코드를 추출해 보면, 첫 번째와 두 번째 결과는 간격 2의 차이가 있음을 알 수 있다. 이번 절에서 실습했듯이, 해당 값을 %idx% 변수로 대체해서 입력한다.

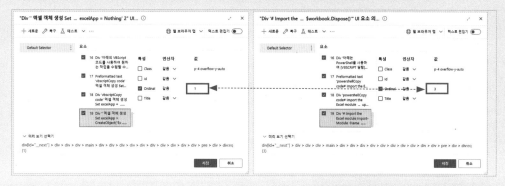

① [반복 조건] 작업을 추가해서 %ScriptError%가 빈 값이 될 때까지 반복한다. ② 3번째 라인에서 변수 %ScriptError%의 초깃값을 'Y'로 설정해서 반복문이 실행되게 한다.

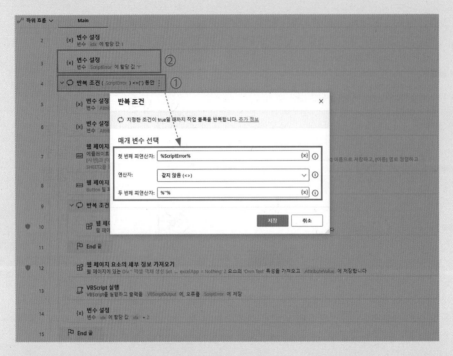

%ScriptError% 변수 값이 'Y'인 경우와 실제로 발생한 오류 코드인 경우를 ① [만약] 조건문으로 분기해서 ② 오류가 발생했을 때 프롬프트에 변수 %ScriptError% 값을 입력하는 로직으로 구현하면 된다.

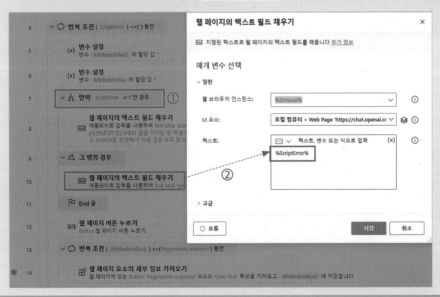

흐름을 실행하면 스크립트가 성공할 때까지 반복적으로 프롬프트에 오류 코드를 입력하여 새로운 코드를
생성하는 자동화가 구현된다.

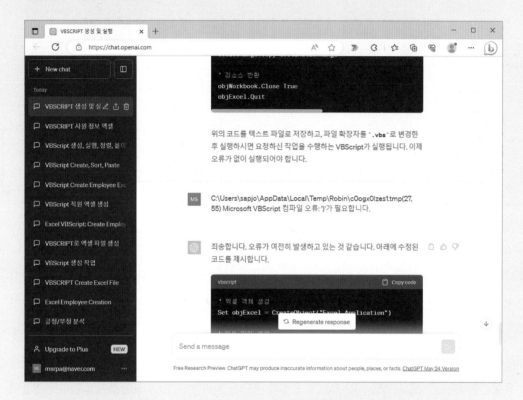

챗GPT API 사용하여 업무 자동화하기

실행 영상 파일
https://cafe.naver.com/msrpa/762

#API #JSON #웹서비스_호출 #JSON을_사용자_지정_개체로_변환

이번 절에서는 사용자가 질문을 입력하면, API를 이용하여 챗GPT에 요청을 보내 답변을 받아와서 엑셀에 저장하는 자동화 흐름을 만들어 본다. 앞 절에서는 웹 브라우저를 실행하여 OpenAI의 챗 GPT에 접속하는 방법을 사용했지만, 이번 절에서는 API를 통해 백그라운드에서 직접 챗GPT와 통신하는 방식을 활용한다. 이는 브라우저 자동화보다 훨씬 효율적이다. API를 사용하면 브라우저와 상호작용하지 않아도 시스템 내부적으로 요청과 응답을 처리할 수 있어 효율적이고 편리한 장점이 있다. 이를 통해 더욱 효과적으로 업무 자동화를 구현할 수 있다.

TIP

API란 프로토콜을 사용하여 두 소프트웨어가 서로 통신할 수 있게 하는 도구이다. 예를 들면, 스마트폰의 날씨 정보 앱은 API를 통해 기상청 시스템과 통신하여 날씨 데이터를 실시간으로 가져온다. REST(Representational State Transfer) API는 HTTP 프로토콜을 기반으로 하는 통신 방식 중 하나이며, RESTful API라고도 한다. 요청을 전송하는 클라이언트는 HTTP 메소드(GET, POST, PUT 등)를 사용하여 서버에 데이터를 요청한다. 서버는 HTTP 상태 코드(200:OK, 404:Not Found)와 함께 요청한 클라이언트에 데이터를 제공한다. 이때 반환된 데이터는 주로 JSON 형식이 사용된다.

먼저, API Key를 생성하기 위해서 OpenAI 사이트에 접속해서 본인의 계정으로 ① 로그인한 후에 ② API 메뉴를 클릭한다.

URL https://openai.com/

오른쪽 상단의 ① 본인 계정을 누르고, ② [View API keys] 메뉴를 선택한다.

① 왼쪽의 [API keys] 메뉴를 선택하고 ② [Create new secret key] 버튼을 클릭한다. ③ API 이름을 입력하고 ④ [Create secret key] 버튼을 누른다.

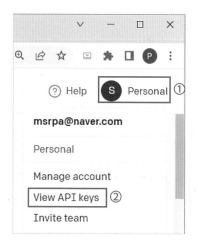

성공적으로 API key가 생성되었다. Key 코드는 처음 생성할 때만 확인이 가능하기 때문에 복사 아이콘(⎙)을 눌러서 잘 기록해 둔다. 발급받은 키는 잘 보관해야 하며, 다른 사람에게 공유하거나 유출해서는 안 된다고 명시되어 있다.

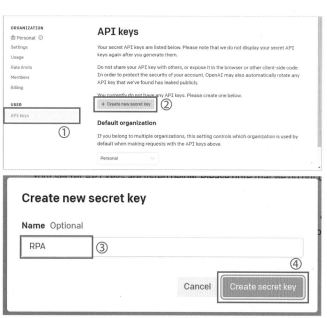

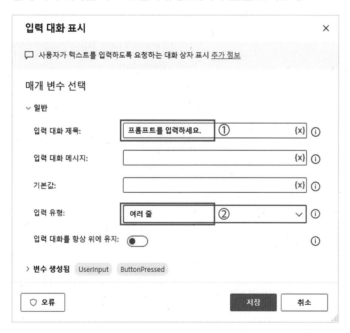

Create new secret key

Please save this secret key somewhere safe and accessible. For security reasons, **you won't be able to view it again** through your OpenAI account. If you lose this secret key, you'll need to generate a new one.

sk-RCjf3q29RU36BB5SXI7yT3BlbkFJ3yISx

Done

이제 PAD 흐름을 생성해서 챗GPT를 API로 연결하여 직접 호출해 보자.

01 챗GPT에게 요청한 프롬프트를 입력 받도록 `작업` [메시지 상자] → [입력 대화 표시]를 추가한다. ① 입력 대화 제목을 적고 ② 입력 유형은 [여러 줄]을 선택한다.

입력 대화 표시 ×

💬 사용자가 텍스트를 입력하도록 요청하는 대화 상자 표시 추가 정보

매개 변수 선택

∨ 일반

입력 대화 제목: │ 프롬프트를 입력하세요. ① │ {x} ⓘ

입력 대화 메시지: │ │ {x} ⓘ

기본값: │ │ {x} ⓘ

입력 유형: │ 여러 줄 ② ∨ │ ⓘ

입력 대화를 항상 위에 유지: ◉━━ ⓘ

❭ 변수 생성됨 UserInput ButtonPressed

♡ 오류   저장   취소

02 `작업` [HTTP] → [웹 서비스 호출] 메뉴에 다음과 같이 입력한다. [웹 서비스 호출] 작업에 설정해야 하는 상세 정보는 다음 URL로 접속하여 확인할 수 있다.

URL https://platform.openai.com/docs/api-reference/completions/create

API 예제의 항목을 참고해서 [웹 서비스 호출] 작업에 입력한다. 추가 항목 2개는 다음과 같이 설정하자. ② 메서드 항목은 [POST]를 선택한다. ⑥ 고급 항목을 열어서 [요청 본문 인코드]는 비활성화한다.

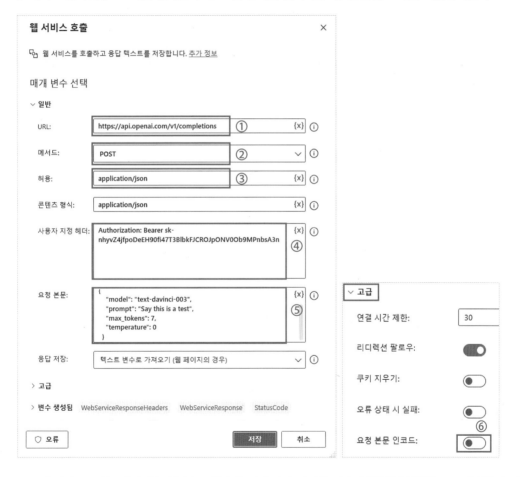

03 [웹 서비스 호출] 작업의 '요청 본문' 항목을 사용자가 입력한 변수 %UserInput%으로 변경한다. 해당 변수 값은 챗GPT에게 질의할 프롬프트 내용이다.

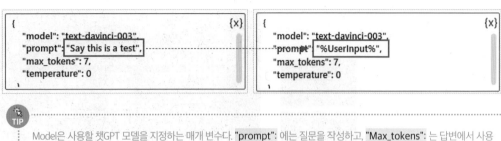

TIP
Model은 사용할 챗GPT 모델을 지정하는 매개 변수다. "prompt": 에는 질문을 작성하고, "Max_tokens": 는 답변에서 사용할 토큰의 수를 설정하는 항목이다. 이를 통해 원하는 답변의 길이를 제어할 수 있다. "temperature": 는 챗GPT의 답변 타입을 조정할 수 있는 매개 변수다. 이 값은 0과 1 사이의 범위에서 설정할 수 있으며, 1에 가까울수록 더욱 창의적인 답변을 받을 수 있다. 반면, 0에 가까워질수록 정형화된 답변을 생성한다.

04 흐름을 실행해서 챗GPT에게 문의할 프롬프트를 입력해 보자.

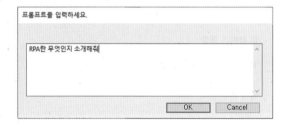

05 API 호출 결과 오른쪽 변수 영역에서 %WebServiceResponse% 변수 값을 확인해 보면 "RPA(Robotic"이라고 짧은 결과가 반환되었음을 확인할 수 있다.

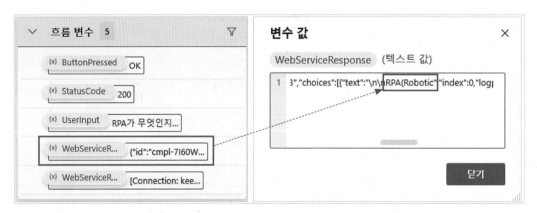

06 OpenAI의 API 참고 사이트를 확인해 보니, 대부분의 모델은 2048 토큰 길이를 사용할 수 있다고 안내되어 있다. [웹 서비스 호출] 작업의 "max_tokens" 항목을 2048로 늘려준다.

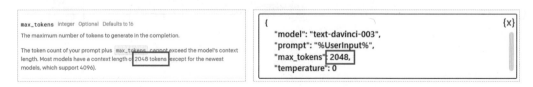

07 이제 흐름을 다시 실행하면 RPA에 대해서 장문으로 소개하는 글을 확인할 수 있다.

변수 값
×

WebServiceResponse (텍스트 값)

1 ıRPA(Robotic Process Automation)은 로봇 기반의 프로세스 자동화 기술로, 사람이 수행하는 반복적인 작업을 손쉽게 자동화하는 기술입니다. 이는 사람이 수행ㅎ

닫기

08 챗GPT가 답변한 내용만 가져오기 위해서 작업 [변수] → [JSON을 사용자 지정 개체로 변환] 메뉴를 추가한다. ① JSON에는 챗GPT가 반환한 결과 변수를 입력한다. ② JSON 형태로 변환되어 **%JsonAsCustomObject%** 변수에 저장된다.

JSON을 사용자 지정 개체로 변환
×

다음 JSON 문자열을 사용자 지정 개체로 변환 추가 정보

매개 변수 선택

∨ 일반

JSON: %WebServiceResponse% ① {x} ⓘ

> 변수 생성된 JsonAsCustomObject ②

♡ 오류   저장   취소

TIP

JSON 형식은 속성(Key)과 값(Value)을 쌍으로 가지는 구조이다. 값을 입력할 때는 JSON을 이용해 중괄호 { }를 이용한다. 예를 들어, 다음 엑셀의 첫 번째 행을 JSON으로 표현하려면 다음과 같이 기술한다.

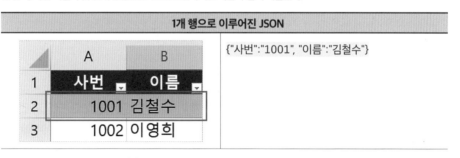

1개 행으로 이루어진 JSON	
	{"사번":"1001", "이름":"김철수"}

2개 행으로 이루어진 데이터를 **배열 구조**로 만들려면 대괄호 [ ]를 사용하면 된다. 배열 변수의 개별 라인이 **JSON 구조**로 만들어진다.

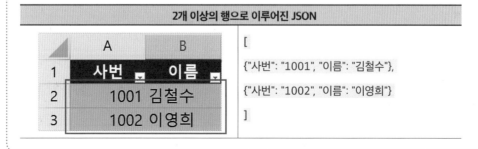

2개 이상의 행으로 이루어진 JSON	
	[{"사번": "1001", "이름": "김철수"}, {"사번": "1002", "이름": "이영희"}]

09 흐름을 실행하면 %JsonAsCustomObject% 변수에 [이름]과 [값]으로 구성된 사용자 지정 개체 타입으로 변환된 결과를 확인할 수 있다. Choices 속성의 [자세히] 메뉴를 누르고, 답변이 나올 때까지 [자세히] 메뉴를 계속 누른다.

> **TIP**
>
> 사용자 지정 개체 변수는 JSON 타입을 PAD에서 사용하기 쉽도록 변수로 전환한 것이다. [자세히] 메뉴가 있는 행의 속성은 중첩 변수로, 변수 안에 다른 변수가 포함된 구조이다. 파워 오토메이트 클라우드는 JSON의 중첩 구조에서 속성별로 값을 쉽게 추출할 수 있지만, PAD는 중첩 구조의 속성을 일일이 명시해야 한다.

10 JSON 타입의 사용자 지정 개체에서 텍스트만 추출하기 위해서 변수를 생성하고, 다음과 같이 사용자 지정 개체의 속성을 입력한다. [0]은 배열의 첫 번째 값을 의미한다. 흐름을 실행하면, 변수 %res%에 챗 GPT 답변이 저장된다.

%JsonAsCustomObject.choices[0].text%

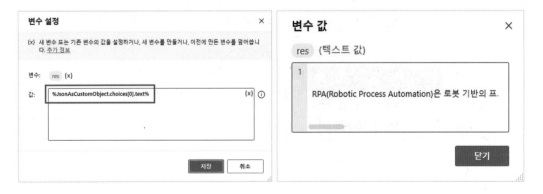

11 [Excel 시작] 작업으로 빈 엑셀 문서를 열어서 1번째 열은 질문, 2번째 열은 답변을 쓰는 [Excel] 작업을 2개 추가한다. 사용자가 질문을 여러 번 입력하는 경우, 모든 이력을 기록하려면 행 입력란에 변수를 입력해서 활용하면 된다. 해당 로직을 각각 추가해 보도록 하자.

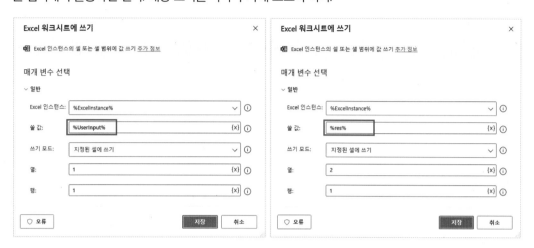

12 흐름을 실행하면 챗GPT에게 질문한 프롬프트와 응답한 결과가 빈 엑셀 파일에 저장된다. 엑셀 파일에 여러 가지 질문을 입력한 후에, 챗GPT의 응답을 차례대로 입력하는 것도 좋은 사례가 될 수 있다.

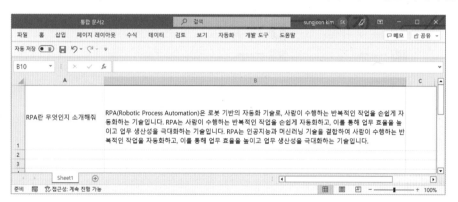

챗GPT 유료 서비스 구독하기

무료 API 사용 서비스는 기간과 용량이 한정되어 있다. 지속적으로 사용하려면 유료 계정으로 전환해야한다.

다음 결제 사이트로 이동한 후에 ① [Set up paid account] 메뉴를 선택한다. ② 개인 계정은 [I'm an individual]을 선택한 후에 개인정보와 신용 카드 정보를 등록하면 된다.

URL https://platform.openai.com/account/billing/overview

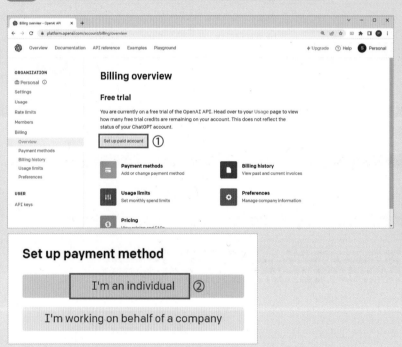

엑셀 자동화 고급편은 엑셀의 복잡한 양식을 효율적으로 처리하고 자동화하는 방법을 다루는 실용적인 가이드이다. 특히, 열 구조의 데이터를 행 구조로 변환하는 방법을 자세히 설명하며 실무 사례들을 바탕으로 엑셀 자동화 고급 기술을 습득할 수 있다.

이번 장의 주요 목표는 복잡한 구조의 엑셀 데이터를 보다 쉽게 관리하고 분석할 수 있도록 하는 것이며 실제 업무에 적용해 보고 응용하는 능력을 향상시키는 데 중점을 둔다. 앞서 학습한 PAD 기본 이론을 바탕으로 엑셀 자동화에 대한 전문적인 지식과 실무 능력을 함께 향상시키는 방법을 알아보자.

01   **월별 판매 보고서 데이터 구조 변환하기**
02   **월별 프로젝트 업무 자동화하기**
03   **부서별 경비 집계 엑셀 자동화(1)**
04   **부서별 경비 집계 엑셀 자동화(2)**

엑셀 자동화 고급편

01

월별 판매 보고서 데이터 구조 변환하기

실행 영상 파일
https://cafe.naver.com/msrpa/763

#데이터_전처리   #파워_쿼리   #챗GPT로_데이터_분석   #중첩_변수

#목록_지우기   #사용자_서식_지정   #HLOOKUP

실무에서 월별 판매 추이 보고서를 작성할 때, 일반적으로 일자(또는 월)를 열 구조로 구성하고 주요 항목을 행으로 구성하는 방식을 사용한다. 새로운 연도가 시작되면 이전 연도의 월은 숨김 처리하고 12개의 열을 다시 추가한다. 이러한 접근 방식은 판매량 추이를 직관적으로 확인하기에는 유용하지만, 데이터 모델링 측면에서는 비효율적이다.

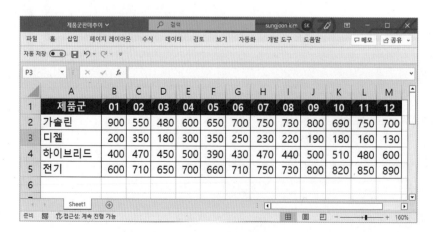

제품군	01	02	03	04	05	06	07	08	09	10	11	12
가솔린	900	550	480	600	650	700	750	730	800	690	750	700
디젤	200	350	180	300	350	250	230	220	190	180	160	130
하이브리드	400	470	450	500	390	430	470	440	500	510	480	600
전기	600	710	650	700	660	710	750	730	800	820	850	890

시스템적인 관점에서 열 구조는 일자별(또는 월별) 데이터가 열 방향으로 수평적으로 반복 증가하므로 데이터의 양이 늘어날수록 테이블의 너비가 증가하는 문제가 있다. 그리고 이는 데이터 저장 및 검색 시 불필요한 공간이 낭비되어 처리 속도가 저하되는 이슈를 야기할 수 있다.

이러한 문제를 해결하기 위해서, 데이터 전처리가 필요하다. **데이터 전처리는 컴퓨터 소프트웨어에서 데이터를 분석 및 처리하기에 적합한 형태로 가공하는 과정**이다. 이 과정은 다양한 방법을 포함하며, 그 중 한 가지 방법은 시계열 분석을 위해 데이터를 일자별로 레코드 형태로 생성하는 것이다. 일자별로 레코드를 생성하면 데이터를 시간의 흐름에 따라 정렬할 수 있어 추이를 파악하기 쉽다. 이를 통해 특정 기간 동안의 변화를 그래프로 시각적으로 파악하거나 추세를 분석하는 데 효율적이다.

엑셀 프로그램에서 데이터를 복사한 후에 붙여 넣을 때 [행/열 바꿈] 옵션을 선택하면, 행과 열의 위치를 바꿀 수는 있다. 하지만 가솔린이나 디젤과 같은 제품군 데이터가 여전히 열 구조로 남아 있기 때문에 불완전한 레코드 형태를 가진다. 완전한 레코드 형태로 변경하려면 [조금 더 알아보기]에서 소개하는 파워 쿼리를 이용하는 방법을 권장한다.

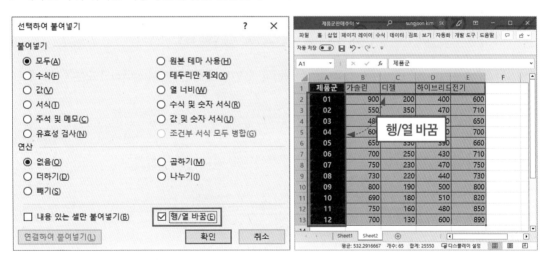

파워 쿼리를 이용해 열 구조를 레코드 형태로 바꾸기

파워 쿼리는 데이터 전처리를 위한 강력한 툴로, 엑셀의 2016 버전부터 기본으로 내장되어 있다. 열 구조를 레코드 형태로 변환하는 작업은 파워 쿼리를 이용하는 방법이 효율적이다. 특히, 엑셀 데이터가 변경되면 새로고침 기능으로 변경된 데이터를 자동으로 적용할 수 있다는 장점이 있다.

01 엑셀 데이터를 모두 선택한 상태에서 메뉴 ① [데이터] → ② [테이블/범위에서]를 선택한다.

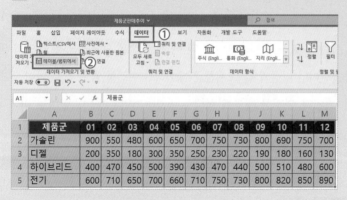

02 'Power Query 편집기'가 자동으로 실행된다. 첫 번째 열 [제품군]을 선택하고 오른쪽 메뉴를 열어서 [다른 열 피벗 해제]를 클릭한다.

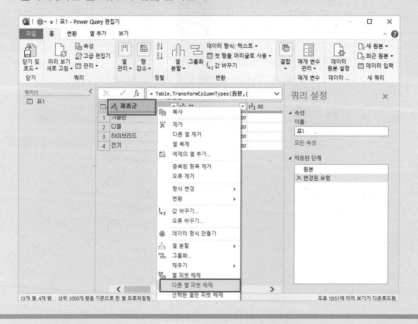

03 데이터 구조가 레코드 형태로 변경된다. [특성]으로 생성된 열을 더블 클릭해서 열 이름을 [월]로 변경한다.

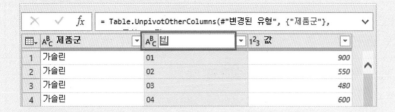

04 [닫기 및 로드] 버튼을 누르면 'Power Query 편집기'는 닫히고, 엑셀 파일로 돌아간다.

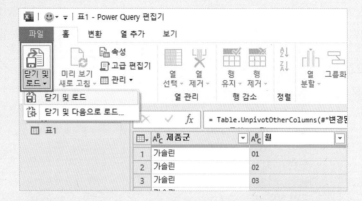

05 엑셀 파일의 새로운 시트에 모든 데이터가 레코드 형태로 변경된 것을 확인할 수 있다. 엑셀의 원본 데이터를 변경하고 [모두 새로 고침] 버튼을 누르면 변경된 데이터가 [표1] 시트에 자동으로 적용된다.

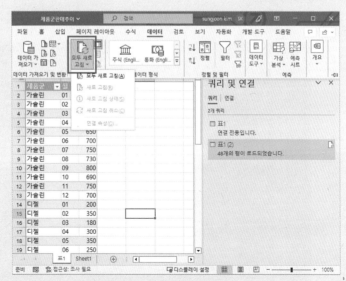

엑셀 데이터 분석하기

챗GPT는 인공지능이기 때문에 데이터를 분석하여 특정 패턴이나 추세를 파악하고, 해당 정보를 활용하여 사용자의 질문에 적절한 답변을 생성할 수 있다. 엑셀 데이터를 복사해서, 다음과 같이 프롬프트를 작성해 보자. 참고로, 챗GPT 플러스에 가입하면 엑셀 파일을 직접 업로드해서 데이터를 분석할 수 있다.

다음 데이터에서 월별 판매량이 증가하는 제품군을 알려 줘.

제품군	월	판매량
가솔린	01	900
가솔린	02	550
가솔린	03	480
가솔린	04	600
가솔린	05	650
가솔린	06	700
가솔린	07	750
가솔린	08	730
가솔린	09	800
가솔린	10	690
가솔린	11	750
가솔린	12	700

--이하 생략--

___ Copy code

월별 판매량이 증가하는 제품군은 다음과 같습니다:

1. 제품군 "가솔린":
   - 01: 900
   - 04: 600
   - 05: 650
   - 06: 700
   - 07: 750
   - 09: 800
   - 11: 750

2. 제품군 "전기":
   - 01: 600
   - 02: 710
   - 03: 650
   - 04: 700

```
- 06: 710
- 07: 750
- 08: 730
- 09: 800
- 10: 820
- 11: 850
- 12: 890
```

위의 결과를 보면, "가솔린" 제품군과 "전기" 제품군이 월별 판매량이 증가하는 제품군입니다.

파워 쿼리에서 소개한 레코드 형태 구조로 변경하려면 PAD는 어떻게 적용해야 하는지 알아보자. 이전에 소개한 엑셀 자동화 예제들은 일반적인 실무 엑셀 자동화에 적용할 수 있는 공통적인 기법이다. 고급 수준으로 넘어가면 조금 더 복잡한 사례들이 등장한다. 이 단계에서 중요한 것은 **엑셀의 열 구조를 처리할 수 있는 스킬과 응용력**을 필요로 한다는 것이다. 엑셀 자동화 고급편에서는 복잡한 엑셀 양식 처리를 위해, 열 구조의 데이터를 다양한 방식으로 다루는 방법을 소개한다.

열 구조를 가지는 엑셀 자동화의 첫 번째 단계는 열의 구조 및 개수를 파악하는 것부터 출발한다. 즉, 제품군 A열을 제외하고 B열(01월)에서 M열(12월)까지 12개 칼럼 수를 구해야 한다.

A	B	C	D	E	F	G	H	I	J	K	L	M
제품군	01	02	03	04	05	06	07	08	09	10	11	12

그런 후에 빈 엑셀 파일에 가솔린을 12번 반복해서 쓰고, 열 구조의 월과 판매량 데이터를 가져와서 세로 방향으로 쓰면 된다.

	A	B	C	D	E	F	G	H	I	J	K	L	M
1	제품군	01	02	03	04	05	06	07	08	09	10	11	12
2	가솔린	900	550	480	600	650	700	750	730	800	690	750	700
3	디젤	200	350	180	300	350	250	230	220	190	180	160	130
4	하이브리드	400	470	450	500	390	430	470	440	500	510	480	600
5	전기	600	710	650	700	660	710	750	730	800	820	850	890

	A	B	C
1	가솔린	01	900
2	가솔린	02	550
3	가솔린	03	480
4	가솔린	04	600
5	가솔린	05	650
6	가솔린	06	700
7	가솔린	07	750
8	가솔린	08	730
9	가솔린	09	800
10	가솔린	10	690
11	가솔린	11	750
12	가솔린	12	700

쉽게 설명하면, 다음과 같이 3개의 목록에 값을 채워서 엑셀에 쓰는 작업을 제품군별로 반복하면 된다.

제품군	월	판매량

변수 값

product	(목록 텍스트 값)		month	(목록 텍스트 값)		sales	(목록 텍스트 값)
#	항목		#	항목		#	항목
0	가솔린		0	01		0	900
1	가솔린		1	02		1	550
2	가솔린		2	03		2	480
3	가솔린		3	04		3	600
4	가솔린		4	05		4	650
5	가솔린		5	06		5	700
6	가솔린		6	07		6	750
7	가솔린		7	08		7	730
8	가솔린		8	09		8	800
9	가솔린		9	10		9	690
10	가솔린		10	11		10	750
11	가솔린		11	12		11	700

이제 다음과 같은 흐름으로 열 구조를 행 구조 데이터로 변환하는 자동화를 만들어 보자.

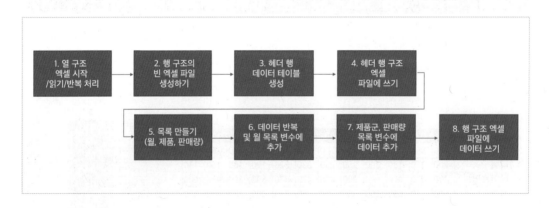

01 [Excel 시작] 작업으로 '제품군판매추이.xlsx' 엑셀 파일을 오픈하고 [Excel 워크시트에서 첫 번째 빈 열/행 가져오기] 작업을 추가한다.

02 01월에서 12월까지 열의 개수를 저장하는 변수를 하나 생성한다. 물론, %FirstFreeColumn - 2% 수식을 사용해도 되지만 매번 수식을 입력하는 것이 번거롭기 때문에 변수를 활용하는 방식을 선택했다.

Q **PAD에서 변수를 많이 생성해도 괜찮나요?**

A PAD에서 변수를 많이 생성하는 것은 문제가 없습니다. 변수는 데이터를 저장하고 처리하는 데 사용되며, 자동화 흐름의 가독성과 유지 관리를 향상시키는 데 도움이 됩니다. 변수를 적절하게 활용하면 코드를 효율적으로 작성할 수 있고, 재사용 가능한 로직을 구현할 수도 있습니다. 변수 사용은 코드 기반의 프로그래밍과 같습니다.

그러나 변수를 많이 생성하는 경우, 몇 가지 고려해야 할 사항이 있습니다. 첫 번째, 너무 많은 변수를 생성하면 코드가 복잡해지고 변수 이름 충돌이 발생할 수 있습니다. 따라서 변수를 생성할 때는 일관된 네이밍 규칙을 정하는 것이 좋습니다. 두 번째, 변수 값을 초기화하는 과정에 항상 주의를 기울여야 합니다. 변수를 사용할 때는 값을 초기화하고 변수 값을 사용하는 부분에 문제가 없도록 확인해야 합니다.

03 [Excel 워크시트에서 읽기] 작업을 추가해서 '제품군판매추이.xlsx' 파일의 데이터를 읽어온다. 1단계에서 [Excel 워크시트에서 첫 번째 빈 열/행 가져오기] 작업을 사용했기 때문에 이번에는 셀 범위의 값을 읽어오는 방법을 적용한다. 셀 범위의 값 옵션은 다양한 유형의 엑셀 자동화에서 자주 활용된다.

① 검색: [셀 범위의 값]
② 시작 열: 첫 번째 열 1을 입력
③ 시작 행: 첫 번째 행 1을 입력
④ 끝 열: 빈 열에서 -1을 계산하는
%FirstFreeColumn - 1%
⑤ 끝 행: 빈 행에서 -1을 계산하는
%FirstFreeRow - 1%
⑥ 01~12 월 헤더 정보를 읽어야 하기 때문에 [범위의 첫 번째 행을 열 이름으로 사용] 옵션은 활성화하지 않는다.

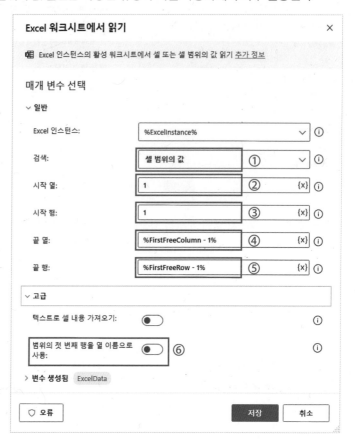

04 행 구조를 가지는 엑셀 파일에 쓰기 위해서 [Excel 시작] 작업을 하나 더 추가해서 빈 엑셀 문서를 생성한다.

05 첫 번째 행은 헤더로 사용하기 위해서 `작업` [변수] → [데이터 테이블] → [새 데이터 테이블 만들기]를 추가해서 '제품군', '월', '판매대수'를 입력한다. 여기서 '판매대수'는 판매량이 입력되는 란이다.

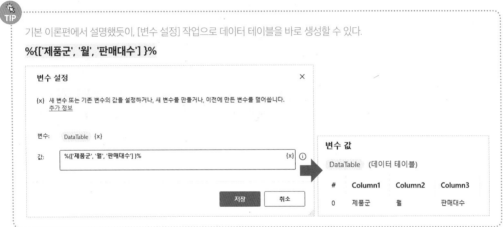

06 [Excel 워크시트에 쓰기] 작업으로 빈 문서의 첫 번째 열과 행에 헤더 정보를 담고 있는 데이터 테이블 변수 %DataTable% 을 쓰도록 설정한다.

07 (작업) [변수] → [새 목록 만들기] 메뉴로 월, 제품군, 판매대수를 저장할 목록 변수 3개를 생성한다.

08 '제품군판매추이.xlsx' 데이터를 빈 문서에 쓰기 위해서 엑셀 데이터를 반복하면서 데이터 행에 담는다. 저장 위치의 데이터 행 변수는 %CurrentItem%에서 %item%으로 짧게 변경한다.

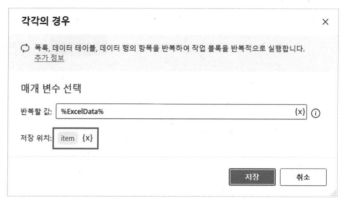

09 01~12월의 값을 목록에 저장하기 위해서, [각각의 경우] 반복문에서 데이터 행의 첫 번째 열이 ① '제품군'과 동일한지 체크하는 [만약] 작업을 추가한다. 그리고 ② 12개월의 열을 12번 반복하기 위해서 [반복] 작업을 추가하고 2단계에서 생성한 변수 %mon_cnt%를 입력한다.

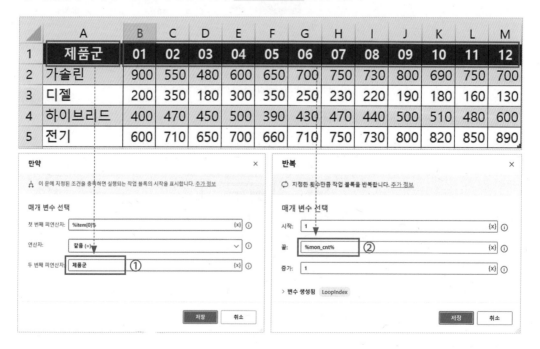

10 12개월의 데이터를 엑셀에서 가져오기 위해서 작업 [변수] → [목록에 항목 추가]를 끌어 놓는다. ①
항목 추가: 다음과 같이 변수를 입력한다. %LoopIndex% 변수는 8단계에서 추가한 [각각의 경우] 반복
문의 현재 순번이기 때문에 1~12의 값을 가진다. 앞서 설명했듯이, 변수 안에 변수를 사용할 때는 백분율
기호(%)를 중복으로 사용할 수 없다. ② 목록으로: 월을 저장할 목록 변수 %month%를 입력한다.

중첩 변수 올바른 사용법	중첩 변수 잘못된 사용법
%item[LoopIndex]%	%item[%LoopIndex%]%

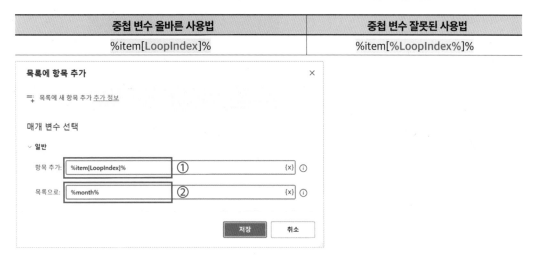

현재 행을 저장하는 데이터 행 변수 %item%은 순번이 0부터 시작한다. %item[0]%은 '제품군'이고,
%item[1]%은 '01', 순서대로 %item[5]%는 '05'의 값을 가진다. 실습 예제는 월 정보만 필요하기 때문
에 9단계에서 반복을 1부터 시작하도록 설정했다.

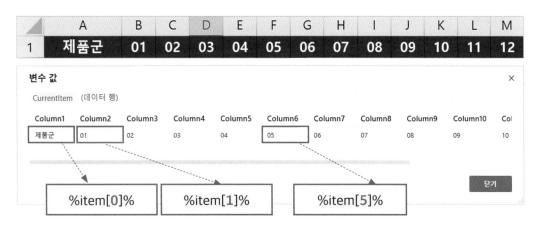

PAD는 노코드 기반의 자동화 도구이지만, 복잡한 엑셀 파일을 자동화할 때는 코드 기반의 프로그래밍
만큼이나 복잡한 논리적인 절차를 가진다. 그래서 자동화 개발은 **중단점을 설정하고 단계별로 변수에 어
떤 값이 들어가는지 확인**하는 과정이 필요하다. 또한, 흐름 내에서 개별 기능의 테스트가 필요한 경우, **새
로운 흐름을 생성해서 단위 기능만 확인**하는 것이 효율적이다. 이는 번거로울 수 있지만 복잡한 흐름 내
에서 테스트하는 것보다 훨씬 효과적인 방법이다. ▷ 실행 또는 ▷│ 다음작업실행 버튼을 누르면서, 반복 구문
내의 목록 변수 %month%에 어떻게 값이 삽입되는지 각자 디버깅해 보자.

11 [그 밖의 경우] 작업을 추가한다. 이번에는 제품군인 '가솔린'을 12번 가져와야 하기 때문에, [그 밖의 경우] 작업 아래에 작업 [반복] → [반복]을 하나 더 추가해서 제품군 목록 변수 %product%에 입력한다.

12 11단계와 동일하게 [반복]과 [목록에 항목 추가] 작업으로 판매대수를 목록 변수 **%sales%**에 저장한다.

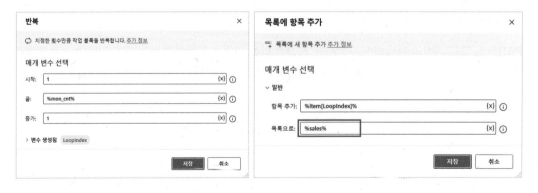

13 작업 [Excel] → [Excel 워크시트에 쓰기] 메뉴를 추가해서, 빈 문서의 첫 번째 열에 제품군 목록 변수를 쓰기 한다. ① 쓸 값: 제품군 목록 변수 %product%, ② 열: 첫 번째 열 1, ③ 행: 목록 변수는 12개의 '가솔린' 데이터를 가지고 있기 때문에 변수 %idx%를 생성한다. %idx% 변수는 다음 단계를 참고해서 설정한다. ④ [Excel 워크시트에 쓰기] 작업을 2개 더 추가해서, 월 목록 변수 %month%와 판매량 목록 변수 %sales%를 각각 2열과 3열에도 쓰기 한다.

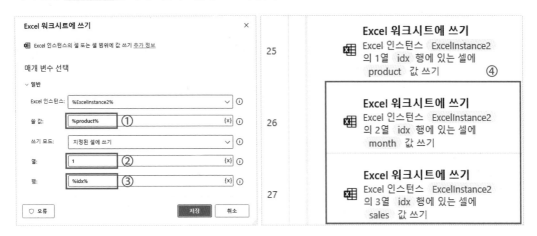

14 ① 먼저 %idx% 변수는 [각각의 경우] 반복문을 시작하기 전에 2의 값을 갖도록 선언한다. 왜냐하면, 첫 번째 행은 6단계에서 헤더로 사용했기 때문이다. ② [Excel 워크시트에 쓰기] 작업은 12개씩 반복하면서 다음 행에 써야 하기 때문에, 변수 %idx%에 %mon_cnt% 변수를 더하는 작업을 추가한다.

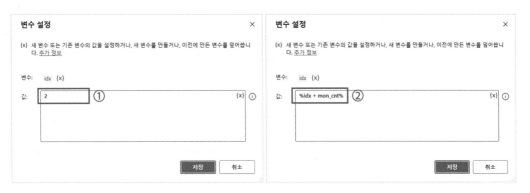

15 마지막으로, 작업 [변수] → [목록 지우기] 메뉴를 2개 추가해서 목록 변수 %product%와 %sales%를 지운다. 월 목록 변수 %month%는 제품군마다 반복하면서 입력해야 하기 때문에 지우지 않는다.

16 흐름을 실행해서 열 구조의 엑셀 파일을 레코드 형태로 변환하는 과정을 확인해 보자.

열 구조의 엑셀 파일	레코드 형태의 엑셀 파일
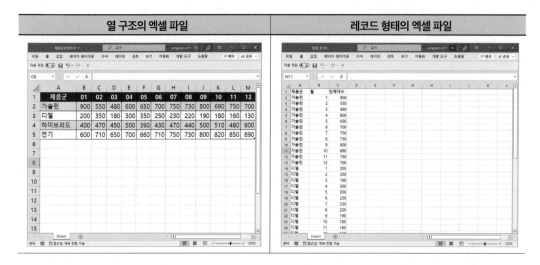	

레코드 형태 구조로 변환하면 피벗 테이블 또는 Power BI를 활용하여 엑셀 데이터를 다양한 방식으로 분석하기가 쉬워진다.

제품군별, 월별 판매량	월별, 제품군별 판매량
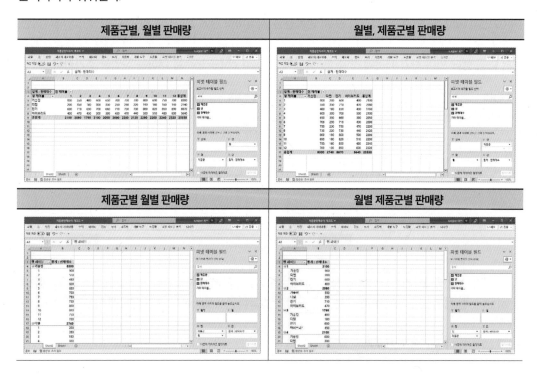	
제품군별 월별 판매량	**월별 제품군별 판매량**

챗GPT
활용하기

엑셀의 사용자 서식 지정 반영하기

1월을 "01"과 같이 2자리로 표시하려면, 엑셀 프로그램에서 ① [셀 서식] → [사용자 지정]을 선택하고 ② 형식에 "00"을 입력해야 한다.

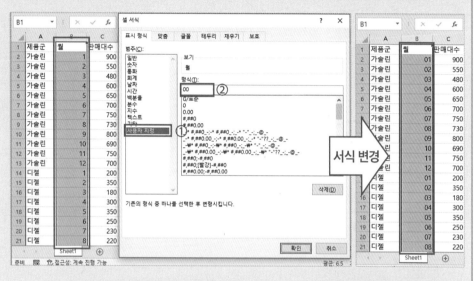

챗GPT에게 엑셀 파일의 [B]열을 두 자리 형식으로 변경하는 코드를 작성해 달라고 요청해 보자.

 [C:₩EXCEL₩제품군판매추이_레코드.xlsx] 엑셀 파일의 [B]열을 01과 같이 2자리로 표현되도록 서식 변경하는 VBScript를 작성해 줘.

— 7-1-1 엑셀 사용자 서식 변경하기

```
' [B]열에 대해 서식 변경
objWorksheet.Columns("B:B").NumberFormat = "00"
--이하 생략--
```

흐름을 실행하면, 엑셀 프로그램의 사용자 서식 지정처럼 2자리로 변경된다. 엑셀의 타입을 변경하는 스크립트 역시, 챗GPT에게 요청할 수 있다.

[C:₩EXCEL₩제품군판매추이_레코드.xlsx] 엑셀 파일의 [B]열을 텍스트 타입으로 서식 변경하는 VBScript를 작성해 줘.

```
' [B]열 범위 설정
Set range = worksheet.Range("B:B")

' [B]열 서식 변경
range.NumberFormat = "@"
--이하 생략--
```

VBScript를 PAD에서 실행하면 엑셀의 [B]열 타입이 [Text]로 변경된다.

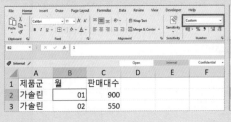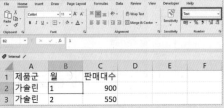

조금 더 알아보기

HLOOKUP 함수 사용하기

이번 장 4절 '부서별 경비 집계 엑셀 자동화(2)'에서 소개할 VLOOKUP은 수직 행 기준으로 값을 찾는 반면에, HLOOKUP은 수평 열 기준으로 값을 검색한다. 추가로, XLOOKUP은 행과 열에 모두 사용할 수 있는 새롭게 추가된 함수이다. 이번 절의 실습 13단계를 HLOOKUP을 사용하는 방법으로 변경해 보려고 한다. 먼저, HLOOKUP의 기능을 처음 접하는 독자는 엑셀에서 수식을 입력해서 기능을 이해해 보자.

=HLOOKUP(B2, [제품군판매추이.xlsx]Sheet1!$B$1:$M$5, 2, 0)

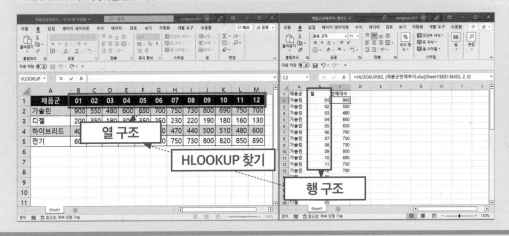

PAD에 적용할 때, 수식은 제품군별(가솔린:2행, 디젤:3행, 하이브리드:4행, 전기:5행)로 변수 %row%에 행 번호를 설정해야 한다. 레코드 형태를 가지는 문서의 행 번호 값을 비교하기 위해서 %brow% 변수도 엑셀 수식에 입력한다. 복잡해 보이지만, 중단점을 걸어서 테스트하면 수식의 구조를 쉽게 이해할 수 있다.

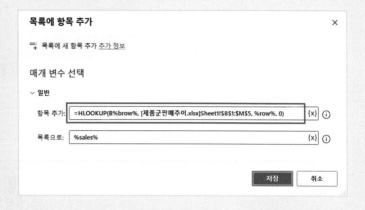

=HLOOKUP(B%brow%, [제품군판매추이.xlsx]Sheet1!$B$1:$M$5, %row%, 0)

%brow%와 %row%의 변수 흐름은 다음과 같이 구성해야 한다.

24	{x} 변수 설정 변수 row 에 할당 값 row + 1
25	∨ ⟳ 반복 1 단계를 사용하여 1에서 mon_cnt 까지 LoopIndex 을(를) 반복합니다.
26	{x} 변수 설정 변수 brow 에 할당 값 brow + 1
27	⁼₊ 목록에 항목 추가 sales 목록에 '=HLOOKUP(B' brow ', [제품군판매추이.xlsx]Sheet1!$B$1:$M$5, ' row ', 0)' 항목 추가
28	⏴ End 끝

흐름을 실행하면 HLOOKUP 수식을 적용하여 판매대수를 쓰기 한다.

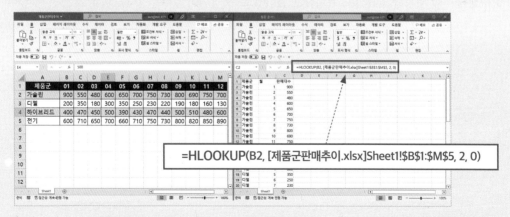

=HLOOKUP(B2, [제품군판매추이.xlsx]Sheet1!$B$1:$M$5, 2, 0)

월별 프로젝트 업무 자동화하기

실행 영상 파일
https://cafe.naver.com/msrpa/764

#현재_날짜_및_시간_가져오기   #텍스트를_숫자로_변환   #데이터_테이블에서_행_삭제   #변수타입_확인하기

시민 개발자들은 열 구조로 된 엑셀 파일을 자동화하는 과정에서 어려움을 느낀다. 열 구조로 된 엑셀 데이터를 분석하고 처리하는 작업은 복잡성과 다양성을 동반하는데, 열 구조로 된 엑셀 파일에서 데이터를 추출하고 조작하는 것은 프로그래밍적인 사고가 필요하기 때문이다. 이러한 어려움을 극복하기 위해서는 PAD 도구의 기능과 사용법을 숙지하고, 다양한 유형의 엑셀 자동화를 시도하면서 디지털 경험과 응용력을 향상시키는 것이 필요하다.

다음 엑셀 파일은 신제품 출시를 관리하는 프로젝트 문서이다. 이 문서는 프로젝트 단계별로 담당자가 수행해야 할 업무를 날짜별로 관리하는 열 구조로 구성되어 있다.

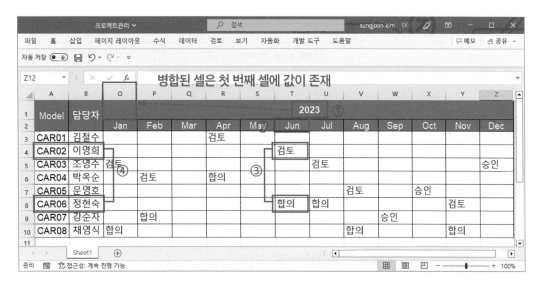

책의 실습 예제로 사용하기에는 복잡해서 다음과 같이 각색해 보았다. '프로젝트관리.xlsx' 파일에서 ① 당해 연도와 ② 이번 달에 해당하는 ③ 프로젝트 단계별 업무를 확인해서, ④ 담당자에게 신제품 모델 정보를 메일로 보내는 자동화이다. 2023년도 이외의 연도는 모두 숨김 처리하였다.

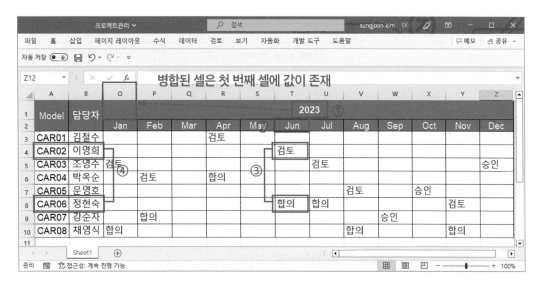

해당 월의 데이터를 찾기 위해서는 먼저, ① 2023년도가 시작하는 열을 찾아야 한다. 병합된 셀의 데이터는 병합된 셀의 시작 위치에 존재한다. 즉, 2023은 O열(C~N열 숨기기, 15번째 열)에 존재한다. 그리고 ② 현재 월의 열 역시 2023년도 시작 열에서부터 몇 번째 위치하는지 다시 찾아야 한다. 현재 기준 6월이기 때문에, 15번째 열을 포함해서 6번 이동한 T열(20번째 열)이 2023년 6월 데이터이다.

그런 후에 ③ 엑셀 데이터를 반복하면서 "검토", "합의"와 같은 프로젝트 단계가 있는지 체크한다. 해당 단계의 모델과 담당자를 데이터 테이블에 저장한 후에 메일로 전송하면 된다. 이와 같은 순서로 자동화 흐름을 구현해 보자. 이번에 실습할 자동화 흐름의 전체 구조는 다음과 같다.

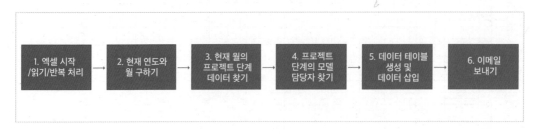

01 새로운 흐름을 생성하고 [Excel 시작]과 [Excel 워크시트에서 읽기] 작업을 추가한다. '범위의 첫 번째 행을 열 이름으로 사용' 옵션은 해제한다.

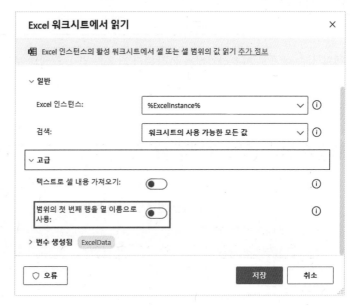

02 작업 [날짜/시간] → [현재 날짜 및 시간 가져오기] 메뉴를 추가해서 현재 날짜를 알아낸다.

03 현재 연도를 알아내기 위해 [작업] [텍스트] → [텍스트로 날짜/시간 변환]을 추가한다. ① 사용할 형식: [사용자 지정]을 선택하고, ② 사용자 지정 형식: 연도를 의미하는 'yyyy'를 입력한다. ③ 변수 생성됨: 현재 연도를 의미하는 변수 이름 %Curr_year%로 설정한다.

04 이번에는 현재 월을 가져오기 위해서 [작업] [텍스트] → [텍스트로 날짜/시간 변환]을 추가한다. ① 사용할 형식: [사용자 지정]을 선택하고, ② 사용자 지정 형식: 월을 의미하는 'MM'을 입력한다. ③ 변수 생성됨: 현재 월을 의미하는 변수 이름 %Curr_mon%으로 설정한다.

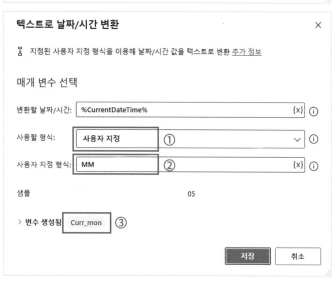

05 흐름을 실행해서 확인해 보면, 연도를 가지는 첫 번째 행에서 2022년도가 열 'Column3'에 위치하는 것을 알 수 있다. 엑셀 파일에서 2022년도 데이터는 숨김 처리되어 있지만, [Excel 워크시트에서 읽기] 작업은 숨김 처리한 데이터도 모두 읽어 들인다. 2023년도는 Column3에서 12개월을 더한 'Column15'에 위치한다.

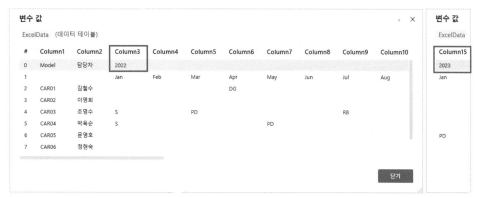

해당 연도가 시작하는 Column15를 찾기 위해서 ① 작업 [반복] → [각각의 경우] 반복문을 추가한다. ② 연도를 가지는 첫 번째 행만 데이터 행 변수로 추출하기 위해서 한 번만 반복하고 빠져나오도록 [반복 종료] 작업을 넣는다.

06 엑셀의 첫 번째 행을 추출해서 만들어진 데이터 행 변수 %year_row%를 확인한다.

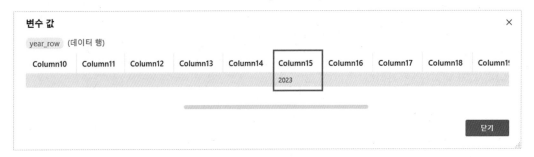

현재 연도를 저장하고 있는 3단계의 %Curr_year%와 데이터 행 변수 %year_row%에 저장된 연도가 일치하는지 확인하기 위해서 [반복] 작업을 추가한다. ① 끝 항목은 앞으로 10년을 고려해서 120개 또는 그 이상의 수를 입력한다. 작업 [조건] → [만약]을 추가하고, ② 첫 번째 피연산자에는 현재 연도 %Curr_year%를, ③ 두 번째 피연산자는 %year_row[idx]%를 입력한다. %year_row[idx]%에서 %idx% 변수는 [반복] 구문의 현재 순번 값을 가지고 있다. 데이터 행 변수의 칼럼 순번은 0부터 시작하기 때문에 %year_row[14]%가 칼럼명 Column15의 값 "2023"을 가진다.

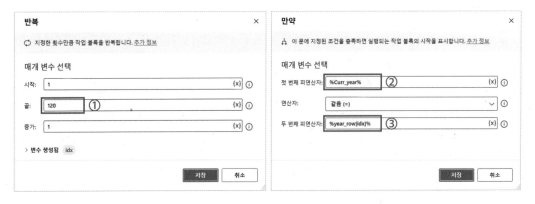

07 해당 연도의 열을 찾았으면 [반복 종료] 작업으로 반복문을 빠져나온다.

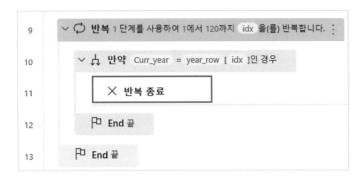

9	∨ 🔁 **반복** 1 단계를 사용하여 1에서 120까지 `idx` 을(를) 반복합니다. ⋮
10	∨ ⛶ **만약** Curr_year = year_row [idx]인 경우
11	✕ 반복 종료
12	⚑ End 끝
13	⚑ End 끝

<u>08</u> ① 해당 연도(2023) 칼럼의 위치는 동시에 시작 월인 '1월(Jan)'을 의미하기도 한다. ② 2023년 2월
(Feb)의 칼럼명은 Column16이다.

변수 값

ExcelData (데이터 테이블)

Column15	Column16	Column17	Column18	Column19	Column20
2023					
Jan ①	Feb ②	Mar	Apr	May	Jun

현재 연도의 1월인 Column15에
서 해당 월을 계산해서 가져오기
위해서, 4단계에서 저장한 현재
월 변수 %Cur_mon%을 1자리
수로 변환한다. 즉, '06'을 '6'으로
변환하는 작업 [텍스트] → [텍스
트를 숫자로 변환] 메뉴를 추가하
고 다음과 같이 설정한다.

텍스트를 숫자로 변환 ✕

몸 숫자의 텍스트 표현을 숫자 값을 포함하는 변수로 변환 <u>추가 정보</u>

매개 변수 선택

∨ 일반

변환할 텍스트: %Curr_mon% {x} ⓘ

> 변수 생성됨 mon_seq

♡ 오류 **저장** 취소

<u>09</u> 2023년도 6월(Jun) 열을 찾기 위해서, 1월인 Column15의 위치에서 6번째 열인 Column20을 구하
는 로직을 구현해야 한다. 물론, 독자가 책을 읽는 시점은 2023년 6월과 다른 날짜이다. 이번 자동화 예제
를 실습할 때는 현재 일자에 맞게 응용해서 처리해야 한다.

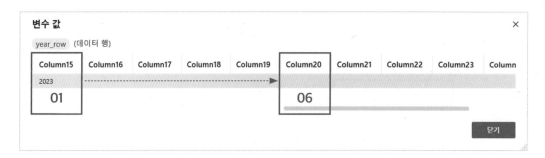

변수 %year_row[14]%의 값이 Column15이기 때문에, 순번 14를 가지는 %idx% 변수를 활용하여 다음과 같이 수식을 입력한다.

Column%idx + mon_seq%
= Column%14 + 6%
= Column20

10 해당 월의 프로젝트 단계에 해당하는 모델과 담당자명을 저장할 데이터 테이블을 생성한다. 즉, 다음과 같이 2023년 6월의 검토와 합의 단계에 해당하는 모델과 담당자를 추출해서 데이터 테이블에 담는다.

	A	B	O	P	Q	R	S	T	U
1	Model	담당자						2023	
2			Jan	Feb	Mar	Apr	May	Jun	Jul
3	CAR01	김철수				검토			
4	CAR02	이영희						검토	
5	CAR03	조영수	검토						검토
6	CAR04	박옥순		검토		합의			
7	CAR05	문영호							
8	CAR06	정현숙						합의	합의
9	CAR07	강순자		합의					
10	CAR08	채영식	합의						

작업 [변수] → [데이터 테이블] → [새 데이터 테이블 만들기]를 추가해서, ① [편집] 버튼을 눌러서 3개의 열을 삽입한다. ② 생성할 데이터 테이블 변수 이름은 %results%로 정의한다.

11 [새 데이터 테이블 만들기] 작업으로 데이터 테이블을 생성하면, 기본으로 빈 값을 가지는 행이 하나 생성된다. 데이터 테이블과 같은 구조를 가지는 ① 데이터 행 변수 %result%를 만들기 위해서 [각각의 경우] 반복문 작업을 추가한다. ② 이후 단계에서 데이터 행 변수에 "CAR02", "이영희", "검토" 값을 저장해서, 다시 데이터 테이블에 삽입하기 위한 목적이다.

12 [데이터 테이블에서 행 삭제] 작업으로 데이터 테이블의 기본값인 빈 행은 삭제한다.

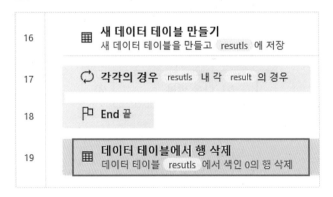

13 이제 엑셀 파일에서 읽은 데이터를 [각각의 경우] 반복문으로 처리하면서 현재 월에 해당하는 프로젝트 단계를 찾아보자.

14 엑셀 파일의 1, 2행은 연도와 월을 가지기 때문에 "검토"와 같은 프로젝트 단계를 찾는 과정에서는 필요하지 않다.

Model	담당자	2023											
		Jan	Feb	Mar	Apr	May	Jun	Jul	Aug	Sep	Oct	Nov	Dec
CAR01	김철수				검토								
CAR02	이영희						검토						
CAR03	조영수	검토						검토					승인
CAR04	박옥순		검토		합의								
CAR05	문영호								검토	승인			
CAR06	정현숙						합의	합의				검토	
CAR07	강순자		합의						승인				
CAR08	채영식	합의						합의				합의	

① 순번 변수 %row_idx%를 생성해서, ② 반복 구문 안에서 1씩 더하는 로직을 넣는다. ③ [만약] 작업으로 2보다 작거나 같을 때는 이후 로직을 수행하지 않도록, ④ [다음 반복] 구문을 추가한다.

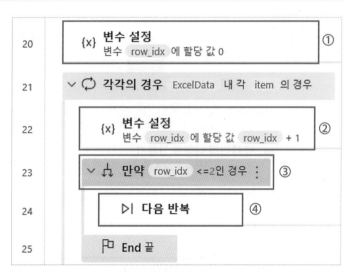

15 2023년 6월 열에 "검토", "합의"와 같은 프로젝트 일정 단계가 포함되어 있는지 확인해야 한다.

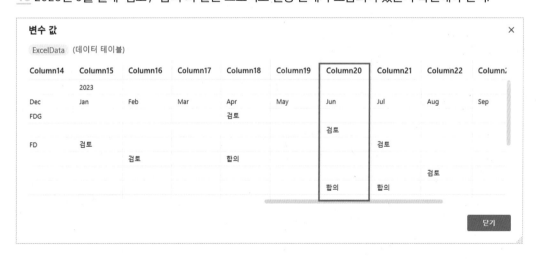

[만약] 조건문을 넣어서 %item[current_col]% 수식을 입력한다. %current_col% 변수에 "Column20"이 저장되어 있기 때문에, %item[current_col]% 수식은 %item['Column20']%과 동일하다.

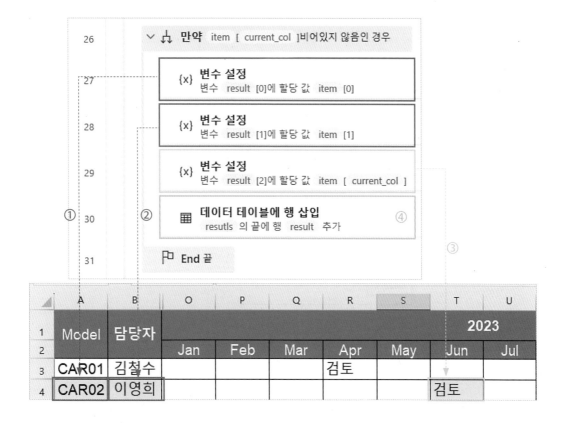

만약 ✕

🎋 이 문에 지정된 조건을 충족하면 실행되는 작업 블록의 시작을 표시합니다. 추가 정보

매개 변수 선택

첫 번째 피연산자: %item[current_col]%   {x} ⓘ

연산자: 비어있지 않음   ˅ ⓘ

                                                    저장   취소

16 데이터 행 변수 %result%에 값을 할당하고, 데이터 테이블에 값을 삽입하는 로직을 구현한다.
① 변수 설정: 데이터 행 변수의 첫 번째 열 %result[0]%에 엑셀 데이터의 첫 번째 열 %item[0]%을 할당한다. 값은 "CAR02" 이다. ② 변수 설정: %item[1]%의 값은 "이영희"이다. ③ %item[current_col]%의 값은 "검토"이다. ④ 데이터 테이블 %results%에 데이터 행 변수 %result%를 삽입한다.

	26	˅ 🎋 **만약** item [current_col]비어있지 않음인 경우
	27	{x} **변수 설정** 변수 result [0]에 할당 값 item [0]
	28	{x} **변수 설정** 변수 result [1]에 할당 값 item [1]
	29	{x} **변수 설정** 변수 result [2]에 할당 값 item [current_col]
①	30	② ⊞ **데이터 테이블에 행 삽입** ④ resutls 의 끝에 행 result 추가
	31	⚑ End 끝

③

◢	A	B	O	P	Q	R	S	T	U
1	Model	담당자						2023	
2			Jan	Feb	Mar	Apr	May	Jun	Jul
3	CAR01	김철수				검토			
4	CAR02	이영희						검토	

17 흐름을 실행하면, 데이터 테이블 %results%에 2023년 6월 일정의 프로젝트 단계 정보가 저장되어 있는 것을 확인할 수 있다.

변수 값

resutls (데이터 테이블)

#	Column1	Column2	Column3
0	CAR02	이영희	검토
1	CAR06	정현숙	합의

18 해당 월에 프로젝트 담당자가 해야 할 일을 메일로 전송하기 위해, [Outlook 시작]과 [Outlook으로 이메일 메시지 보내기] 작업을 추가한다. 본문 항목에 데이터 테이블 %results%를 입력해서 프로젝트 정보를 알려준다. 담당자별로 메일을 보내려면, 직원 이메일 주소를 '직원리스트.xlsx' 파일에서 읽어오면 된다.

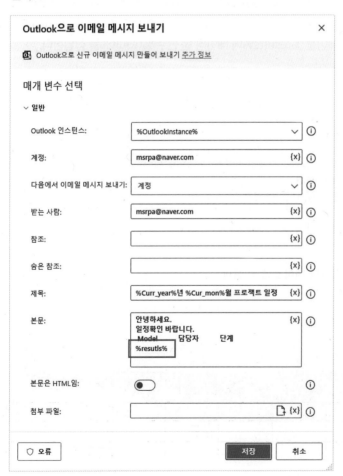

조건에 해당하는 셀의 배경색 설정하기

프로젝트 관리자가 엑셀 파일을 열었을 때 해당 월에 수행해야 할 업무와 담당자를 쉽게 확인할 수 있도록, 해당 데이터의 배경색을 노란색으로 설정하는 스크립트를 작성해 보자.

 [C:\EXCEL\프로젝트관리.xlsx] 엑셀 파일의 2번째 열인 동시에 3번째 행인 셀의 배경색을 노란색으로 설정하는 VBScript를 작성해 줘. 이때 열 이름은 숫자를 사용해서 코드를 작성해 줘.

 ___ 7-2-1 조건에 해당하는 셀의 배경색 설정하기

```
Set objWorkbook = objExcel.Workbooks.Open("C:\EXCEL\프로젝트관리.xlsx")
Set objWorksheet = objWorkbook.Worksheets(1)

' 2번째 열과 3번째 행의 셀 주소
cellAddress = objWorksheet.Cells(3, 2).Address

' 해당 셀의 배경색을 노란색으로 설정
objWorksheet.Range(cellAddress).Interior.Color = RGB(255, 255, 0)
--이하 생략--
```

챗GPT가 작성한 코드를 테스트하기 위해서 새로운 흐름을 하나 생성하고 [VBScript 실행] 작업에 붙여 넣는다. 그리고 흐름을 실행하면, 2번째 열인 동시에 3번째 행인 셀의 배경색이 노란색으로 설정된다.

	A	B	O	P	Q	R
1	Model	담당자				
2			Jan	Feb	Mar	Apr
3	CAR01	김철수				검토
4	CAR02	이영희				
5	CAR03	조영수	검토			
6	CAR04	박옥순		검토		합의

VBScript가 올바르게 동작한다면, 이번 절에서 실습한 흐름에 해당 스크립트를 적용해야 한다.

01 엑셀 파일이 열린 상태에서는 [VBScript 실행] 작업으로 셀 배경색을 설정해서 엑셀 파일을 저장할 수 없다. 먼저, [Excel 워크시트에서 읽기] 작업 다음에 [Excel 닫기] 작업을 추가한다.

[VBScript 실행] 작업을 [데이터 테이블에 행 삽입] 다음에 추가한다.

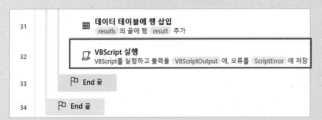

31	⊞ 데이터 테이블에 행 삽입 resutls 의 끝에 행 result 추가
32	⬚ VBScript 실행 VBScript를 실행하고 출력을 VBScriptOutput 에, 오류를 ScriptError 에 저장
33	⌐ End 끝
34	⌐ End 끝

그리고, 실습 예제에서 계산한 행과 열 변수를 사용하여 스크립트에 하드코딩된 셀 위치를 동적으로 변경하면, 해당 월에 해당하는 셀의 배경색을 변경할 수 있다.
%row_idx%, %mon_seq + idx%

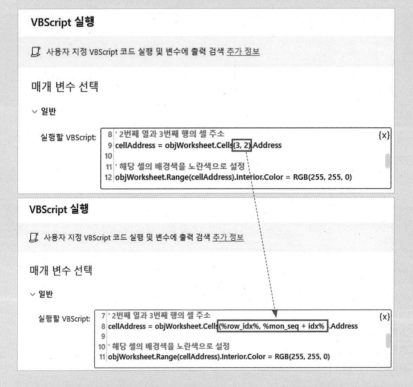

VBScript 실행

⬚ 사용자 지정 VBScript 코드 실행 및 변수에 출력 검색 추가 정보

매개 변수 선택

∨ 일반

실행할 VBScript:
```
8  ' 2번째 열과 3번째 행의 셀 주소
9  cellAddress = objWorksheet.Cells(3, 2).Address
10
11 ' 해당 셀의 배경색을 노란색으로 설정
12 objWorksheet.Range(cellAddress).Interior.Color = RGB(255, 255, 0)
```
{x}

VBScript 실행

⬚ 사용자 지정 VBScript 코드 실행 및 변수에 출력 검색 추가 정보

매개 변수 선택

∨ 일반

실행할 VBScript:
```
7  ' 2번째 열과 3번째 행의 셀 주소
8  cellAddress = objWorksheet.Cells(%row_idx%, %mon_seq + idx%).Address
9
10 ' 해당 셀의 배경색을 노란색으로 설정
11 objWorksheet.Range(cellAddress).Interior.Color = RGB(255, 255, 0)
```
{x}

흐름을 실행하면, 해당 월에 해당하는 프로젝트 단계의 배경색이 노란색으로 설정된다. 이외 필요한 정보의 셀도 VBScript를 반영해서 배경색이나 폰트 색상을 변경할 수 있다.

	Model	담당자	2023												
			Jan	Feb	Mar	Apr	May	Jun	Jul	Aug	Sep	Oct	Nov	Dec
3	CAR01	김철수				검토								
4	CAR02	이영희						검토						
5	CAR03	조영수	검토						검토					승인
6	CAR04	박옥순		검토		합의								
7	CAR05	문영호								검토		승인		
8	CAR06	정현숙						합의	합의				검토	
9	CAR07	강순자		합의							승인			
10	CAR08	채영식	합의						합의				합의	

변수 타입 확인하기

변수가 숫자인지 문자인지 확인하는 방법은 다양한데, 변수에 문자가 포함되어 있는지 확인하려면 [텍스트를 숫자로 변환] 작업의 오류 기능을 사용하면 된다. 다음과 같이 문자와 숫자를 모두 포함하는 변수를 하나 생성해 보자.

'A1'

그리고 숫자로 변환하기 위해 작업 [텍스트] → [텍스트를 숫자로 변환] 메뉴를 추가한다.

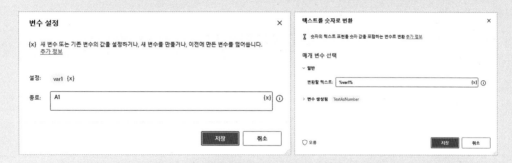

흐름을 실행하면 "텍스트를 유효한 숫자로 변환할 수 없습니다."라는 오류가 발생한다. 즉, 해당 오류가 발생했다는 것은 변수가 숫자 타입이 아니라는 것을 반증한다.

[텍스트를 숫자로 변환] 작업의 ♡오류 버튼을 눌러서 다음과 같이 설정해 보자. ① [새 규칙] → [변수 설정] 메뉴를 선택하고, ② %is_number% 변수 이름을 입력한다. 그리고 ③ 변숫값에 'X'를 저장하고, ④ [흐름 실행 계속 진행] 기능을 선택한다. 흐름이 실패하지 않고, %is_number% 변수에 'X' 값을 저장한다. 이후 단계에서 [만약] 작업으로 해당 변수가 'X'이면 조건을 넣어서 흐름을 제어할 수 있다.

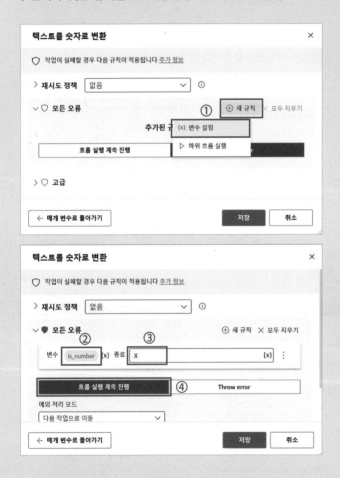

03

부서별 경비 집계 엑셀 자동화(1)

실행 영상 파일
https://cafe.naver.com/msrpa/765

#VLOOKUP   #셀_병합하기   #엑셀_타입_에러_해결하기   #흐름_단축키_만들기   #반복

회사에서 사용한 비용은 부서 직원이 ERP 시스템에 직접 입력하는 것이 일반적이지만, 특정 비용 항목은 재무팀에서 집계하여 일괄 업로드하는 경우가 있다. 각 부서 담당자들은 부서 코드(예: 30091)와 자신의 이름(예: 김철수)을 조합하여 해당 부서의 코스트센터(비용을 집계하는 단위 | 예: 2C201)에 대한 비용을 매달 요청한다. 이때, 각 부서의 양식은 통일되어 있지 않다. 뒤에 나오는 엑셀 파일은 이해하기 쉽도록 간단하게 재구성한 버전이다.

실제로 자동화 대상인 엑셀 파일은 앞에서 언급한 것보다 더욱 다양하다. 재무팀 직원은 부서별 담당자가 전달하는 월별 비용을 집계하기 위해 VLOOKUP 함수를 사용하고, 여러 가지 수작업을 거쳐 엑셀 파일을 처리해야 한다. 이 과정에서 많은 반복 수작업과 시간이 소요된다. 이러한 엑셀 수작업 집계 업무를 자동화(개선)하려면, 부서마다 공통으로 사용할 수 있도록 **양식(업무 처리 절차)을 표준화하는 작업이 우선**되어야 한다. 너무나도 당연한 일이지만 습관이 된 작업 방식을 바꾸는 것은 말처럼 쉽지 않다. 시간이 지나면서 담당자가 교체되고 엑셀 양식도 변경된다. 기타 여러 가지 이유로 이전 담당자가 사용하던 방식을 개선하는 것이 어려운 경우도 있을 수 있다. 파워 앱스를 활용하여 업무용 앱을 개발하여 각 담당자가 입력하는 방식을 제안했지만, 부서별 담당자들은 여전히 부서 내의 비용을 엑셀로 집계하는 것이 익숙하다는 이유로 기존처럼 엑셀 파일 사용을 원하기도 한다.

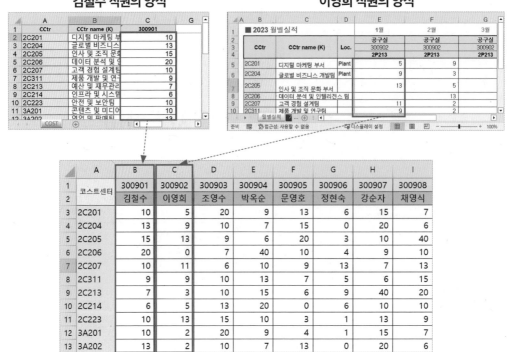

김철수 직원의 양식

	A	B	C	...	G
1	CCtr	CCtr name (K)	300901		
2	2C201	디지털 마케팅 부	10		
3	2C204	글로벌 비즈니스	13		
4	2C205	인사 및 조직 문화	15		
5	2C206	데이터 분석 및	20		
6	2C207	고객 경험 설계팀	10		
7	2C311	제품 개발 및 연	9		
8	2C213	예산 및 재무관리	7		
9	2C214	인프라 및 시스템	6		
10	2C223	안전 및 보안팀	10		
11	3A201	콘텐츠 및 미디어	10		
12	3A202	연어 미 파매티	13		

이영희 직원의 양식

	A	B	C	D	E	F	G
1	■ 2023 월별실적				1월	2월	3월
2					공구실	공구실	공구실
3	CCtr	CCtr name (K)		Loc.	300902	300902	300902
4					2P213	2P213	2P213
5	2C201	디지털 마케팅 부서		Plant	5	9	
6	2C204	글로벌 비즈니스 개발팀		Plant	9	3	
7	2C205	인사 및 조직 문화 부서			13	5	
8	2C206	데이터 분석 및 인텔리전스 팀				13	
9	2C207	고객 경험 설계팀			11	2	
10	2C311	제품 개발 및 연구팀			9	2	

재무팀의 부서별 집계 파일

	A	B	C	D	E	F	G	H	I
1	코스트센터	300901	300902	300903	300904	300905	300906	300907	300908
2		김철수	이영희	조영수	박옥순	문영호	정현숙	강순자	채영식
3	2C201	10	5	20	9	13	6	15	7
4	2C204	13	9	10	7	15	0	20	6
5	2C205	15	13	9	6	20	3	10	40
6	2C206	20	0	7	40	10	4	9	10
7	2C207	10	11	6	10	9	13	7	13
8	2C311	9	9	10	13	7	5	6	15
9	2C213	7	3	10	15	6	9	40	20
10	2C214	6	5	13	20	0	6	10	10
11	2C223	10	13	15	10	3	1	13	9
12	3A201	10	2	20	9	4	1	15	7
13	3A202	13	2	10	7	13	0	20	6

먼저, 각 부서에서 제출에 사용할 양식을 표준화하기로 결정했다. 실습 예제에서 사용하는 '부서별 공통양식.xlsx' 파일은 2개의 열로 구성했다.

그리고, 각 부서의 엑셀 파일 이름은 직원 이름(김철수)과 부서 코드(30091)로 구성된 [김철수_30091.xlsx]와 같이 표준 네이밍 룰을 정했다. 이영희 직원이 제출할 엑셀 파일은 [이영희_30092. xlsx]가 되는 것이다. 코스트센터는 매월 신규로 생성될 수 있기 때문에 통합 파일을 기준으로 코스트센터를 복사해서, 월별로 부서 담당자의 엑셀 파일을 생성해서 제공해야 한다. 실습에 사

	A	B
1	CCtr	300901
2	2C201	10
3	2C204	13
4	2C205	15
5	2C206	20
6	2C207	10
7	2C311	9
8	2C213	7
9	2C214	6
10	2C223	10
11	3A201	10
12	3A202	13

용할 파일은 8명의 직원이지만, 자동화 사례는 수십 명의 직원이 칼럼으로 구성되어 있다.

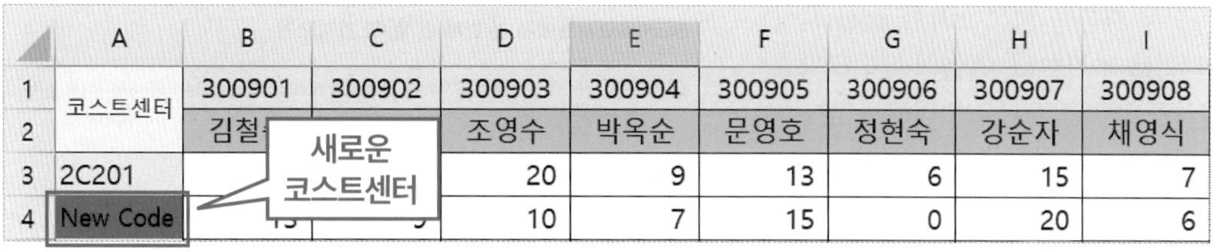
A B C D E F G H I
코스트센터
300901 300902 300903 300904 300905 300906 300907 300908
김철 조영수 박옥순 문영호 정현숙 강순자 채영식
2C201 20 9 13 6 15 7
New Code 10 7 15 0 20 6
새로운
코스트센터

각 부서에 배포할 엑셀 파일을 생성하는 자동화 흐름을 만들어보자. 이번에 구현할 자동화 흐름의 개략적인 프로세스 구조는 다음과 같다.

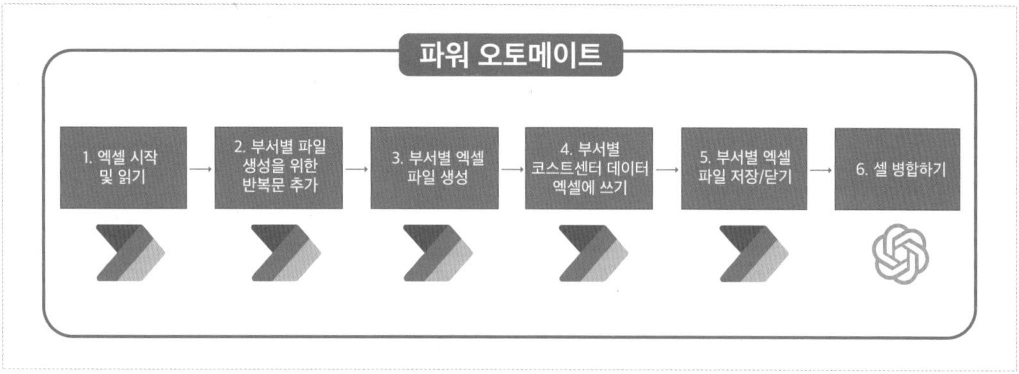
파워 오토메이트
1. 엑셀 시작 및 읽기
2. 부서별 파일 생성을 위한 반복문 추가
3. 부서별 엑셀 파일 생성
4. 부서별 코스트센터 데이터 엑셀에 쓰기
5. 부서별 엑셀 파일 저장/닫기
6. 셀 병합하기

우선, 재무팀에서 관리하는 비용 통합 파일에서 B열부터 I열까지 직원 이름이 기재된 열을 찾는 것이 필요하다. 김철수 직원(2열)부터 열의 순번을 1씩 증가시키면서 채영식 직원까지, 부서 코드와 이름으로 이루어진 개별 파일을 생성해야 한다.

앞서 여러 번 설명했듯이, PAD에서 엑셀 데이터는 데이터 테이블 변수에 저장된다. 데이터 테이블은 [행][열]로 개별 셀의 값을 가져올 수 있다.

%DATA[행][열]%

즉, 엑셀 파일의 2개 행과 개별 열을 읽으려면 다음과 같이 변수를 사용해야 한다.

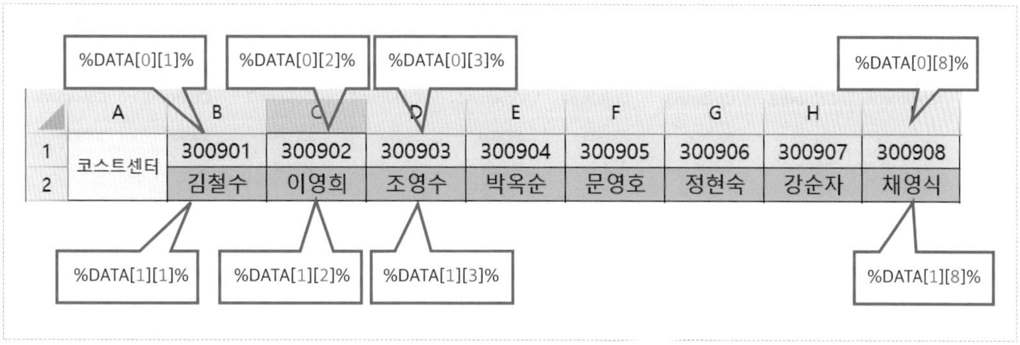
%DATA[0][1]%
%DATA[0][2]%
%DATA[0][3]%
%DATA[0][8]%
A B C D E F G H I
코스트센터
300901 300902 300903 300904 300905 300906 300907 300908
김철수 이영희 조영수 박옥순 문영호 정현숙 강순자 채영식
%DATA[1][1]%
%DATA[1][2]%
%DATA[1][3]%
%DATA[1][8]%

01 새 흐름을 생성하여 [Excel 시작] 작업을 추가한다. 엑셀에 데이터가 있는 열 라인을 가져오기 위해서, [Excel 워크시트에서 첫 번째 빈 열/행 가져오기] 작업을 이용한다.

02 [Excel 워크시트에서 읽기] 작업으로 부서 코드와 직원 이름을 가져오기 위해서 2개의 행을 읽는다.

① 검색: 2개 행을 읽기 위해서 [셀 범위의 값]을 선택

② 시작 열: 시작 열 1 입력

③ 시작 행: 시작 행 1 입력

④ 끝 열: 첫 번째로 빈 값이 있는 열 순번을 저장하고 있는 변수에 -1을 해서 입력

⑤ 끝 행: 두 번째 행의 직원 이름을 읽기 위해서 2 입력

03 흐름을 실행하면, 데이터 테이블에 2개의 행(코스트센터와 이름)이 저장되어 있는 것을 확인할 수 있다.

변수 값

ExcelData (데이터 테이블)

#	Column1	Column2	Column3	Column4	Column5	Column6	Column7	Column8	Column9
0	코스트센터	300901	300902	300903	300904	300905	300906	300907	300908
1		김철수	이영희	조영수	박옥순	문영호	정현숙	강순자	채영식

04 부서별로 엑셀 파일을 생성하기 위해서 작업 [반복] → [반복]을 추가한다.

① 시작: 데이터 테이블의 인덱스는 0부터 시작하고, 부서별 파일을 만들 때는 첫 번째 열 "코스트센터"는 필요 없기 때문에 1을 입력한다.

② 끝: 인덱스는 0부터 시작하기 때문에 **%FirstFreeColumn-2%**를 입력한다.

③ 증가: 1씩 증가하면서 반복한다.

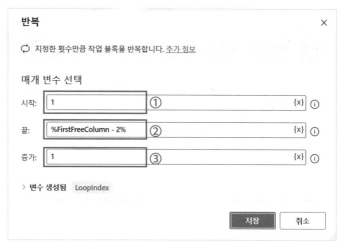

05 작업 [변수] → [변수 설정]을 추가해서, 부서별 담당자를 위한 엑셀 파일 이름을 설정한다.

- **엑셀 파일 이름: 300901_김철수.xlsx**
- **엑셀 파일 이름을 구현하기 위한 변수 설정: %ExcelData[0][LoopIndex]%_%ExcelData[1][LoopIndex]%.xlsx**

%LoopIndex% 변수는 반복 중인 현재 순번을 저장하고 있다.

06 흐름의 6번째 라인에 중단점을 설정하고 흐름을 실행해서 %EXCEL_NAME%에 의도했던 엑셀 파일 이름이 저장되는지 확인해 보자.

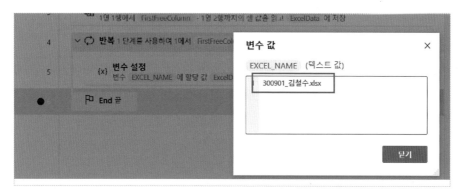

07 담당자별 엑셀 파일을 생성하기 위해 작업 [Excel] → [Excel 시작] 작업을 반복 작업 안에 추가한다.

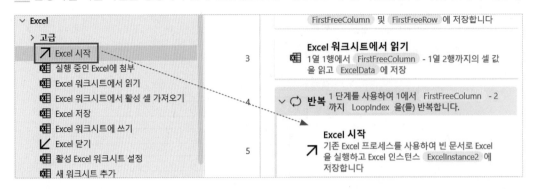

08 작업 [Excel] → [Excel 닫기] 작업으로 개별 엑셀 파일을 저장하고 닫는다. 문서 경로에 파일을 생성할 폴더와 엑셀 파일 변수 이름을 설정한다.

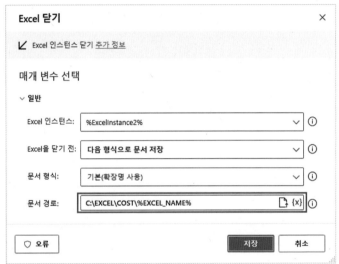

09 흐름을 실행하면, 해당 폴더에 담당자별 엑셀 파일이 생성된다.

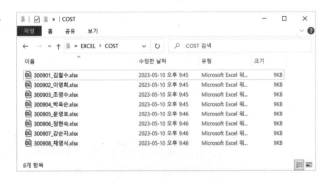

10 비용 집계 파일의 코스트센터를 복사해서 개별 파일에 붙여 넣는 작업을 완료하자.
① 작업 [Excel] → [Excel 워크시트에서 읽기]로 1열의 모든 행을 읽는다. ② '변수 생성됨'의 데이터 테이블 %ExcelData2% 변수 이름을 확인한다.

11 작업 [Excel] → [Excel 워크시트에 쓰기]로 코스트센터를 쓰는 흐름을 완성한다.

12 흐름을 실행해서 담당자별 엑셀 파일에 코스트센터 정보가 잘 써졌는지 확인해 보자. 통합 파일에서는 1번째 행과 2번째 행이 병합되어 있지만, 부서별 파일은 1번째 행과 2번째 행이 개별로 존재한다.

앞서 소개했듯이, 셀을 병합하는 기능은 PAD에 존재하지 않는다. 챗GPT에게 2개 행을 병합하는 코드 작성을 요청해 보자.

엑셀 셀 병합하기

 [C:\EXCEL\COST\300901_김철수.xlsx] 파일의 첫 번째 행과 두 번째 행을 병합하는 VBScript
를 작성해 줘.

_____ 7-3-1 엑셀 셀 병합하기

```
Set xlBook = xlApp.Workbooks.Open("C:\EXCEL\COST\300901_김철수.xlsx")
xlSheet.Range("A1:Z1").Merge
xlSheet.Range("A1").Value = xlSheet.Range("A2").Value
-- 이하 생략 --
```

◢	A	B
1	코스트센터	
2		
3	2C201	10
4		11
5		12
6	2C204	
7		
8	2C205	
9		16
10		17
11		18
12	2C206	19

셀 병합 ▷

◢	A	B
1	코스트센터	
2		
3		10
4	2C201	11
5		12
6		13
7	2C204	14
8		15
9		16
10	2C205	17
11		18
12	2C206	19

Sheet1 ⊕

추가로, 다음과 같이 규칙 없이 빈 행이 존재하는 셀을 병합하는 코드 작성을 요청해 보자.

 [C:\EXCEL\병합예제.xlsx] 엑셀 파일의 [A]열에 값이 있는 셀과 아래에 값이 없는 셀들을 하나의
셀로 병합하는 VBScript를 작성해 줘.

_____ 7-3-2 엑셀 셀 병합하기2

```
For i = 1 To lastRow
    ' 현재 셀이 값이 있는 경우
    If objWorksheet.Cells(i, 1).Value <> "" Then
        ' 이전에 저장한 병합 시작 행 번호가 있다면 병합 수행
        If mergeStart > 0 Then
            mergeEnd = i - 1
            objWorksheet.Range(objWorksheet.Cells(mergeStart, 1), objWorksheet.
```

```
        Cells(mergeEnd, 1)).Merge
            End If
            mergeStart = i ' 현재 셀을 병합 시작 행 번호로 설정
        End If
    Next
    -- 이하 생략 --
```

Q 다른 RPA 솔루션에서도 VBScript 코드를 사용할 수 있나요?

A 네, 다른 RPA솔루션에서도 대부분 VBScript코드를 활용할 수 있습니다. .vbs 파일로 코드를 저장하고 실행하여 파라미터 값을 주고받는 방식을 사용합니다. PAD는 VBScript 코드를 흐름 내에서 직접 반영하여 변숫값을 전달하고, 코드 실행 결과를 받아올 수 있다는 장점이 있습니다. RPA와 스크립트의 긴밀한 통합성에서는 PAD가 좀 더 효율적이라고 할 수 있습니다.

---

13 챗GPT가 제안한 코드를 [VBScript 실행] 작업에 붙여 넣는다. 단, 코드에 파일 이름이 "3000901_김철수"처럼 하드코딩으로 고정되어 있으므로, 담당자별 파일 이름이 반영되도록 5단계에서 정의한 PAD 변수를 사용해서 동적인 방식으로 변경한다.

300901_김철수.xlsx → %EXCEL_NAME%

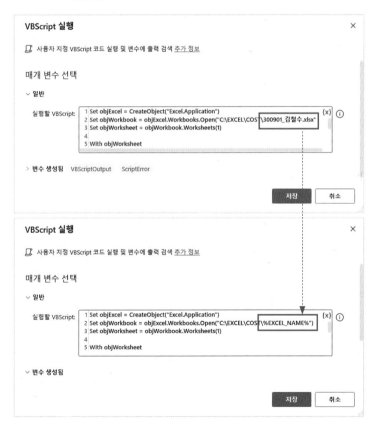

14 흐름을 실행하면 엑셀 파일의 1행과 2행이 병합된 것을 확인할 수 있다.

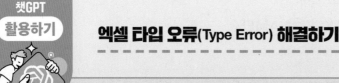

부서에서 제출한 개별 파일을 비용을 취합하는 자동화는 이어지는 다음 절에서 설명한다.

챗GPT
활용하기

엑셀 타입 오류(Type Error) 해결하기

다른 원본(SAP ERP 같은 시스템)에서 데이터를 엑셀로 내려받거나, 문자 타입 셀에 숫자를 입력하면 셀의 왼쪽 상단에 녹색 상자 삼각형과 Type Error 오류 아이콘이 조회된다. 이러한 데이터는 SUM 과 같은 엑셀 함수 사용 시 제대로 동작하지 않을 수 있다.

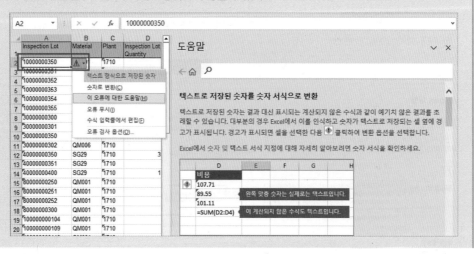

'제품군판매추이_레코드.xlsx' 파일의 [A]열 셀 서식을 [Text]로 변경한 후에 숫자를 입력하면 Type Error 아이콘이 조회된다.

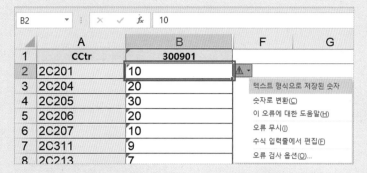

타입 오류가 발생한 셀의 오류를 없애기 위해서 챗GPT에게 코드 작성을 요청해 보자.

 [C:₩EXCEL₩부서별 공통양식.xlsx] 엑셀 파일의 타입 오류가 발생해, 오류 무시 기능을 수행하는 VBScript를 작성해 줘.

_____ 7-3-3 엑셀 타입 에러 해결하기

```
' 데이터 범위 설정
Set dataRange = worksheet.UsedRange

' 모든 컬럼에 대해 숫자 형식이 아닌 데이터를 텍스트로 변환
For Each column In dataRange.Columns
    column.TextToColumns column, , , , , , , , , True
Next
--이하 생략--
```

챗GPT가 작성한 코드를 [VBScript 실행] 작업에 붙여 넣고 흐름을 실행하면, 오류가 해결되면서 Type Error 아이콘이 삭제된 것을 확인할 수 있다.

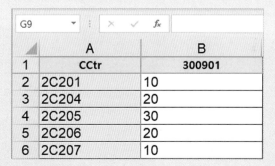

흐름 단축키 만들기

자주 사용하는 흐름은 단축키를 설정해서 빠르게 실행할 수 있다. 흐름을 선택하고, 마우스 오른쪽 버튼을
누른 후에 [속성] 메뉴를 선택한다. 키보드 단축키를 입력하고 [저장]하면 된다.

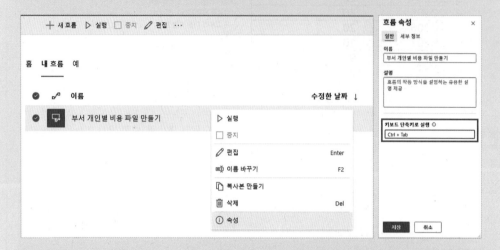

04

부서별 경비 집계 엑셀 자동화(2)

실행 영상 파일
https://cafe.naver.com/msrpa/766

#폴더의_파일_가져오기 #여기에서_실행 #파일_이름_바꾸기 #파일_변수의_세부_속성 #VLOOKUP

이번에는 부서별 담당자가 제출한 파일들을 하나의 파일에 취합하는 자동화 흐름을 만들어 보자.

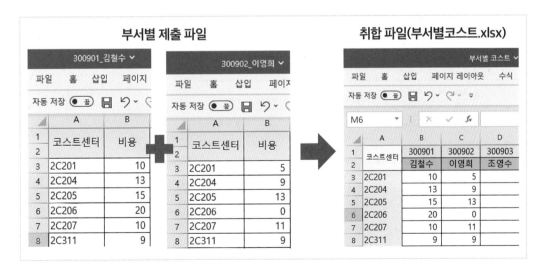

먼저 부서 담당자들이 파일을 제출하면, 해당 파일들을 부서별로 분류하여 취합 파일 폴더에 저장해야 한다. 예를 들어, 일정한 제목의 메일을 수신하면 자동으로 폴더에 취합되도록 하는 자동화를 구현한다거나 원드라이브를 사용하여 부서 담당자들에게 쓰기 권한을 주어도 된다.

부서별 파일이 정리되었으면, 이제 취합 파일의 부서 코드와 이름을 조합해서 부서별 파일 이름을 찾는 로직을 적용해야 한다. 즉, 취합할 파일(부서별 코스트)의 1, 2행을 연결해서 엑셀 파일 이름으로 구성해야 한다.

300901(1행) + 김철수(2행) = 300901_김철수.xlsx(엑셀 파일 이름)

자동화 흐름을 구성하는 작업 순서는 다음과 같다.

01 신규 흐름을 생성하고, 앞 절에서 실습했던 1~7단계의 작업을 복사해서 붙여 넣는다. 취합 파일의 1번째, 2번째 행을 읽어서 엑셀 파일명으로 구성하기 위한 목적이다. 헤더를 쓰기 위한 목적인 3번 라인은 필요 없으므로 '작업 사용 안 함' 또는 삭제한다.

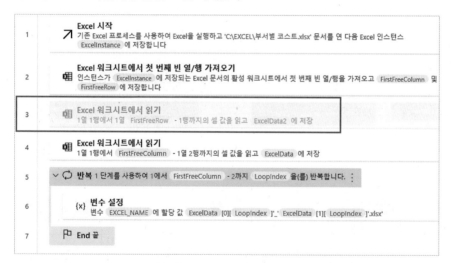

02 부서별 담당자가 제출하는 엑셀 파일들이 위치한 [C:₩EXCEL₩COST] 폴더의 모든 파일을 읽기 위해, 작업 [폴더] → [폴더의 파일 가져오기]를 추가한다. ① '파일 필터'는 모든 엑셀 파일을 가져오기 위해 "*.xlsx"라고 입력한다. ② 해당 작업은 반복문 이전에 위치시킨다.

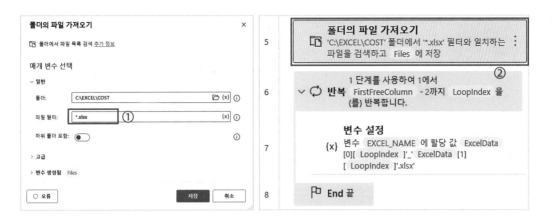

03 [폴더의 파일 가져오기] 작업이 어떤 기능을 하는지 확인해 보자. 6번 라인에 중단점을 설정하고, 5번 라인을 선택한 후 마우스 오른쪽 버튼을 눌러서 ① [여기에서 실행] 메뉴를 클릭한다. 즉, 5번 라인 이전의 작업들은 실행하지 않고 5번째 라인부터 흐름을 실행한다. ② 해당 폴더에 존재하는 모든 파일을 목록 파일 변수로 가져온 것이 확인된다.

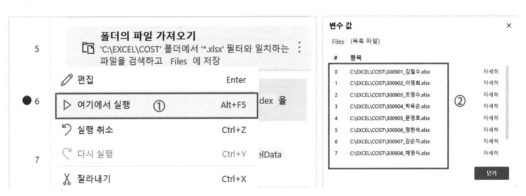

04 부서별 파일에서 비용을 추출해야 하기 때문에, %Files% 목록 변수를 반복하면서 각 행(파일)을 확인해야 한다. 생성할 변수 이름은 %file%로 간략하게 변경한다.

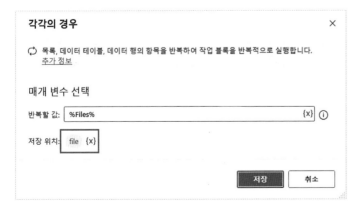

모든 파일명을 일괄로 변경하기와 다른 폴더로 이동하기

PAD 작업 [파일] → [파일 이름 바꾸기]와 [파일 이동] 메뉴를 이용하면 파일을 반복 처리하면서 이름을 일괄 변경하거나 다른 폴더로 옮길 수 있다. 예를 들어, [파일 이름 바꾸기] 작업으로 ① "C:₩EXCEL₩직원리스트.xlsx" 파일의 이름을 ② "직원"으로 변경할 수 있다.

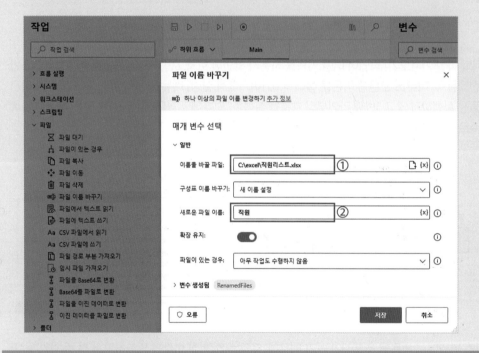

05 부서별 엑셀 파일의 이름으로 만든 변수 **%EXCEL_NAME%**과 폴더에 존재하는 파일의 엑셀 파일 이름이 동일한지 체크하는 [만약] 작업을 넣는다.

　① 첫 번째 피연산자: 취합 파일의 열 이름으로 조합한 파일 이름 변수 **%EXCEL_NAME%** 입력

　② 연산자: [같음 (=)]

　③ 두 번째 피연산자: 폴더에 존재하는 엑셀 파일의 이름

　④ File의 속성 열기 아이콘을 클릭

　⑤ **.Name** 속성을 설정한다. **.Name** 속성은 파일의 이름을 가지고 있다.

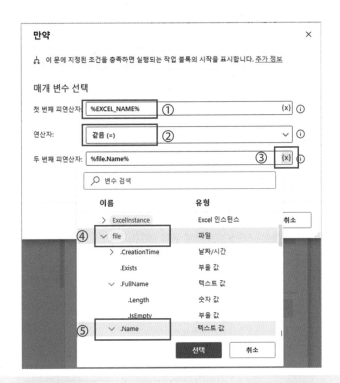

조금 더 알아보기

파일 변수의 세부 속성

파일 변수의 세부 속성을 정리해 보자.

변수 값

file (파일)

속성	값
.FullName	C:\EXCEL\COST\300902_이영희.xlsx
.Name	300902_이영희.xlsx
.Extension	.xlsx
.NameWithoutExtension	300902_이영희
.Directory	C:\EXCEL\COST
.RootPath	C:\
.Size	10853
.CreationTime	5/14/2023 12:01:59 AM
.LastModified	5/14/2023 12:46:57 PM
.LastAccessed	5/14/2023 12:46:57 PM
.IsHidden	False
.IsSystem	False
.IsReadOnly	False
.IsArchive	True
.IsEmpty	False
.Exists	True

속성	설명
FullName	파일의 전체 경로를 포함한 이름
Name	파일 이름
Extension	파일 확장자
NameWithoutExtension	확장자를 제외한 파일 이름
Directory	파일이 있는 폴더 경로
RootPath	파일이 있는 최상위 폴더
Size	파일 크기
CreationTime	파일 생성 날짜와 시간
LastModified	파일의 마지막 변경 날짜와 시간
LastAccesed	파일에 마지막으로 접근한 시간
IsHidden	부울 값(파일 숨김 속성 여부)
IsSystem	부울 값(시스템 파일 속성 여부)
IsReadOnly	부울 값(파일 읽기 전용 속성 여부)
IsArchive	부울 값(파일 압축 여부)
IsEmpty	부울 값(빈 파일 여부)
Exists	부울 값(파일 존재 여부)

06 취합 파일의 열 번호를 찾아야 하기 때문에, 같은 파일을 찾을 때까지 열 순번을 저장할 변수 %col_idx%를 반복문 앞에 생성한다.

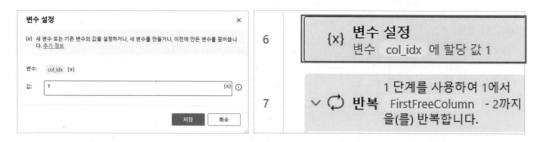

07 같은 파일 이름을 찾을 때까지 ① [변수 설정] 작업으로 칼럼 순번을 1씩 증가시킨다. 이름을 찾았다면, 취합 파일의 현재 열 순번을 찾은 후에 ② [반복 종료] 작업으로 반복문을 빠져나온다.

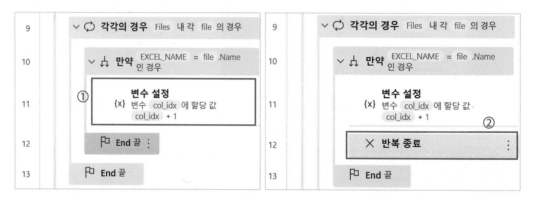

08 12번 라인에 중단점을 설정하고 흐름을 실행하면, 엑셀 파일의 이름과 변수로 설정한 이름이 동일할 때 [반복 종료]를 만나는 것을 확인할 수 있다.

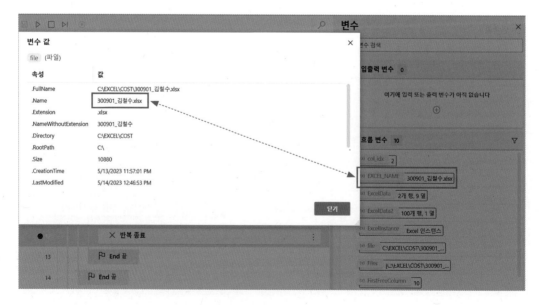

<u>09</u> 재무팀에서 관리하는 취합 파일 데이터를 읽는 [Excel 워크시트에서 읽기] 작업을 반복문 앞에 추가한다. 변수 이름은 %fi_data%로 정했다.

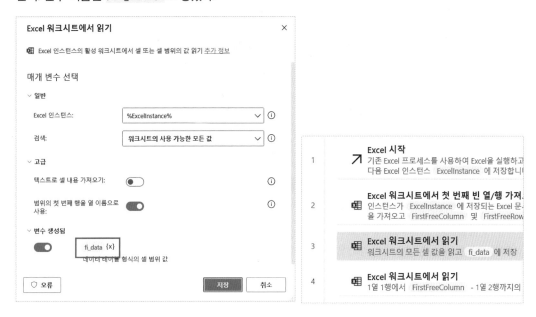

<u>10</u> ① [Excel_Write] 하위 흐름을 생성하여, 부서별 엑셀 파일을 열고 코스트센터별로 비용을 읽는 로직을 작성해 보자. 먼저, 하위 흐름에 ② <작업> [Excel] → [Excel 시작] 작업을 추가한다. 문서 경로에 %file% 변수를 입력한다.

<u>11</u> <작업> [Excel] → [Excel 워크시트에서 읽기] 메뉴를 끌어 놓고, ① '범위의 첫 번째 행을 열 이름으로 사용' 옵션을 활성화하고 ② 변수 이름은 %team_data%로 설정한다.

12 부서 담당자가 엑셀 파일의 코스트센터를 삭제하거나 변경할 가능성이 있기 때문에 2개 데이터를 반복하면서 코스트센터 값을 비교하는 로직을 추가한다. 동일한 값을 찾았다면 [반복 종료] 작업으로 반복을 빠져나온다.

13 재무팀에서 관리하는 취합 파일에 쓰기 위해서 ① 쓸 값: 부서별 엑셀 파일의 코스트센터가 동일한 2번째 열의 값을 가지는 %CurrentItem2[1]%, ② 쓰기 모드: [지정된 셀에 쓰기], ③ 열: '부서코드_이름(3009010_김철수)'으로 찾은 열 번호 변수 %col_idx%, ④ 행: 임시로 1을 입력한다. 행에 1을 입력하면 첫 번째 행에 동일한 값을 반복해서 쓰기 때문에 행 변수를 생성해서 로직을 넣어야 한다. 다음 단계에서 생성할 %row_idx%를 미리 입력해도 된다.

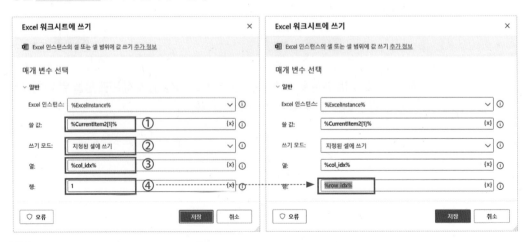

14 코스트센터가 동일한 행에 값을 쓰기 위해서 행 번호를 저장할 ① %row_idx% 변수를 1로 설정하고, ② 반복 안에서 1씩 더하는 로직을 추가한다.

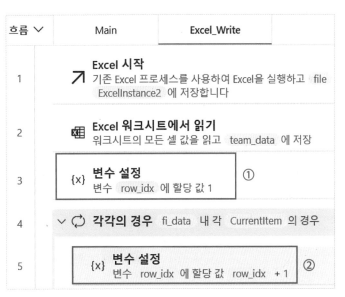

15 Main 흐름으로 이동해서 하위 흐름 Excel_Write를 호출하도록 [작업] [흐름 제어] → [하위 흐름 실행]을 [반복 종료] 작업 앞에 추가한다.

16 각 부서별 파일을 열어서 코스트 비용을 입력한 후에, 흐름을 실행해서 집계 파일에 데이터가 잘 써지는지 확인해 보자. 실행 결과, 직원 이름이 기재되어야 할 "이름" 행이 빈 값으로 나오는 문제가 발견되었다.

300901_김철수	
A	B
코스트센터	비용
2C201	10
2C204	13
2C205	15
2C206	20
2C207	10
2C311	9

300902_이영희	
A	B
코스트센터	비용
2C201	5
2C204	9
2C205	13
2C206	0
2C207	11
2C311	9

	A	B	C	D	E	F	G	H	I
1	코스트센터	300901	300902	300903	300904	300905	300906	300907	300908
2									
3	2C201	10	5	20	9	13	6	15	7
4	2C204	13	9	10	7	15	0	20	6
5	2C205	15	13	9	6	20	3	10	40
6	2C206	20	0	7	40	10	4	9	10
7	2C207	10	11	6	10	9	13	7	13
8	2C311	9	9	10	13	7	5	6	15
9	2C213	7	3	10	15	6	9	40	20
10	2C214	6	5	13	20	0	6	10	10

17 행 번호가 2 이하인 경우는 엑셀에 쓰지 않기 위해 ① 작업 [조건] → [만약]을 추가하고, ② 작업 [반복] → [다음 반복] 구문을 넣는다. 이제 흐름을 실행하면, 흐름이 정상적으로 동작한다.

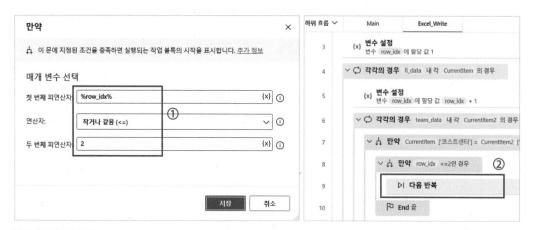

일정 비용 이상의 데이터에 배경색 설정하기

 부서별 집계 파일에서 일정 비용 이상인 경우, 셀 배경색을 설정하는 VBScript를 챗GPT에게 작성해 달라고 요청해 보자.

> [C:₩EXCEL₩부서별 코스트.xlsx] 파일의 2번째 열과 3번째 행부터 데이터를 읽어 줘.
> 1. 데이터가 15보다 크거나 같으면 배경색을 주황색으로 설정하고,
> 2. 데이터가 20보다 크거나 같은 값이 있으면, 배경색을 빨간색으로 설정하는 VBScript를 작성해 줘.

————— 7-4-1 일정 비용 이상의 데이터 배경색 설정하기

```
' 데이터 범위 선택
Set range = worksheet.Range("B3", worksheet.Cells(worksheet.UsedRange.Rows.
Count, worksheet.UsedRange.Columns.Count))

' 데이터를 순회하며 조건에 따라 배경색 설정
For i = 1 to range.Rows.Count
  For j = 1 to range.Columns.Count
    If IsNumeric(range.Cells(i, j).Value) And range.Cells(i, j).Value >= 20 Then
      range.Cells(i, j).Interior.Color = RGB(255, 0, 0)
    End If
  Next
Next
--이하 생략--
```

흐름을 실행하면, 조건에 해당하는 셀의 배경색이 설정된다.

	A	B	C	D	E	F	G	H	I
1	코스트센터	300901	300902	300903	300904	300905	300906	300907	300908
2		김철수	이영희	조영수	박옥순	문영호	정현숙	강순자	채영식
3	2C201	10	5	20	9	13	6	15	7
4	2C204	13	9	10	7	15	0	20	6
5	2C205	15	13	9	6	20	3	10	40
6	2C206	20	0	7	40	10	4	9	10
7	2C207	10	11	6	10	9	13	7	13
8	2C311	9	9	10	13	7	5	6	15
9	2C213	7	3	10	15	6	9	40	20
10	2C214	6	5	13	20	0	6	10	10

조금 더
알아보기

VLOOKUP 활용하기

이번 실습 예제에서는 2개의 엑셀 데이터를 반복하면서 비교하는 로직을 적용하였다. 실무에서도 가장 많이 접하게 되는 엑셀 자동화 케이스다. 하지만, 데이터 건수가 많은 경우는 중첩 반복 구문에서 시간이 많이 소요된다. 중첩 반복 구문에서 값을 비교하는 방식 대신에 VLOOKUP 함수를 이용하는 것이 효율적이다. 데이터가 증가할수록 엑셀에서 제공하는 함수를 활용하는 것이 성능 측면에서 큰 효과를 보이기 때문이다. 물론, 실제 엑셀 자동화 사례에서도 VLOOKUP 함수를 사용하는 방식을 활용한다.

01 [복사본 만들기] 메뉴로 흐름을 복사 생성한 후에 엑셀에 쓰는 로직에서 VLOOKUP을 사용하도록 변경해 보자.

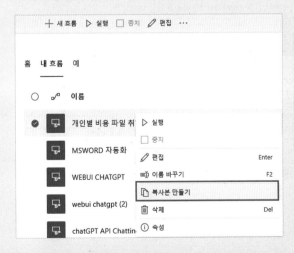

02 하위 흐름 'Excel_Write'의 3번 이하 라인을 모두 삭제한다.

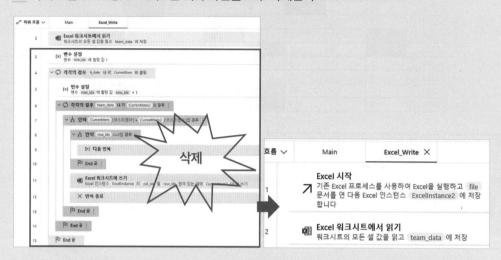

03 먼저, 엑셀 파일을 열어서 VLOOKUP 함수를 적용해 보자. '300901_김철수.xslx' 파일에서 코스트센터 기준으로 비용을 추출해서 부서별 코스트 집계 파일에 업데이트하는 것을 알 수 있다.

=VLOOKUP(@A:A, [300901_김철수.xlsx]Sheet1!$A:$B, 2, 0)

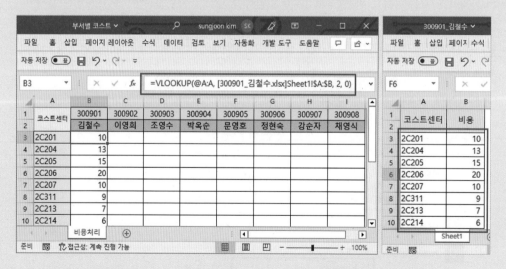

04 앞 단계의 엑셀에 입력한 VLOOKUP 수식을 PAD의 [Excel 워크시트에 쓰기] 값에 설정해 보자. 300901_김철수.xlsx 파일로 하드코딩되어 있는 부분을 파일명을 저장하고 있는 %file. Name% 변수 속성으로 변경 입력한다. 열에는 %col_idx%를, 행에는 임시로 1을 입력한다.

=VLOOKUP(@A:A, [300901_김철수.xlsx] Sheet1!$A:$B, 2, 0)	=VLOOKUP(@A:A, [%file.Name%] Sheet1!$A:$B, 2, 0)

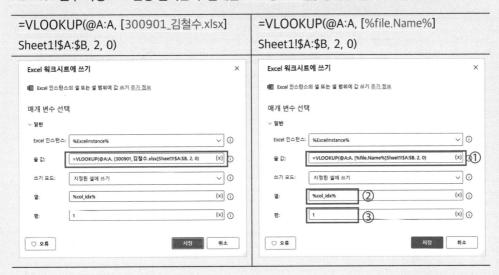

05 '부서별_코스트.xlsx' 파일의 데이터 행만큼 반복하면서 [Excel 워크시트에 쓰기] 작업을 변경 하면 완료된다. [반복] 구문의 시작은 3을 입력한다. 엑셀에 3번째 행부터 써야 하기 때문이다.

중첩 반복 구문 대신에 VLOOKUP 함수를 사용하면, 자동화 흐름도 빠르게 실행되고 논리 구조도
간결해진다.

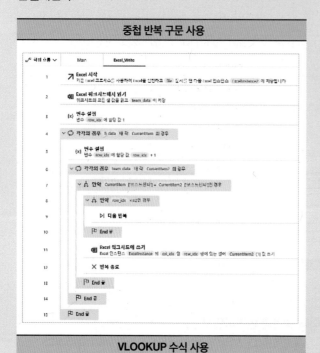

중첩 반복 구문 사용

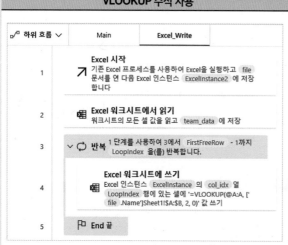

VLOOKUP 수식 사용

찾아보기